古代東北の地域像と城柵

熊谷公男　編

高志書院刊

目次

序にかえて

熊谷 公男

私は、二〇一七年三月をもって三五年間勤めた東北学院大学を定年で退職した。本論集は、仙台古代史懇話会のメンバーを中心とした皆さんがこれを機につどい、東北古代史に関する論考を投稿してくださって、一冊の本になったものである。まず本論集所収の諸論考を紹介させていただきたいと思う。

本論集は、全体を第Ⅰ部「国家と地域形成」、第Ⅱ部「城柵論」、第Ⅲ部「征夷と東北政策」の3部構成とした。

第Ⅰ部「国家と地域形成」では、まず遠藤みどり「采女・兵衛貢進制度の一考察—辺境の采女・兵衛を手がかりに—」は、比較的史料が残されている東北や西海道の采女・兵衛制度を手がかりとして、それを郡司の任用制度の変遷と関連づけながら考察することによって、奈良時代における采女・兵衛の貢進制度の変遷を新たな視角から明らかにしようとする論考。東北古代史に関することでは、大宝二年に陸奥から采女・兵衛を貢進しないことが定められるが、その後、天平期には采女・兵衛の貢進が再開されることを論じる。

熊谷公男「奈良時代陸奥国北縁部における建郡と郡制—黒川以北十郡と遠田郡を中心に—」は、旧稿で取り上げた黒川以北十郡の成立の問題を、とくに田夷郡遠田郡とのかかわりで再論したもの。旧稿では、黒川以北十郡は多賀城の創建と連動して神亀元年ごろにいっせいに成立したことを強調したが、本論文ではそれを前提としつつも、天平二年の田夷村での建郡(=遠田郡の建置)に伴って黒川以北十郡が再編されたことを指摘し、特異な田夷郡としての遠田郡の性格についても論じた。

堀裕「天平十五年金光明最勝王経転読会と陸奥国—福島県江平遺跡出土木簡再考—」は、福島県玉川村の江平遺跡から出土した天平十五年三月付の誦経に関する木簡を、同年正月に聖武天皇が諸国に命じた『最勝王経』の転読とのかかわりで考察した論文である。経典を誦している呰万呂を優婆塞と考え、誦経を通して諸国国分二寺の僧尼候補者の選定が行われた可能性を指摘し、該木簡を諸国国分二寺成立の一段階を示すものとして位置づける。仏教史における国家と地域のかかわりを掘り起こす試みとして評価されよう。

鈴木琢郎「貞観震災の基礎的考察」は、まず『三代実録』の関連史料の校訂を行ったうえで、貞観震災の発生と被害状況を伝える貞観十一年五月二十六日癸未条の史料的性格を検討する。これまでこの史料は貞観震災の状況を伝えた陸奥国からの第一報とみられてきたが、著者は報告公文をもとにしながら『三代実録』の編纂段階に成文されたものと考定し、ここから直接「震災の実態」を読み取ることの危険性を指摘する。つぎに関連史料の検討から、貞観震災は発生の半年後から、新羅海賊問題などとともに国家的危機の予兆の一つとされ、その災害対応もそれら予兆への対応の一環とされたとして、貞観震災のみを特別視した「国家による復興」史観の克服を訴える。いずれも東日本大震災以降盛んとなった貞観震災の研究に一石を投じる指摘で、今後の議論の深まりが期待される。

つぎに第Ⅱ部「城柵論」であるが、まず吉田歓「国庁・郡庁と城柵政庁」は、古代の城柵について、とくに政庁の存在に着目して検討した論考。前半では律令国家の地方支配における国庁・郡庁の存在意義を考察し、それが院形式をとるのは、宮都の曹司空間のようにここが口頭による政務処理の場で、なおかつ官人が朝参してくる公門を備えた公的な空間でもあったことによるとする。後半では城柵の政庁の考察を行う。城柵に共通するのは外郭施設が伴うことであるが、国府型・郡家型ばかりでなく準国府型にも政庁があるのは、そこが律令官僚制の実現の場であったからとする。

樋口知志「古代東北の城柵について」は、今泉氏が提唱した、すべての城柵に国司が常駐したとする城司制論や熊谷が提示した五類型の城柵論に対する批判を展開した論考。議論は多岐にわたるが、そのなかで中心となると思われるのは、国司が国府を離れて前線の諸城柵に常駐したわけではなく、蝦夷への朝貢・饗給等の「諸用務を遂行するために一定期間滞在」しただけであるとして、「城柵専当国司制」を提唱するが、そう考える史料的根拠があまり明確でないように思われた。国司が城柵に常駐しなければ、当然、城柵の軍兵の指揮は国司以外が行ったことになるが、それについては「熊谷氏が指摘するように、恐らく通常時には軍団兵であれば軍毅ないしは校尉クラス、鎮兵であれば征討軍の別将クラスなどが指揮して城柵の守衛にあたっていた」とするが、熊谷自身は、これは「郡家型」城柵に限った方式であって、国司・鎮官が城司として軍兵を指揮する準国府型城柵のあり方が基本と考えていることを念のため申し添えておく。近年、議論が盛んな郡家と城柵の関係にほとんど言及がないことが、議論がかみあわない原因となっているように思われる。「城柵専当国司制」が今後の東北古代史研究に受け入れられるか、しばらく見守ることにしたい。

徳竹亜紀子「古代越後国の国府と城柵」は、越国から天武朝に分立した越後国の城柵の存続期間と国府の移転時期を、出羽国の成立に伴う越後国の変質との関係で考察する。渟足・磐舟の両城柵は、従来考えられていたよりも早く、和銅五年に建国された出羽国が、養老五年に北陸道から東山道に移管されるとその役割を終えて、順次、縮小・廃止されていったとみる。また国府の移転時期については、天平十一年と延暦十一年の二度の軍団廃止に着目し、越後国は前者においてのみ例外的に軍団の存続が認められていることから、延暦期までに越後国をとりまく情勢に変化があったとし、国府の沼垂郡から頸城郡への移転もこの間のことと推定する。いずれも越後国の蝦夷支配からの脱却過程との関連で論じられており、説得力のある仮説といえよう。

吉野武「八世紀鎮守府に関する覚書」は、近年多賀城跡で出土した鎮守府関係の木簡に関連して八世紀の鎮守府について再考した論考。八世紀前半の鎮守府は、従来の研究とは逆に常置の官とみるべきで、再置された天平宝字期以降に臨時的な性格をつよめるとする。論点は多岐にわたるが、前半期の鎮守府は、蝦夷反乱後の陸奥国再建策の一環として新国府多賀城とともに創設され、鎮兵の軍事力が重視されたことなどを理由に常置の官司とし、後半期は復活した鎮兵の数が前半期を大きく上回るが、それは城柵造営に目的があり、終了後は鎮兵が大幅に削減される。その後、宝亀年間に蝦夷との関係が悪化すると再び鎮兵が増員され、鎮守府は征討を主体に活動するが、延暦期に入ると征討使が鎮官を兼務するようになって、鎮守府の独自性は薄れる。このように鎮守府の機能がめまぐるしく変わるのは、その臨時的性格を示しているとする。後半期の鎮守府の性格づけは説得力があるが、前半期の鎮守府をそれと対照的な常置の官司とみてよいかは、なお議論が必要と思われる。

最後に第Ⅲ部の「征夷と東北政策」であるが、まず相澤秀太郎「阿倍比羅夫の北方遠征と「粛慎」―国際情勢からみた北方遠征の目的をめぐって―」は、斉明紀に登場する「粛慎」に着目し、阿倍比羅夫の北方遠征の目的を当時の国際情勢から考える。比羅夫の北征は高句麗との通交が目的であり、その前段階としてアシハセと接触したところで百済の役のため遠征は頓挫してしまったとし、このアシハセを『日本書紀』の編者は、中国史上特別な意味をもち、なおかつ高句麗と重訳の関係にあった「粛慎」をかりて表記したと解釈する。

永田英明「三十八年戦争と伊治城」は、呰麻呂の乱で甚大な被害を被った伊治城・栗原郡の復興の問題を、交通路や駅制との関わりから考察した論考。伊治公呰麻呂の乱のあと、伊治城が再び登場するまで一六年の空白があり、この間の延暦八年の征夷では玉造塞が山道方面の後方基地とされていて、伊治城がみえないことを指摘する。その後、山道蝦夷にはじめて勝利した延暦十三年の征夷後の同十五年に伊治城と玉造塞の間に駅を置き、坂東六国と出羽・越後等の国から九〇〇〇人を伊治城に移住させたのを、いずれも乱後の復興策としてとらえ、とくに九〇〇〇人の移民は奈良時代半ば以降では突出した規模であることを指摘する。さらに胆沢・志波城造営後の延暦二十三年に栗原郡に設置された三駅も、伊治城と胆沢城を結ぶ山道上の駅家とみて、栗原地域を交通路としての「山道」を媒介とした律令国家と山道蝦夷との南北関係上の要地として位置づける。伊治城の復興が延暦十三年の征夷後にずれ込むこと、および栗原地域が山道方面の玄関口で、なおかつ海道の佐沼・登米方面ともつながっていたという指摘は重要。

鈴木拓也「延暦十三年の征夷と平安遷都」は、延暦十三年の征夷が平安遷都の演出のために、当初から時期をあわせて実施されたとする鈴木氏の説に対する熊谷の批判を反批判した論考。今回、鈴木氏の論考を読みつつ、拙稿も思い返してみて、双方とも議論が感情に流されている面があると感じたので、論争のいきさつについて若干ふり返ることをお許しいただきたい。この論争がいささかこじれてしまった最大の原因は、筆者が二〇〇三年に脱稿した「坂上田村麻呂」(『古代の人物4　平安新京』清文堂、二〇一五年)が刊行までに一二年余もの歳月をついやしたことにある。脱稿後まもなくだったと思うが、ちょうど『戦争の日本史3　蝦夷と東北戦争』(吉川弘文館、二〇〇八年)を執筆中だった鈴木氏から請われるままに未発表原稿を渡したところ、鈴木氏は著書に拙稿の成果を引用し、また内容にも取り入れてくれた。ところが、「坂上田村麻呂」でかなり力を入れて論じたのが、福井俊彦・伊藤循、それに鈴木氏らの、桓武は征夷と造都を対応させて実施したという議論の批判であったことが事態を複雑にしてしまうのである。鈴木氏は、拙稿の批判を取り入れて旧説を大幅に改めたのであるが、一般書という性格もあって、そのことはとくに記していない(この辺のことは鈴木氏の論考でもふれている)。その後『古代の人物』が日の目を見ないまま一〇年ほど経過したころ、アテルイ座談会の話がもち上がり、結果的に熊谷が編者となって、序論を書くことになった。この時点でも『古代の人物』の刊行の目途が立っていなかったので、この際「坂上田村麻呂」で論じた桓武の征夷・造都対応論の批判を形にしておこうと思って取り上げたのである。ところが、その後『古代の人物』は急転直下、刊行の運びとなり、一方、アテルイ座談会の方は諸般の事情で刊行が数年延びて、『アテルイと東北古代史』(高志書院、二〇一六年)として、『古代の人物』に一年遅れで刊行され、立て続けに鈴木氏の批判論文が二本つづくことになった。鈴木氏にとっては、二度もくり返し批判を受けるのは心外であろうが、以上のような事情である。鈴木氏の論考に対してコメントしたいこともあるが、これ以上屋上屋を架すことはやめて、すべて読者諸賢の判断に任せたいと思う。

中野渡俊治「大同年間の対東北政策」は、延暦末年の徳政相論と弘仁期の文室綿麻呂の征夷の間にあって、動向がはっきりせず、研究も少ない大同期の東北政策を取り上げ、桓武との関係が微妙な平城の政策のなかに東北政策も位置づける。征夷関係の人事では、田村麻呂を東北政策から遠ざけ、代わりに緒嗣を按察使に任じているところに平城の意志を見出している。また平城朝には、中央官司は大規模な整理統合が行われた一方、地方支配では観察使の設置など実態に即した政策がとられたが、大同期からはじまる国司・按察使・鎮官の分離傾向もこのような平城朝の政策のなかに位置づけられるとする。

以上、掲載論文の紹介をさせていただいたが、今回、論考を寄せてくださった執筆者のみなさんの多くは、私から見れば、東北大学の研究室の後輩か、東北学院大学の教え子にあたる。長年にわたって研究上、さらには個人的にお付き合いいただいている方々から、今回、東北古代史という共通のテーマのもとに原稿を寄せていただくことになったのは、まったく予期していなかったことであり、まことに喜びにたえない。ご寄稿いただいたみなさんにはあつく御礼を申し上げたい。

さて、私と東北古代史との出会いは、大学三年のときに先輩に誘われて多賀城跡調査研究所にアルバイトに行きはじめたときであるが、自分の研究テーマとするようになったのは、それからほぼ一〇年後、東北学院大学に勤務してからのことである。私のおかれた研究環境もあって、東北古代史に興味をもつようになるのはごく自然な流れであったと思う。とくに大石直正氏や工藤雅樹氏などには、いろいろなことを教えていただいたし、学問的興味をかきたてられたこともしばしばであった。今泉隆雄氏や熊田亮介氏など、研究室のすぐ上の先輩がほぼときを同じくして東北古代史の研究をはじめられたことも刺激になった。

その後、今泉門下からは多くの優秀な古代史研究者が育ってきた。本論文集に寄稿していただいた方々も、その大半は今泉門下の人びとである。なかでも当初から東北古代史を研究テーマとしてきた鈴木拓也氏とは長いつきあいであって、いろいろな機会に東北古代史で白熱した議論をたたかわせたことが懐かしく思い出される。また今泉氏の後任にあたる堀裕氏も、近年は東北古代史にも力を注がれており、文献史学分野での東北古代史研究は、かつてないほどの隆盛期を迎えているという印象をいだいている。

私は元来、論争好きな性分のようで、東北古代史でもこれまでさまざまな人びとに議論を挑んできた。今回寄稿していただいた論考を読ませてもらうと、「因果はめぐる」で、拙論に対する批判、反批判もあれば、一定の評価をいただいたところもある。私は議論のないところに研究の進展はないということを持論としているので、これは東北古代史研究の活性化の証しにほかならないと喜ばしく感じている。

自分自身信じがたいことであるが、今年にはや古稀をむかえる。退職後も、自分ではまだ現役の研究者のつもりで、好きな研究を続けている。いまは、これまでしたくてもなかなか時間が割けなかった七世紀以前の対外関係史を主な研究テーマにしているが、本書の刊行を励みに少しでも長く研究に携わっていきたい。

末筆ながら、編集にご尽力くださった堀裕氏と、出版を引き受けていただいた高志書院の濱久年氏には心から感謝申し上げたい。

Ⅰ　国家と地域形成

采女・兵衛貢進制度の一考察
――辺境の采女・兵衛を手がかりに――

遠藤　みどり

はじめに

采女・兵衛貢進制度とは、律令制下において、郡の少領以上の子女弟妹を郡ごとに一人ずつ中央へ貢進させる制度で、一国の郡を三分して三分の二は兵衛、残りの三分の一からは采女を出すことになっている。(1)この制度の淵源は、ヤマト王権下において大王の側近に近侍するウネメ・トネリを、被支配地域の国造や中小豪族から貢上させていたことに遡るが、全国の郡に対して一律に人一人を貢進させる制度として成立したのは、貢進単位である郡(評)の整備などを経た、大宝令段階においてである。(2)また、令制以前のウネメはカシワデ(膳夫)との関係が深く、采女と兵衛がパラレルな関係となるのも大宝令からとの指摘もある。(3)

このように、全国の郡から采女もしくは兵衛一人を貢進させる采女・兵衛貢進制度は、大宝令制定によって初めて実現したものである。しかし、これまでの研究において、令制下の采女・兵衛はそれぞれ女官制度・衛府制度の一部として別個に検討されることが多く、(4)両者が一体的に検討される場合も、その成立過程や淵源についての検討など、ほとんどが大宝令制定までに留まっており、(5)令制下において采女・兵衛の貢進がどのような制度的変遷を辿ったのかについて、論じられることはほとんどなかった。

その理由の一端は、残存史料の問題にあろう。令制下の釆女・兵衛貢進に関する史料の多くは辺境や神郡に対して出された例外規定であり、制度そのものは令制下を通して大きな変化がないと考えられてきたものと思われる。しかし平安時代になると、釆女は一部の国から一〜三人ずつ計四七人の定額制へと変更されているし、(6)兵衛に至っては『延喜式』にその貢進規定は一切なく、兵衛の貢進そのものがいつの間にか途絶えてしまっているのである。また、後述するように、実は天平十四年には全郡に対して釆女一人を貢進させるという大規模な変更もなされており、釆女・兵衛の貢進制度が八世紀を通して大きく変化していないとは言えない。

一方、釆女・兵衛の貢進主体である郡司については令制当初からさまざまな命令が出され、その任用制度が大宝令制定以降大きく変化していることが、多くの研究によって明らかにされている。(7)釆女・兵衛の貢進制度は、地方豪族支配の一環として、在地の有力氏族を郡司に任用する制度と一体的に成立したと考えられることからすれば、郡司の任用制度の変遷とともに、釆女・兵衛の貢進のあり方も変化したと考えることは自然であり、実際にそのように変遷したものと考えられる。

そこで本稿では、釆女・兵衛貢進制度について、比較的史料の残された辺境の釆女・兵衛を手がかりに検討を行い、その制度的変遷および制度の意義について考察を試みたい。辺境地域を考察対象とするのは、史料の残存状況に左右されたためではあるが、西海道や陸奥といった辺境における例外規定を詳細に分析することで、むしろ制度の本質について明らかにできるものと思われる。

1　辺境の釆女・兵衛

(1) 大宝二年四月壬子条の検討

采女・兵衛貢進制度は大宝令において初めて規定され、その発布とともに全国に施行されたと考えられる。それを窺わせるのが、次の史料である。

『続日本紀』大宝二年（七〇二）四月壬子条

壬子、令下筑紫七国及越後国簡二点采女兵衛一貢上レ之。但陸奥国勿レ貢。

本条では、筑紫（西海道）の七国と越後国に采女と兵衛を貢進することを命じており、これら八国と今回貢進を免除された陸奥国以外の諸国では、すでに采女・兵衛の貢進が行われていたと考えられる。では、本条で貢進を命じられた八国と、さらに貢進が免除された陸奥国では、なぜ采女・兵衛の貢進が行われなかったのであろうか。

これまでの研究では、辺境であることを理由に、単に整備が遅れただけといった説明がなされるのが一般的である(8)。しかし、陸奥国が依然として免除された一方、本条のタイミングで西海道諸国と越後国に貢進が命じられた理由は何なのであろう。おそらくは、このタイミングで采女・兵衛を貢進する何らかの準備が整ったものと考えられるが、それは一体どのようなものだったのだろうか。このような視点で史料を見ていくと、本条の直前の三月に、西海道および越後国それぞれに関連する記事を見出すことができる。

『続日本紀』大宝二年三月甲申条

甲申、（中略）分二越中国四郡一属二越後国一。

『続日本紀』大宝二年三月丁酉条

丁酉、聴三大宰府専銓二擬所部国掾已下及郡司等一。

まず、越後国については、甲申条において越中国から四郡を分置されている。ここで新たに加えられた四郡は頸城・古志・魚沼・蒲原の四郡で、ほぼ現在の新潟県弥彦山と長岡市とを結ぶ線より南の地域に当たる(9)。本条以前の越後国は、沼垂・石船の城柵郡二郡のみだったことから(10)、本条における増郡によって律令国としての体裁が整えられ、翌月の釆女・兵衛貢進開始へとつながったものと考えられる。そうすると、沼垂・石船という城柵郡からは、まだ釆女・兵衛を貢進する体制が整っていなかったと考えられ、あるいはこの後もしばらくは、この二郡からの釆女・兵衛の貢進がなされなかった可能性もあるだろう。

次の丁酉条は、大宰府に対して、所部の西海道諸国の国司の掾以下と郡司等の詮擬権を与えたという記事である。詮擬というのは、所定の官への任用に際して、式部省(郡の主政・主帳は太政官)が候補者を「試練」(人物選考試験)し、その結果に基づき太政官が候補者を定めることで、この後天皇の裁可を経て任用されることが大宝令において規定されている。(11)もっとも国司を含めた一般の官では、大宝元年七月に式部省の「試練」は行わず、候補者名簿のみを太政官へ送ることに改められるが、その後も在地の有力氏族を任命する郡司に関してだけは式部省での「試練」が課せられることとなっていた。(12)つまり、一般諸国の郡司任用において、国擬(国司の推挙)を経た候補者たちは、中央へ直接出向き式部省(もしくは太政官)の詮擬を受ける必要があったのだが、本条以降、西海道諸国の郡司は大宰府に赴き詮擬を受けることで任用できることとなったのである。

さらに重要なのは、郡司とともに国司の掾以下も同様の扱いを受けたことである。本来国司の官人は、史生らも含めて中央派遣官である。本条において、その詮擬権が式部省から大宰府に移譲されたということは、国司の掾以下に在地の有力氏族を任用できるようになったことを意味する。つまり西海道諸国では、郡司だけでなく、国司の掾以下の官人も現地採用となり、両者の詮擬が大宰府に委ねられることとなったのである。

早川庄八氏は、郡司の詮擬権が大宰府に移譲されたことについて、かつて惣領が有した権限(評造に対する詮擬権)との関係で理解すべきとの見解を提示しているが、(13)本稿の主眼である翌月の釆女・兵衛貢進の開始との関係で考えると、そもそも西海道諸国において郡司の任用が滞っていた可能性も考えられる。

後述のように、天平七年(七三五)までの郡司任用においては、国司による詮擬によって一人の候補者が決められるのであり、式部省の詮擬は形式的なものであった[14]。とするならば、郡司の任用は事実上国司に委ねられていたのであり、国司による国内支配が安定していれば、郡司の任用が滞ることはない。しかし、本条で掾以下の国司が現地採用されたということは、郡だけでなく国司による国内支配においても、在地の有力氏族の力が必要とされていたということであり、西海道諸国における国司の支配はまだまだ不安定な状態だったものと考えられる。

このような状況において、国司の掾以下と郡司の詮擬権が大宰府に移譲されたということは、郡司に対する国司の詮擬も含め、西海道諸国の国郡司(国司の守・介を除く)の任用が大宰府に一任されたということを意味するのではないだろうか。国司による郡司の詮擬が機能せず、郡司任用が滞っていたため、大宰府という上部組織が郡司任用に直接関与することで、西海道諸国の郡司が任用され、新たに任用された郡領の近親者から釆女・兵衛を貢進させることができるようになったと考えられるのである。

以上、迂遠な議論に終始したが、大宝二年四月の段階で、西海道諸国と越後国からの釆女・兵衛の貢進が開始された理由について考えてみた。その結果、越後国ではそれまでの城柵郡のみの二郡体制から新たに四郡を加えた六郡体制となり、新たに加えられた四郡(あるいは全郡)から釆女・兵衛の貢進が可能となったこと、西海道諸国ではそれまで滞っていた国司による郡司の任用に大宰府が直接関与することで新たな郡領が任用され、釆女・兵衛の貢進が可能となったことが明らかになった。いずれも釆女・兵衛の貢進主体である郡や郡司に問題があり、それが解消されたことで貢進が開始したものと思われる。

では、今回依然として貢進が免除された陸奥国はどうであろうか。項を改め、大宝二年以後における陸奥国の釆女・兵衛貢進について検討してみたい。

(2) 陸奥国の采女・兵衛

陸奥国の采女・兵衛貢進をめぐっては、渡部育子氏による検討がある。[15] 氏は、大宝二年(七〇二)において、同じく辺境として位置づけられる越後国や南九州の国々と陸奥国が区別されていることから、律令国家の采女貢進のあり方が南九州辺境と東北辺境とでは異なっていたと考え、両者の相違から、東北辺境を律令国家の地方支配制度である国郡制が十分に機能しない特殊な地域として位置づけ、その状態が長く続いたとした。

しかし、氏の立論では、采女・兵衛の貢進が陸奥国(および出羽国)とその他の国々で異なることが前提となっているが、そもそも陸奥国では采女・兵衛の貢進が行われていなかったのであろうか。氏は、大宝二年で例外とされたことと、養老六年(七二二)閏四月乙丑条において兵衛・采女の放還が命じられたことをもって、その後一切貢進されなかったと考えているようである。[16] だが、養老六年の采女・兵衛の放還は、同四年に起きた蝦夷の反乱に対する国内強化策の一つである。[17] しかも放還が命じられたのは、陸奥按察使管内出身の「授刀・兵衛・衛士及位子・帳内・資人、併防閤・仕丁・采女・仕女」といったすべての中央出仕者に対してであって、采女・兵衛に限ったものではない。蝦夷反乱による国内の疲弊が解消されれば、貢進が復活することも十分考え得るのである。

実際、大宝二年段階で貢進が免除されていた陸奥国においても、本条を根拠に大宝二年以降いずれかのタイミングで采女・兵衛の貢進が開始していたことは明らかであり、[18] たとえ史料上貢進の事実が確認できなくとも、養老六年条を根拠に、その後貢進が一切なされなかったとはいえない。しかも、実は奈良時代後半において、采女や兵衛として貢進されたのではないかと思われる陸奥国出身の中央出仕者がわずかではあるが存在している。

その一人が、延暦元年(七八二)に従八位上から外従五位下に昇叙された、女孺於保磐城臣御炊である。[19] 於保磐城臣は、神護景雲三年(七六九)に磐城郡の郡領氏族と思われる丈部山際に賜姓されており、[20] 御炊も郡領於保磐城臣の出身で、采女として宮廷に出仕したことが既に指摘されている。[21] 「女孺」は天皇に仕える下級女官であり、全国から貢進された采女や中央貴族出身の氏女が供給源となっていることから、[22]陸奥国磐城郡出身の御炊は采女であったと考えられ、延暦元年以前に陸奥国から采女の貢進が行われていたことが確認できるのである。[23]

次に注目されるのが、天平勝宝五年(七五三)八月に牡鹿連を賜姓された大初位下丸子嶋足である。[24]嶋足は天平宝字元年(七五七)の橘奈良麻呂の変の頃には、藤原仲麻呂派の有力な武人として、坂上苅田麻呂とともに名を馳せており、その後、天平宝字八年の仲麻呂の乱に際しては、苅田麻呂とともに授刀将曹として活躍することで名を上げ、授刀少将→近衛中将→内厩頭と昇進していった。[25]また、道嶋宿禰の賜姓、陸奥大国造への就任後には、陸奥各郡の豪族の大量賜姓を請い許されるなど、[26]陸奥国内においても大きな影響力を持っていたようで、これまでの研究でも陸奥の族長として注目されてきた人物である。[27]ではこの嶋足はどのような経緯で中央出仕したのであろうか。

まず出仕の時期であるが、これについてはすでに熊谷公男氏の検討がある。[28]熊谷氏は、嶋足への牡鹿連賜姓が、同族の外正六位下丸子牛麻呂・正七位上丸子豊嶋ら二四人への賜姓より二ヶ月遅れていることから、[29]天平勝宝五年の段階で嶋足が中央出仕していたとする伊藤玄三氏の見解を支持する。[30]それに加えて、嶋足が当時「大初位下」という内位を保持していることから、上京してから少なくとも一度の選限(内分蕃は六年)を迎えているとして、遅くとも天平十九年(七四七)には中央出仕していたと推測している。

次に、その出仕の経緯についてである。熊谷氏は、のちに嶋足が授刀衛の武官となっていることから、授刀舎人として出仕した可能性が高いとするが、ほかにも陸奥国の郡領氏族である丸子氏が中央へ子弟を出仕させる方法としては、いくつかルートが考えられる。まず一つが軍防令38兵衛条にもとづき、兵衛として貢進されることである。また、内六位以下八位以上の嫡子であれば、位子として大舎人・兵衛・使部へ任用されることができ(軍防令47内六位条)、外五位であれば、嫡子は大舎人か大学生、庶子は東宮舎人・中宮舎人および諸司の史生や帳内・職分資人として出仕させることができた。[31]

なお、令外官である授刀舎人の出仕についての具体的な基準は不明であるが、兵衛に准じて給禄されたこと、その出身母体が重なることなどから、(32)おそらくその出仕も兵衛同様、郡領氏族からの貢進という形だったと考えられる。あるいは、授刀舎人は兵衛よりも天皇自身に密着した存在で、兵衛より格上とされていたことからすると、(33)兵衛として貢進された者の中から選ばれた者が授刀舎人となったとも考えられる。(34)いずれにしても、授刀舎人としての出仕が、兵衛貢進と密接に関わっていたことは推測できる。

このように、天平十九年以前に中央出仕していたとみられる嶋足の出仕の経緯としては、以上の三つ(ないしは四)が考えられる。ただ、この後天平宝字五年(七六一)には、兵衛を出していない郡の少領以上の嫡子が出身を許されるようになるが、(35)この改正は同元年において郡領への任用以前に中央出仕を義務づけたことで、天平二十一年以来行われていた譜代主義による郡司任用がうまく行われなくなったことでなされたものである。(36)この背景として、外六位以下が「不㆑在㆓蔭親之限㆒」ことが挙げられているように、当時、郡領の多くは外六位どまりで、嫡子を中央出仕させることができなかったとみられる。そうすると、前述のルートのうち、兵衛(もしくは授刀舎人)貢進ルート以外はかなり稀な事例と考えることができるのである。

丸子氏の場合も、六月に賜姓された牛麻呂が外六位であることからすると、嶋足との関係は不明なものの、外五位の嫡子や庶子として出仕した可能性は低いとみられる。位子については、豊嶋が正七位と内位を帯びていることから、可能性としては十分に考えられるが、その場合、陸奥国から兵衛の貢進が行われていたことが前提となってくる。なぜなら、もし陸奥国からの兵衛貢進が停止されていたとすると、養老六年の事例のように、その理由は国外への人員流出を避けることが目的であろうから、位子として中央出仕することも許されたとは考えにくい。つまり、仮に嶋足が兵衛ではなく位子として出仕していたとしても、陸奥国から兵衛が貢進されていなかったのではなく、むしろ兵衛貢進が行われたことを前提とした出仕であったと考えることができるのである。(37)

以上のように、丸子嶋足は兵衛や授刀舎人、もしくは位子として中央出仕していた可能性が考えられ、天平勝宝五年以前において、陸奥国から兵衛の貢進が行われていたことが確認できた。先の御炊の例と合わせて、奈良時代後半において、陸奥国から采女・兵衛の貢進が行われていたことが明らかとなったのである。おそらく養老六年の放還後、蝦夷の反乱が一段落し、陸奥国内が安定したことに伴い、采女・兵衛の貢進も再開されたのであろう。[38]その時期としては、采女・兵衛等の放還と同時に停止された調庸制が復活する天平十八年頃が考えられる。

鈴木拓也氏によると、調庸制の復活は、陸奥国の特例を廃止して通常の令制国として扱おうとする政策の一環として、鎮兵制の廃止された天平十八年頃、当時の陸奥守百済王敬福によって行われたものだという。[39]実際、奈良時代半ば〜後半の陸奥国は、天平九年の奥羽連絡路開通計画に伴う遠征を最後に、[40]宝亀年間になるまで目立った蝦夷の反乱もなく、天平勝宝元年には黄金が発見されるなど、その国内支配は比較的安定していたとみられる。渡部氏が指摘するような、国郡制が十分に機能しない特殊な状態が長く続いたとは考えにくいのである。

そもそも一口に陸奥国といっても、その国内は広大で、南と北ではまったく異なる様相を呈する。今泉隆雄氏が指摘するように、陸奥国南部（現在の福島県域）は元々国造による支配が行われており、「内なる板東」として一般諸国の郡と何ら異ならない歴史的基盤を持った地域であった。[41]もちろん、近夷郡など蝦夷と境を接する北方の地域において、前述の越後国のように、一部采女・兵衛の貢進が免除された郡があったとは考えられる。しかし陸奥国全体としては、蝦夷の反乱などによって一時的に停止されることはあっても、基本的に一般諸国の郡同様、采女・兵衛の貢進が課せられていたとみるべきである。

こうした戦乱などによる貢進の一時停止は、西海道諸国でもあったようで、天平七年から九年にかけての疱瘡流行や、同十二年の藤原広嗣の筑紫挙兵などによって中断されていた采女・兵衛貢進が、天平勝宝七年に復活したことが井上薫氏によって指摘されている。[42]また、南九州においては、和銅三年（七一〇）正月戊寅条に「日向国貢二采女一、薩摩国貢＝進舎人＿。」とあるように、その支配の進展に応じて采女・兵衛貢進が拡大されている。

　このようにみていくと、渡部氏が南九州と東北との辺境政策の違いを強調するのに反して、両者における采女・兵衛の貢進は辺境として同様の扱いであったとみられるのである。では、大宝二年において陸奥国だけ貢進が免除されたのはなぜなのか。先に考察したように、西海道諸国と越後国は直前にその国郡制整備に関する対策がなされているが、陸奥国についてそういった記事は見えない。推測を巡らせることしかできないが、あえて考えるとすれば、陸奥国がほかの令制国に比べて管轄する郡の数が多いことと関連があるのではないだろうか。

　越後国が大宝二年当時、渟足・石船の二郡で、増郡しても六郡しかなかったのに対し、陸奥国は国造制施行地域の曰理・伊具・宇田・行方・標葉・石城・信夫・安積・石瀬・白河の一〇郡（Ⅰ区）に加え、会津（Ⅱ'区）・宮城・名取・柴田（Ⅱ区）・置賜・最上（2'区）・志太（Ⅲ区）の計一七郡以上と推定されている[43]。延喜式制下における各国の郡数と比較しても、当時の陸奥国より郡数が多い国は、二一郡の武蔵国・常陸国と一八郡の美濃国くらいである[44]。

　同じ東北辺境として同様の施策がとられていた越国が、天武朝において越前・越中・越後の三国に分割されたように、二～三国に分割されてもおかしくない数であるが、天武朝においてそうした動きは見えない。その後、養老二年（七一八）になってやっと、Ⅰ区とⅡ'区を割いて石瀬・石城国が分国されるのだが、それも同四年の蝦夷の反乱に伴い、わずか三年後の養老五年には陸奥国に再併合されてしまう[45]。これ以降、豊かな人的・物的資源のあるⅠ・Ⅱ'区が「内なる板東」として陸奥国の東北経営を支えていくこととなるが、越国が分割された天武朝においても同じような状況が生じていたのではないだろうか。そのため、越国のように分割されることがなかった陸奥国は広大な領地を有したまま、大宝令施行を迎え、一七郡以上を所管する大国となったのである。

　しかし、このような支配の度合いの異なる多数の郡を有したということは、その国内支配が一般諸国に比べて難しいものであったろうことも想像に難くない。こうした状況において新たに大宝令が施行され、各国がそれに対応した国郡制の整備を進め、采女・兵衛の貢進を開始していくなか、大宝二年の段階においても陸奥国では新たな体制が整わず、采女・兵衛の貢進開始も遅れてしまったと考えられるのである。

以上、陸奥国の采女・兵衛貢進について考察を行ってきたが、これまで采女・兵衛の貢進から除外されていたと考えられてきた陸奥国についても、開始の遅れや一時的な中断はありながらも、奈良時代後半に至るまで貢進が行われていたことを明らかにしてきた。西海道諸国においても、一時中断されていた貢進が天平勝宝七年に再開されるなど、采女・兵衛貢進制度は辺境においても断行され続けているように、奈良時代を通じて重要な制度と位置づけられていたと考えられる。次節では、この采女・兵衛貢進制度がどのような変遷を辿り終焉を迎えるのか、郡司任用制度の変遷との関係から考察してみたい。

2　采女・兵衛貢進制度の変遷

(1) 天平十四年五月庚午条の検討

『続日本紀』天平十四年(七四二)五月庚午条

庚午、制、凡擬二郡司少領已上一者、国司史生已上、共知簡定。必取二当郡推服、比郡知聞者一、毎レ司依レ員貢挙。如有二顔面濫挙一者、当時国司、随レ事科決。又采女者、自レ今以後、毎レ郡一人貢進之。

本条では、国司による郡領の詮擬についての基準・罰則を定めたことと、采女を以後すべての郡から貢進させることが記されている。[46] 後半の采女の全郡貢進は、国内の郡を三分したうちの二分から兵衛を、残りの一分から采女を貢進させるという令の規定の変更であるが、令規定通りなら一五〇人程度だった采女が、この変更によって五〇〇人以上に増えたことになり、大規模な宮廷改革であったと考えられる。

門脇禎二氏は、采女の徴発が十分に進んでいなかったことを前提に、天平年間における遷都や皇后宮職の設置などに伴う下級女官の需要増大に伴い、必要数を確保するための措置と捉えた[47]。また磯貝正義氏は、女官の需要増大とともに、采女と同じ女官の供給源である氏女の廃絶によって、女孺の確保が難しくなったことを主要な原因として挙げている[48]。

これらに対して渡部育子氏は、軍防令37兵衛考満条の適用によって、郡領子弟→兵衛出仕→郡司任用というコースが一般化することによって、兵衛貢進は郡領層にとってその職の実質的な世襲化として一種の特権と化し、采女を貢進する場合とは異なる意味を帯びてきたことから、郡ごとに兵衛か采女のいずれか一人を貢進させるという政策を変更し、より政治的意味を帯びる可能性の少ない采女貢進へと切り替えた、大宝令采女貢進制の変質を意味するとした[49]。

渡部氏の見解は、采女の貢進を兵衛と郡領任用との関係から説明したもので、概ね納得できる内容である。ただ、①立法の段階で結びつけられていなかった兵衛貢進と郡領の世襲化がどういう経緯で結びつくようになったのか、②采女貢進へと切り替えられた後の兵衛貢進はどうなったのかといった点が明らかとなっておらず、まだ検討の余地が残る。そこで本項では、渡部氏の論じ残した上述の二点を検討することで、采女全郡貢進の意味とその後の変遷についての私見を述べてみたい。

まず一点目について、渡部氏は明示していないが、おそらく大宝令施行から天平十四年に至る時の経過とともに、自然と結びついたと考えているようである。しかし、今回の変更は采女貢進についてだけでなく、前段で国司による郡領の詮擬について定められているように、郡領任用制度の改変と一体的な変更と考えられる。そこで注目されるのが天平七年五月に出された郡領任用基準の改正である[50]。

この天平七年格は郡司の同姓による連任を禁止したa格と、副擬制の成立によって詮擬方式を改変したb格の二つからなる。このうちb格では、それまでの大少領が欠けた場合、国司が一人の候補者を詮擬(国擬)して式部省に申送していた方式から、国擬のほかに譜代氏族の者四～五人、さらに譜代氏族以外で才用のある者を別副して式部省に申送する方式＝副擬制に改められた。今泉隆雄氏によると、(51)この副擬制の意図は、①式部省の実質的な郡領補任権の掌握と、②譜代氏族以外の者にも任用の機会を与え、才用・労効重視の補任を行おうとすることであった。そして、天平十四年における国擬の基準・罰則の設定は、国司の郡領詮擬の適正化を図ろうとしたもので、天平七年格と一連の郡司制改革であったとするのである。

このように、采女全郡貢進は、郡領補任の式部省による才用・労効重視への転換と一体的な施策と考えられるが、両者はどのように関連するのであろうか。そこで重要となるのが兵衛である。天平七年の副擬制はそれまでの国司による実質的な郡領補任を否定し、これ以後の郡領補任は式部省による才用・労効を重視した詮擬に変更されたのであるが、その際、式部省によって選ばれたのが兵衛経験者だったのではないだろうか。前述のように、少領以上の子弟の中央出仕が許される天平宝字五年(七六一)以前において、地方の郡領氏族の子弟が中央出仕できるルートは、兵衛の貢進以外は稀であった。のちにトネリなど中央出仕者の郡領任用が強調されることからしても、(52)中央出仕した兵衛経験者の郡領任用は、才用・労効を重視した政府の方針と一致するのである。

つまり、天平七年以降の才用・労効重視によって、兵衛経験者が郡領に任用されるケースが多くなったことで、次世代の郡領候補とすべく、兵衛を貢進させようと希望する郡が増えたと考えられる。その結果生じたのが、采女貢進の停滞であろう。そこで、采女を確保するために出されたのが、天平十四年の全郡采女貢進令だったのである。もちろん、本来であれば采女と兵衛を出す郡は国が主体となって決定することになっていたわけだが、国郡司が結託して反律令的な不正行為が頻繁に生じていた当時において、(53)郡司の希望によって本来采女を出すべき郡から兵衛を出していたことは十分に考えられる。

このように、天平十四年の全郡からの采女貢進は、渡部氏の指摘のように兵衛貢進が郡領氏族の特権化したことが背景にあったと考えられる。では、特権化した兵衛の貢進は、これ以後どうなったのであろうか。前節の検討によって、奈良時代後半においても兵衛貢進が確認できることからすると、天平十四年以降、全郡から采女だけでなく兵衛も一人ずつ貢進されたことが考えられる。というのも、ここまでの検討で確認してきたように、当時の才用・労効重視の郡領任用において、子弟を中央出仕させることは依然として重要視されたはずである。しかも、当時の郡領の子弟が中央出仕できるルートは兵衛貢進が事実上ほぼ唯一のルートであったとみられることから、兵衛貢進も引き続き郡領氏族たちから要望されていたと考えられる。その際、対となる采女が全郡から貢進されているのであるから、当然兵衛も全郡から貢進されたと考えるのが自然であろう。

このことは、天平勝宝七年に再開した西海道諸国の貢進が、国別に采女・兵衛一人ずつであったことからも裏づけられる。[54] 従来、この変更は辺境である西海道諸国への単なる負担軽減策としか説明されてこなかった。[55] だが、前節で確認したように、西海道諸国では大宝二年(七〇二)以来、郡司だけでなく国司の掾以下にも在地の有力氏族が採用されていた。この状態は、一般諸国における郡が、西海道諸国では国(掾以下)に相当するとも言える。つまり、西海道諸国で国に対して采女・兵衛を貢進させるということは、国司の掾以下に任用された地方豪族の近親者を采女・兵衛として貢進させることを意味したと考えられるのである。

采女・兵衛の貢進が、地方豪族支配の一環として、在地の有力氏族の郡司任用とセットで整備されたものであることからすると、郡から国への変更によって、その貢進数は減少するものの、貢進の実態としては在地の有力氏族の近親者であり、一般諸国の郡と何ら変わりがない。つまり、西海道諸国において、国別に采女・兵衛一人ずつを貢進させたことは、一般諸国の郡でも当時采女・兵衛が一人ずつ貢進された可能性を示唆しているのである。

以上、天平十四年における采女全郡貢進について、当時の郡領任用基準の変更と、それに伴う兵衛貢進の特権化の側面から検討をしてきた。その結果、これ以降采女だけでなく兵衛も全郡から一人ずつ貢進されるようになったことが明らかとなった。ただし、采女貢進が依然として郡領氏族に課せられた義務であったのに対し、兵衛の貢進が次世代の郡領になるための特権と化し、両者の持つ意味合いは大きく変質したと考えられる。

(2) 采女・兵衛貢進制度の終焉

ここまでの検討によって、天平十四年（七四二）において、令制の采女・兵衛どちらか一人ずつから、全郡采女・兵衛一人ずつの貢進へとその制度を改変させながらも、奈良時代後半に至るまで、辺境国も含めて続けられてきた采女・兵衛の貢進であるが、平安時代に入るとその様相は大きく変貌する。その変化の第一が、兵衛貢進の停止である。はじめにで述べたように、『延喜式』において郡司子弟の兵衛貢進についての規定がみえなくなることから、兵衛の貢進はいつかの段階で停止されているのであるが、最近の磐下徹氏の研究によって、それが延暦十七年（七九八）であることが明らかとなった。(56)

『類聚国史』延暦十七年（七九八）三月丙申条

十七年三月丙申、詔曰、昔難波朝廷、始置二諸郡一。仍択二有労一、補二於郡領一。子孫相襲、永任二其官一、云々。宜下其譜第之選、永従二停廃一、取二芸業著聞堪レ理レ郡者一為上レ之、云々。其国造兵衛、同亦停止。〈事具二郡司部一。〉（巻一九国造）

桓武天皇十七年三月丙申、詔曰、云々。譜第之選、永従二停廃一、取二芸業著聞堪レ理レ郡者一為レ之。其国造兵衛、同亦停止。但采女者依レ旧貢レ之。（巻四〇采女）

本条は『類聚国史』巻一九国造及び巻四〇采女にそれぞれ掲載されたもので、郡領任用に関し「譜第之選」を停止し、以後「芸業著聞堪理郡者」(57)を選任することを命じた詔である。このなかで、従来「国造の兵衛」と読み、国造と兵衛の兼任者と解されてきた「国造兵衛」について、磐下氏は「国造と兵衛」であることを明快に論じ、本詔が郡司とともに国造や兵衛に関しても「譜第之選」を停止し、「芸業」による任用を定めたもので、これによって郡司子弟であることを条件とする兵衛貢進が廃止されたとしたのである。

非常に明快な論証であり、これまで不明とされてきた兵衛の貢進停止時期が解明されたとともに、それが郡領任用規定の変更と一連のものであったことが明らかとなったことで、兵衛貢進が郡領任用と一体であったことが改めて浮き彫りになったと言える。その一方、本条では采女に関して「依旧貢之」とあり、郡司子妹の中から選ぶ旧来の貢進方法が維持されることとなった。本来、一体の関係にあった兵衛の貢進が停止されても、采女のみ貢進され続けることとなったのはなぜであろう。

この点について磯貝正義氏は、「郡司譜代の選の停廃であって郡司制度そのものの廃止ではないから、采女の貢上まで停止する必要はなかった」と述べるが、一方で「郡領と采女との不離の関係が漸次薄れ」、「采女を地方から貢上せしめる必要がもはや失われつつある」ことから、大同年間の宮廷改革のもと、同二年(八〇七)に諸国の采女貢進が停止されるとした。(58)

しかし、磐下氏によって明らかにされたように、延暦十七年詔では郡司譜代の選とともに兵衛貢進についても停止されたことからすると、この段階で既に、采女・兵衛貢進が本来持っていた、在地の郡領氏族から人一人を貢進させ、天皇に奉仕させるという意義が喪失し、「采女を地方から貢上せしめる必要」はなくなっていたと考えられる。その上で、本詔おいて采女貢進が維持された理由を考えると、采女が有する郡領子妹としての側面ではなく、中央出仕後の下級女官としての側面が注目される。

磯貝氏も指摘するように、大同二年の采女貢進停止に先立ち、同元年には「中間停廃」していた氏女の制が復活し、(59)下級女官の供給源が采女から氏女へと切り替えられている。氏女の中断は、先に検討した天平十四年の采女全郡貢進によって、采女が急増したことがその一因と考えられ、(60)天平十四年以降、采女は下級女官の供給源として十二女司の活動を支えていたものと思われる。そのため、兵衛貢進が停止されてもすぐに采女貢進を停止することができず、後宮・女官制度の大改革が断行された平城朝において、采女貢進が停止されることとなったのである。(61)

以上のように、延暦十七年の郡領任用基準の改変は、兵衛の貢進だけでなく、采女貢進の実質をも解体させ、大同二年の采女貢進停止をもたらしたと考えられる。采女貢進に関してはその後、早くも弘仁年間に復活し、はじめにで述べたように、寛平九年(八九七)には山城国以下三九国に対し四七人の采女を貢進させる定額制が制定される。(62)しかし、ここで復活した采女貢進は、全国の郡が対象ではなく、辺境や下国などを除外した一部の国が対象で、その人数も八世紀後半の一〇分の一に過ぎない。(63)おそらく、宮廷行事などで必要不可欠であった最低限の人員を確保するための復活であったと考えられる。

このように、大宝令で始まった采女・兵衛貢進制度は、延暦十七年を契機にその実質が解体され、大同二年の采女貢進停止によって終焉を迎えた。その背景には、政府の地方支配政策の転換があったと考えられる。磐下氏によれば、(64)郡司と天皇の関係は地方支配における中央集権性を表しており、孝徳朝以来その中央集権的な地方支配理念を具体化するためにさまざまな施策が行われ、その中央集権性は延暦年間をピークに下降していく。それは、弘仁年間以降、中央集権的な地方支配という理念の実現よりも、地方社会の実態に合わせることが優先されるようになったためである。采女・兵衛貢進制度の実施は、この中央集権的な地方支配という理念を実現しようとした時期と一致しており、弘仁年間以降の方針転換のもと、同様の制度が復活することはあり得なかったのである。

おわりに

本稿では、辺境の采女・兵衛の貢進状況の検討をもとに、采女・兵衛貢進制度の変遷とその終焉について考察を行ってきた。その結果、①天平十四年(七四二)の采女の全郡貢進は、兵衛貢進への希望が高まり、采女貢進が滞ったため、采女貢進を全郡に義務づけたもので、以後、采女・兵衛それぞれ一人ずつを全郡から貢進させるようになったこと、②延暦十七年(七九八)に郡領任用における譜代主義が否定されたことで采女・兵衛の貢進は実質的に解体し、大同二年(八〇七)の采女貢進の停止によって、采女・兵衛貢進制度は終焉を迎えたことが明らかになった。

地方支配における中央集権性を表す郡司と天皇の関係において、在地の郡領氏族から貢進された采女・兵衛は、中央において直接天皇に奉仕する者として、律令国家による中央集権的な地方支配理念を実現する上で、必要不可欠な存在であったと考えられる。

このような天皇への人の奉仕(つかえまつる)は、ヤマト王権以来の伝統的支配制度の基本であり、律令制下において出身階層や地域、性別によって区分され、畿内の有力氏族層からは内舎人(大舎人)・氏女が、在地の譜代郡司層からは兵衛・采女が、一般農民からは衛士・仕丁・女丁らを徴発する仕組みとして整備されたものである[65]。地方豪族層だけでなく、あらゆる階層において天皇に奉仕する人が徴発されているが、その際、どの階層でも男女が対となっている点は注目される。令制以前からの男女の奉仕の伝統については、既に女性史の分野から明らかにされているが[66]、采女・兵衛貢進制度の変遷という視点から、律令制下における男女の奉仕について若干言及してみたい。

本稿の検討で明らかにしたように、天平十四年以降、全郡から采女・兵衛それぞれ一人ずつが貢進されることとなった。この際、貢進の滞った采女を停止し、全郡から兵衛一人を貢進させるのではなく、采女貢進を義務づけることで、兵衛だけでなく采女の貢進も続けさせたということは、この段階において、男(兵衛)だけでなく、女(采女)の奉仕も依然として求められていたことを意味するものと思われる。さらに、その後延暦十七年に終焉を迎えるまで采女・兵衛貢進制度が継続され、辺境においても断行されていたことから、令制以前からの男女の奉仕は、奈良時代を通じて重視され続けていたと考えられる。

しかし、天平十四年以降、兵衛貢進が次世代の郡領になるための特権と化し、令制当初に持っていた伝統的支配制度の基本という位置づけから次第に乖離していったのに対して、采女貢進は引き続き令制以前からの男女の奉仕を体現するものとして存続していくこととなった。この結果、大同二年に采女の貢進は停止され、弘仁年間に復活するも、その貢進は一部に留まり、在地の郡領氏族層の女性が天皇に直接奉仕することは求められなくなっていく。その一方、郡領氏族層出身の男性は、延暦十七年の兵衛貢進停止以降もさまざまなルートで中央出仕を行い、天皇や中央貴族層との関わりを深め、新たな関係を構築していく。

こうした背景には、奈良時代後半において、郡領任用の要件として中央出仕が義務づけられるようになり、地方豪族男性の中央出仕ルートが、兵衛貢進以外にも拡大されたことがあったと考えられる。(67)これによって、令制当初、中央官人とは異なる「非律令官人的(68)」性格を有したまま律令国家の支配に組み込まれた郡司が、中央出仕により律令官僚機構を介して再生産されるようになった。これはいわば、地方豪族の律令官人化とも言える動きであり、律令官僚機構に「包摂」されつつも「排除」された女官組織(69)の末端に位置した采女は、こうした新たな流れに乗ることができず、完全に排除されてしまったのである。

前述のように、采女・兵衛貢進制度の終焉は、政府の地方支配政策の転換によるものとみられるが、もっと巨視的にみれば、令制以前からの男女の奉仕の終焉であり、律令国家による伝統的支配制度の放棄とも言える事態であろう。この転換の起点となったのが、天平十四年の采女の全郡貢進であり、中央氏族統制のため貢進されていた氏女(70)の「中間停廃」と結びつく点も興味深い。平安時代以降、女性の政治的地位が低下することは、さまざまな点から指摘されているが、そうした変化を考える上で、奈良時代半ばの天平年間が一つの画期になる可能性が出てきたのである。これら天平年間における男女の奉仕のあり方や、平安初期以降の女性の地位低下など、論じ残した点は多いが、いずれも今後の課題とし、ここで擱筆したい。

註

（1）軍防令38兵衛条および後宮職員令18氏女采女条。

（2）渡部育子a「律令的采女貢進制の成立」（『郡司制の成立』吉川弘文館　一九八八年）・b「律令的采女貢進制の成立と辺境」（『秋田大学医療技術短期大学部紀要』一　一九九三年）、仁藤敦史「トネリと采女」（『古代王権と支配構造』吉川弘文館　二〇一二年、初出二〇〇五年）。

（3）伊集院葉子「采女論再考」（『日本古代女官の研究』吉川弘文館　二〇一六年、初出二〇一二年）。

（4）采女については、磯貝正義「采女貢進制の基礎的研究」（『郡司及び采女制度の研究』吉川弘文館　一九七八年、初出一九五八年）、門脇禎二『采女』（中央公論社　一九六五年）、野村忠夫『後宮と女官』（教育社　一九七八年）、塚本明美「奈良時代の采女制度に関する一試論」（『古代史の研究』一　一九七八年）、中原直子「律令制下の後宮下級宮人について」（『史遊』六　一九九七年）、伊集院葉子『古代の女性官僚』（吉川弘文館　二〇一四年）など。

（5）仁藤前掲（2）、伊集院前掲（3）など。後述のように、渡部育子氏は令制下の采女貢進の変更について、兵衛との関係から指摘しているが、氏の検討も八世紀半ばまでで、その後の変遷についての検討はされていない（渡部前掲（2）a）。

兵衛については、井上薫「舎人制度の一考察」（『日本古代の政治と宗教』吉川弘文館　一九六一年、初出一九六〇年）、笹山晴生「令制五衛府の成立と展開」（『日本古代衛府制度の研究』東京大学出版会　一九八五年）、同「兵衛と畿内の武力」（『平安初期の王権と文化』吉川弘文館　二〇一六年、初出一九八七年）など。

（6）『類聚三代格』寛平九年正月二十五日太政官符。

（7）主要な研究を挙げると以下の通りである。磯貝正義「郡司任用制度の基礎的研究」・「桓武朝の譜代郡司政策の研究」（磯貝前掲書（4）、初出一九六二年・一九六五年）、新野直吉「郡司制の諸問題」（『日本古代地方制度の研究』吉川弘文館　一九七四年）、米田雄介「郡司の出自と任用」（『郡司の研究』法政大学出版局　一九七六年）、今泉隆雄「八世紀郡領の任用と出自」（『古代国家の地方支配と東北』吉川弘文館　二〇一八年、初出一九七二年）、大町健「律令的郡司制の特質と展開」（『日本古代の国家と在地首長制』校倉書房　一九八六年）、山口英男「郡領の詮擬とその変遷」（『日本律令制論集』下　吉川弘文館　一九九三年）、森公章「律令国家における郡司任用方法とその変遷」（『古代郡司制度の研究』吉川弘文館　二〇〇〇年、初出一九九六年）、磐下徹「郡司任用制度の考察」（『日本古代の郡司と天皇』吉川弘

文館　二〇一六年、初出二〇一三年)。
(8) 例えば、渡部前掲(2)b、仁藤前掲(2)など。
(9) 新日本古典文学大系『続日本紀』一(岩波書店　一九八九年)三三七頁・補注二―一三〇。
(10) 今泉隆雄「古代国家と郡山遺跡」(『古代国家の東北辺境支配』吉川弘文館　二〇一五年、初出二〇〇五年)三四一頁。
(11) 『令集解』考課令13式部之最条古記所収、大宝選任令応選条。
(12) 早川庄八「選任令・選叙令と郡領の「試練」」(『日本古代官僚制の研究』岩波書店　一九八六年、初出一九八四年)。
(13) 早川庄八「律令制の形成」(『天皇と古代国家』講談社　二〇〇〇年、初出一九七五年)八四~八七頁。
(14) 今泉前掲(7)七九頁。
(15) 渡部前掲(2)b。
(16) このような考えは渡部氏だけでなく、門脇前掲書(2)や磯貝前掲(2)など先行研究では一般的である。
(17) 熊谷公男「黒川以北十郡の成立」(『東北学院大学東北文化研究所紀要』二一　一九八九年)、鈴木拓也「陸奥・出羽の浮浪逃亡政策」(『古代東北の支配構造』吉川弘文館　一九九八年、初出一九九七年)。
(18) 磯貝正義「陸奥采女と葛城王」(磯貝前掲書(2)、初出一九五六年)。
(19) 『続日本紀』延暦元年七月丁未条。
(20) 『続日本紀』神護景雲三年三月辛巳条。
(21) 新日本古典文学大系『続日本紀』五(岩波書店　一九九八年)二四五頁・註一八、今泉隆雄「陸奥国と石城郡」(今泉前掲書(7)、初出二〇〇〇年)。
(22) 『令集解』後宮職員令4内侍司条古記。
(23) 氏女には「自進仕」という制度がある(後宮職員令18氏女采女条)。中央貴族だけでなく地方豪族においても適用されたとみられ、御炊が氏女として宮廷に出仕した可能性もないわけではない。しかしこの場合も後述する位子としての出仕同様、もし陸奥国からの采女貢進が停止されていたとすると、氏女として出仕することが許されたとは考えにくいため、仮に御炊が「自進仕」の氏女であったとしても、采女貢進を前提とした出仕であったと考えることができる。
(24) 『続日本紀』天平勝宝五年八月癸巳条。

(25)『続日本紀』天平宝字元年七月庚戌条、同八年九月乙巳条・十月癸未条、天平神護元年二月丙寅条、宝亀元年八月己亥条、延暦二年正月乙酉条。
(26)『続日本紀』神護景雲元年十二月甲申条、同三年三月辛巳条。道嶋宿禰賜姓は天平神護二年二月己亥条以前のこと。
(27) 井上光貞「陸奥の族長、道嶋宿祢について」(『日本古代国家の研究』岩波書店　一九六五年、初出一九五六年)。高橋富雄「道嶋宿祢族」(『古代蝦夷』学生社　一九七四年)、熊谷公男「古代東北の豪族」(『新版　古代の日本』九　角川書店　一九九二年)。
(28) 熊谷公男「道嶋氏の起源とその発展」(『石巻の歴史』六　一九九二年)。
(29)『続日本紀』天平勝宝五年六月丁丑条。
(30) 伊藤玄三「道嶋宿祢一族についての一考察」(『東北古代史の研究』吉川弘文館　一九八六年)。
(31)『類聚三代格』神亀五年三月二十八日太政官符。
(32) 禄令8兵衛条において兵衛の季禄は有位者が大初位、無位者が少初位に准じて支給される規定となっており、その本註として「授刀舎人亦准此」とある。授刀舎人の設置は慶雲四年七月であり、この本註の記載は養老令における追記とみられる。また、神亀三年山城国愛宕郡雲上里計帳には、同一戸内から授刀舎人と兵衛を輩出している例がある(『大日本古文書』一―三三五〜三三七頁)。
(33) 井上前掲(4)、笹山晴生「中衛府の成立」・「授刀舎人補考」(笹山前掲書(4)、初出一九五七年・一九六八年)。神亀五年以降に授刀舎人が所属したとされる中衛府、天平宝字三年に設置された授刀衛、いずれもその官位相当からして令制五衛府の上に位置づけられている。
(34) 前掲(32)の山城国愛宕郡雲上里計帳には、「弟少初位上出雲臣国上、年参拾伍歳、正丁　授刀舎人」「弟少初位上出雲臣国継、年参拾弐歳、正丁　右兵衛　額黒子」とあり、授刀舎人の国上の方が若干年上である。位階はいずれも少初位上なのでそろって貢進されたとも考えられるが、あるいは国上が兵衛として貢進された直後、授刀舎人に抜擢されたため、代わりの兵衛として弟の国継が改めて貢進されたとも考えられる例である。
(35)『続日本紀』天平宝字五年三月丙戌朔条。
(36) 今泉前掲(7)。

(37) 位子として出仕した場合も式部省での簡試の結果、兵衛や授刀舎人として任用されたと考えられる。

(38) 養老六年に采女・兵衛とともに放還された帳内・資人・仕丁・仕女は、その後も徴発が禁止されているが(『延喜式』式部上110不得補条、民部上61仕丁条・62女丁条)、その対象には西海道諸国なども含まれており、陸奥国だけの独自の規制ではない。なお、防閤は神亀五年に制度そのものが廃止されている(『続日本紀』同年三月甲子条)。

(39) 鈴木拓也「陸奥・出羽の調庸と蝦夷の饗給」(鈴木前掲書(17)、初出一九九六年)二二七頁。先にみた嶋足の出仕時期が天平十九年以前と考えられることも、この時期と一致する。

(40) 今泉隆雄「天平九年の奥羽連絡路開通計画」(今泉前掲書(10)、初出二〇〇二年)。

(41) 今泉隆雄「古代南奥の地域的性格」(今泉前掲書(7))。

(42) 井上前掲(4)三七頁。

(43) 今泉前掲(10)三五四頁。なお、本文中の「〇区」は今泉氏による奥越羽三国の地区区分であり、同書・四五頁の図を参照されたい。

(44) 『延喜式』民部上1畿内~8西海道条。なお、延喜式段階での陸奥国の郡数は三五である。

(45) 『続日本紀』養老二年五月乙未条。再併合の時期は、佐々木茂楨「古代陸奥国の「名取以南一十四郡」と多賀・階上二郡の権置」(『国史談話会雑誌』五〇　二〇一〇年)。

(46) 岡田幸子氏は、本条について「一つの郡から采女は一人貢進する」という新たな解釈を提示し、その根拠として、一つの郡から出す采女の定員が令文に明記されていないことを挙げる(「大同二年の采女制度停止について」『学習院大学人文科学論集』二二　二〇一三年)。だが、兵衛を郡ごとに一人出すことは軍防令38兵衛条に明記されており、同条で対となって規定された采女の定員も郡ごとに一人であったことは令文の趣旨から自明であると考えられる。

(47) 門脇前掲書(4)一〇〇~一〇二頁。

(48) 磯貝前掲(4)二四四頁。「氏女制度の研究」(磯貝前掲書(4)、初出一九六〇年)。

(49) 渡部前掲(2)a。

(50) a格:弘仁五年三月二十九日官符所引天平七年五月二十一日格(『類聚三代格』、『令集解』選叙令13郡司条)、b格:『続日本紀』天平七年五月丙子条。

(51) 今泉前掲(7)。
(52)『続日本紀』天平宝字元年正月甲寅条、『日本後紀』延暦十八年五月庚午条。
(53)『続日本紀』和銅五年五月辛巳条、神亀五年四月辛卯条、『類聚三代格』天平十六年十月十四日勅など。
(54)『続日本紀』天平勝宝七年五月壬子条。
(55) 井上薫前掲(4)、渡部前掲(2)b。
(56) 磐下徹「延暦十七年三月丙申詔試解」(磐下前掲書(7)、初出二〇一四年)。
(57) 具体的には地方出身の中央出仕者を指す(『日本後紀』延暦十八年五月庚午条)。
(58) 磯貝前掲(4)二一六頁。采女貢進の停止は、『類聚国史』大同二年五月癸卯条・同年十一月辛丑条(巻四〇采女)、同三年正月壬寅条(巻一〇七采女司)。
(59)『類聚三代格』大同元年十月十三日太政官符。
(60) 磯貝前掲(48)二七四頁。
(61) 平城朝の後宮・女官制度改革については、別稿で詳述する予定である。
(62)『類聚国史』弘仁三年二月庚戌条(巻一〇七采女司)、『日本後紀』弘仁四年正月丁丑条、『類聚三代格』寛平九年正月二十五日太政官符。
(63) 磯貝前掲(4)二一六〜二二三頁。
(64) 磐下前掲(7)。
(65) 仁藤前掲(2)。
(66) 勝浦令子「古代宮廷女性組織と性別分業」(『日本古代の僧尼と社会』吉川弘文館　二〇〇〇年)、義江明子『古代女性史論』(吉川弘文館　二〇〇七年)、伊集院前掲書(3)など。
(67)『続日本紀』天平宝字元年正月甲寅条・同五年三月丙戌朔条。天平宝字五年制は宝亀元年に廃止されるが、この時点で郡領任用以前の中央出仕を義務づけた天平宝字元年制が生きていることからすると、譜代郡領氏族出身の中央出仕者が増加し、郡領子弟であることだけで中央出仕を許す必要がなくなっていた状況が推測できる。延暦年間にはこの状況がさらに進み、兵衛貢進停止後の延暦十八年には、そのような中央出仕者を郡司に任用することになったとみられる。

(68) 渡部前掲(2)a一四〇頁。
(69) 伊集院葉子「古代女官研究の視点」(伊集院前掲書(3)、初出二〇一三年)。
(70) 磯貝前掲(48)。

〔付記〕 本研究は、JSPS科研費JP17J40027の助成を受けた。

奈良時代陸奥国北縁部における建郡と郡制
――黒川以北十郡と遠田郡を中心に――

熊谷 公男

はじめに

東北地方の中・北部と新潟県の北部（新潟市―米沢盆地―阿武隈川河口を結ぶ線以北）、それに北海道（渡嶋）はもともと蝦夷の居住地であった。大化改新後、古代国家は北に支配領域を拡大する政策を取りはじめ、蝦夷の地に城柵を設置するとともに、柵戸（移民）をその周囲に移住させて国家の領域に取り込んでいった。こうして古代国家の北縁部には、もともとの住民である蝦夷と他地域からの移民が雑居（混住）するという、一般の令制国とは異なる住民構成が生み出されるのである。このことは古代国家に、異なる系統の住民の雑居する地域で国郡制支配をいかにしておこなったらよいか、という政治課題を突きつけることになった。陸奥・出羽両国における国郡制は、このような辺郡に固有の住民構成の問題をぬきに正当な理解はできないというのが筆者の基本的な立場である。本稿ではこの問題を、主に奈良時代陸奥国の北縁部に建郡された黒川以北十郡と遠田郡を対象に考えてみたい。

大化改新の直後、大化三年（六四七）に渟足柵が、翌四年には磐舟柵が越国に造営され、それぞれに柵戸が移配された。これが文献史料から知られる古代国家北縁部に置かれた城柵と柵戸の初見である。柵戸は、陸奥国南部、坂東諸国、北陸道諸国、信濃国などから国家の政策によって城柵設置地域に移住させられた公民で、そのような政策が城柵造営の当初からとられていることは注目される。さらに奈良時代半ば以降には、一般公民を柵戸として移配することがむずかしくなり、浮浪人を辺郡に移配する政策がとられるようになる。

もう一方で、城柵設置地域には、もともとの住民である蝦夷も居住しており、服属した他地域の蝦夷が城下に移住してくる場合もあった。かれらは蝦夷、俘囚、田夷、山夷、夷俘など、さまざまな呼称でよばれているが、これらは蝦夷・俘囚の総称とみられる夷俘を別にすれば基本的に身分呼称と考えられ、服属した蝦夷の多様なあり方を反映するものである。

とはいえ、巨視的にいえば、陸奥・出羽両国（八世紀前半以前は越後国も含む）の住民は蝦夷系と移民系の二系統に分けられ、それらは国家身分としては蝦夷・俘囚身分と百姓身分に大まかには対応する。また身分の違いによって、律令国家による賦課も柵戸は基本的に一般公民と異ならなかったが、蝦夷・俘囚は調庸など律令的な賦課がない代わりに、昆布・毛皮などの貢納、俘軍や城柵の造営・修理などの徭役が課された。したがってこの両者は基本的に異なる支配システムのもとにおかれていたことになる。

城柵設置地域に置かれた郡（以下、「辺郡」という）は、右の二つの住民系統に対応して、大きく二類型に区分されたと考えられる。それが柵戸主体の「近夷郡」と蝦夷主体の「蝦夷郡」である。これはあくまでも郡制上の区分であるが、それは当然のことながらそれぞれの郡を構成する住民の違いを反映していた。

同様の区分は律令国家の南辺である薩摩・大隅両国でもみられる。それが移民（柵戸）主体の国府周辺郡と隼人主体の隼人郡である。南北両周縁部の郡制を比較してみると、相違点もあるが、全体としては類似点が少なくない。そこで本稿では、まず薩摩・大隅両国における郡制のあり方を参考にしながら陸奥国北縁部における郡制を考えてみることにしたい。

さて、七世紀後半から八世紀半ばにかけての律令国家の北縁は、おおむね大崎・牡鹿地方であった。陸奥国北縁部における建郡(評)は七世紀末までさかのぼることが確実であり、(1) 天智二年(六六三)の白村江戦の時点にすでに大崎地方に評が置かれていた可能性も十分に考えられる。(2) この点は、考古学的にも大崎地方における関東系土師器の出土が七世紀半ばまでさかのぼる事実とも照応する。

その後、神亀元年(七二四)の多賀城創建に相前後して大崎・牡鹿地方の郡が再編され、黒川以北十郡とよばれる特異な小規模郡が置かれたことは注目に値する。黒川以北十郡は柵戸を主体とする近夷郡であるが、十郡の郷の総数は三一郷となり、一郡平均で三・一郷である。戸令の規定によれば、三郷というのは、五段階のうちもっとも下の小郡にあたる。このような小規模な近夷郡が一つの地域に集中するのは、陸奥・出羽両国でも黒川以北十郡だけであって、なぜこのような郡の集合体が成立したのかは、黒川以北十郡の問題を考えるうえで重要な論点になると思われる。

さらにその後、天平二年(七三〇)にいたり、陸奥国の田夷村に新たに郡家が置かれる。これは田夷を主体とした遠田郡の建郡とみられ、ここに大崎地方に蝦夷を主体とした郡が新たに誕生するのである。

奈良時代の後半になると、天平宝字三年(七五九)に出羽国の雄勝城とともに、陸奥国の海道方面に桃生城が造営され、その後桃生郡が置かれる(初見は宝亀二年〔七七一〕)。さらに神護景雲元年(七六七)には山道方面に伊治城が造営され、同年中に栗原郡が建置された。これによって陸奥国の北縁部は十数キロ北進し、延暦二十一年(八〇二)に現在の岩手県奥州市に胆沢城が造営されるまでは、栗原・桃生地方が陸奥国の北縁部となる。

栗原・桃生地方にも柵戸を主体とする栗原・桃生両郡が置かれるが、それとは別に『続日本紀』宝亀十一年(七八〇)三月丁亥条の有名な伊治公呰麻呂の乱の記事には「陸奥国上治郡大領外従五位下伊治公呰麻呂反」とあり(以下、本稿では『続日本紀』の記事に関しては書名を省略する)、呰麻呂が大領を務める郡として「上治郡」がみえる。「上治郡」がみえるのはこの記事だけであるが、これについては伊治《これはり》(此治《これはり》)郡＝栗原郡の誤りとみる説と栗原郡と別に上治郡が存在したとみる説に分かれる。前説が通説と思われるが、筆者は旧稿(3)で後説をとった。その最大の理由は、栗原郡は移民主体の近夷郡であることが明らかなのに上治郡は呰麻呂が郡領となっており、蝦夷郡と考えざるをえないという理由からであった。近年、遠田郡の問題も含めて、筆者の蝦夷郡の見解について伊藤循氏が批判を加えている。(4)上治郡の問題は、複雑な史料学的な問題が関係していて紙幅を要するので別稿に譲り、(5)本稿では、黒川以北十郡と遠田郡の問題について、旧稿以来、研究の進展等により生じた訂正を要する点を中心に、伊藤氏の批判にも答えながら、陸奥国北縁部の建郡と郡制の問題について再考してみたい。

1　薩摩・大隅両国の郡制と郡支配の本質

陸奥国北縁部における郡制を考察するまえに、律令国家南縁部の薩摩・大隅両国の郡制を、主として井上辰雄・中村明蔵両氏の研究(6)を参考にしながら概観しておきたい。両国は、周知のように、隼人の居住地に置かれた令制国であって、もともとの住民である隼人と肥後・豊前・豊後等の西海道諸国からの移民(柵戸)との、異なる系統の住民から構成されていた。その点で陸奥・出羽両国に類似しており、両国の郡制を考えるうえでも大いに参考になる。

薩摩国は、大宝二年(七〇二)の隼人の反乱を鎮圧した後に、日向国から分置されたとみられる唱更国が端緒で、その後間もなく国名を薩摩国と改める。薩摩国は、養老～天平期の成立とみられる『律書残篇』(7)でも、『延喜式』『和名抄』でも十三郡であるが、それらは天平八年度「薩摩国正税帳」に「隼人一十一郡」とあるように、隼人を主体とした十一郡(薩摩・甑嶋・日置・伊作・阿多・河辺・頴娃・揖宿・給黎・渓山・鹿児島の諸郡)と、国府所在郡である高城郡およびその北の出水郡の二郡に行政上区分されていた。(8)

高城郡が六郷、出水郡が五郷なのに対して、隼人十一郡は合計二四郷、一郡平均で二・二郷と、令制郡としてはきわだって小規模であった。しかもそのなかには律令の規定外の一郷一郡が三つも含まれているのである。これは、井上氏のいうように、隼人集団の分断支配を意図したものと考えられる。

さらに隼人十一郡とそれ以外の二郡との相違として注目されるのは、隼人郡では郡領(大領と少領)が隼人であるのに対して、二郡ではそうでないことである。「薩摩国正税帳」によれば、薩摩郡と推定される断簡では、大領が薩摩君福志麻呂、少領が前君乎佐であり、阿多郡とみられる断簡では、大領の箇所は闕逸しているが、少領が薩摩君鷹白とあり、いずれも氏姓から隼人の豪族であることがわかる。また潁娃郡に関しては、その前身の衣評で評督が衣君県、助督が衣君弖自美であり(文武四年六月庚辰条)、これも隼人の豪族である。その他、神護景雲三年(七六九)に外従五位下を授かっている甑隼人麻比古(同年十一月庚寅条)は隼人の朝貢に同行した甑嶋郡の郡領とみられる。このように隼人郡では、確認できるかぎり郡領はすべて隼人の豪族である。それに対して二郡では「薩摩国正税帳」の高城郡の郡司署名部分は闕逸しているが、出水郡では大領が肥君、少領が五百木部であって、いずれも隼人ではない。とくに大領の肥君は肥後国最大の豪族である。

またそれぞれの郡の住民構成をみてみると、隼人郡はいうまでもなく隼人を主体とした郡であるが、二郡はこの点も異なっていた。高城郡の六郷のうち合志・飽多・宇土・託万の四郷は肥後国の中・北部の郡名に一致する。これは陸奥・出羽両国の近夷郡の郷名に柵戸の出身地の地名(国名・郡名等)が付けられることが数多くあることと同様で、高城郡の住民の主体が肥後国からの計画的移民であることを示している。また肥後国に隣接する出水郡も、大領が肥君であることからみて、肥後国の勢力が浸透してきており、その住民もまた肥後国からの移民が多数を占めていたのではないかと推測される。

唱更国建国直後の大宝二年(七〇二)に国内の要害の地に柵を建てて戍(=守備兵)を置いている。ただしそれらの柵の実態は、文献的にも、考古学的にも不明である。(9) 天平神護二年(七六六)に、日向・大隅・薩摩三国が大風の被害のために柵戸の調庸を免除しているので、これら三国でも柵の周辺に居住する移民が「柵戸」とよばれていたことが知られる。したがって、肥後国の地名に一致する高城郡の四郷は柵戸の居住地とみてよい。

以上のように、令制薩摩国は十三郡から構成されるが、そのうち十一郡が隼人を主体とした隼人郡で、残りの国府所在郡である高城郡を含む二郡は、肥後国出身の柵戸を中心とした移民郡であった。また隼人郡の郡領が隼人系の豪族であったのに対し、移民郡の郡領が肥後系の豪族であったことも確認される。

大隅国の郡制でも同じような状況がみられる。大隅国の建国は、和銅六年(七一三)四月乙未条に「割二日向国肝坏、贈於、大隅、始䍜四郡一、始置二大隅国一」とみえる。『延喜式』『和名抄』とも八郡とするが、そのうち馭謨と熊毛は天長元年(八二四)に大隅国に併合された多褹嶋の郡なので、旧大隅国としては菱苅・桑原・贈於・大隅・始羅・肝属の六郡であり、建国時にくらべて菱苅・桑原の二郡が増加している。このうち北端の菱苅郡は天平勝宝七年(七五五)に大隅国菱苅村の浮浪人を主体に建郡された郡である(同年五月丁丑条)。

残りの桑原郡であるが、『律書残篇』には大隅国五郡とあって、建国時より一郡多い。それが桑原郡と考えられ、国府所在郡であるので建国後ほどなく置かれたとみてよい。桑原郡は『和名抄』によれば八郷であるが、大分(←豊後国大分郡)・豊国(←豊前・豊後両国の総称)・答(←豊前国上毛郡多布(塔)郷)・仲川(＝仲津川、←豊前国中津郡)郷のように豊前・豊後両国に関連する郷名が少なくない。それを裏づけるように、建国直後の和銅七年(七一四)に豊前国から二〇〇戸の移民がおこなわれている。この移民(＝柵戸)は国府周辺を対象としたものとみてよく、それに豊後国からの移民などを加えて建国後まもなく曽於郡から分郡されたのであろう。そして天平勝宝七年にいたってさらにその北部を分割して菱苅郡を置いたのである。

このように、大隅国は和銅六年の建国当初は肝坏、贈於、大隅、始䍜の四郡であったが、ほどなく豊前・豊後から国府周辺への移民を主体に贈於郡から桑原郡が分割され、さらに天平勝宝七年に桑原郡の北部に浮浪人を主体として菱苅郡が分置されて六郡となるという経緯をたどった。六郡のうち桑原・菱苅二郡が移民郡、残りの肝坏(四郷)、贈於（六郷）、大隅（七郷）、姶䆀（四郷）の四郡が隼人郡ということになる。薩摩国とくらべると、移民郡は二郡と同数であるが、隼人郡は四郡とはるかに少なく、それにともなって隼人郡一郡あたりの郷数は五・二五で、薩摩国の倍以上にあたる。したがって隼人郡の規模は両国で一様でないが、管郡が国府周辺の移民郡とそれ以外の隼人郡に二分される点は共通する。

大隅国の郡領の史料は多くないが、延暦十二年（七九三）に曽於郡大領として曾乃君牛養がみえ（『類聚国史』巻一九〇隼人）、姶䆀郡については天平元年（七二九）に少領加志君和多利がみえる（同年七月辛亥条）。いずれも隼人の豪族の氏姓であるから、大隅国でも隼人郡の郡領は隼人の豪族であったとみてよい。桑原・菱苅二郡の郡領は不明であるが、いずれも他地域からの移民・浮浪人を主体とした郡であるから、郡領もまた移民系の豪族であったとみてさしつかえないであろう。

このように本来の住民である隼人と移民（柵戸）という二つの系統の住民が住む薩摩・大隅両国の郡制は、隼人主体の隼人郡と移民主体の移民郡に二分され、しかもそれらの郡の郡領は、隼人郡では隼人系豪族であるのに対して、移民郡では移民系の豪族が任じられるという、顕著な特色がみられる。

一般に律令制下の郡支配の実態は、郡家機構による支配というよりも、多分に郡領の伝統的権威に依拠するものであった。それは譜第郡領家の人物から郡領を選任するという原則に端的に表れており、そのような郡領の人格的支配を示すキーワードが「推服」（心服してしたがう）である。天平十四年（七四二）の制では、郡領の国擬の基準として「当郡推服、比郡知聞者」があげられている（同年五月庚午条）。その後しだいに中央出仕の経験が重要視されるようになっていくが、そのような「芸業著聞」な中央出仕者を郡領に任用しても「誰有二推服一」という問題が起こるようになる（『日本後紀』弘仁三年（八一二）六月壬子条）。同じことを弘仁二年（八一一）二月二十日詔所引の藤原園人奏状では、「有労之胤」（＝譜第家の在地の人物）が郡領職を代々世襲すれば、「郡中百姓、長幼託レ心。臨レ事成レ務、実異二他人一」

のであるが、「芸業」(中央出仕者)を任用して政をとらせても人々はしたがわないし、裁判をおこなっても判決に伏さない、とより具体的に語られている。ここの「芸業」とは、今泉隆雄氏が明らかにしたように、新興階層のことではなく、譜第家の一族で中央にトネリ等で出仕している人物をさすと解される(10)。このことは、譜第家という出自だけで郡支配がおこなえたわけではなく、出自を前提にしつつも在地でどれほどの権威を有しているかが郡支配の決め手になったことを示している。

このような郡支配の特質は、辺郡でも基本的に同じであったとみてよい。延暦四年(七八五)、それまで国府多賀城の防備を固めるためにその東西に権《かり》に置かれていた多賀・階上二郡に「統領之人」すなわち郡司を任命して「真郡」とすることが認められている(同年四月辛未条)。「統領之人」がいなかったということは、これ以前の二郡は国府の直接統治下にあったことになろうが、それでは「百姓顧望、無レ所レ係レ心」というのである。これは国府の統治がもっぱら機構による支配であるのに対して、郡の統治の本質が「統領之人」(郡司でも主に郡領を指すのであろう)による人格的支配にあったことを示すもので、興味深い。このように、辺郡の郡領もまた住民が「係レ心」に値する郡内の有力豪族であることが求められたのである。

薩摩・大隅両国では、郡制上、隼人を主体とした隼人郡では隼人の豪族を、移民を主体とした国府周辺郡では移民の豪族を郡領に任用することが原則であったことをみたが、それは隼人が「推服」するのは、日ごろからつながりのある隼人の豪族であったのに対し、移民が「推服」するのが、移民の間で権威をもつ移民系の有力豪族であったためと考えられよう。したがって、辺郡でも郡内の住民構成にみあった出自と権威をもつ人物を郡領に任用しなければ、郡内の住民が郡領に「推服」し、郡支配が実効性をもつことができなかったのである。いい方を変えると、郡支配が人格的性格をもつかぎり、辺郡の郡領は郡内の住民構成を反映した人物にならざるをえないということである。本稿の基本的立場はこの郡支配の特質をふまえることである。

伊藤循氏は、薩摩国正税帳にみえる「隼人一十一郡」について、「薩摩国では高城郡・出水郡以南の十一郡は「隼人郡」と認識されていたことになる。たしかに薩摩国南部十一郡は隼人の居住域である。しかし、この「隼人郡」は隼人を編成した郡の意味ではない」とする。ではどのような郡なのかというと、「隼人郡は郡家の行政機能に由来する用語であり、この隼人郡も蝦夷郡同様、住人を編成した郡を意味しない」というのである。(11) 国郡制施行領域内の隼人の居住域に建郡された郡であるにもかかわらず、「隼人を編成した郡」ではないというのは、筆者にはどのような状況をいっているのか理解しがたい。「隼人郡」が「郡家の行政機能に由来する用語」だとしても、それは国郡制施行領域内の「隼人を管轄する郡」以外に理解することは困難と思われる。伊藤氏の議論は、郡制の具体的あり方に踏み込んだ内容に乏しく、この批判によって隼人郡についての先学の研究が成立しがたくなるとは考えがたい。隼人郡は、従来どおり隼人を主体として編成した郡という郡制上の区分として理解してさしつかえないと考える。

伊藤氏は、既述のように、遠田郡や上治郡(伊藤氏は「上治郡」の存在自体を認めていない)を蝦夷郡とした拙稿を批判しているが、その議論の中心は、遠田郡領遠田君雄人も上治郡大領伊治公呰麻呂も、蝦夷爵ではなく文位を有しているところからみて、蝦夷身分ではなく百姓身分であるから、両郡とも蝦夷郡とはいえないというところにある。これは、いってみれば郡制の問題を「身分」論に解消しようとするもので、郡のあり方が問題であるはずなのに、郡支配の実態にふみ込んだ議論がほとんどみられない。

伊藤氏が強調しているように、(12) 隼人は百姓身分であるから、伊藤氏の重視する「身分」でいえば移民郡の住民と同じということになる。このことからみても隼人郡は、伊藤氏が指標としてもっとも重視する「身分」上の区分として理解することは困難で、郡制上の区分として理解すべきなのである。しかもそのような郡制上の区分は、本節でみたように、薩摩国のみならず大隅国にも存在しており、両国の隼人郡の郡領は、知られるかぎりすべて隼人系豪族であって、例外はみられないことに注意をうながしておきたい。

筆者のいう「蝦夷郡」あるいは「田夷郡」も、郡制上の区分として使用してきたつもりであり、そうでなければ郡支配の実態にせまることはできないと考える。ここでいう郡制上の区分とは、要するに制度的な郡支配のあり方にもとづく区分であって、郡内の住民構成がもっとも基本的な指標となるが、それは隼人の場合から明らかなように、伊藤氏が重要な指標とする「身分」とは必ずしも同一ではないし、そのほか郡領氏族の系統や課役負担の有無などが重要な指標となる。さきにも述べたが、なかでも郡領にどのような系統の人物が就いているかは、人格的支配を本質とする郡制の問題を考えるにあたって決定的に重要であって、この点をぬきに蝦夷郡・隼人郡の問題を解明することはできないというのが筆者の基本的な立場である。

2　近夷郡と蝦夷郡

本稿の立場からすれば、蝦夷系と移民系の異なる系統の住民が雑居する陸奥・出羽両国の辺郡でも、薩摩・大隅両国と同じように、蝦夷系住民を主体とする郡と移民系住民を主体とする郡の二類型がありうることになる。その場合、それらの郡の郡領は、前節で述べた郡支配の人格的性格からして、それぞれの郡の主体となる住民と同系統の豪族から選任されたであろうという見通しが立てられる。

右の点を念頭において、陸奥・出羽両国の辺郡を見わたしてみると、郡制上、移民系の「近夷郡」と蝦夷系の「蝦夷郡」に二分されることがわかる。

天平七年(七三五)五月二十一日格(『類聚三代格』弘仁五年三月二十九日官符所引)で一郡の郡司に同姓の併用を禁じたときに、例外的に「神郡国造、陸奥之近夷郡、多褹嶋郡等」は先例によって併用することを認めている。ここに「陸奥之近夷郡」がみえるが、それは天平七年という年代からみて黒川以北十郡をさすとみて誤りないであろう。

表1　陸奥・出羽・越後近夷郡郷名一覧

	郡名	郷　　名		郡名	郷　　名
	黒川郡	**新田**、**白川**、駅家		最上郡	郡下、山方、最上、芳賀、**阿蘇**、
	賀美郡	川島、**磐瀬**、余戸			八木、山辺、福有
	*色麻郡	**相模**、**安蘇**、色麻、余戸		*村山郡	大山、長岡、村山、大倉、梁田、
	玉造郡	府(俯)見、玉造、**信太**、余戸			徳有
	志太郡	酒水、**志太**、余戸	出	置賜郡	置賜、広瀬、屋代、赤井、宮城、
陸	長岡郡	長岡、溺城			長井、余戸
	***新田**郡	山沼、仲村、貝沼、余戸		出羽郡	大窪、河辺、井上、大田、余戸
	小田郡	小田、牛甘、石毛、**賀美**、余戸	羽	*田川郡	田川、甘弥、新家、那津、大泉
	牡鹿郡	**賀美**、碧河、余戸		*飽海郡	大原、飽海、屋代、秋田、井手、
奥	遠田郡	清水、余戸			遊佐、雄波、由理、余戸
	桃生郡	桃生、**磐城**、磐越、余戸	国	雄勝郡	雄勝、大津、中村、余戸
	登米郡	登米、**行方**		平鹿郡	山川、大井、邑知
	栗原郡	栗原、清水、仲村、**会津**		*山本郡	山本、塔甲、御船、鎰刀、余戸
国	磐井郡	丈几(部ヵ)、**山田**、沙沢、仲村、		河辺郡	川合、中山、邑知、田都(部)、
		磐井、磐本、駅家			大泉、稲城、芹泉、余戸
	江差郡	大井、**信濃**、**甲斐**、槁井		秋田郡	添川、率浦、方上、成相、高泉
	胆沢郡	**白河**、**下野**、常口、**上総**、余戸、	越	磐船郡	佐伯、**山家**、**利波**、**坂井**、余戸
		白馬(鳥)、駅家	後	沼垂郡	**足羽**、沼垂、**賀地**
	気仙郡	気仙、大島、気前	国		

※郡郷名は『和名類聚抄』によった。

*色麻郡—延暦18年(799)に併合された富田郡の郷を含む。

*新田郡—延暦18年(799)に併合された讃馬郡の郷を含む。

*村山郡—仁和2年(886)に最上郡より分割される。

*田川郡—承和6年(839)初見。秋田城跡第54次調査出土の8世紀末の木簡に「田川郡」とあり。8世紀後半代に出羽郡から分割されたか。

*飽海郡—承和7年(840)初見。秋田城跡第54次調査出土の760年ごろの漆紙文書に飽海郡所在の「蚶形駅家」がみえ、これ以前、おそらくは天平宝字期に出羽郡から分割されたか。

*山本郡—貞観12年(870)初見。9世紀初頭に平鹿郡から分割されたか。

※ゴシックの郡郷名は、下記の坂東・北陸・信濃・甲斐・陸奥南部等の国郡郷名に一致するもの。

陸奥国：白河郡・磐瀬郡・磐城郡・行方郡・会津郡

相模国、武蔵国：賀美郡、上総国、常陸国：信太郡・行方郡、上野国：新田郡・山田郡、

下野国：安蘇郡、越前国：足羽郡・坂井郡・丹生郡可知郷、越中国：砺波郡、

信濃国：筑摩郡山家郷・小県郡山家郷、甲斐国

※飽海郡に関しては、拙稿「出羽国飽海郡と蚶形駅家の成立をめぐって」(『東北学院大学論集　歴史と文化』52、2014年)、その他の出羽国の郡の成立時期に関しては、熊田亮介「九世紀における東北の地域間交流」『古代国家と東北』(吉川弘文館、2000)を参照されたい。

黒川以北十郡では、坂東諸国や陸奥国南部の郡名に由来すると思われる郡・郷名が目立つという特色がみられる。郡名としては、賀美郡が武蔵国賀美郡、新田郡が上野国新田郡、志太郡が常陸国信太郡に一致する。郷名になるともっと多く、黒川郡の新田、色麻郡の安蘇、玉造郡の信太、志太郡の志太、小田郡の賀美、牡鹿郡の賀美などの各郷が坂東諸国の郡名に一致し、黒川郡白川郷と賀美郡磐瀬郷は陸奥国南部の郡名と同じである。また色麻郡相模郷は相模国の国名に一致する（表1参照）。このような事実は、黒川以北十郡が坂東諸国や陸奥国南部からの移民（柵戸）を主体に編成された郡であることを示している。

黒川以北十郡のもう一つの重要な特色として、その規模がほかの移民を主体とした近夷郡にも例がないほど小さな郡が集中しているということがあげられる。『和名類聚抄』（以下『和名抄』と略す）によれば、その郷数は合わせて三一（余戸郷を含む）で、一郡平均三・一郷ということになる。戸令2定郡条によれば、律令制下の郡は、里（＝郷）の数によって大（二〇～一六里）・上（～一二里）・中（～八里）・下（～四里）・小（～二里）の五段階に分けられていたが、三郷というのはもっとも下の小郡にあたる。既述のように、薩摩国の隼人郡も一郡平均で二・二郷と、きわだって小規模であるが、この場合は本来の住民を主体とした郡であり、その目的は分断支配と考えられているが、黒川以北十郡は移民を主体とした郡であるから、小規模の理由は別に考える必要がある。

これらの近夷郡の置かれたところは、もともと蝦夷固有の土地であったから、当然のことながら、この地域本来の住民や、より北の地域から来住した蝦夷系住民も住んでいた。すなわち黒川以北十郡などの近夷郡の住民は、大きく蝦夷系住民と移民系住民の二系統から構成されていたが、その郡領（郡司の長官・次官）は、移民系住民から任用されるのが通例であった。実例をあげると、黒川郡大領の靫伴連黒成（『続日本後紀』承和八年〔八四一〕三月癸酉条ほか）、色麻郡少領の陸奥臣千継（同書嘉祥元年〔八四八〕五月辛未条）、小田郡大領の丸子部勝麻呂（延暦四年〔七八五〕二月壬申条）、牡鹿郡大領の道嶋大楯（宝亀十一年〔七八〇〕三月丁亥条）の四例とも、その姓からみて移民系の人物であり、蝦夷系の豪族は一人も確認できない。またさきに引用した天平七年(七三五)五月二十一日格によれば、「陸奥之近夷郡」は、神郡などとともに郡司における同姓の連任が例外的に許されており、郡司の任用に同一の方式がとられていたことが知られるから、近夷郡はすべて移民系の住民から郡司を任用することになっていたとみてよいであろう。第1節でのべたように、そもそも移民系の住民が蝦夷系豪族の郡領に「推服」するとは考えがたいので、この点からも近夷郡では移民系住民から郡司が任じられる必要があったのである。さらに近夷郡では郷長(里長)や軍毅も、同様に移民系の住民から選任されたとみられる。(13)

一方、「蝦夷郡」については、斉明五年(六五九)三月に阿倍臣(比羅夫)が肉入籠に至ったときに、問菟の蝦夷二人が後方羊蹄を政所とすべきことを進言したという記事の分注に「政所、蓋蝦夷郡乎」とある。この分注は『日本書紀』の編者の施したものとみられるので、「蝦夷郡」という語は、旧稿でも指摘したように、少なくとも『日本書紀』の編纂された八世紀前半に、蝦夷によって構成される特定の郡をさして現実に使用されていたものとみなくてはならない。同じ斉明紀の阿倍比羅夫の北方遠征の記事には、右の後方羊蹄を政所とし、「郡領」を置いて帰ったという記事以外にも、飽田・渟代・津軽の三つの「郡」がみえ、そのうち津軽郡の「大領」が馬武、渟代郡の「大領」が沙尼具那という蝦夷とみられる人名まで伝えられている。さらに渟代郡大領には「検三覈蝦夷戸口、与二虜戸口一」すること、すなわち戸口数の調査が命じられている。これらの記事のどこまでを事実とみてよいかは判断がむずかしいが、「郡領」の人名や冠位まで具体的に記されているので、これらの史実性をすべて否定することはできないと思われる。七世紀後半段階から服属した蝦夷集団の拠点に「政所」を置き、集団の族長を「郡領」に任じるという形で蝦夷郡の前身となる「蝦夷評」が置かれることがあったとみてよいであろう。

『日本書紀』成立期の蝦夷郡としては、霊亀元年(七一五)に「陸奥蝦夷第三等」邑良志別君宇蘇弥奈らが香河村に、「蝦夷」須賀君古麻比留らが閇村に郡家を建てたいと請い、いずれも建郡が認められている例があげられる(14)(同年十月丁丑条)。「第三等」とは『延喜式』巻三十大蔵省の「賜二蕃客一例」に規定のみえる蝦夷爵であり、その前の「蝦夷」は「俘囚」と対置される身分表記である。[15] 須賀君古麻比留の前に付された「蝦夷」も、その位置からみて身分表記とみてよい。このように建郡申請者がいずれも「蝦夷」身分であることは、両郡を蝦夷郡とする重要な根拠になると思われるが、両郡の位置や建郡の目的をみると一般の令制郡との相違はさらに明白となろう。

後者の「閇村」は『日本後紀』弘仁二年(八一一)紀にみえる弊伊村とみることで諸説ほぼ一致している。そうすると「閇村」の場所は、中世以降の閉伊郡、すなわち現在の三陸海岸北部(久慈・宮古・釜石市方面)に比定されるので、この時期の陸奥国の北縁部(大崎・牡鹿地方)から一〇〇キロ前後北に隔たっていることになり、律令国家の領域の面的拡大として理解することはまったく不可能である。『続日本紀』によれば、建郡の理由は「先祖以来、貢二献昆布一。常採二此地一、年時不レ闕。今国府郭下、相去道遠、往還累レ旬、甚多二辛苦一。請、於二閇村一、便建二郡家一、同二於百姓一、共率二親族一、永不レ闕レ貢」と須賀君古麻比留らが述べたという。すなわち、先祖以来陸奥国に昆布を貢献してきたが、国府(このときは仙台市郡山遺跡と推定される)の郭下まで道のりが遠く(一五〇キロ程度)、往復に二〇日以上もかかるので、便宜をはかって閇村に郡家を置いて親族を率いて昆布の貢納を欠かさないようにしたいというのである。律令国家への貢納をしやすくするために建郡したいというのであるから、「同二於百姓一」という表現を文字通りに受け取ることはできない。「共率二親族一」とあることからも、この蝦夷郡は律令国家へ服属した特定の蝦夷集団を、基本的にその同族的まとまりを維持したまま郡としたものと理解され、国郡制の基本単位としての令制郡とはまったく異質の郡と考えざるをえない。

また、前者の申請者の「邑良志別」という姓が『日本後紀』弘仁二年(八一一)七月辛酉条にみえる「邑良志閇」村にほぼ同じである。しかも『日本後紀』の記事に弊伊村がみえる点もこの記事に一致する。ただしこちらは、邑良志閇村の降俘吉弥侯部都留岐が、弐薩体村の夷伊加古らと仇敵の関係にあり、都母村に滞在している伊加古らが弊伊村の夷を誘って邑良志閇村の都留岐らを攻撃しようとしているので、出羽国が兵粮を支給してくれれば先手を打って伊加古らを襲撃すると申し出たという記事である。かなり事情が込み入っていて、邑良志閇村のほか弐薩体村・都母村・弊伊村などの地名が出てくるが、このうち爾薩体村は現二戸市仁左平《にさたい》周辺に比定され、弊伊村は、右にもふれたように、三陸海岸北部一帯とみられ、都母村は、音の類似から青森県上北郡七戸町の坪に比定するのが一般的である。[16]問題の邑良志閇村は、出羽国とつながりがあり、爾薩体村などからもさほど遠くないところということで、現二戸市浄法寺町の安比川流域が有力視されている。[17]とすれば、邑良志別君宇蘇弥奈らの住む香河村もこの地域にあった可能性が考えられよう。宇蘇弥奈らが出羽方面の蝦夷を意味する「狄徒」の抄略を受けているということもこの比定に整合的である。霊亀元年に香河村の邑良志別君宇蘇弥奈と閇村の須賀君古麻比留が同時に建郡を認められているのは、日常的に互いに交流があり、協議のうえいっしょに建郡を申請したと考えると理解しやすいと思われる。

邑良志別君宇蘇弥奈らが建郡を申請した理由は、「狄徒」のために「親族」が殺され、常にその脅威にさらされているので、香河村に郡家を建てて「編戸民」となり、平穏に暮らしたいというのである。「編戸民」とは、厳密にいえば「調庸民」すなわち公民と同義のはずであるが、ここではそのように理解することは困難で、さきの「同二於百姓一」と類似の表現で、郡家を建てて郡制を敷くことを理念的にこういったにすぎないとみられる。したがって文字通り国郡制支配に入ることとは解しがたく、閇村の例からみて、建郡すれば香河村の蝦夷たちが郡家に貢納物を納入したり、律令国家の蝦夷政策に協力するようになり、「永保二安堵一」とあるように、その見返りとして律令国家に守ってもらうことを期待した建郡と解される。

以上にみてきたように、『続日本紀』の建郡記事には、前者の香河村の場合は「為二編戸民一」、後者の閇村の場合にも「同二於百姓一」と、律令的な建郡を思わせるような表現が用いられているが、その内実はまったく異なっていて、「親族」という用語からも察せられるように、服属した蝦夷が集団的なまとまりを維持したまま律令国家と貢納・奉仕を基軸とした政治関係を結ぶことを意味したと考えられる。これが奈良時代初期の「蝦夷郡」の実態である。建郡後は、申請者の邑良志別君宇蘇弥奈や須賀君古麻比留が郡領に任じられたとみてよいであろう。ただし、このような貢納制的な政治関係は不安定で容易に解消されやすい性質をもっていたとみられ、斉明紀にみえる蝦夷郡(評)の場合と同じように、「香河」郡も「閇」郡も比較的短期間しか存続しなかったと思われ、令制郡につながることはなかったのである。

天平二年(七三〇)に「部下田夷村蝦夷等、永悛㆓賊心㆒、既従㆓教喩㆒。請、建㆓郡家于田夷村㆒、同為㆓百姓㆒」(天平九年四月戊午条)という陸奥国の申請によって田夷村に建郡した遠田郡も田夷を主体とした蝦夷郡とみられるが、こちらは律令国家の領域内に建郡されたという点と、後述のように、周辺の近夷郡から政策的に集めた田夷諸氏をも含めて田夷郡として編成されたと考えられる点で、これまで取り上げた蝦夷郡とは大きく異なっている。さらに平安初期以降は田夷の公民化が進められて、『延喜式』や『和名抄』の段階にはすでに近夷郡になっていたとみられる。「田夷村蝦夷」とあるように、田夷もいうまでもなく蝦夷であり、遠田郡も蝦夷郡の一類型とみてよいと思われるが、右にみたような蝦夷郡とは差異が少なくないので、本稿では遠田郡を田夷郡とよんで一般の蝦夷郡と区別することにしたい。また伊治公呰麻呂が郡領となっていた上治郡も、別稿で詳論するように、蝦夷郡の類型に入るとみられる。遠田郡については次節で詳しく述べる。

このように陸奥国の辺郡も、薩摩・大隅両国に類似して移民を主体とした近夷郡と服属した蝦夷を主体とした蝦夷郡(田夷郡を含む)に二分される。大崎・牡鹿地方でいえば、黒川以北十郡と遠田郡がそれぞれ該当する。これは薩摩・大隅両国では隼人郡が多数で、国府周辺の移民郡が少数であることと逆になるが、郡制上は同じ類型に属するとみてよい。

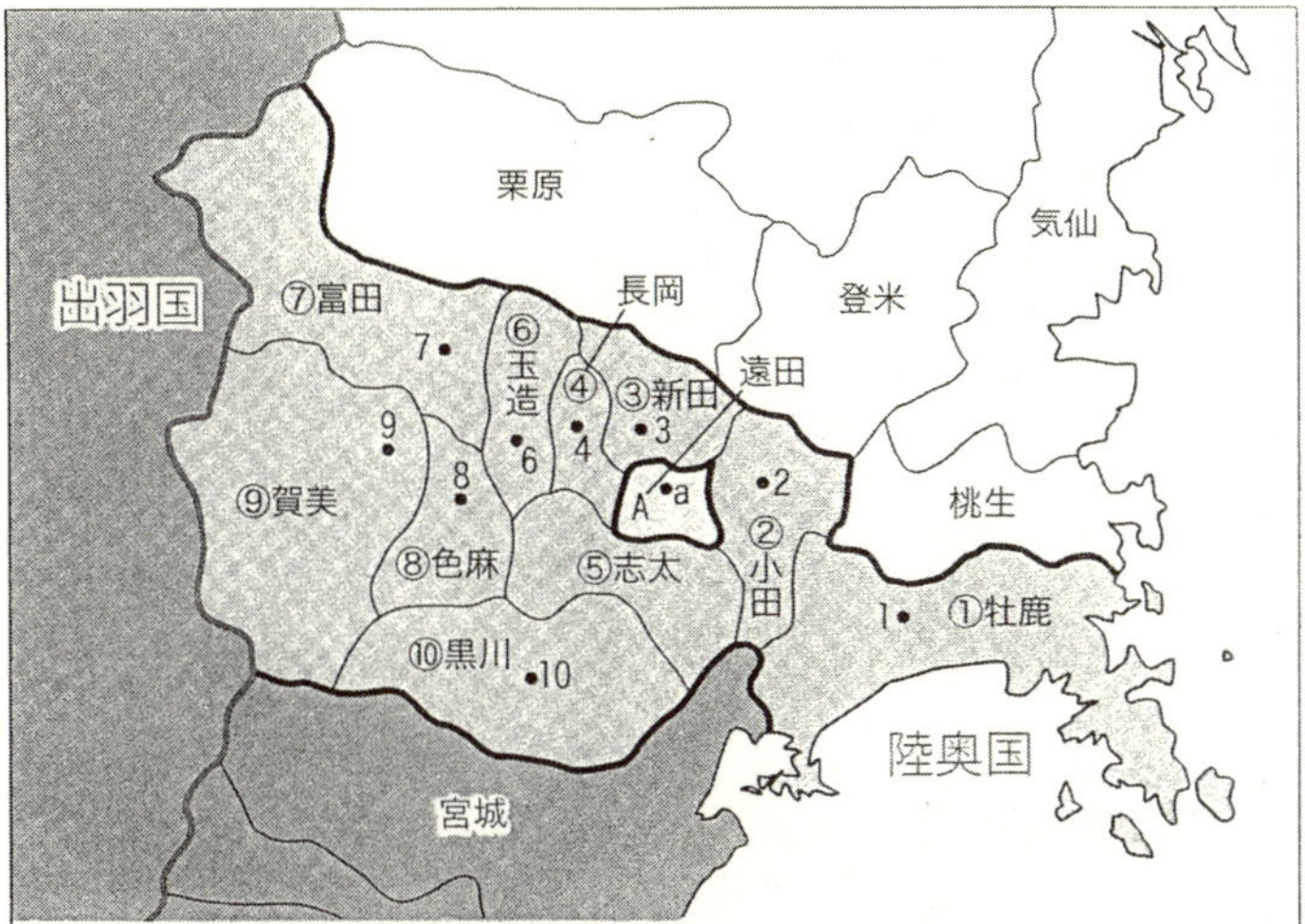

注１：①～⑩は、『続日本紀』延暦八（七八九）年八月己亥条における黒川以北十郡の配列順序。これは十郡を反時計回りで回った順番と考えられる。
注２：１～10、ａは、各郡の場所を推定する重要な手がかりとなる遺跡、または遺存地名。
１. 赤井遺跡（牡鹿柵跡ヵ）、２. 黄金山産金遺跡、３. 新田柵跡、４. 大崎市古川長岡、６. 名生館遺跡、７. 中世の富田郷（大崎市岩出山上一栗、下栗一に比定）、８. 城生柵跡（色麻柵跡ヵ）、９. 東山遺跡（賀美郡家跡ヵ）、10. 一里塚遺跡（黒川郡家跡ヵ）、ａ. 高城（美里町南高城・中高城、大崎市田尻北高城）

図１　黒川以北十郡地図
（『青森県史通史編』１原始・古代・中世、原図：熊谷公男）

3　黒川以北十郡の成立過程

「黒川以北十郡」と通称されるのは、延暦八年(七八九)八月己亥条に「牡鹿・小田・新田・長岡・志太・玉造・富田・色麻・賀美・黒川等一十箇郡」と郡名が列挙されている諸郡のことで、他にも宝亀元年(七七〇)四月癸巳朔条に「陸奥国黒川・賀美等一十郡」とみえる。前者からは、黒川以北十郡にはこの時期存在していたはずの遠田郡が含まれないことが知られる。このことは、遠田郡の性格を解明するうえできわめて重要な意味をもつと考えられる。

黒川以北十郡は、地域的にはほぼ現在の大崎・牡鹿地方とその周辺に該当する。ここで黒川以北十郡の大まかな比定地をみておくことにする。その際に手がかりとなるのは遺存地名、関連遺跡に加えて郡の記載順である。永田英明氏が指摘しているように[18]、黒川以北十郡を列挙した延暦八年(七八九)八月己亥条の①牡鹿―②小田―③新田―④長岡―⑤志太―⑥玉造―⑦富田―⑧色麻―⑨賀美―⑩黒川の配列は、諸郡を東から西へ反時計回り順に並べたものである(黒川以北十郡地図参照)。それぞれの郡は、これまで遺存地名や関連遺跡によって比定地がだいたい定まっているが、⑦富田郡だけは延暦十八年(七九九)に色麻郡に併合されたこともあって、まだ有力な比定地が定まっていない状況である。そこでここで富田郡の所在地を検討しておきたい。

まず富田郡は、延暦十八年に色麻郡に併合されていること(『日本後紀』延暦十八年三月辛亥条)、および十郡の配列順から玉造・色麻両郡と隣接していたと考えられる。富田郡の比定地はこの条件を満たす必要がある。大崎市名生館遺跡が玉造柵の比定地なので、古代の玉造郡は名生館遺跡周辺に求められる。つぎに色麻郡は、近年、加美町城生遺跡が色麻柵の候補地として有力化しているので、この周辺に求められよう。そうすると、富田郡はこの両郡に接した地域ということになるが、玉造・色麻両郡も互いに近接しているので、両郡の間に入れることは困難であって、両郡の北側か南側のいずれかに隣接していたと考えざるをえない。そのうち南側は志太郡の郡域に相当するので、結局、富田郡の比定地は玉造・色麻両郡の北側に隣接する地域にしぼられてくる。そのあたりで手がかりをさがすと、中世文書に玉造郡富田郷がみえ、その比定地が大崎市岩出山上一栗、下一栗とされているので[19]、この地域周辺が古代の富田郡の比定地として浮かび上がってくる。

ただしこの比定には多少の問題がある。というのは、この地域はこれまで玉造郡域に含まれると考えられてきており、『続日本後紀』承和四年(八三七)四月戊申条には「玉造塞温泉石神」がみえる。この温泉石神は大崎市川渡温泉所在の温泉石神社に比定されているが、これが正しいとすると富田郡の比定地に近接しているので、色麻郡への合併後の承和年間にそこが「玉造塞」の所管とされていることをどう理解したらよいかという問題が生じる。「玉造塞」が玉造郡よりも広範囲を管轄していたとすれば整合的理解も可能であるが、なお検討を要しよう。とりあえず、試案として提示しておきたい。

つぎに黒川以北十郡の成立時期を考えてみたいと思うが、この問題についてはこれまで二度にわたって検討しているので、[20]ここでは略述にとどめる。

黒川以北十郡の成立時期を考えるにあたって重要な史料が二つある。ひとつは霊亀元年（七一五）五月庚戌条の「移二相摸・上総・常陸・上野・武蔵・下野六国富民千戸一、配二陸奥一焉」という記事で、もう一つが同書神亀五年（七二八）四月丁丑条の「陸奥国請下新置二白河軍団一、又改二丹取軍団一為中玉作団上。並許レ之」という記事である。

前者の富民千戸とは柵戸のこととみてよいが、ことさらに「富民」と記されていることからも、地域の基幹となる柵戸の移配とみられ、しかも千戸（推定二万人程度）という戸数は柵戸の移配としては最大規模であり、二〇郷分に相当する。霊亀元年の時点で、大崎・牡鹿地方には少なくとも信太・丹取の二つの郡があった。ほかに牡鹿郡家・牡鹿柵に比定される赤井遺跡（東松島市）が七世紀後半代までさかのぼるので、牡鹿郡もすでに建郡されていた可能性がある。富民千戸はそれらの諸郡に移配されたとみられる。千戸＝二〇郷は黒川以北十郡全体の郷数三一郷の過半数にのぼるので、大崎・牡鹿地方の大幅な基盤強化になったことは疑いない。今泉隆雄氏はこの点を重視して、「霊亀元年の柵戸移配によってその（＝黒川以北十郡）骨格が成立した」とする。[21]しかしながら黒川以北十郡の最大の特色は、小規模郡の集合体ということである。そのような、小規模郡が一地域に集中するという近夷郡でもほかに例をみない特徴的なあり方がなぜ成立するのかということは、霊亀元年の富民移配のみでは説明できないと思われる。すなわち富民移配は必要条件ではあっても、十分条件とはいえないのである。

一方、後者の史料は丹取軍団を玉作軍団と改称したという記事である。軍団は二〜四郡ごとに一団置かれ、軍団名には原則として所在郡の名を付した。したがって丹取軍団が玉作軍団と改称されたのは、丹取郡が廃止され、軍団の所在地が玉作（玉造）郡となったことにともなうものと解される。丹取郡が置かれたのは和銅六年（七一三）であるが（同年十二月辛卯条）、黒川以北十郡には含まれず、神亀五年以降の史料にもいっさいみえない。それに対して玉造郡は黒川以北十郡の構成郡なので、丹取郡は黒川以北十郡の成立にともなって玉造などのいくつかのより小型の郡に分割されて消滅したものと解される。

陸奥国信太郡は、慶雲四年（七〇七）に百済救援の役で唐の捕虜となった陸奥国信太郡生王五百足らが遣唐使船に便乗して帰国したという記事にみえるので（同年五月癸亥条）、八世紀初頭に存在したことは確実で、六六三年の百済救援の役以前にまで建評がさかのぼる可能性も考えられる。黒川以北十郡中に志太郡としてみえるが、黒川以北十郡の成立時に志太ほかのいくつかの郡に分割、再編された可能性が高いように思われる。いずれにしても、丹取軍団の改称記事から丹取郡の消滅と玉造郡の成立は神亀五年に近い時期が考えられるので、黒川以北十郡の成立もそのころとみるべきだというのが筆者の考えである。

黒川以北十郡の問題を考えるうえでもう一つ重要な点は、その成立は支配領域の北への拡大にともなうものではなく、それ以前に大崎・牡鹿地方に存在していた信太・丹取等の諸郡の再分割によるものと考えられることである。[22]それは、近年の考古学的な調査の進展によっても裏づけられている。すなわち大崎・牡鹿地方では、七世紀中葉には早くも大崎市名生館遺跡で関東からの移民に関わる集落が出現し、その後少し遅れて七世紀後葉には、大崎市権現山・三輪田遺跡、同南小林遺跡、大和町一里塚遺跡、東松島市赤井遺跡などで、囲郭集落など関東からの移民に関わる特殊な集落が営まれ、その多くが七世紀末には城柵あるいは官衙に転化していくという経緯をたどるのである。[23]

養老四年（七二〇）に陸奥国で蝦夷の反乱が起こり、按察使上毛野広人が殺害されるという大事件が起こる。このときの蝦夷の反乱は、『続日本紀』の記載が簡略なために詳細は不明であるが、種々の点からみて空前の規模の大反乱であったと考えられ、その後の蝦夷政策に甚大な影響をおよぼすことになる。[24]この反乱の直接の原因となったのが、霊亀元年の富民千戸の移配とみられる。この大量移民は、大崎・牡鹿地方の蝦夷の日常生活を脅かすもので、蝦夷が反発をつよめたことは容易に想像がつく。一方、律令国家はこの大崎・牡鹿地方の基盤強化策をふまえて、養老二年(七一八)には陸奥国の南部を石城・石背両国として分立させ(同年五月乙未条)、蝦夷支配を狭くなった陸奥国の国力だけでおこなう体制を整えようとした。その矢先に陸奥蝦夷の大反乱が勃発するのである。

反乱勃発後、辺郡一帯では住民に動揺が広がり、多くの移民が逃亡した(養老五年六月乙酉条、同六年閏四月乙丑条など)。律令国家は混乱を収拾するために三年連続(養老四〜六年)で調庸を免除し、分離したばかりの石城・石背両国を陸奥国に再併合するのである。その記事は『続日本紀』には欠落しているが、近年の研究によれば、養老四年十一月〜同五年十月の間と考えられる。[25]このことは、石城・石背両国の分置からわずか二〜三年で、狭域の陸奥国の国力のみで蝦夷支配をおこなう方針を放棄して広域の陸奥国を復活させ、その全体の国力を蝦夷支配にふりむけるという政策に転換したことを意味しよう。ここにおいて霊亀元年の富民千戸の移配以来取られてきた蝦夷政策は大きく転換することを余儀なくされるのである。陸奥国北縁部の大崎・牡鹿地方の諸郡が分割、再編されて黒川以北十郡が設置されるのは、この蝦夷政策の大転換にともなうものと考えるべきだとするのが、かねてからの私見である。

養老四年の陸奥蝦夷の大反乱に衝撃を受けた律令国家は、矢継ぎばやに蝦夷支配の強化策を実施していく。それを箇条書き風にまとめてみるとつぎのようになる。

(1) 養老二年(七一八)に陸奥国から分立された石城・石背両国を、養老五年(七二一)十月までに陸奥国に再併合し、広くなった陸奥国全体の国力を蝦夷支配にふりむけることにする。

(2) 養老六年閏四月、乱後の復興策として良田百万町歩開墾計画を発令するとともに、当面の間、陸奥・出羽両国で調庸制の停止と新税制への切り替えをおこなって成年男子の大幅減税策を実施し、逃亡した移民の呼びもどしをはかるとともに、蝦夷の不満を和らげるために夷禄の財源を確保する。[26]

(3) 新たな陸奥国府として多賀城を造営し、神亀元年(七二四)に郡山遺跡から国府を移転する。[27]その主要な目的はこの時期に整備される大崎・牡鹿地方の諸城柵との連携を強化することにあったと考えられる。

(4) 大崎・牡鹿地方にいくつかの城柵を造営し、既存の城柵と合わせて玉造・新田・牡鹿・色麻等諸柵による城柵防衛ラインを整備する。（ただし一部の城柵の造営は十数年遅れる可能性あり）

(5) 多賀城に鎮守府を併置し、新たな常備軍として鎮兵を創設して軍団兵士とともに各城柵に配備し、城柵の守備体制を強化する。

(6) 多賀城の成立に前後して、大崎・牡鹿地方の城柵整備とも連動して、既存の信太・丹取等の郡を分割・再編して黒川以北諸郡とする。

このように、養老四年の蝦夷の大反乱後、危機感をもった律令国家は大幅な支配体制の強化策を打ち出した。それが石城・石背両国の陸奥国への再併合、多賀城の創建、大崎・牡鹿地方の城柵防衛ラインの整備・強化、鎮守府＝鎮兵体制の創設等々の諸政策であり、微小な黒川以北十郡の成立も、これら一連の支配体制強化策の一環と考えるのがもっとも合理的であろう。

大崎・牡鹿地方の既存の郡を分割して黒川以北十郡として再編したのは、養老四年の反乱後の大混乱を目の当たりにした律令国家がこの地域の郡支配の強化・安定を緊要な課題とし、その解決のために一つ一つの郡の領域を狭くすることで郡領による郡支配の強化をはかるとともに、この地域に加美町東山遺跡（賀美郡家）―加美町城生柵跡（色麻柵か）―大崎市名生館遺跡（玉造柵）―大崎市新田柵跡―涌谷町日向《ひなた》館跡・城山裏土塁跡（小田郡家か）―東松島市赤井遺跡（牡鹿柵）と、黒川以北十郡を北から取り囲むように城柵をライン状に高密度に配置して防備を固める政策がとられたことが判明してきた。黒川以北十郡の成立を霊亀元年の富民千戸の移配に直結させてしまうと、このような重要な歴史的意義が捨象されてしまうのである。

以上のようなことから、黒川以北諸郡の成立が、養老四年の大反乱に端を発した一連の支配強化策の一環であることは動かしがたいと考える。多賀城碑によれば、多賀城の創建は神亀元年(七二四)なので、筆者は、黒川以北十郡が成立したのも、多賀城の創建に連動してその前後のことであろうと考えてきた。[28] しかしながら現在の研究段階からすると、黒川以北十郡が神亀元年前後にいっせいに成立したと考えることには、いくつかの問題が生じている。それは主として考古学分野の研究の進展によるものである。

佐川正敏氏は、日の出山窯跡群で生産され、加美町城生柵跡や同町東山遺跡に主に供給されている細弁蓮花文軒丸瓦が、平城宮の瓦を祖型としていて天平十年(七三八)前後に年代を比定できることを明らかにした。[29] さらにそれをふまえて村田晃一氏が、色麻柵説が有力な城生柵跡や賀美郡家とみられる東山遺跡は天平九年の奥羽連絡路事業にともなって整備されたという説を提起している。[30] これらの説は、当然色麻郡や賀美郡の成立時期の理解にも関わってくることになる。

賀美郡に関しては、東山遺跡に先行する遺跡が周辺から見つかっていないので、その建郡が天平年間までくだる可能性も否定できないが、色麻郡については城生柵跡の近傍に多賀城の創建よりも古い菜切谷廃寺が所在し、これが郡家付属寺院の可能性もあるので、その建郡じたいが天平九年ごろまでくだるかどうかはなお検討の余地があろう。また城生柵跡を色麻柵跡に比定すると、それまで色麻柵跡付属寺院と考えられてきた色麻町一の関遺跡をどのように理解するのかという新たな問題が生じる。このように近年考古学から提起された黒川以北十郡の成立をめぐる問題に関してはまだ不確定要素も少なくないので、しばらくは研究の進展を見守ることにしたい。

これらの問題とは別に、文献的にも黒川以北十郡が神亀元年前後に最終的に成立したとはいえない事実が存在する。それは遠田郡の成立に関わることである。天平二年(七三〇)正月に陸奥国田夷村に郡家を設置したとする『続日本紀』の記事は、古くから遠田郡の建郡を意味すると考えられてきている。[31] これは天平九年(七三七)に遠田君雄人が「田夷遠田郡領」としてみえることからも首肯できる。遠田郡については、くわしくは次節で取り上げるが、清水・

余戸の二郷のみからなる極小の郡であり、周囲をすべて黒川以北十郡に囲まれていたと考えられる（地図参照）。そうすると遠田郡は、天平二年以前に成立していた黒川以北諸郡のなかから田夷村周辺の領域を割き取って建郡されたことになるので、この時点で郡域の再編がおこなわれたと考えざるをえない。しかも遠田郡を構成する住民には、郡領家で地元の田夷と思われる遠田君氏などだけでなく、牡鹿郡や小田郡などから移住してきたとみられる田夷も含まれていたのである（次節参照）。

さて遠田郡の建郡を律令国家の蝦夷政策の所産とみる立場に立つと、建郡直後の天平九年（七三七）に、多賀城と秋田出羽柵を結ぶ連絡路建設の準備として、「帰服狄」和我君計安塁を山道へ派遣するとともに、「田夷遠田郡領」の遠田君雄人を海道へ派遣して、動揺する蝦夷たちを説得させていることが改めて注目される。遠田郡領が奥羽連絡路事業で重要な役割をはたしているのである。さきに、色麻郡や賀美郡が奥羽連絡路事業にともなって整備された可能性があるという説にふれたが、天平二年の遠田郡の建郡も奥羽連絡路事業に関連していた可能性が考えられよう。いずれにしても黒川以北十郡の最終的な成立は、早くとも遠田郡が建郡される天平年間をまたなければならなかったのである。一方、天平十四年（七四二）正月己巳条の「部下黒川郡以北十一郡」が、後述のように黒川以北十郡に遠田郡を加えたものと考えられるので、この時点が成立の下限ということになる。

4　黒川以北十郡の住民構成と「田夷郡」遠田郡

黒川以北十郡は、既述のように、坂東諸国や陸奥国南部からの移民を主体として編成された「近夷郡」であったが、もともとは蝦夷の地であったこともあり、蝦夷系住民も多数住んでいた。その蝦夷系住民は大きく俘囚と田夷に分けられる。

『延喜式』（巻三十 大蔵省）では、服属した蝦夷を「蝦夷」第一～六等と「俘囚」外五位～外初位に区分し、爵位に応じた来朝時の賜物の額を規定しており、服属した蝦夷はこの二種類に大別されていたことが知られる。古垣玲氏によれば、[32]「蝦夷」とは集団のまま律令国家に服属して、○○（地名）＋君（公）という姓を与えられた人々のことである。それに対して「俘囚」は、個別に律令国家の支配下に取り込まれて大伴部・吉弥侯部などの部姓を与えられた人々と考えられる。古垣氏は「蝦夷と俘囚の相違は、第一義的には、帰降した際の地縁的結合の有無という点に求められる」としているが、霊亀元年の香河村・閇村の蝦夷郡の建郡記事に「親族」という言葉が使われているように、「地縁的結合」というよりは同族結合の有無とみた方がよいと思われる。

黒川以北十郡には、右の両タイプの蝦夷系住民が居住していた。それが「俘囚」と「田夷」である。「田夷」は、天平二年の遠田郡の建郡記事に「田夷村蝦夷等」とあり、さらには同九年の奥羽連絡路開設の記事には「田夷遠田郡領外従七位上遠田君雄人」と、地名＋君の姓を有しているので、蝦夷身分の下位区分とみられる。

まず黒川以北十郡内の俘囚についてみてみると、伊治城造営後の神護景雲三年（七六九）、牡鹿郡の俘囚大伴部押人が俘囚身分を脱して「調庸民」（＝公民）になることを願い出て許されている。押人の申立によれば、その先祖は紀伊国名草郡片岡里の人で、むかし先祖の大伴部直《あたい》が征夷に従軍して小田郡の嶋田村に到ってそこに住みついたが、その後子孫が蝦夷にとらわれ、やがて蝦夷の俘となったといい、その後、蝦夷のもとを抜け出して律令国家の領域内に住むようになったと述べる（同年十一月己丑条）。興味深い内容の話ではあるが、先祖の大伴部直がいつごろの人物か不明であるし、[33]紀伊国名草郡の住人が征夷に従軍したなど、荒唐無稽に思われるような内容も含まれる。公民身分に編入されるための主張であるから、ここから事実をくみ取ることには慎重であるべきであろう。

この押人の申立が先例となって、翌宝亀元年（七七〇）には黒川以北十郡の俘囚三九二〇人が「己等父祖本是王民。而為レ夷所レ略、遂成二賤隷一」と、同様の理由で「除二俘囚之名一、輸二調庸之貢一」と、公民となることを訴え出て許可されている（同年四月癸巳朔条）。彼らの主張もそのまま信じるわけにはいかないが、興味深いのは、押人は「抜二彼虜庭一」といい、黒川以北十郡の俘囚たちも「今既殺レ敵帰降」と語っていて、いずれも他所から黒川以北十郡に来帰した人々とみられることである。天平宝字二年（七五八）には、陸奥国の「去年八月以来、帰降夷俘、男女惣一千六百九十余人。或去二離本土一、帰二慕皇化一、或身渉二戦場一、与レ賊結レ怨。……望請、准二天平十年閏七月十四日勅一、量二給種子一、令レ得レ佃レ田、永為二王民一、以充二辺軍一」という請願が認められている（同年六月辛亥条）。彼らはこのような形でより北の地域から個別に帰服し、黒川以北十郡に来住した人々ではないかと思われる。[34] それが、前年の大伴部押人の請願がきっかけとなっていっせいに公民となったのであろう。三九二〇人というのはかなりの数なので、この時点で黒川以北十郡に居住する俘囚は、大半が公民身分に編入されたのではないかと思われる。ただし宝亀五年（七七四）の三十八年戦争勃発後は、同年十月に海道蝦夷の拠点である遠山村（現登米市カ）を急襲したときに「遂使二窮寇奔亡、降者相望一」とあり（同年十月庚午条）、あるいは延暦十九年（八〇〇）にも「帰降夷俘、各集二城塞一、朝参相続、出入寔繁」（『類聚国史』巻一九〇俘囚　同年五月戊午条）とみえているように、しばしば多数の蝦夷の帰降が発生しているので、その一部がふたたび黒川以北十郡に来住したことは十分に考えられる。

なお右の押人らの記事で、公民となることを「為二調庸民一」あるいは「輸二調庸之貢一」と表現しているので、俘囚は調庸を賦課されていなかったことになる。「蝦夷」身分の場合も、同様に課役は賦課されていなかったとみてよい。弘仁三年（八一二）、竹城公金弓ら三九六人が、「田夷之姓」のままだと子孫の恥となるので「伏請改二本姓一為二公民一、被レ停レ給レ禄、永奉二課役一」と願い出て勅許されている（『日本後紀』同年九月戊午条、表2参照）。結局、当人の代は課役を免除されたうえで、公姓に代わって臣または連の姓を賜与されている。このように俘囚も蝦夷も課役を免除されていたことは、柵戸との重要な差異である。この課役負担の差異は、当然のことながら郡制に反映された。「蝦夷郡」「田夷郡」の問題が「身分」論に解消できない所以である。

天平二年(七三〇)正月、陸奥国田夷村の蝦夷の申請により田夷村に郡家を設置した。これが遠田郡の建郡に相当すると考えられることは、既述の通りである。遠田郡は『和名抄』によれば清水・余戸の二郷からなる微小な郡であった。かつて大槻文彦氏は、遠田郡の郡域を推定するのに二つの根拠をあげていた。一つは旧高清水村(現栗原市高清水)およびその西南に接する旧清水沢村(現大崎市古川清水沢)を清水郷の遺称地とする沖安海の説に賛同していることであり、もう一つは弘仁三年(八一二)に竹城公金弓ら一二二人が陸奥磐井臣、竹城公多知麻呂ら八八人が陸奥高城連に改賜姓されているが(『日本後紀』同年九月戊午条)、この竹城・高城の地を明治当時の遠田郡高城村に比定していることである。(35) この旧高城村は、現在の美里町北部(旧小牛田町)の南高城・中高城とその北に隣接する大崎市田尻(旧田尻町)の北高城に相当する。

この二つの根拠のうち、旧高清水村・清水沢村を遠田郡清水郷の遺称地とする説は、現段階では成立しがたい。というのはそれより南の大崎市田尻八幡に新田柵跡が所在し、その周辺が新田郡の郡域であることは動かないので、遠田郡が新田郡の郡域を飛び越えてその北にまで広がることはあり得ないからである(地図参照)。一方、もう一つの旧高城村を田夷の高城(竹城)公氏の遺称地とみることは妥当性が高いと思われる。弘仁三年には竹城公金弓が田夷諸氏を代表して改賜姓の申請をおこなっているし、人数ももっとも多いので(表2参照)、郡内では遠田君(公)氏につぐ有力田夷であったとみてよい。そのうえ旧高城村を本来の遠田郡域とみることをさまたげる材料は、これといってみあたらない。再三ふれているように、遠田郡は余戸を含めてわずか二郷という極小の郡であるし、小田・新田・長岡・志太という周辺諸郡の郡域との兼ね合いからみても(地図参照)、周囲を黒川以北十郡で囲まれた最小規模の郡域を想定するのが妥当と思われる。

遠田郡は田夷村に郡家をおいて建郡された郡であったが、「田夷」とは「山夷」に対する呼称である。しかし農耕蝦夷をすべて「田夷」といったわけではない。近年の研究では、蝦夷もその多くが稲作をおこなっていたことが解明

表2　遠田郡田夷改賜姓一覧

(1)　延暦9(790).5.庚午（『続日本紀』）

遠田郡領外正八位上勲八等遠田公押人が「己、既洗二濁俗一、更欽二清化一。志同二内民一、風仰二華土一。然猶未レ免二田夷之姓一、永貽二子孫之恥一。伏望、一同二民例一、欲レ改二夷姓一」と請願する。

外正八位上勲八等遠田公押人 ⟶ 遠田臣

(2)　弘仁3(812).9.戊午（『日本後紀』）

遠田郡の人竹城公金弓ら396人が「己等未レ脱二田夷之姓一、永貽二子孫之恥一。伏請改二本姓一為二公民一、被レ停レ給レ禄、永奉二課役一」と請願する。勅許するが、当人の代は終身課役を免除する。

遠田郡人

勲七等竹城公金弓等 勲八等黒田竹城公継足等 勲九等白石公真山等	男女122人	⟶ 陸奥磐井臣
勲八等竹城公多知麻呂等 勲八等荒山花麻呂等	88人	⟶ 陸奥高城連
勲九等小倉公真祢麻呂等	17人	⟶ 陸奥小倉連
勲八等石原公多気志等	15人	⟶ 陸奥石原連
勲八等柏原公広足等	13人	⟶ 椋椅連
遠田公五月等	69人	⟶ 遠田連
勲八等意薩公持麻呂等	6人	⟶ 意薩連

小田郡人

意薩公継麻呂等 遠田公浄継等	66人	⟶ 陸奥意薩連

(3)　弘仁6(815).3.丁酉（『日本後紀』）

遠田郡人

竹城公音勝等	35人	⟶ 高城連
真野公営山等	46人	⟶ 真野連
白石公千嶋等	39人	⟶ 白石連
遠田公広楯等	29人	⟶ 遠田連
意薩公広足等	16人	⟶ 意薩連

されているが、「田夷」とよばれるのは陸奥国では遠田郡の蝦夷にほぼ限られるからである。「田夷之姓」とか「山夷禄」(『日本後紀』延暦十八年三月壬子条)といういい方があり、『日本後紀』弘仁三年九月戊午条によれば、田夷は共通して禄を支給されていたことが知られる。しかも「田夷遠田郡領外従七位上遠田君雄人」(天平九年四月戊午条)という表記法を「陸奥蝦夷第三等邑良志別君宇蘇弥奈」(霊亀元年十月丁丑条)や「陸奥国牡鹿郡俘囚外少初位上勲七等大伴部押人」(神護景雲三年十一月己丑)などと対比すれば明らかなように、「田夷」というのは「山夷」とともに蝦夷のなかの特定の身分を示す呼称と考えられる。蝦夷身分のなかで、国家から禄とともに種子・田地などを支給されて耕作に従事する代わりに、後述のように俘軍など特殊な負担が課せられた蝦夷をさすとみることができると思われる。

この遠田郡が行政的に黒川以北十郡と区別されていたことは、さきに引用した延暦八年(七八九)八月己亥条に「其牡鹿……黒川等一十箇郡、与レ賊接レ居、不レ可二同等一。故特延二復年一」と、黒川以北十郡の復除(＝課役免)の年限を延長した際に遠田郡が除外されていることから明らかである。除外された理由は明瞭で、遠田郡は、表2の(2)などからも明らかなように、郡の主体を占める田夷諸氏はもともと課役が賦課されていなかったからである。なお天平十四年(七四二)正月己巳条には「黒川郡以北十一郡」に赤雪がふったという記事がみえ、これは黒川以北十郡に遠田郡を加えたものと考えられるが、今泉隆雄氏が指摘しているように、この場合は赤雪という自然現象なので遠田郡も含んでいるのである(36)。遠田郡が郡制上、黒川以北十郡と区別されていることは明白な事実である。

これに対して伊藤循氏は、「田夷」の遠田郡領は蝦夷爵ではなく文位(通常の位階)をもつので蝦夷ではない、したがって蝦夷郡ではないとしている。しかし問題はそう単純ではない。それは、まず身分表記が「夷」(＝蝦夷)なのに、文位を有している例が複数存在するからである。「夷外従五位上宇漢米公色男・外従五位下尓散南公独伎」(『日本後紀』弘仁三年正月乙酉条)、「近江国夷外従八位下爾散南公沢成」(『文徳天皇実録』天安二年五月己卯条)、「近江国夷外従六位下爾散南公河継」(『三代実録』貞観九年正月八日己酉条)などがそれであり、蝦夷爵をもつ「夷」が新たに文位を授かっている例を加えると事例は倍増する。しかもこれらの「夷」はすべて地名＋公の姓を有しているので、その点からも蝦夷身分であることは動かしがたい。俘囚の乱を鎮めたり、私稲を供出して弊民を救った「夷」に位階を授けている例があるので、功績のあった蝦夷には文位を授けることがあったと考えるしかないであろう。したがって天平九年の陸奥出羽連絡路の記事に「田夷遠田郡領外従七位上遠田君雄人」とあることだけで蝦夷身分でないと断じることはできないのである。伊藤氏は、さきに引用した天平二年の田夷村の建郡記事に「請、建二郡家于田夷村一、同為二百姓一」とあることを重視して、田夷は百姓身分であるとする。ところが伊藤氏が数少ない蝦夷郡の実例と認めている閇村の建郡記事にも「便建二郡家一、同二於百姓一」とよく似た字句がみえているから、これは単なる決まり文句にすぎないとみるべきであろう。むしろ注目すべきは、天平九年の記事に「田夷」とあることで、さきにもふれたようにこれは身分表記と解するほかない。遠田君（公）などの田夷諸氏は、建郡後も地名＋君（公）という蝦夷身分に特有の姓を保持し、「田夷」という特殊な身分であり続けたと考えられる。しかも、既述のように「田夷」には課役が賦課されないうえ、延暦～弘仁期に多くの田夷諸氏が「田夷之姓」をきらって改姓を申し出て認められていることから（表2参照）、建郡後も蝦夷特有の姓が社会的な差別の対象となっていたことが知られ、一般公民とは明確に異なる特殊な身分でありつづけたのである。

なお『日本後紀』延暦十六年（七九七）正月庚子条にみえる「遠田郡人外大初位上丸子部八千代大伴山田連」という改賜姓について、旧稿でこれをその姓から「移民系の住民と考えられ、遠田郡にも移民系の住民が存在したことが知られるが、全体としては少数とみてよいであろう」と注でふれたところ、伊藤氏から「少数だと断定することもできないし、少数だとしても公民が存在したことを軽視することはできない」との批判を受け、伊藤氏はこれを遠田郡が蝦夷郡でない根拠の一つに加えている。

この議論にはいささか驚かされた。遠田郡は、既述のように、天平二年に陸奥国が「田夷村蝦夷等」のために「田夷村」に郡家を建てたいと申請して建郡が認められた郡であり、郡領氏族であったのも「田夷」の遠田君(公)氏で、その後も律令的な賦課が免除され、夷禄を支給されるなど特殊な扱いを受けていた。さらに、延暦~弘仁期に田夷諸氏があいついで改姓していることも、田夷の特殊な立場を示している。しかも遠田郡は黒川以北十郡とは行政的に峻別されていたのである。このような事実が知られるのは、もちろん遠田郡だけである。一方、移民系の遠田郡の住民はさきの丸子部八千代しか確認できない。このように遠田郡の特異性を示す重要な事実が多数あるにもかかわらず、それらにまったくふれることなく、ただ移民系が少数だと断定はできないと批判するだけでは、辺郡における郡支配の実態は決して明らかにならないであろう。本稿で縷々説明したように、そもそも移民系の住民が多数を占めていれば、郡領氏族も移民系でなければ郡支配が成り立つはずがないのである。

実は、隼人郡もすべてが隼人で構成されていたわけではなく、移民系の住民が一定数含まれていたと考えられる。それは「薩摩国正税帳」の郡司署名をみると、推定薩摩郡の主帳の肥君広龍や推定阿多郡の主帳の建部神嶋など、氏姓から移民系とみられる郡司がいることが知られ、これは郡内の移民系住民から選任されたとみられるからである。したがって、田夷郡の遠田郡に少数の移民系住民がいることは何ら異とするに足りないのである。

田夷郡遠田郡には、もう一つ重要な問題がある。それは、前節でふれたように、律令国家の蝦夷政策の一環として遠田郡が建郡されたとみられることである。筆者は、この問題を解く鍵は「田夷村」という村名にあると考える。通常、律令制下の村名は地名＋村であり、その点はいわゆる蝦夷村も、雄勝村・志波村などとあるように同様である。それらとくらべて「田夷村」という村名は、「田夷で構成される村」という意味であろうから、地名にもとづくものでないことが明らかで、おそらくほかに例のない、きわめて特異な村名である。筆者は、それは田夷村が通常の自然村落でないことに起因しているのではないかと考える。

遠田郡の田夷諸氏のなかに弘仁六年(八一五)に真野連に改姓された真野公氏がいる(表2の(3)参照)。ところが一九九一年に、石巻市田道町遺跡から出土した延暦十一年(七九二)の紀年のある出挙木簡に「真野公」がみえることで[37]、この真野公の本拠地の見方が大きく変わることになった。というのは、古代の牡鹿郡内(現石巻市)に真野(旧真野村)あるいは真野川という地名が遺存しており、しかもこれは『万葉集』三九六番の「陸奥之　真野乃草原(陸奥の　真野の草原《かやはら》)」という歌から古代までさかのぼるとみられるので、真野公氏の本拠地は牡鹿郡の真野であったことが確実視されるようになったからである。そうすると遠田郡の真野公は、牡鹿郡から移住してきた田夷ということになる。

ほかにも表2の(2)(3)にみえる遠田・小田両郡の意薩公については、現涌谷町の小里が発祥の地であるという説が古くからあり[38]、黒川郡大郷町には石原(旧石原村)の地名が存し、玉造郡岩出山町の真山はもと小倉沢または小倉といった。また現仙台市泉区の根白石ももとは白石といったという[39]。これらはそれぞれ田夷諸氏の石原公・小倉公・白石公の故地である可能性がある。地名比定はどうしても不確実な部分が残るが、遠田郡を構成する田夷の一定部分は、黒川以北十郡を中心とする周辺の諸郡から移配された蝦夷系諸豪族によって構成されていたとみてよいと思われる[40]。田夷村という特異な村名は、遠田君や竹城公などの地元の有力蝦夷集団に加えて黒川以北十郡周辺の蝦夷のうち律令国家の蝦夷政策に協力的な集団を田夷諸氏として編成し、田夷村に集団的に移住させたことで名づけられたと考えられるのである。遠田郡はこのようにして編成された田夷諸氏を中核に建郡された文字通りの田夷郡なのであった。

筆者は、この田夷諸氏こそ黒川以北十郡の本来の住民であろうと考える。さきに黒川以北十郡在住の俘囚がより北の地域から個別に帰降してきた蝦夷であることをみたが、遠田郡に集住させられた田夷諸氏は、真野氏や意薩氏の場合から知られるように、本来の拠点にも一族の一部が残っていたとみられ、少なくとも九世紀初頭ごろまでは同族的まとまりを保持し続けていたのではないかと考えられる。

では、律令国家はどのような目的で田夷諸氏を集住させ、田夷郡たる遠田郡を建郡したのであろうか。それはまず、既述のように、建郡時期が天平二年と陸奥・出羽連絡路事業に近接しており、なおかつ遠田郡領の遠田君雄人が奥羽連絡路開設事業で重要な役割をはたしていることからみて、この事業が建郡の直接の契機となったことは十分に考えられる。しかしながら奥羽連絡路は一過性の事業であるから、建郡の目的として十分とはいいがたい。そこで注目されるのが、改賜姓の対象となっている田夷の多くが勲位保持者であることである(表2参照)。また延暦九年(七九〇)に遠田臣に改賜姓された押人は翌十年に同八年の巣伏村の戦いで戦死した丈部善理らとともに外従五位下を授かっている(同年二月乙未条)。これらは田夷諸氏が三十八年戦争において中央政府側に協力して征夷に俘軍として従軍し、さまざまな武勲を立てたことを物語るもので、このことが田夷郡建郡の目的を端的に示していよう。すなわち、遠田郡は黒川以北十郡一帯の蝦夷を律令国家の蝦夷政策に協力させるために田夷村に集住させて建郡された田夷郡であって、蝦夷郡の一種といってよいであろう。

遠田郡は、征夷の終結にともなってその役割を終え、弘仁三年(八一二)・六年と相ついで「田夷之姓」から通常の臣・連の姓へと改姓されて、公民身分に編入されていった。こうして、田夷郡遠田郡は通常の令制郡へと変化していくのである。

おわりに

以上、八世紀半ばまで陸奥国の北縁部を構成していた黒川以北十郡と遠田郡について、それらの諸郡の郡域や郡制のあり方を中心にみてきた。黒川以北十郡のある大崎・牡鹿地方は、七世紀後半以降、陸奥国の北縁部を構成しており、そこには八世紀初頭までに信太・丹取などいくつかの近夷郡(評)が置かれ、さらに霊亀元年(七一五)にはそこに一〇〇〇戸もの坂東の富民が柵戸として送り込まれて蝦夷支配体制の強化が図られた。ところが、律令国家のこのような政策に反発した陸奥の蝦夷が養老四年(七二〇)に反乱を起こし、陸奥国を大混乱におとしいれたことによって、陸奥国の蝦夷支配は根本から見直しを迫られることになったのである。

分立したばかりの石城・石背両国を、わずか二～三年で陸奥国に再併合したことにはじまり、調庸制の一時停止や新国府多賀城の創建、鎮守府＝鎮兵体制の創出など、蝦夷支配体制の抜本的見直しを図るなかで、養老四年の蝦夷の反乱の主要な拠点であったと目される大崎・牡鹿地方の支配体制の強化策も実施された。それが信太・丹取等の郡をより小さな郡に再分割するとともに、玉造・新田・牡鹿等の城柵を再整備または新たに造営してそれらの郡を統括する体制をとるようにしたのである。

狭小な近夷郡の集合体としての黒川以北十郡の基本形ができたのはこの時期と考えられるが、十郡のすべてがこの時点で出そろったかどうかは明確でない。賀美郡など一、二の郡の成立は天平期の七三〇年代にまでずれ込む可能性も考えられる。さらにその後、大崎・牡鹿地方一帯の服属した蝦夷を田夷諸氏として編成して、その主要部分を田夷村に集住させ、天平二年(七三〇)にはその田夷諸氏を中核にして遠田郡が建郡された。こうして養老四年の蝦夷の大反乱を直接の契機として、狭小な近夷郡としての黒川以北十郡と特殊な田夷郡としての遠田郡という二本柱からなる新たな律令国家北縁部の郡制が成立するのである。

註

(1)『日本書紀』持統三年(六八九)正月丙辰条にみえる「陸奥国優嗜曇郡」はのちの出羽国置賜郡。
(2)『続日本紀』慶雲四年(七〇七)五月癸亥条には白村江戦で唐軍の捕虜になった人物として「陸奥国信太郡生王五百足」がみえる。
(3) 拙稿「近夷郡と城柵支配」(『東北学院大学論集 歴史学・地理学』二一、一九九〇年)。
(4) 伊藤循「「上治郡」と蝦夷郡」(『古代天皇制と辺境』同成社、二〇一六年)。
(5) 拙稿「陸奥国上治郡考」(『東北学院大学東北文化研究所紀要』五〇、二〇一八年)。

（6）井上辰雄『隼人と大和政権』（学生社、一九七四年）。中村明蔵『新訂 隼人の研究』（丸山学芸図書、一九九三年）。
（7）坂本太郎「律書残篇の一考察」（『坂本太郎著作集』七、吉川弘文館、一九八九年、初出は一九三四年）。
（8）井上辰雄「薩摩国正税帳をめぐる諸問題」（『正税帳の研究』塙書房、一九六七年）。
（9）鈴木拓也「文献史料からみた古代山城」（『条里制・古代都市研究』二六、二〇一一年）。
（10）今泉隆雄「八世紀郡領の任用と出自」（『古代国家の地方支配と東北』吉川弘文館、二〇一八年、初出は一九七二年）。
（11）伊藤氏、前掲「「上治郡」と蝦夷郡」。
（12）伊藤循「隼人の天皇守護と夷狄論批判」（前掲『古代天皇制と辺境』）。
（13）拙稿、前掲「近夷郡と城柵支配」。
（14）拙稿、前掲「近夷郡と城柵支配」。
（15）古垣玲「蝦夷・俘囚と夷俘」（『川内古代史論集』四、一九八八年）。
（16）『青森県の地名』〈日本歴史地名大系〉（平凡社、一九八二年）。
（17）高橋富雄氏は、現二戸市浄法寺町長流部《おさるべ》にあてている（『天台寺―みちのく守護の寺―』〈東書選書〉七〇頁、東京書籍、一九七七年）。
（18）永田英明「古代陸奥国海道・山道考」（『国史談話会雑誌』五六、二〇一五年）。
（19）前掲『宮城県の地名』、および『角川日本地名大辞典 宮城県』（角川書店、一九七九年）など。
（20）拙稿「黒川以北十郡の成立」（『東北学院大学東北文化研究所紀要』二一、一九八九年）、拙稿「多賀城創建再考」（科学研究費補助金基盤（B）（研究代表者辻秀人）研究成果報告書『古代東北・北海道におけるモノ・ヒト・文化交流の研究』二〇〇七年）。
（21）今泉隆雄「多賀城の創建―郡山遺跡から多賀城へ―」（『古代国家の東北辺境支配』吉川弘文館、二〇一六年、初出は二〇〇一年）。
（22）拙稿、前掲「多賀城創建再考」。
（23）高橋誠明「多賀城創建にいたる黒川以北十郡の様相―山道地方―」・佐藤敏幸「多賀城創建にいたる黒川以北十郡の様相―海道地方―」（『第二九回 古代城柵官衙遺跡検討会資料集』二〇〇三年）。

(24) 拙稿「養老四年の蝦夷の反乱と多賀城の創建」(『国立歴史民俗博物館研究報告』八四、二〇〇〇年)。
(25) 佐々木茂楨「古代陸奥国の「名取以南一十四郡」と多賀・階上二郡の権置」(『国史談話会雑誌』五〇、二〇一〇年)。
(26) 鈴木拓也「陸奥・出羽の調庸と蝦夷の饗給」(『古代東北の支配構造』吉川弘文館、一九九八年、初出は一九九六年)。
(27) 吉野武「多賀城創建木簡の再検討」(『歴史』一二六、二〇一六年)。
(28) 拙稿、前掲「黒川以北十郡の成立」。
(29) 佐川正敏「陸奥国の平城宮式軒瓦六二八二―六七二一の系譜と年代」(『東北学院大学 東北文化研究所紀要』三二、二〇〇〇年)。
(30) 村田晃一「黒川以北十郡における城柵・官衙群」(『考古学ジャーナル』六〇四、二〇一〇年)。
(31) 大槻文彦「陸奥国遠田郡小田郡沿革考」(『復軒雑纂』廣文堂書店、一九〇二年)。
(32) 古垣氏、前掲「蝦夷・俘囚と夷俘」。
(33) 『古屋家家譜』には、乎多氏命が「従二日本武尊東征之軍一駐二陸奥国小田郡島田邑一鎮二東夷一」という記述がみえている。
(34) 旧稿「近夷郡と城柵支配」では彼らを黒川以北十郡の本来の住民と考えたが、本文のように訂正しておく。
(35) 大槻、前掲「陸奥国遠田郡小田郡沿革考」。
(36) 今泉氏、前掲「多賀城の創建」。
(37) 平川南「宮城県石巻市田道町遺跡木簡」(『田道町遺跡』石巻市文化財調査報告第7集、一九九五年)。
(38) 大槻、前掲「陸奥国遠田郡小田郡沿革考」。
(39) 前掲『宮城県の地名』、および『角川日本地名大辞典 宮城県』など。
(40) 拙稿「田道町遺跡出土の『真野公』木簡をめぐって」(前掲『田道町遺跡』)。

天平十五年金光明最勝王経転読会と陸奥国
——福島県江平遺跡出土木簡再考——

堀　裕

はじめに

『続日本紀』によれば、天平十五年(七四三)正月、聖武天皇が、大養徳国金光明寺に僧侶を集め、そこでの法会を模範としながら、正月十四日から四十九日の間、「海内出家之衆」を「所レ住処」に勧請して、「大乗金光明最勝王経」を転読し、あわせて全国に殺生禁断などを求めた。そして、この法会と関わる可能性のある木簡が、福島県玉川村の江平遺跡から出土していることはよく知られている。ほぼ完形で、長さ二四センチの短冊型をした木簡の釈文は次の通りである。

・「最□〔勝カ〕□仏説大□〔弁カ〕功徳四天王経千巻又大□〔般カ〕□百巻」
・「合千巻百巻謹呰万呂精誦奉天平十五年三月□日」

江平遺跡(1)は、陸奥国白河郡に属したとみられ、そこから南西に直線距離で約一二キロに位置する白河郡衙跡とみられる関和久遺跡や、その近傍の借宿廃寺とともに阿武隈川流域に立地する。発掘調査によれば、八世紀後半から九世紀前半までは機能したとみられる堰跡やその下流の沢地から、木簡のほか、竹笛、鉄製紡錘車、木製鋤先、ヒョウタンと桃の種子などが出土しており、これらが祭祀と関わるとみる説もある。この近くで見つかった八世紀頃の遺構は三期に分類され、木簡作成時期と重なる二番目の遺構面からは、主軸方向を真北に揃えた複数の竪穴住居跡のほか、掘立柱建物跡が存在していたとみられる。なお、八世紀末から九世紀とみられる遺構面から、「寺」と記された九世紀前葉から中葉の墨書土器が出土している。この遺構の前身遺構も「寺」と関わると考える説、つまり「寺」と木簡が関係するという理解もある。しかし、木簡と「寺」と書かれた墨書土器は、時期が異なるため、この点は慎重な判断が必要である。

この木簡の理解をめぐっては、最初に木簡の読解を行った平川南氏や、発掘調査に携わった福島雅儀氏の研究(2)のほか、窪田大介氏や川尻秋生氏、三舟隆之氏等の研究(3)がある。これらの研究では、木簡に記された年月日と誦経経典から、先にも触れたように、天平十五年正月の全国的な法会と関係するとの指摘のほか、経典と『金光明経』・『金光明最勝王経』との関係、「呰万呂」がどのような人物であるのか、あるいは「呰万呂」が誦経した場所などが論じられてきた。研究史の詳細は、本文中で改めて整理したいが、これまでの研究によって重要な指摘が多くなされてきたものの、必ずしも十分ではないと考える。

ところで、天平十五年正月の法会の意義を考えることは、木簡の検討をすすめるにあたって、欠かすことのできない点である。けれども、両者の関係については、これまで具体的に論じられることはなかった。

法会そのものの意義については、吉川真司氏が(4)、天平十三年に出された国分寺建立の詔勅を受けて、とくに大養徳国金光明寺(国分寺)の活動開始を告げるものと位置づけた。関連して、正倉院文書に残る優婆塞・優婆夷の貢進文のなかには、天平十四年十一月に、大養徳国の城下郡司が、大養徳国国分二寺の僧尼候補者選定命令に応じて、二人の俗人男性を貢挙している例がある。これと同時期の天平十四年十一月十四日から翌十五年正月九日までに作成された一群の優婆塞・優婆夷の貢進文を国分二寺の僧尼選定のための文書と理解する説がある(5)。吉川氏も、同様に理解し、活動開始のために増員された大養徳国金光明寺の僧と、同法華寺の尼の候補者であったとした。

このように天平十五年正月から始まる大養徳国分寺を中心とした全国的な法会と、大養徳国分二寺僧尼の選定が連動するならば、改めてこの諸国を含んだ法会と江平遺跡出土木簡との関係を考える必要がある。これはつまり、天平十五年正月法会の歴史的意義について、大養徳国に止まらず、陸奥国、あるいは諸国という視点から考える試みだともいえよう[6]。

1　江平遺跡出土木簡

(1)『金光明経』

インドで成立し、『金光明経』などとして複数の種類に漢訳された同種の経典群のうち、倭・日本への伝来が確認できるのは、次の三種である。それは、北涼で、五世紀初めにインド僧の曇無讖が訳した『金光明経』四巻と、隋・開皇十七年(五九七)に宝貴が、曇無讖訳を含めた旧訳を集め編集した『合部金光明経』八巻、則天武后の周・長安三年(七〇三)に、義浄がインドより請来したテキストをもとに新訳した『金光明最勝王経』十巻(以下『最勝王経』とする)、の三種である。この三種の巻と品の構成を一覧にしたものが表1である。

これら『金光明経』や『最勝王経』等と関わるとみられる木簡記載の経典について、福島雅儀氏は、『最勝王経』そのものではなく、旧訳も含めた「いくつか編集本を合わせたもの」とする。

これに対して、平川南氏は、より詳細な検討を行い、「呰万呂」は、『金光明経』四巻の巻二の一部を誦したとの見解を示した。平川氏は、木簡表面冒頭の「最」以下四文字が、『最勝王経』を意味する可能性を指摘し、それに対して、次の書き出しに当たる「仏説」がやや左寄せに小さく書かれていることから、「註記に近い記載」とする。そのうえで、そこに記載される「大□〔弁カ〕功徳四天王」と、『金光明経』四巻・『合部金光明経』八巻・『最勝王経』十巻の各

表1　『金光明経』等における巻・品の対照表

『金光明経』(4巻)			『合部金光明経』(8巻)			『金光明最勝王経』(10巻)			
巻	品	品名	巻	品	品名	巻	品	品名	分科
1	1	序品	1	1	序品	1	1	序品	序分
	2	寿量品		2	寿量品		2	如来寿量品	正宗分
				3	三身分別品	2	3	分別三身品	
	3	懺悔品	2	4	懺悔品		4	夢見金鼓懺悔品	
				5	業障滅品	3	5	滅業障品	
			3	6	陀羅尼最浄地品	4	6	最浄地陀羅尼品	
	4	讃歎品	4	7	讃歎品	5	7	蓮華喩讃品	
							8	金勝陀羅尼品	
	5	空品		8	空品		9	重顕空性品	
				9	依空満願品		10	依空満願品	
2	6	四天王品	5	10	四天王品		11	四天王観察人天品	流通分
						6	12	四天王護国品	
			6	11	銀主陀羅尼品	7	13	無染著陀羅尼品	
							14	如意宝珠品	
	7	大弁天神品		12	大弁天品		15	大弁才天女品一	
						8	15	大弁才天女品二	
	8	功徳天品		13	功徳天品		16	大吉祥天女品	
							17	大吉祥天女増長財物品	
	9	堅牢地神品		14	堅牢地神品		18	堅牢地神品	
3	10	散脂鬼神品		15	散脂鬼神品		19	僧慎爾耶薬叉大将品	
	11	正論品		16	正論品		20	王法正論品	
	12	善集品	7	17	善集品	9	21	善生王品	
	13	鬼神品		18	鬼神品		22	諸天薬叉護持品	
	14	授記品		19	授記品		23	授記品	
	15	除病品		20	除病品		24	除病品	
4	16	流水長者子品		21	流水長者子品		25	長者子流水品	
	17	捨身品	8	22	捨身品	10	26	捨身品	
	18	讃仏品		23	讃仏品		27	十方菩薩讃歎品	
							28	妙幢菩薩讃歎品	
							29	菩提樹神讃歎品	
							30	大弁才天女讃歎品	
	(19)	(囑累品)		24	付囑品		31	付囑品	

(凡例)　は、江平遺跡出土木簡記載と共通する品名。
(注)　佐伯俊源「金光明最勝王経の思想と流伝」(総本山西大寺編『国宝西大寺本金光明最勝王経—天平宝字六年百済豊虫願経　巻六〜巻十一』勉誠出版、2013年)掲載の表に加筆。

巻・品の構成を比べた。表1を参照すれば明らかなように、①「大□〔弁カ〕功徳四天王」は、二種ある『金光明経』の諸品のうちの「大弁天(神)品」「功徳天品」「四天王品」の三品を示す可能性がある。その一方で、②『最勝王経』には、「功徳天品」という品名がなく、「大吉祥天女品」と「大吉祥天女増長財物品」が対応するため、木簡の記載に当てはまらない。また、③「大弁天(神)品」「功徳天品」「四天王品」の三品は、『金光明経』四巻では、巻二に集まるのに対して、『合部金光明経』八巻では、巻五と巻六に分かれたうえに、三品の間に「銀主陀羅尼品」が入ってくるため、適当ではないとした。以上の点から、もっとも整合的に、かつ簡潔に三品を誦するためには、『金光明経』四巻の巻二が手元にあったとするのである。

これを踏まえた川尻秋生氏は、木簡表面の下部に記された経典名を『大般若経』と理解したうえで、そこに「百巻」とあることから、「呰万呂」は『大般若経』六百巻のうち、六分の一にあたる百巻を担当し、誦したと理解した。この分担方法を『金光明経』四巻にも適用し、先の三品は、全十八品のうちの六分の一に相当するため、やはり六人の僧が担当した結果だとする。このように、六人で経典を分担したとの理解から、誦経場所は、江平遺跡や白河郡衙周辺ではなく、より大規模で、「仮設的な国分寺」や国府、城柵などに集められた可能性までも想定している。

けれども、このような理解には問題があると言わざるを得ない。仮に、木簡表面の下部に記された文字が『大般若経』を指し、かつ六人で分担したとしても、『金光明経』四巻を六人で分担したと考えることはできないのである。たとえば、表1をみると、六人で分担した場合、「呰万呂」が誦した四天王品等より前には、序品から空品までの五つの品しかなく、三品ずつの分担はできなくなってしまう。そもそも、経典を複数の僧侶で分担して読経する場合、巻毎に行うのが一般的である。それは、実際に経典を読めば明らかだが、巻毎に収められた品の数が異なっているように、各品には長短の差が大きいためである。

改めて木簡の「仏説大□〔弁カ〕功徳四天王経」に注目すれば、大弁→功徳→四天王の順に記載されているが、それは『金光明経』の品名順である四天王品→大弁天神品→功徳天品とは異なる。そのため、単に品名を並べたのではないようだ。この点は、仏陀が説いたことを意味する「仏説」から始まり、「経」で終わることからも明らかである。「呰万呂」自身は、おそらく、これらを一つの経典と意識していたとみられる[7]。

つまり、平川氏が指摘した点のうち、『最勝王経』ではなく、『金光明経』に関係するという点は継承すべきであるものの、『合部金光明経』八巻との関係を否定し、『金光明経』四巻に限定することは困難といえる。さらにいえば、「仏説大□〔弁カ〕功徳四天王経」が、『金光明経』四巻か、『合部金光明経』八巻のどちらかという点には、あまり意味がな

く、それらを基礎に、三品を抜き書きしたものと考えるのがよいのではなかろうか。(8)

このように考えてくると、窪田大介氏が著書の注(9)で述べた見解に触れなくてはならない。窪田氏も、平川氏の説を受け、『金光明経』四巻の巻二を誦したことを前提として議論を行った点には従えない。しかし、木簡の記載について、この三品が重要と認識された結果であり、誦経場所には、四天王・弁天・功徳天(吉祥天)の尊像が置かれていた可能性に言及しているのは興味深い。八世紀に造像された東大寺の塑像でも、吉祥天像と弁天像が残るほか、正倉院文書では実際に、これら尊格を中心に、『最勝王経』を典拠にした悔過が行われている。(10)木簡の記載から、尊像の設置まで想定できるかどうかは分からないが、『金光明経』に登場する中心的な尊格である四天王とともに、それらは「呰万呂」の信仰対象であった可能性がある。

ところで、聖武天皇は『最勝王経』の転読を命じているにも関わらず、木簡では、『金光明経』を用いて誦経を行っている。これまでも、このことから、陸奥国白河郡等に、『最勝王経』が十分に行き渡っていない状況を示すと指摘されてきたが、後述する優婆塞等の貢進文をまとめた表2からも、この点を確認することができる。

優婆塞等の貢進文を提出した京畿内を中心とする優婆塞・優婆夷たちは、『最勝王経』の読経・誦経を熱心に行う一方で、『金光明経』を取り上げることはなかった。それはもちろん、天平六年(七三四)十一月、得度者に対して「法華経一部、或最勝王経一部」の「闇誦」を義務付けたことも影響しているであろう。(11)一方、諸国では、神亀五年(七二八)十二月の時点で、すでに四巻や八巻の『金光明経』が備わってはいたものの、この時新たに、六十四部の『最勝王経』が頒下された。(12)このことから、『最勝王経』の行き渡らない地域も少なくなかったとみられる。これまでも指摘されてきたように、木簡の内容は、陸奥国の一地域の経典状況を反映している可能性があり、優婆塞貢進文と木簡との比較が許されるならば、地域による利用経典の違いは、より明瞭となるであろう。

(2) 呰万呂

俗名で名を記すにも関わらず、仏教経典を誦している「呰万呂」とは何者であろうか。窪田氏はやや特殊な理解を示す。聖武天皇の要請によって、白河郡内唯一の寺院である借宿廃寺で行われた『最勝王経』の転読にあたり、郡内第二の勢力の代表者である「呰万呂」が、応分の費用を負担したとした。けれども、木簡の記載から、「呰万呂」が誦経の主体であることは否定できない。また、福島氏は、「呰万呂」が優勢者層に属する人であり、少なくとも知識人で、仏教教義にも詳しい人物とする。それではなぜ、俗人である「呰万呂」が、多くの誦経を行ったのかは明らかでない。

その点、三舟隆之氏は、聖武天皇の要請に応じたものとしても、「呰万呂」がそれとはやや異なる経典を誦していることから、あくまで自発的行為で誦経を行ったとした。その上で、『日本霊異記』にみえるような「自度僧」の可能性を指摘する。確かに一案ではあるが、「自度僧」の「呰万呂」があえて俗名を名乗るのはやや不審である。むしろ「呰万呂」は、得度前の修行者である優婆塞であったと考えることが整合的な理解だと考える(13)。

そこで、正倉院文書に残されたいわゆる優婆塞貢進文との比較を通して、「呰万呂」が優婆塞である可能性を検討したい。優婆塞貢進文は、時期によって書式が異なることが指摘されている。なかでも、この木簡に記された年とその前年に作成された一群の優婆塞貢進文をもとに作成したのが、表2である。この時期の優婆塞貢進文の基本的な構成は、文書作成の年月日を除けば、次の通りである。

(a)被貢進者の姓名・年齢・本貫地・所属する戸の戸主
(b)読経できる経典・誦経できる経典・浄行年数等
(c)貢進者名等(優婆塞の師主や官人など)

優婆塞・優婆夷の本貫地は、京畿内がほとんどだが、尾張国や因幡国、出雲国の例も見られる。また、挙げられた

表２　優婆塞・優婆夷貢進文にみる『法華経』『最勝王経』の読誦(天平14年11月－同15年正月)

年	西暦	月	日	名	性別	年	出身	読経		誦経		出典	
								法華経	最勝王経	法華経	最勝王経	大日本古文書	正倉院文書
天平14年	742	11	14	小治田朝臣於比売	女	40	右京	○	○	×	×	8巻133・134	続々23－5裏
天平14年	742	11	15	小治田朝臣□麻□	男	欠	左京	○	○	×	×	2巻315・316	続別25裏
天平14年	742	11	15	柿本臣大足	男	22	大養徳国	○第1・第2巻 観世音経	×	×	×	2巻314	続別47
天平14年	742	11	15	秦人乙麻呂	男	16	左京	○	○	×	×	24巻298－299 24巻304 8巻136・137	続修28 続々23－5裏 続々23－5裏
天平14年	742	11	15	淡海少広	男	15	大養徳国	○	○	×	×	8巻134・135	続々23－5裏
天平14年	742	11	15	県犬養宿禰大岡	男	17	左京	○	○	観世音経	×	8巻138・139	続々27-3裏
天平14年	742	11	15	秦大蔵連喜達	男	27	右京	○	○	×	×	2巻314・315	続別47
天平14年	742	11	17	鏡作首縄麻呂	男	13	大養徳国	×	×	×	×	2巻318・319	続修17
				他田臣族前人	男	16	大養徳国	×	×	×	×		
天平14年	742	11	23	槻本連堅満侶	男	28	左京	○	○	法華経第1巻	×	2巻319・320	続修18
天平14年	742	12	5	物部人足	男	17	尾張国	○	○	×	×	8巻148－149	続々15-1裏
天平14年	742	12	9	大原史長額	男	46	右京	○	○	法華経陀羅尼(誦経ヵ)	×	8巻153・154	続々23－5裏
天平14年	742	12	12	曽祢造牛養	男	18	右京	○	○	×	×	2巻321・322	続修18
天平14年	742	12	13	秦調日佐酒人	男	35	山背国	×	×	×	×	8巻154	続々1－3裏
天平14年	742	12	23	船連次麻呂	男	30	河内国	○	○	×	×	2巻323・324	続修18
天平14年	742	12	30	星川五百村	男	36	因幡国	○	×	×	×	2巻324・325	続後9裏
天平15年	743	1	6	(欠)	男	欠	欠	欠	欠	欠	欠	2巻331	続別47
天平15年	743	1	7	秦三田次	男	48	山背国	○	○	×	×	8巻161・162	続々42－5裏
天平15年	743	1	7	辛国連猪甘	男	39	河内国	○	○	×	×	2巻331・332	続修18
天平15年	743	1	8	日置部君稲持	男	40	出雲国	×	×	×	最勝王経1部	2巻332・333	続後9裏
天平15年	743	1	8	(欠)	男	欠	出雲国	欠	欠	欠	欠	2巻332・333	続後9裏
天平15年	743	1	9	荒田井直族子麻呂	男	16	尾張国	○	○	×	最勝王経2品	8巻162	続々1－3裏
天平15年	743	1	9	(欠)	男	欠	欠	欠	欠	観世音経	最勝王経金勝陀羅尼	2巻333・334	続後9裏
天平15年	743	1	—	八戸史族大国	男	18	河内国	○	○	観世音経	最勝王経序品	8巻164・165	続々1－3裏 続々11－1裏
—	—	—	—	寺史妹麻呂	男	20	右京	○	○	観世音経	最勝王経第7	24巻301	続々11－2裏
—	—	—	—	石上部君嶋君	男	欠	左京	観世音経	○	×	最勝王経第3	2巻316・317	続別25裏
—	—	—	—	百済連弟麻呂	男	16	左京	○	○	×	最勝王経第8	2巻317・318	続修28
—	—	—	—	丹比連大歳	男	欠	大養徳国	○	○	観世音経	×	24巻302	続々28-5裏
—	—	—	—	(欠)	男	欠	欠	○	○	欠	欠	24巻305	続々26-3裏
—	—	—	—	坂本君沙弥麻呂	男	13	左京	観世音経	○	×	×	24巻300	続々26-5裏
—	—	—	—	丹波史年足	男	25	左京	○	○	×	×	24巻299・300	続々34-1裏
—	—	—	—	舟破(丹波ヵ)史橘女	女	―	左京	○	○	×	×	8巻135・136	続々23－5裏
—	—	—	—	(欠)	女	欠	欠	○	○	×	×	8巻137・138	続々23-5裏

凡例
欠…文章が欠けており判断できない場合を示す。

読経の項目…○は経典一部をすべて読経している場合であり、部分的に読経する場合は注記した。

×はまったく読経していない場合を示す。

誦経の項目…誦経している場合は具体的に記載しており、×は誦経していない場合を示す。

観世音経…法華経の一部分として掲載する。


経典[14]には、読経経典として『法華経』と『最勝王経』が多い。誦経経典も、陀羅尼や『多心経』、『薬師経』、『理趣経』などのほか、しばしば『法華経』の一部である『観世音経』や、『最勝王経』が取り上げられていた。ただし、『最勝王経』を誦経するといっても、経典全体を誦経する者は一人だけである。そのほかは、第一巻の序品、同巻の第二品(如来寿量品)、第三巻、第五巻の第八品(金勝陀羅尼品)、第七巻、第八巻と、誦経する箇所はまちまちで、それぞれ一品ないし一巻を誦している。この誦経が、江平遺跡出土木簡の「精誦」と同じとみるならば、優婆塞である「呰万呂」が、『金光明経』の三品を「精誦」していたとしても、決して不思議ではないのである。また仮に、「精誦」が読経と同じであった場合でも、優婆塞の行いとしては適当である。

なお、江平遺跡出土木簡の表面右下の文字を「又大□□（般カ）百巻」と読んでおり、ここから『大般若経』であることを前提として立論する研究がみられた。その可能性を完全に否定するものではないものの、優婆塞貢進文のなかで、『大般若経』を挙げたのは、右京の正五位上曽祢連伊甘志の戸口である曽祢造牛養と、河内国の正六位上船連吉麻呂の戸口である船連次麻呂が、大般若経一部六百巻を「読経」している例があるばかりである。[15]「精誦」の実態が、「読経」であったとしても、「呰万呂」の「精誦」した経典が『大般若経』であったと断定することは難しいと考える。

ところで、「呰万呂」には氏姓の記載がない。これを氏姓の省略とみるのがこれまでの共通した理解である。たとえば、福島氏は、氏姓や郡郷の記載がなくても理解される範囲を対象とした記載方法だと述べ、窪田氏は、仏への敬意を示すためとし、川尻氏は「私的もしくは内々で作成された」ためとする。この理由に関する断案は、なおみられないと考えるが、氏姓については、確かに省略されたとみるのがよいように考える。

鬼頭清明氏や佐藤文子氏[16]が述べるように、優婆塞貢進にあたっては、僧俗の有力者からの推薦が必要であり、時にはすでに寺院で童子として活動していた者もいた。よく知られているように、元興寺僧賢璟が推薦しているのは、尾張国の荒田井直族子麻呂であったが、それは賢璟の出身地・出身氏族が関わっているとみられる。[17]「呰万呂」の場合も、おそらくは、郡司を出すような一族の者やその関係者とみるのがよい。

なお、氏姓がないとすれば、一般に、家人・奴婢（浄人）の可能性があることも留意しておきたい。『大宝令』や『養老令』でも、僧尼令出家条[18]において、家人・奴婢の出家が想定されているためである。いずれにしても、「呰万呂」が優婆塞であって矛盾はない。

(3) 小結―木簡の利用

これらの点を踏まえ、木簡に記された誦経が行われた場所と木簡の用途について考えたい。これまで、木簡が出土した玉川村のほか、白河郡衙に近い借宿廃寺など郡衙周辺、あるいは「仮設的な国分寺」や国府などの諸説があったが、やはり決定的な根拠を示すことは難しい。ただし、「呰万呂」が優婆塞であり、彼の誦経である点を踏まえれば、陸奥国の中心部分に呼ばれて誦経を行った可能性は低いと考えられる。天平十五年正月の法会では、「勧二請海内出家之衆於所レ住処一」したが、優婆塞「呰万呂」もそれに準じて、寺院や居住地の行場など「所レ住処」で行ったとみるのがよいのではなかろうか。

また平川氏は、「奉」が付く書式などから、十四世紀以降に現れる大般若経転読札に展開したのではないかと論じた。誤りとは言えないが、経典を読んだ数量を記載するのは、平安期にはすでに「巻数」と呼ばれていた読経の報告書と同じであり、[19] その延長上に大般若経の転読札がある。木簡は、天平十五年正月から三月までの法会の間、「呰万呂」が「精誦」した記録であり、法会での活動記録であって、優婆塞貢進とも関わっていた可能性がある。

2　天平十五年諸国最勝王経転読会

(1) 法会開催の詞と典拠

木簡と関わる『最勝王経』転読会の記事を掲げておこう。それは、『続日本紀』天平十五年(七四三)正月癸丑条である。

癸丑。為レ読二金光明最勝王経一、請二衆僧於金光明寺一。其詞曰「天皇敬諮二四十九座諸大徳等一。弟子階二縁宿殖一、嗣二膺宝命一、思レ欲下宣二揚正法一導中御蒸民上。①故以二今年正月十四日一勧二請海内出家之衆於所レ住処一、限二七日一転二読大乗金光明最勝王経一。②又令下天下限二七七日一、禁二断殺生一及断中雑食上。③別於二大養徳国金光明寺一、奉レ設二殊勝之会一、欲レ為二天下之摸一。諸徳等、或一時名輩、或万里嘉賓、僉曰二人師一、咸称二国宝一。所レ冀屈二彼高明一、随二茲延請一。始暢二慈悲之音一、終諧二微妙之力一。④仰願、梵宇増レ威、皇家累レ慶、国土厳浄、人民康楽、広及二群方一、綿該二広類一、同乗二菩薩之乗一、並坐二如来之座一。像法中興、実在二今日一。凡厥知見、可レ不レ思哉。」

四十九日を経て、この法会が結願した時の記事が、『続日本紀』同年三月癸卯条にあって、「金光明寺読経竟。詔遣二右大臣橘宿祢諸兄等一、就レ寺慰二労衆僧一。」と記されている。なお、『続日本紀』の暦日については、正倉院文書等との整合性について議論があり、三月癸卯条は、三月四日とする説等がある。[20]

毎年の恒例に従えば、宮中と諸国の正月金光明会が、正月八日から始まり、その結願日が正月十四日となる。聖武天皇は、その結願日からの法会開催を要請したが、具体的な内容は、①から③までの三点を示している。①正月十四日から、「海内出家之衆」を「所レ住処」に勧請し、四十九日の間、『最勝王経』の転読を行うようにした。②その間、全国で殺生禁断と「雑食」を断つことを命じている。③別に、「大養徳国金光明寺」では、とくにすぐれた法会を行い、天下の模範にしようと思い、当時の国内外出身の高名な僧侶を請じて法会を開催することで、仏の慈悲の言葉が、不思議な力になるように求めた。この後に、法会開催の願意が記されており、④願うところは、寺院が威厳を増し、「皇家」にも喜びが重なり、国土が清らかで、人民は安楽であって、この功徳が広く行きわたることである。ともに菩薩の乗り物に乗り、一緒に如来の座に座ろう。像法の中興は本当にこの日にあるのであり、知見して何も思わないことなどないだろう。

さて、この聖武天皇の詞の内容に、先例や典拠があったと想定することは不当ではないだろう。これまでも、そうした試みはなされてきたが[21]、管見の限り、なお触れるべき点があるように考える。

その一つは、『最勝王経』の経文との関係である。

よく知られているように、『続日本紀』天平十三年三月乙巳条の国分寺建立詔には、『最勝王経』が引用されている。

「案レ経云『若有二国土一、講二宣読誦恭三敬供養流四通此経王一者、我等四王常来擁護、一切災障皆使二消殄一。憂愁疾疫亦令二除差一。所願遂レ心恒生二歓喜一』者」。

これは、『最勝王経』巻三・滅業障品(22)を引用した次の文のうちの（B）の箇所に相当すると考えられている。なお、傍線は筆者が引いたものである。

善男子、是金光明微妙経典、種種利益、種種増二長菩薩善根一、滅二諸業障一。（A）善男子、若有二苾芻・苾芻尼・鄔波索迦・鄔波斯迦一、随在二何処一、為レ人講二説是金光明微妙経典一、於二其国土一皆獲二四種福利善根一。云何為レ四。一者、国王無レ病離二諸災厄一。二者、寿命長遠無レ有二障礙一。三者、無二諸怨敵一兵衆勇健。四者、安隠豊楽正法流通。何以故。如レ是人王常為二釈・梵・四王・薬叉之衆共守護一故。

爾時世尊告二天衆一曰「善男子、是事実不。」是時、無量釈・梵・四王及薬叉衆、倶時同レ声答二世尊一言「如レ是如レ是。（B）若有二国土一、講二宣読三誦此妙経王一、是諸国王、我等四王常来擁護、行住共倶二其王一。若有二一切災障及諸怨敵一、我等四王皆使二消殄一、憂愁疾疫亦令二除差一、増二益寿命一感二応禎祥一、所願遂レ心恒生二歓喜一。我等亦能令二其国中所レ有軍兵悉皆勇健一。（後略）」

このあとには、『最勝王経』の「講読」や「宣説」による「大臣輔相」と「沙門・婆羅門」、「一切人民」のそれぞれの利益に触れており、この最後には、この経典の正しい「読誦」や「聞持」・「思惟」・「修習」のほか、「広宣流布」によって利益が得られることを述べる。

そのうえで、天平十五年正月の法会に「勧二請海内出家之衆於所レ住処一、限二七七日一転二読大乗金光明最勝王経一」とあるのは、（A）の箇所の僧・尼・優婆塞・優婆夷を「随在二何処一、為レ人講二説是金光明微妙経典一」と類似する。それだけでなく、これは国分寺建立勅で引かれた（B）の箇所のすぐ直前にあることも注目される。天平十五年正月の法会の典拠の一つが、『最勝王経』の(B)の箇所にあると考える所以である。

典拠とみられるもう一つの史料は、唐・道宣撰『広弘明集』巻第二八[23]に収載される大業三年(六〇七)正月二十八日の菩薩戒弟子皇帝総持、つまり隋煬帝の要請である。

大業三年正月二十八日。菩薩戒弟子皇帝総持。稽首和南十方一切諸仏・十方一切尊法・十方一切賢聖僧。竊以妙霊不レ測、感報之理遂通。因果相資、機応之徒無レ爽。是以初心爰発、振二動波旬之宮一。一念所レ臻、咫二尺道場之地一。雖二則聚沙蓋鮮一、実覆二匱於耆山一、水滴已微、乃濫二觴於法海一。(A)弟子階二縁宿殖一、嗣二膺宝命一、臨二御区宇一、寧二済蒼生一。而徳化弗レ弘、刑罰未レ止。万方有レ罪、寔当二憂責一。百姓不レ足、用増二塵累一。夙夜戦兢、如レ臨二淵谷一。是以帰二心種覚一、必冀二慈愍一。謹於二率土之内一、建二立勝縁一。(B)州別請レ僧七日行道、仍総度二一千人一出家。以二此功徳一、並為二一切一、上及二有頂一、下至二無間一。蠉飛蠕動、預二稟識性一。無始悪業、今生罪垢、藉二此善縁一、皆得二清浄一。三塗地獄、六趣怨親、(C)同至二菩提一、一時作レ仏。

これが天平十五年正月の聖武天皇詞と関わると考える理由は、まず(A)「弟子階二縁宿殖一、嗣二膺宝命一」の文言が共通する点であり、この文言が一致する史料は管見の限り他に見いだせない。聖武天皇がやや唐突に、自らを「弟子」と称する理由も、このような典拠があったことを考えれば自然である。次に、(B)「州別請レ僧七日行道」とあって、ともに全国で実施された法会である。三つ目に祈願の内容が、すべての生き物とともに(C)「同至二菩提一、一時作レ仏。」とあって、この点も類似している[24]。

以上の検討の結果、天平十五年正月の法会で示された聖武天皇の詞は、両史料を典拠にして作成された可能性が高いことを明らかにした。なお、『続日本紀』で「海内出家之衆」とあった箇所は、『最勝王経』では、「苾蒭・苾蒭尼・鄔波索迦・鄔波斯迦」とあって、経典の上では、僧尼だけでなく、優婆塞・優婆夷も講説の主体足りえた。また、『続日本紀』の記事にはなかったが、『広弘明集』では、法会にともなって「仍総度二一千人一出家」とあり得度が同時に行われている。ともに、天平十五年正月の法会では行われなかったとみることも可能ではあるものの、次に述べるように、この点は一概に否定できるものではないのである。

(2) 国分二寺と優婆塞・優婆夷

先にも述べたように、正倉院文書には、天平十四年十一月十四日から翌年正月九日にかけて、優婆塞・優婆夷の得度申請をする文書、いわゆる優婆塞貢進文が多数残されている。それらをまとめたものが先の表2であった。このなかには次のように大養徳国城下郡司解があり、大養徳国が諸郡に対して国分二寺僧尼を貢挙するように命じた国符が引用されている。(25)

合弍人

鏡作首縄麻呂、年十三、黒田郷戸主従八位下大市首益山戸口

他田臣族前人、年十六、同郷戸主鏡作連浄麻呂戸口

右、被二国今月十五日午時符一云「為二国分寺僧尼一応レ定。宜乙知二此意一簡下取部内清信廉行堪レ為二僧尼一之人上貢挙甲」者。謹依二符旨一、簡二誠部内之人一、且貢進、謹解。

天平十四年十一月十七日

大領外正八位下大養徳連「友足」

権少領少初位上室原造「具足」

今回貢進された優婆塞・優婆夷の少なくともその一部に大養徳国国分二寺の僧尼候補者が含まれていたことは間違いない。ところで、国分二寺僧尼に関する規定は、『類聚三代格』の天平十三年二月の国分寺建立勅では、国分寺に「廿僧」、国分尼寺に「一十尼」を置くことが定められ、欠員が出た場合には補充することも決められている。これを

受けて出された翌年五月二十八日官符は、次の『類聚三代格』延暦二年(七八三)四月二十八日官符によって部分的に確認することができる。なお、傍線は筆者が引いたものである。

太政官符

応レ定二国分寺僧死闕替一事

右、検二案内一、去天平十四年五月廿八日下二四畿内及七道諸国一符偁「奉二去天平十三年二月十四日勅処分一『毎レ国造二僧寺一必令レ有二廿僧一』者。仍取二精進練行操履可レ称者一度レ之。其雖レ可レ称、不レ得二即度一。必須下数歳之間、観二彼志性始終無一レ変乃聴中入道上」者。而国司等不レ精二試練一、毎レ有二死闕一妄令二得度一。今被二大納言正三位藤原朝臣是公宣一偁「奉レ勅、国分寺僧死闕之替、宜乙当土僧之中擢下堪レ為二法師一者上補甲レ之。自今以後不レ得二新度一。先申二闕状一待レ報施行。但尼依レ旧。」

延暦二年四月廿八日

国分二寺僧尼の選出は、新たな得度が原則であり、国分寺僧になるための優婆塞の「試練」には「国司等」があたるとあり、また得度も行っていた[26]。そのうえで、天平十四年五月官符では、「四畿内及七道諸国」を対象に、すぐに得度せず、「数歳之間」様子をみることを求めたのである。

先にもみたように、同年の十一月には大養徳国分二寺の僧尼の貢挙が命じられていた。この天平十四年五月官符を踏まえれば、このころには、大養徳国だけではなく、諸国でも優婆塞・優婆夷の貢進が行われたと考えるのが自然である。つまり、天平十五年正月の法会は、大養徳国国分二寺だけではなく、諸国国分二寺の政策との関連を考えるべきなのである。そのうえで、江平遺跡出土木簡の意義を評価すべきだと考える。

そのために、次の二つの点を確認したい。一つ目は「必須下数歳之間、観二彼志性始終無一レ変乃聴中入道上」とあって、諸国国分寺僧候補者はすぐには得度されなかった点である[27]。もう一つは国分二寺僧尼の年齢である。

中井真孝氏[28]は、延暦七年二月思託撰『延暦僧録』の勝宝感神聖武皇帝菩薩伝逸文に引かれる国分寺建立の詔勅を分析し、他に記述のない国分二寺の僧尼の得度年齢に言及した。それは、国分二寺の僧尼について、「其住僧尼、取㆓民男女年十二以上・二十以下㆒。聴㆓令精進練行操履可㆒㆑称。乃至始終無㆑変乃聴㆓入道㆒。誠欲㆘宣㆓揚聖旨㆒、不㆗敢失墜㆖。福田増長、法門興隆。」とある。このうち、「聴㆓令精進練行操履可㆒㆑称。乃至始終無㆑変乃聴㆓入道㆒。」の部分が、先の天平十四年五月二十八日官符の節略文であることから、この直前にある年齢規定も、天平十四年五月の官符で決められたと論じた。

中井氏は加えて、大養徳国城下郡から貢進された二人の年齢が、十三歳と十六歳であり、のちに近江国分寺僧として得度された最澄も十八歳であって[29]、国分二寺の僧尼として貢進された優婆塞・優婆夷は、原則十二歳から二十歳までであったことも指摘している。つまり、諸国国分二寺の僧尼は、既存の寺院の僧尼から選抜された訳ではなく、若い男女を選び、新たに育成していったのである[30]。

もし「呰万呂」が優婆塞であることが認められ、国分寺僧候補であったとするならば、彼の年齢も十二歳から二十歳までの若者であったと考えられるのである。

『最勝王経』に基づく全国的な法会は、大養徳国の国分二寺だけでなく、諸国の国分二寺建立事業とも密接に関係するものであった。そのひとつとして、国分二寺の僧尼選抜も連動していたとみられる。そこで改めて、天平十五年正月法会の聖武天皇詞の典拠となった二つの史料を振り返ってみたい。『最勝王経』では、僧尼だけでなく、優婆塞・優婆夷による法会開催にも言及されており、『広弘明集』では諸国での法会と得度について述べていたが、これらの点も、必ずしも天平十五年正月の法会と無関係とは言い切れないのである。

おわりに

天平十三年(七四一)二月に国分寺建立の詔勅が出されたのち、翌十四年五月の官符によって、諸国国分二寺の僧尼候補者は、選定をされつつも、数年ののちに得度を行うこととなった。大養徳国では、天平十四年十一月に、諸郡に対して国分二寺僧尼の貢挙を命じていることが史料から明らかである。これは、大養徳国の特例とみるよりも、諸国でも僧尼候補者の選定が行われたとみるほうが自然といえる。

吉川真司氏が述べるように、大養徳国国分二寺の僧尼選抜などから、翌天平十五年正月から三月までの間、大養徳国金光明寺を中心に諸国で行われた法会が、その「オープニングセレモニー」である可能性はある。ただし、大養徳国だけでなく、諸国へと視野を広げなくてはならない。

この天平十五年正月から始まる諸国『最勝王経』転読会では、「勧二請海内出家之衆於所レ住処一」とあるのだが、おそらくは優婆塞「呰万呂」もその活動の末端に位置したとみられる。優婆塞が関わったとする根拠は、『最勝王経』等にも記されたものであるとともに、諸国国分二寺では優婆塞・優婆夷の貢進が進められており、彼らの参加があったとみるのが穏当と考えるためである。つまり、この法会は諸国国分二寺成立の一段階を告げるものであり、大養徳国を中心にした、諸国国分二寺体制の周知を図るものであったとみてよいのではないか。

焦点を陸奥国に絞るならば、陸奥国でも国分二寺僧尼選抜のため、優婆塞・優婆夷が貢挙され、百済王敬福等「国司等」(31)による「試練」を経て、数年ののちに得度されたとみてよい。想像をたくましくすれば、優婆塞「呰万呂」は、郡司を輩出する一族の子弟やその関係者であり、年齢は十二歳から二十歳までの若者であって、国分寺僧候補であったのではなかろうか。ならば「呰万呂」は、疫病大流行に関する幼い記憶があり、もしかすると陸奥国から産出され東大寺へと運ばれた金も間近にみたのかもしれない。

註

(1) 遺跡の理解は、財団法人福島県文化振興事業団『江平遺跡　福島空港・あぶくま南道路遺跡発掘調査報告12』福島県文化財調査報告書 第三九四集(第一分冊~第三分冊、二〇〇二年)による。

(2) 福島雅儀「江平遺跡の8世紀集落」(前掲『江平遺跡』第二分冊)、平川南「転読札―福島県玉川村江平遺跡―」(『古代地方木簡の研究』吉川弘文館、二〇〇三年)。特に出典を明記しない限り、両氏の説は、ここからの引用である。

(3) 窪田大介「古代陸奥国の仏教受容過程について―七・八世紀から九世紀にかけての歴史的展開―」(『古代東北仏教史研究』法蔵館、二〇一一年、初出二〇一〇年)、川尻秋生「国分寺・国庁の法会」(須田勉・佐藤信編『国分寺の創建―思想・制度編―』吉川弘文館、二〇一一年)、三舟隆之「古代東北地方への仏教伝播―『日本霊異記』下巻四縁を中心に―」(『『日本霊異記』説話の地域史的研究』法蔵館、二〇一六年、初出二〇一二年)。特に出典を明記しない限り、諸氏の説は、ここからの引用である。

(4) 吉川真司「国分寺と東大寺」(須田勉・佐藤信編『国分寺の創建―思想・制度編―』前掲)。

(5) すべて国分二寺の僧尼候補とするのは、福山敏男「東大寺の創立」(『寺院建築の研究　中』中央公論美術出版、一九八二年、初出一九三三年補訂)、堀池春峰「優婆塞貢進と出家人試所」(『南都仏教史の研究』上〈東大寺篇〉、法藏館、一九八〇年、初出一九五七年)等。それに対して、明確な論拠は示されていないものの、一例を除き、臨時得度申請のために自発的に作成・提出したとするのが、中林隆之「優婆塞(夷)貢進制度の展開」(『正倉院文書研究』一、一九九三年)である。

(6) 本稿の一部は、堀裕「『金光明経』・『金光明最勝王経』の日本への伝来と展開」(東北歴史博物館・日本経済新聞社編『東日本大震災復興祈念特別展　東大寺と東北―復興を支えた人々の祈り』日本経済新聞社、二〇一八年)で論じている。

(7) 仮に、『金光明経』四巻の巻二を誦していたとするならば、千回も繰り返し誦しているにも関わらず、その巻二の終わりにある堅牢地神品に触れないことは不審である。

(8) 福島雅儀氏による「いくつか編集本を合わせたもの」との理解も、成り立つ可能性はある。また平川南氏は、木簡の

「四天王経」の記載から、『最勝王経』の四天王護国品を一つの経典として独立させたものとも述べている。

(9) 窪田大介「古代陸奥国の仏教受容過程について―七・八世紀から九世紀にかけての歴史的展開―」(前掲、註22)。

(10) 天平勝宝六年五月一日に、『最勝王経』一部と『陀羅尼集経』一部を、「大弁才天女壇」に奉請するように命じている(『大日本古文書』三巻六五〇頁・『塵芥』第三〇巻裏)。天平宝字八年三月十六日には、『最勝王経』七部を「南吉祥悔過所」に奉請するよう命じている(同書十六巻四三四頁・『続々修』第十七帙第七巻裏)。

(11) 『続日本紀』天平六年十一月戊寅条。堀池春峰「優婆塞貢進と出家人試所」(前掲)等。

(12) 『続日本紀』神亀五年十二月己丑条。

(13) 三上喜孝氏も、「呰万呂」が優婆塞であるとする論文を脱稿していると直接聞いた。早急な公刊を望む。

(14) 吉田靖雄「奈良時代の優婆塞の教学について」(和歌森太郎先生還暦記念論文集編集委員会編『古代・中世の社会と民俗文化』弘文堂、一九七六年)等参照。

(15) 天平十四年十二月十二日優婆塞貢進文(『大日本古文書』第二巻三二一・三二二頁、『続修』第一八巻)。

(16) 鬼頭清明「天平期の優婆塞貢進の社会的背景」(『日本古代都市論序説』法政大学出版局、一九七七年、初出一九七二年)、佐藤文子「優婆塞貢進の実像とその史的意義」・「日本古代における得度前行者の存在形態」(『日本古代の政治と仏教―国家仏教論を超えて―』吉川弘文館、二〇一八年、初出一九九三年修訂・二〇〇一年修訂)等。なお、佐藤文子氏からは、優婆塞「呰万呂」の活動について直接意見を頂戴し、特に寺院で童子をしていた可能性を強調されていた。

(17) 薗田香融「草創期室生寺をめぐる僧侶の動向」(『平安仏教の研究』法藏館、一九八一年、初出一九五九年)。

(18) 養老僧尼令出家条「凡家人・奴婢等、若有二出家一、後犯二還俗一、及自還俗者、並追二帰旧主一。各依二本色一。其私度人、縦有二経業一、不レ在二度限一。」

(19) たとえば『覚禅鈔』(『大正新脩大蔵経』図像第四巻・第五巻)等には、多数収録されており、当然「奉」も用いられている。

(20) 平川南氏は、木簡の墨痕から、日付を「三月二日」か「三月三日」と推定し、さらに『日本暦日便覧』上(汲古書院、一九八八年)から、結願日である「三月癸卯」を三月三日とした。他方で、岡田芳朗「古文書による奈良時代暦日の復元―天平十一年から二十年まで―」(二)(『日本史攷究』一四、一九六九年)は、正倉院文書などを利用して暦日を復元し、その成果を踏まえた『新日本古典文学大系13　続日本紀二』（岩波書店、一九九〇年）では、「三月癸卯」を三月四日とする。

(21)『新日本古典文学大系13　続日本紀二』（前掲）、田村圓澄「盧舎那仏造立着工」（『古代日本の国家と仏教—東大寺創建の研究—』吉川弘文館、一九九九年、一四五・一四六頁）等。後者は、四十九日へのこだわりについて、沮渠京声訳『仏説観弥勒菩薩上生兜率天経』（『大正新脩大蔵経』第一四巻四一九頁）に描かれた兜率の内院に「四十九重微妙宝宮」とあることや、達摩笈多訳『仏説薬師如来本願経』（『大正新脩大蔵経』第一四巻四〇四頁）等に、四十九日間の法会など四十九が繰り返し登場することが関係すると推測する。

(22)『金光明最勝王経』巻三・滅業障品（『大正新脩大蔵経』第一六巻四一七頁）。

(23)『広弘明集』巻第二八（『大正新脩大蔵経』第五二巻三二八頁）。

(24)西谷地晴美「盧舎那仏をめぐる時間と空間」（『古代・中世の時空と依存』塙書房、二〇一三年、初出二〇〇八年）は、天平十五年正月法会の願意が、『続日本紀』天平十五年十月辛巳条の大仏造立詔の「広及二法界一、為二朕智識一。遂使下同蒙二利益一、共致中菩提上」とより近い関係にあると指摘する。

(25)天平十四年十一月十七日大養徳国城下郡司解（『大日本古文書』第二巻三一八・三一九頁・『続修』第一七巻）。

(26)中井真孝「奈良時代の得度制度」（『日本古代仏教制度史の研究』法藏館、一九九一年、初出一九八六年）。なお、中井氏が述べるように、『類聚三代格』天平神護二年八月十八日官符によれば、国分尼寺の尼について「国司・国師共簡定申レ官。待二報符一行。」とあった。

(27)吉川真司「国分寺と東大寺」（前掲、八三頁）では、天平十五年の法会の「前か後かは判らないが、いずれにせよ金光明寺僧が増員されたことは確実である。」とする。大養徳国国分寺が例外的に扱われていないとすれば、大養徳国国分寺僧の得度は、法会の前やすぐ後とはいえない。

(28)中井真孝「延暦僧録と国分寺建立勅」（『日本古代仏教制度史の研究』前掲、初出一九七六年）。

(29)延暦二年正月二十日最澄度縁案（『平安遺文』第八巻四二八一号）。

(30)国分二寺僧尼の年齢規定からみて、先にみた一群の優婆塞貢進文のすべてが大養徳国の国分二寺の僧尼候補ではなく、年分度者や臨時得度等に向けた準備であった可能性がある。註5を参照。なお、『延喜式』玄蕃寮では、「年分度者」は

「正月斎会畢日」に得度させている。

（31）百済王敬福は、天平十年四月に陸奥介に任じられ（『大日本古文書』第二四巻七四・七五頁・『続々修』二四帙五裏）、『続日本紀』天平十五年六月丁酉条では守に転じている。

貞観震災の基礎的考察

鈴木琢郎

はじめに

貞観十一年(八六九)五月二十六日に発生した地震と津波、及びその被害(以下、「貞観震災」とする)[1]については、多くの研究が蓄積されてきた。研究動向は大きく三つに区分される。一つは自然科学分野からの歴史地震研究、[2]一つは古代東北史に関する考古学的研究、[3]一つは災害史的観点からの歴史(文献史学・考古学)研究である。[4]これら研究の特徴は、一分野のみの資料に限定せず、関連分野の資料を交えた横断的資料分析にある。このような研究状況の中、震災の具体像を記すものとして文献資料の重要性が高く評価されている。特に二〇一一年三月の東日本大震災以降は、災害史研究の重要性が再認識され、精力的に文献資料の再解釈がなされている。

ただし、以上の研究動向に対して、これを危惧する指摘もある。三上玲子[5](以下、敬称略)は貞観震災のみが他事例から切り離され、独自のイメージが独り歩きしかねない状況にある、と指摘する。筆者もこの点に加え、無批判的な史料解釈等、基礎的な点で多くの問題があると考える。[6]

以上の問題認識に立脚し、本稿では貞観震災に関する基礎史料(『日本三代実録』関連条文。以下、特に断らない限り使用する史料は全て『日本三代実録』である)について、史料解釈を中心とした基礎的な検討を行う。第一節では基本史料に関する本文校定の問題、第二節では陸奥国からの震災報告第一報に基づくものと評されている貞観十一年五月二十六日癸未条の基本的性格の検討、そして第三・四節では陸奥国や中央政府による貞観震災への対応について検討する。

1　基本史料の本文校定

本節では貞観十一年五月二十六日癸未条【史料1】と同年十月十三日丁酉条【史料3】の本文校定の問題について検討する。両条は貞観震災を理解する上で最も重要とされ、研究史上もこの解釈を巡り多くの学説が提唱されている。その中でも特筆すべきは斎野裕彦の研究である(7)。斎野は写本に基づく本文校定を行い、新訂増補国史大系本(以下、大系本)の誤りを指摘し、特に五月二十六日癸未条については陸奥国からの震災報告第一報に基づくとする通説を補強している(8)。しかしながら、筆者は本条を陸奥国からの第一報に基づく記述とは考えない。その論拠の一つとして斎野の校定案に対する批判がある。

斎野の本文校定は研究史上重要なものの、再検討の余地がある。すなわち、大系本の不用意な文字修正に対する指摘は適確なものの、再校定作業はほぼ慶長写本のみに依拠している。現存『日本三代実録』の諸写本は三条西家本を祖本とする系統に属し、その中でも谷森善臣旧蔵本(大系本の底本。以下、谷森本)・慶長写本・浄教房真如蔵旧蔵本(以下、浄教房本)・紀州藩本は三条西家本を直接底本としている(9)。遠藤慶太が指摘するように、『日本三代実録』の本文校定は、三条西家本を復元した後の段階の作業となる(10)。なお、『類聚国史』(11)等の関連史料の取り扱いは副次的なものとすべきである。

筆者は三条西家本復元に必要とされる諸写本の内、紀州藩本を実見していない(12)。ただし、複数の写本を用いることで、より精度の高い復元は可能であろう。果たして、以下の検討により斎野の復元案に対し有効な批判となりうる問題が確認できた。迂遠な議論となるが、本文校定に関する筆者の見解を示す。

【史料1】貞観十一年五月二十六日癸未条

廿六日癸未。陸奥国地大震動。流光如レ昼隠映。頃之、人民叫呼、伏不レ能レ起。或屋仆壓死、或地裂埋殪。馬牛駭奔、或相昇踏。城墎倉庫、門櫓墻壁、頽落顛覆、不レ知二其数一。海口哮吼、声似二雷霆一。驚涛涌潮、泝洄漲長、忽至二城下一。去レ海数十百里、浩々不レ弁二其涯涘一。原野道路、惣為二滄溟一。乗レ船不レ遑、登レ山難レ及。溺死者千許。資産苗稼、殆無二孑遺一焉。

斎野が修正を試みたのは傍点を付した箇所の[之→久]と[潮→湖]である。前者の「之」は諸写本ともに「久」とするが、これは明らかに誤写である。管見の限り「頃久」という副詞的表現は確認できず、一般的な用字は「頃之」である。

続いて後者の「潮」について検討する[13]。慶長写本は明らかに「湖」と判読できる楷書の字形である。しかし、図で示したように、谷森本は一見「湖」と判読[14]できそうなものの、『五體字類』や『草字苑』[15]が「潮」として紹介する字形を楷書した可能性が残る特殊なものである。浄教房本も谷森本とは若干異なるが同様と推察される。また、遠藤[16]が三条西家本の子本の可能性があるとした荻野文庫本（以下、荻野本）の、更に子本である和学講談所旧蔵甲本（以下、和学甲本）は、楷書で「潮」とし第九画目から第十一画

図 「潮」の字形

目を朱書きし、当該部分のくずし字形を傍書で朱書する。この傍書の字形は「潮」のものと判読できる。和学甲本は底本(荻野本)のくずし字形を「潮」と判断し、その根拠を示すために朱書と傍書をしたものと思われる。なお荻野本の孫本にあたる昌平坂本は「湖」としつつも「潮イ」と傍書する。

ここで論点となるのは、谷森本と浄教房本の特殊な字形を「潮」「湖」のいずれとするか、である。そこで、大系本が「潮」と翻刻する文字について、両本がいかなる字形で筆写しているのかを確認する。結果、【史料1】本条と貞観十一年七月十四日甲午条(【史料2】として後掲)以外は全て楷書で明瞭に「潮」と記し、【史料1・2】の二例は同形の特殊な字形で筆写される。なお、【史料2】の慶長写本は「湖」とし、本条と同じ状況である。

本条と【史料2】のみ特殊な字形で筆写されたのは、三条西家本が底本とした卜部家本の問題に起因すると考えられる。ここで、この問題と深く関わる三条西家本成立について論じた柄浩司の指摘を確認しておく。[17]三条西家での『日本三代実録』書写は数次にわたり、本稿に関わる部分は次のように整理できる。すなわち、永正十二年(一五一五)に書写した巻第一から巻第十までは、吉田兼満の手元にあった卜部家相伝本を底本とする。この十巻はこの時点で吉田家において確認されていた相伝本の全てである。この次段階の永正十六年(一五一九)の書写作業は巻第十一から巻第十八までで、この時は永正十二年以降に吉田家で確認(発見)された卜部家相伝本を更に転写したものを底本としている。柄は永正十六年書写の巻第十一から巻第十八をⅡ類と分類し、その特徴として当該巻次以外には無い年頭の干支注記を挙げる。Ⅱ類の底本が他と別であることは明らかである。

本条と【史料2】はこのⅡ類に含まれる。よってこの両条のみに見える特殊な字形はⅡ類に特徴的な字形であるとみて大過ないであろう。おそらく、三条西家本Ⅱ類は底本の卜部家本Ⅱ類の特殊な字形を模写ないし影写し、谷森本と浄教房本もその字形を残す形で書写したと考えられる。ただし、慶長写本はこれを「湖」、荻野本は「潮」と判読し書写した。本条において写本間で字形が相違した理由は以上のように考えられる。[18]

続いて、三条西家本Ⅱ類に見られる字形の判読について、両条の文意から判断を下す。両条間で矛盾なく解釈できる文字こそが当該文字に対する適切な判読となるだろう。

【史料2】貞観十一年七月十四日庚午条

十四日庚午。風雨。是日、肥後国大風雨。飛レ瓦抜レ樹、官舎民居顛倒者多。人畜壓死不レ可二勝計一。潮水漲溢、漂二没六郡一。水退之後、捜二漉官物一、十失二五六一焉。自レ海至レ山、其間田園数百里、陥而為レ海。

傍点を付した「潮」が問題の文字である。本条は肥後国の風水害に関するもので、六郡が漂没し、「自レ海至レ山、其間田園数百里、陥而為レ海」とある。この状況を説明するには「潮水漲溢」とするのが適切であり、「湖水」では説明できない。被害を受けた六郡も肥後国十四ヵ郡の内、海に面する六ヵ郡(飽田・益城・宇土・八代・天草・葦北)とすべきであり[19]、高潮被害の記述とした方が整合的である。

本条も「潮」として全く問題はない。「海口哮吼、声似二雷霆一。驚涛涌レ潮、泝洄漲長、忽至二城下一。去レ海数十百里、浩々不レ弁二其涯涘一」とある津波記述は、「港[20]が雷鳴のような大きな音を発し、大波で潮が湧き上がり、(その湧き上がった潮が)廻り広がり「城下」[21]にまで至った。(この規模は)海から「数十百里」もの広大なものであり[22]、どこまで津波が押し寄せたのかについて述べられないほどである」と、海に由来する大波について記した一貫性を有する。ここで「潮」を「湖」とした場合、突如として「海からの大波」という文意が断ち切られてしまい、違和感は拭えない[23]。【史料1】は大系本の校定のままでよいだろう。

【史料3】貞観十一年十月十三日丁酉条

十三日丁酉。詔曰、羲農異レ代、未レ隔二於憂労一。尭舜殊レ時、猶均二於愛育一。豈唯地震二周日一、姫文於レ是責レ躬、旱流二殷年一、湯帝以レ之罪レ己。朕以二寡昧一、欽二若鴻図一。脩徳以奉二霊心一、莅レ政而従二民望一。思レ使下率土之内、同保二福於遂生一、編戸之間、共銷中災於非命上。而恵化罔レ孚、至誠不レ感、上玄降レ譴、厚載虧レ方。①如レ聞、陸奥国境、地震尤甚。或海水・暴溢而為レ患、或城宇頽壓而致殃。百姓何辜、罹二斯禍毒一。憮然媿懼、責深在レ予。②今遣下使者一、就布中恩煦上。使与二国司一、不レ論二民夷一、勤自臨撫。既死者尽加二収殯一、其存者詳崇二振恤一。其被レ害太甚者、勿レ輸二租調一。鰥寡孤、窮不レ能二自立一者、在所斟量、厚宜二支済一。務尽二矜恤之旨一、俾レ若二朕親覩一焉。

斎野は慶長写本（昌平坂学問所本〈以下、昌平坂本〉も確認）に基づき傍線①の中黒点の部分に「海」を追補し、「或海水海暴溢而為レ患」とする。当該部は慶長写本のみならず他写本でも同様[24]であるから、私見も三条西家本は「海水海」であったと見る。

しかし、『日本三代実録』本文として「海水海」と校定することは以下の理由により首肯できない。すなわち、当該部は陸奥国の震災被害の状況を示しており、「或《津波被害》、或《地震被害》」と書き分ける。この内、後半の地震被害の文章と前半部を比較すると、同様の文章・文法構造を取ることが確認できるから、当該部は対句構造であり、前半の「海水海」とする部分も二字により被害原因について記したものと判断できる。

以上により、当該部は「或海水」か「或水海」のいずれかとなるが、本条の検討のみでは判断を下すことはできない。ただし、次節で論じるように、【史料1】は『日本三代実録』編纂時の成文であり、その際に本詔も参照された可能性が高い。よって【史料1】との関係から本詔に「水海（＝湖）」の記述は無く[25]、「海水（＝潮）」であったと考える。【史料3】も大系本のままでよいと判断する。

以上、【史料1・3】の本文校定について検討してきた。斎野の校定案のように「湖」「水海」であれば、これは一般的な津波の理解からは導かれ得ない状況認識となるから、実際に「湖」から津波が湧きあがる状況を目撃した者の記録に基づくと考えざるを得ない。多賀城外の方格地割域の更に南側に潟湖が確認されているとの指摘[26]を踏まえると、目撃情報に基づく陸奥国からの第一報の文章という理解は適切である。しかし、「湖」「水海」が復元できない以上、この点から「目撃情報に基づく陸奥国からの第一報の文章」と論じることはできないだろう。

2　貞観十一年五月二十六日癸未条の性格

本節では【史料1】貞観十一年五月二十六日癸未条の基本的性格について検討する。前述のように陸奥国からの震災報告第一報に基づくとの評価が固定化している史料である。この評価が「貞観震災の現実を記録したもの」との理解を導き、この理解を前提とすることで文言解釈による災害実態復元に正当性を与えている。自然科学分野や考古学の知見に基づいた史料解釈の実践も「現実の記録」であるとの評価に基づくものであろう。

果たして、このような理路の起点となっている【史料1】の基本的性格は陸奥国からの震災報告第一報に基づくと断定できるものではない。以下、この点について検討する。

本条の最大の特徴は、震災に関する記事がその発生日時に付けて立条されている点である。一見、当然とも思えるこのような採録法は、『日本後紀』以降の正史における地方発生地震記事の立条の在り方からすると特殊である。

表は『日本書紀』を除く五国史の地方発生地震について抽出したものである。ここからは地方発生地震の記事の立条日時について次の二種が

表　地方発生地震一覧

日付	記事の冒頭文言	出典	被災国数
大宝1・3・己亥	丹波国地震三日（後略）	『続日本紀』	単一
和銅8・5・乙巳	遠江国地震（後略）	『続日本紀』	単一
和銅8・5・丙午	参河国地震（後略）	『続日本紀』	単一
天平16・5・庚戌	肥後国雷雨地震（後略）	『続日本紀』	単一
天平17・4・甲寅	通夜地震、三日三夜。美濃国櫓館正倉仏寺堂塔（後略）	『続日本紀』	単一
天平宝字6・5・丁亥	美濃飛騨信濃等国地震（後略）	『続日本紀』	複数
弘仁9・7	相模武蔵下総常陸上野下野等国地震（後略）	『日本後紀』	複数
天長7・1・癸卯	出羽国駅伝奏云、鎮秋田城国司正六位上行介藤原朝臣行則今月三日西時牒偁、今日辰刻大地震動（後略）	『日本後紀』	単一
承和8・2・甲寅	信濃国言、地震（後略）	『続日本後紀』	単一
嘉祥3・10・庚申	出羽国言上、地大震裂（後略）	『続日本後紀』	単一
貞観5・6・17	越中越後等国、地大震（後略）	『三代実録』	複数
貞観10・7・15	播磨国言、今月八日地大震動（後略）	『三代実録』	単一
貞観11・5・26	陸奥国地大震動（後略）	『三代実録』	（複数カ）
元慶2・9・29	是日、関東諸国地大震裂、相模武蔵特為尤甚（後略）	『三代実録』	複数
元慶4・10・27	出雲国言、今月十四日地大震動（後略）	『三代実録』	単一

確認できる。

①　国司等からの報告公文の日付に付して立条される。

②　地震が発生した日(または月)に付して立条される。

この二つの立条区分は、次の基準に基づいている。すなわち、被災した地域が単一国か、それとも複数国か、である。①方式の場合は記述冒頭を「某国言上」や「某国言」等とし、その報告公文の日付に付けて立条される。実際に地震が発生した日時は基本的に本文中にある。また、あくまで一国からの報告公文のみを掲載するから、地震災害が複数国には及ばず、報告公文も一国のみであった場合に取られた採録法であろう。

一方②方式の場合は、「某国言上」に類する文言はなく、直接的に地震の発生と被害について記される。また被災した地域は表で示したように『日本後紀』以降の正史では原則として複数国を記す。すなわち、『類聚国史』巻百七十一「災異部五地震」の弘仁九年(八一八)七月条(『日本後紀』逸文)では「九年七月、相模、武蔵、下総、常陸、上野、下野等国地震」、『日本三代実録』貞観五年(八六三)六月十七日戊申条では「越中、越後等国、地大震」、『同』元慶二年(八七八)九月二十九日辛酉条では「是日、関東諸国地大震裂。相模武蔵特為㆓尤甚㆒」と。

②方式の立条がなされたのは、次の要因によるだろう。すなわち、複数国にわたる震災の場合は被災各国から報告公文が進上され、それら日付は一定していない。また、同一国から複数度の公文進上がなされた可能性もある。このような場合、①方式を取れば、同一地震に対して複数日・複数国にわたる地震記事が重複して立条される。

②方式の採録法による正史記事は、国司からの報告公文をそのまま引用したものではない。おそらく、正史編纂段階で成文されたものではないだろうか。すなわち、各国からの報告公文等を参照しつつも、それを一条文としてまとめる過程で正史として相応しい文言を選び成文したものと評価すべきである。

さて、【史料1】は地震発生日時に付けて立条された記事であり、②方式に分類される。しかしながら、他事例とは異なり複数国記載が見られず陸奥国のみの記述となっている。【史料1】を特殊事例と見做した理由はここにあるが、以下に論じるように、陸奥国周辺各国からも報告公文が進上されていたことが確認できる。すなわち、【史料1】も②方式の採録法の一例とみて問題は無い。

後掲【史料4】貞観十一年十二月十四日丁酉条は、新羅海賊問題や大宰府で確認された「大鳥之恠」、及び肥後国風水害や陸奥国震災が「兵寇」発生の予兆であるとして、伊勢大神宮にその除災を求めた告文である。この告文中には「然間尓、陸奥国又異レ常奈留地震之災言上多利。自余国々毛又頗有二件災一止言上多利」（C部傍線箇所）と、陸奥国からの地震災害の言上とともに、他の国々からも同様の言上があったことを記す。

また【史料3】の傍線①には「如レ聞、陸奥国境、地震尤甚」とあり、「陸奥国境」、すなわち陸奥国内の地震が最も激しかったとする。これは他国の被災状況と比較し初めて認識しうるものであるから、他国からの報告公文が存在したことを示している。

以上、貞観震災時には陸奥国を始めとした周辺諸国から報告公文が進上されていたのであり、複数国名が明記されないものの、【史料1】は②方式で立条された地震記事なのである。よって【史料1】は陸奥国からの震災報告第一報の文章そのものではない(27)。貞観震災の検討にあたり【史料1】を用いるに際しては、あくまで『日本三代実録』編纂時に成文されたものとの理解を踏まえて検討する必要がある。

3　国家的危機の予兆としての貞観震災

本節では貞観震災時に陸奥国や中央政府が執った対応について検討する。これこそ貞観震災に対して文献史学が検討すべき課題である。

無論、先学もこの点の言及を怠っていたわけではない。特に災異が天皇治世の不徳に対する天からの譴責(天譴)であるとの天人相関思想に基づき、これとの関わりで賑給等の徳政的施策がなされたことは夙に指摘されている。また、即物的な対応、すなわち被災施設等の修繕事業についても、中央政府主導の事業遂行という点が力説され、いうなれば「国家による復興史観[28]」が支配的である。

しかし、これまでの古代史研究、特に地方制度に関する研究が明らかにしてきたように、国府官舎等の修繕は地方財源で行われ、非常の場合においても太政官の許可のもと、正税の転用で賄われていたことが明らかである[29]。大災害であるからといって、安易に国家や中央政府主導の事業と位置付けることはできない。

そこで本節では、貞観震災に対する国家・中央政府の認識・対応について検討を行う。この点に関しては片岡耕平[30]が重要な指摘をしている。すなわち、この年に連続して発生した新羅海賊事件(五月二十二日)・陸奥国震災(貞観震災、五月二十六日)・肥後国風水害(七月十四日)は、大宰府から大鳥の恠異が「兵寇」の予兆であるとの報告(十月五日戊子条)を受けるまで、一般的な災異と同質的に認識され、対応策も決して特別なものではなかった。しかし、十月の卜占の結果、これらは一体化した後害の予兆として再認識され、また大宰府・肥後国に加え陸奥国をも含める拡大解釈がなされ、異国のみならず列島内部にも発生しうる「兵寇」の予兆とされた、と。

貞観震災に対する朝廷の対応をうかがう上では、これら一体的な予兆とされた時点を境として、その性質の差異を考慮する必要がある。片岡の説に屋上屋を架すこととなるが、このような視点から関連史料の確認を行っていく。

【史料4】貞観十一年十二月十四日丁酉条

十四日丁酉。遣下使者於伊勢大神宮一奉幣上。告文曰、

「天皇我詔旨止、掛畏岐伊勢乃度会宇治乃五十鈴乃河上乃下都磐根尓大宮柱広敷立、高天乃原尓千木高知天、称言竟奉留天照坐皇大神乃広前尓、恐美恐美毛申賜倍止申久。

A　去六月以来、大宰府度々言上多良久、新羅賊舟二艘筑前国那珂郡乃荒津尓到来天豊前国乃貢調船乃絹綿乎掠奪天逃退多利。又庁楼兵庫等上尓、依レ有二大鳥之恠一天卜求尓、隣国乃兵革之事可レ在止卜申利。

B　又肥後国尓地震風水乃災有天、舎宅悉仆顛利。人民多流亡多利。如レ此之災比古来未レ聞止、故老等毛申止言上多利。

C　然間尓、陸奥国又異レ常奈留地震之災言上多利。自余国々毛、又頗有二件災一止言上多利。

D　伝聞。彼新羅人波我日本国止久岐世時与利相敵美来多利。而今入二来境内一天、奪二取調物一利天、無二懼沮之気一。量二其意況一尓、兵寇之萌自レ此而生加。我朝久無二軍旅一久専忘二警備一多利。兵乱之事尤可二慎恐一。然我日本朝波所謂神明之国奈利。神明之助護利賜波、何乃兵寇加可二近来一岐。況掛毛畏岐皇大神波、我朝乃大祖止御座天、食国乃天下乎照賜比護賜利。然則他国異類乃加レ侮致レ乱倍岐事乎、何曾聞食天、驚賜比拒却介賜波須在牟。故是以王従五位下弘道王、中臣雅楽少允従六位上大中臣朝臣冬名等乎差レ使天、礼代乃大幣帛遠、忌部神祇少祐従六位下斎部宿祢伯江加弱肩尓太襁取懸天、持斎令二捧持一天奉出給布。此状乎平介久聞食天、假令時世乃禍乱止之天、上件寇賊之事在倍岐物奈利止毛、掛毛畏支皇大神国内乃諸神達乎毛唱導岐賜比天、未二発向一之前尓沮拒排却賜倍。若賊謀已熟天兵船必来倍久在波、境内尓入賜須之天、逐還漂没女賜比天、我朝乃神国止畏憚礼来礼留故実乎澆多之失比賜布奈。

E　自レ此之外尓、假令止之天、夷俘乃逆謀叛乱之事、中国乃刀兵賊難之事、又水旱風雨之事、疫癘飢饉之事尓至万天尓、国家乃大禍、百姓乃深憂止毛可レ在良牟乎波、皆悉未然之外尓払却鎖滅之賜天、天下无二躁驚一久、国内平安尓鎮護利救助賜比皇御孫命乃御體乎、常磐堅磐尓与二天地日月一共尓、夜護昼護尓護幸倍矜奉給倍止、恐美恐美毛申賜久止申。」

【史料4】は伊勢大神宮への告文である。片岡も述べるように、陸奥国の震災と西海道の災異とが一体化した「兵寇」の予兆とされた初見である。便宜的にAからEまでの五つに内容を区分する。Aは新羅海賊事件と大鳥の恠異が「隣国乃兵革之事」の予兆とされたことに関するもので、大宰府が申上した卜占の結果を記す。BはAと関連する予兆として、同じく西海道で発生した肥後国風水害について記す。なお、風水害の他に「地震」のことも記されるが、これは既に災害内容の詳細が問題ではなく、予兆としての災異とのみ認識された結果の誤植であろう。

この西海道で発生した「隣国乃兵革之事」の予兆（A・B）を問題とする中、更なる予兆としてCの陸奥国震災のことが記される。冒頭に「然間尓」とあるように、西海道での予兆発生の間を突いて現れたものと認識している。

Dは新羅海賊事件に端を発した「隣国乃兵革之事」の危機について、日羅関係に対する歴史認識と、現状として軍事的対応が困難であることを述べた上で、「然我日本朝波所謂神明之国奈利。神明之助護利賜波」と神の力を頼り、「掛毛畏支皇大神国内乃諸神達乎毛唱導岐賜比天」と国内の諸神を動員する形でこれを未然に阻止することを願うものである。

Eは顕在化した「隣国乃兵革之事」以外の危機、すなわち傍線部の「夷俘乃逆謀叛乱之事」「中国乃刀兵賊難之事」「水旱風雨之事」「疫癘飢饉之事」を未然に阻止することを願うものである。ここで「中国乃刀兵賊難之事」と、国内に発生する「兵寇」が予期されており、片岡の指摘の通り連続した災異が一体的な予兆として把握されたことがうかがえる。

伊勢大神宮への告文の三日後、朝廷では神祇官と陰陽寮に対し頻発した災異について確認を行わせる。

【史料5】貞観十一年十二月十七日庚子条

十七日庚子。去夏、新羅海賊掠二奪貢綿一。又有二大鳥一、集二大宰府庁事并門楼兵庫上一。神祇官陰陽寮言、「当レ有二隣境兵寇一。肥後国風水、陸奥国地震、損二傷廨舎一、没二溺黎元一。」

是日、勅命二五畿七道諸国一、班二幣境内諸神一、予防二後害一。

本条中の神祇官と陰陽寮の勘申内容は、新羅海賊と大鳥の恠異が「有二隣境兵寇一」の予兆であるとしたことは確かなものの、続く肥後国風水害と陸奥国震災の記述は総括的な被害内容に関するものであり、「有二隣境兵寇一」との関係が明確になっておらず、故に全体的文意の把握が困難である。しかし、勘申文中では新羅海賊事件と大鳥の恠異について明記しないから、この両予兆を前提とし「有二隣境兵寇一」の更なる予兆として肥後国風水害と陸奥国地震を位置付けたものであろう。文言の欠落、または神祇官・陰陽寮の勘申の一部のみを抄出した結果このような記述になったと推察されるが、いずれにせよこれら災異を一体的な予兆と位置付けたものである。

この勘申により新羅海賊事件・大鳥の恠異と一連のものとして肥後国風水害・陸奥国震災の位置付けが確定する。ただし、四つの災異・恠異を一体的な予兆として公認した嚆矢は【史料4】である。よって貞観震災に対する措置も貞観十一年十二月を境として、その性質は変化した蓋然性が高い。

4　貞観十一年十二月前後の震災対応

前節で確認したように、【史料4】貞観十一年十二月の伊勢大神宮への告文を画期として、陸奥国震災を含め、新羅海賊事件・大鳥の恠異・肥後国風水害は一体的な予兆として認識された。【史料4】E部傍線箇所に列挙されたものに対する予兆である。

【史料5】では、勘申結果を受けて五畿七道諸国の境内諸神、すなわち全国の神々に班幣し「預防㆓後害㆒」とする勅命が発せられる。この「後害」とは片岡耕平が指摘するように「隣国乃兵革之事」を含め【史料4】E部傍線箇所に列挙されたものである。また【史料5】の八日後、十二月二十五日戊申条では、陸奥国苅田嶺神、上野国赤城神・伊賀保神・甲波宿祢神、近江国新川神、美濃国金神の六神に対する昇叙があり、また「謝㆓地震風水之災㆒、厭㆓隣兵窺㆑隙之寇㆒」のために五畿七道諸国へ三日間の金剛般若経の転読を命じる。これも「預防㆓後害㆒」のためである。

宗教的除災に加え軍事的な対応もとられる。「兵寇」の危機であるから当然である。大宰府では新羅海賊事件と大鳥の恠異が「兵寇」の予兆と卜占された直後から軍事的な対応がとられ[31]、神祇官・陰陽寮による最終的な予兆確定がなされた直後にも軍事強化がなされる[32]。

また「後害」の一つとして「夷俘乃逆謀叛乱之事」が発生する陸奥国でも軍事的な対応がとられる。翌貞観十二年（八七〇）正月二十五日戊寅条では小野春枝を陸奥介に、同三月二十七日己卯条では同人を陸奥権守とし、陸奥介に鎮守将軍の御春峯能を任命する。(33) 後者の人事は鎮守府と国府との連携を図ったものと推察され、また小野春枝の登用は次の史料により大宰府での軍事強化と一体化した施策であることが読み取れる。

【史料6】貞観十二年三月二十九日辛巳条

廿九日辛巳。従五位下行対馬守兼肥前権介小野朝臣春風奏言、

「故父従五位上小野朝臣石雄家羊革甲一領、牛革甲一領在二陸奥国一。去弘仁四年賊首吉弥侯部止彼須可牟多知等逆乱之時、石雄着二彼甲一、討二平残賊一。厥後兄春枝進レ之、望請、給二羊革甲一、以充二警備一、帰京之日、全以進レ官。」

詔許レ之。其牛革甲給二陸奥権守小野朝臣春枝一。

小野春風の奏上内容は、朝廷に進上されていた父・小野石雄の甲、すなわち、父が弘仁四年（八一三）の蝦夷征討に際して着用していた甲の拝領を願うものである。この時、兄の小野春枝にも二領の内の一領を授けている。この春枝・春風の兄弟への甲の拝領は、東西での「兵寇」対応を一体的なものとして認識していた証左となる。

宗教的除災と軍事的対応の他、陸奥国では修繕事業に関する史料がある。貞観震災発生から一年三カ月後の貞観十二年九月十五日甲子条である。これも貞観十一年十二月以後の対策であり、一連の国家的危機への対応の可能性がある。

【史料7】貞観十二年九月十五日甲子条

A十五日甲子。遣下二新羅人廿人一、配中置諸国上。清倍、鳥昌、南巻、安長、全連五人於武蔵国。僧香嵩、沙弥伝僧、関解、元昌、巻才五人於上総国。潤清、果才、甘参、長焉、才長、真平、長清、大存、倍陳、連哀十人於陸奥国。

B勅、「潤清等処下於彼国人掠二取貢綿一之嫌疑上、須下加二重譴一以粛中後来上。然肆レ眚宥レ過。先王之義典、宜下特加二優

恤一、安二置彼国沃壌之地一、令上レ得二穏便一。給二口分田営種料一、并須三其等事一依二先例一。至二于種蒔秋獲一、並給二公粮一。僧沙弥等安二置有供定額寺一、令二其供給一。路次諸国、並給二食馬随身雑物一、充二人夫運送一。勤存二仁恕一、莫レ致二窘苦一。」

C「太政官宣久、新羅人大宰府乃貢綿乎盗取礼利。潤清等廿人同久此疑尓処世利。須久波其由乎責勘天、法乃任尓罪奈倍給倍久有礼止毛、罪乎免之給比、身乎矜給比天、安可留へ支所止量給天、清倍等五人乎波武蔵国尓、元昌等五人乎波上総国尓、潤清等十人乎波陸奥国尓退給波久止宣。」

D潤清、長焉、真平等、才長二於造瓦一。預陸奥国修理府料造瓦事。令下長二其道一者相従伝習上。（後略）

本条から陸奥国修理府が置かれたこと、及び修繕に係る瓦生産に新羅人が関与し、これが多賀城跡・陸奥国分寺跡から出土する新羅系瓦（宝相華文軒丸瓦など）と関わると指摘した嚆矢は工藤雅樹[34]である。以後、多賀城跡・陸奥国分寺跡や瓦窯跡などで出土する新羅系瓦と新羅工人との関係については、基本的に工藤の学説が継承されている。

しかし、陸奥国修理府については二上玲子[35]による批判がある。すなわち、修繕担当官司の名称として「府」が用いられたとは考え難く、また国衙の修理財源名称として「修理国府料」「修理官舎料」等が史料上確認できることから、傍線部は「預下陸奥国修二理府一料造レ瓦事上」[36]と訓じ、国府の修理料に関する記述で、造瓦もこの事業の一環であったとする。

一方、工藤説を補うものとして斎野裕彦の指摘がある。斎野は六国史に見られる「修理A料B」という用法は、Aが修理の対象施設、Bがその費用や財源であり、本条はこの一般的な用法と異なる。よってここは「陸奥国修理府」と官司名を記し、「新たに瓦造りの技術を見込まれた新羅人を、従事する機関に預けて保護し、そこでも生活の糧を得られるように措置した徳政の記述」と位置付ける。

以上の先学の指摘に対し、筆者は次の点において首肯できない。第一に斎野のように「修理某料」という財源名称の用法を限定的に捉えることは誤りである。この点については二上の指摘が正しい。第二にこれを財源名称とする時、この財源名称と「造瓦事」がどのような関係にあるのかが不明確である。二上は修繕事業における造瓦が「修理府料」により行われる、と個別修繕事業（造瓦）とその財源という関係で説明する。しかし、当該部は新羅人を「造瓦事」に「預」けることを主旨とするものであるから、この文脈の中で「造瓦事」の財源を説明しているとは考え難い。

当該部は本条の全体的な論理の中から説明すべきである。斎野は、勅や太政官宣と異なり陸奥国への新羅人の移配に一部変更があったために採録されたとする。妥当ではあるものの、筆者は単なる施策の変更を要因とするのではなく、天皇の徳政に対し違勅とも思える施策を陸奥国司が計画・立案したこと、またそれが善政[37]であったがために具体的な内容が記されたと考える。

本条の全体的な構成は【史料7】に付したAからDに区分される。Aは本条の地文であり、以下BとCで示される新羅人の諸国への配置（武蔵国・上総国・陸奥国）について記す。Bはこの新羅人の配置を命じる天皇の勅旨である。大宰府貢綿略奪事件に関わり捕縛された新羅人二十人に対して特別にこれを許し優恤を加え、また口分田の班給とその営料、及び種蒔時と収穫時に公粮を支給することを命じるものである。特に農繁期の公粮の支給は特別の恩典である。僧香嵩と沙弥伝僧とを定額寺に安置すること、路次の食糧や馬、運送の人夫の支給も同様である。Cの太政官宣はこの勅旨を受け、配置先の割り振り等の具体策を命じたものである。ここで陸奥国には潤清等十名の配置を命じる。

新羅人の諸国配置の命は、以上の勅旨と太政官宣により完結する。しかし、斎野も指摘するように、Dでは勅旨や太政官宣とは異なる対応が取られている。すなわち、配置先で口分田とその営種料、及び農繁期の食糧（公粮）を支給すべきところ、陸奥国に配置された十名の内、潤清、長焉、真平の三名は造瓦技術に長けていたことにより、「令下長二其道一者相従伝習上」と造瓦技術伝習の任につけたのである。

これは陸奥国司の判断によるもので、そのまま執行すれば違勅行為となる。よって、史料上明記されないが、口分田等支給に代わる別の生活基盤の支給策をとる代替案を提示した上での許諾申請があったはずである。この時、この口分田等支給に代わる代替措置として修理財源「陸奥国修理府料」から彼らの生活基盤を支出する案が出されたのであろう。この措置により始めて新羅人三名を「造瓦事」に「預」けることができたのである。

以上の理解は当該部の訓読上も是認される。すなわち、「預二陸奥国修理府料造瓦事一」とし、「(新羅人三名を)陸奥国の修理府料で造瓦事に預ける」と解す。[38] 一見、斎野の説と近似するが、筆者は「陸奥国修理府」なる官司を想定することは困難であること、及び何よりも斎野の解釈は史料文章を整合的に解釈し得ていないことから、これに賛成するものではない。斎野の「従事する機関に預けて」との解釈をとった場合、「造瓦事」は漢文解釈上いかに訓読されるのかが不明確である。訓読の上でも「陸奥国修理府料」と財源名称としなければならないのである。

なお、考古学的観点から佐川正敏[39]はこの点に関する重要な指摘をする。すなわち、復旧瓦生産を第一期・第二期の前半と後半・第三期の四つに区分し、その第二期にあたる与兵衛沼窯跡からは、新羅系瓦(宝相華文軒丸瓦や棟平瓦)の他、平安宮系の瓦(獣面文鬼瓦)や焼成技術(ロストル式の平窯)が確認され、また獣面文鬼瓦(平安宮系)と棟平瓦(新羅系)は一組として殿舎に葺かれた、と。以上から、貞観震災の復旧(造瓦)は在来の多賀城の瓦工に加え新羅人瓦工と中央政府派遣の技術者集団(木工寮)[40]とが共同で行ったものとした。

佐川の指摘の内、新羅系瓦(棟平瓦)と平安宮系瓦(獣面文鬼瓦)が殿舎に葺かれる一組の瓦として生産されたとする点は重要である。すなわち、中央政府系(平安宮)技術の導入は新羅系技術の導入と別箇ではないからである。新羅人瓦工の登用は本条を契機とする以上、中央政府系の技術導入もまた本条以降となる。新羅人登用の申請を受けた上での中央政府の追加対応であることは、すなわち、新羅人登用が善政と評されたからである。

この考古学的知見による特殊性も一般的な災害対応とは異なるもの、すなわち、貞観十一年十二月以降の「後害」への国家的対応に関わり、より具体的な「夷俘乃逆謀叛乱之事」への危機対応として位置付けることができる。この三者共同体制による造瓦事業が多賀城分の修繕に顕著に見られ、この後の陸奥国分寺修繕の段階には見られなくなるとの佐川の観察結果も証左となる。「夷俘乃逆謀叛乱之事」の備えとは、あくまで城柵に課せられた機能[41]なのである。斎野のように陸奥国修理府を想定し、この修繕官司が陸奥国分寺を含めた震災復興を推し進めたと考える場合、考古学的な観点からいかに佐川説を批判するのか、今後の議論が待たれる(ただし、佐川も陸奥国修理府を認めている)。

以上、貞観十一年十二月以降における貞観震災対応は、更に大きな「後害」への対応なのであり、決して震災の規模を問題としたものではない。一方、貞観十一年十二月以前の対応は決して特別視されるものではない。

震災発生の約三か月後、貞観十一年九月七日辛酉条には「以㆓従五位上行左衛門権佐兼因幡権介紀朝臣春枝㆒為㆓検陸奥国地震使㆒。判官一人、主典一人」と、検陸奥国地震使の任命が見られる。先学は使者である紀春枝の官歴が木工寮を中心としていることから、陸奥国での修繕事業の統括を任としていたとする[42]。前述した平安宮系瓦や平窯による復旧瓦の生産に対する評価もこれと深く関わる。しかし、通常時における官舎修繕等は国府機構内で実施され、技術的な面において中央派遣官や専使は必ずしも必要とされていないことも軽視すべきではない。すなわち、国府も修繕技術は備えているのである。

大規模災害時において通常と異なるのは、修繕対象の数とその費用であり、技術ではない。『延喜式』に「修理国府料」「修理官舎料」等が設定されている国は、そこで定められている正税本稲数の出挙利稲分を実質経費として修繕事業を行う。ただし、『延喜式』では陸奥国にこの種の特定財源は規定されていない。おそらく貞観震災の場合、太政官に申上して正税を転用する形で修繕財源を確保し、これが「陸奥国修理府料」とされたのであろう[43]。いずれにせよ、大規模災害時の修繕財源も当該国の正税によっているのである。

災害時の経費という点では、賑給の実施(【史料1】)も重要である。野尻忠[44]が指摘するように、籍帳等で対象者を特定することが困難な貧窮者や病人、及び災害時の賑給には賑給使が派遣される。これは賑給対象者が国司の申請に頼らざるを得ない場合に派遣されるものであり、国司の不正を防ぐことを目的としている。

貞観震災の場合、賑給に加え修繕等に係る大規模な支出もあるから、国司にとっては必要経費の不正見積もりや不正申告を行う格好の機会となる。当然、賑給と同じく徳政として行われる減免税等も同様である。よって朝廷はこれら一連の災害対応を適正に執行させるために、諸事業を覆勘する必要がある。この専使が検陸奥国地震使である。木工寮での官歴を有する紀春枝が任命されたのも、技術面における修繕事業の指揮ではなく、修繕に係る適正経費の算出や覆勘にその才や経験が期待されたのだろう。他の地震災害の時にも派遣されている遣使と同様、検陸奥国地震使も通常の国司不正対策の延長上のものとして理解すべきである。

なお、この検陸奥国地震使の発遣は【史料3】の詔旨を受けた後である。石井正敏[45]が指摘するように【史料3】傍線②の「今遣二使者一、就布二恩煦一。使与二国司一、不レ論二民夷一、勤自臨撫」とある使者である。本詔では徳政としての賑給にのみ使者の任があるように記されるが、それは本詔の主旨がその点にあるからである。検陸奥国地震使の任命が震災から約二ヵ月後に行われたのも復旧事業の技術的な面において直接関与しないからに他ならない。

おわりに

以上、四節にわたり貞観震災についての基礎的な分析を行ってきた。結論の要点を次の二つにまとめる。第一に貞観震災の分析に際して最重要視されてきた貞観十一年五月二十六日癸未条は陸奥国司からの震災第一報に基づくものではなく、陸奥国を中心とした被災各国からの進上公文や、他史料(【史料3】の詔)に基づき、『日本三代実録』編纂時に成文された災害記事であること。すなわち、史料上の文言は直接「震災の実態」を語っているわけではない。第二に、貞観震災は同年十二月に新羅海賊問題や肥後国風水害とともに国家的危機の予兆とされ、これを契機としてその対応も一般的な災害対応から、国家的危機への対応の一環へと変更された。貞観十一年五月二十六日癸未条も、国家的危機の予兆であるということをふまえて成文された可能性がある。これは、片岡耕平の説に依拠しながら、他事例から貞観震災を切り離して立論された「国家による復興史観」からの脱却を試みたものである。

「はじめに」で述べたように、貞観震災の研究は文献史学のみではなく、考古学や自然科学分野においても積極的に議論されている。現代的な問題関心からも貞観震災が総合的・学際的研究を必要とする重要な課題であることはいうまでもない。ただし、その総合性や学際性はどのように実践されるべきなのか、慎重な判断が求められる。今後の課題であろう。

註

(1) 本稿でも註(4)後掲斎野A論文が使用する「貞観震災」を用いる。

(2) 筆者には地質学・地震科学等の自然科学分野の研究業績を網羅的に整理する能力がない。そこで管見に触れたもののみを紹介する。寒川旭『地震の日本史―大地は何を語るのか―』(中公新書、中央公論新社、二〇〇七年)、菅原大助・今村文彦・松本秀明・後藤和久・箕浦幸治「貞観津波と東日本大震災の津波」(平川新・今村文彦編『東日本大震災を分析する2　震災と人間・まち・記録』明石書店、二〇一三年)、河野幸夫「仙台湾海底遺跡の発見と仙台平野を襲う大津波(貞観津波)について」(岩本由輝編『歴史としての東日本大震災―口碑伝承をおろそかにするなかれ―』刀水書房、二〇一三年)など。

(3) この点を叙述する研究・報告書等は非常に多く、全てを紹介することはできない。よって、この分析視座の始点となったもの、及び本稿の検討に関わるものとして次のものを挙げる。工藤雅樹「陸奥国分寺出土の宝相華文鐙瓦の製作年代について―東北地方における新羅系古瓦の出現―」(『古代蝦夷の考古学』吉川弘文館、一九九八年、初出は一九六五年)、宮城県教育委員会・宮城県多賀城跡調査研究所『多賀城跡　政庁跡本文編』(一九八二年)、柳澤和明「発掘調査より知られる貞観一一年(八六九)陸奥国巨大地震・津波の被害とその復興」(『史林』九六―一、二〇一三年)、佐川正敏「貞観地震復旧瓦生産における新羅人の関与について」(『宮城考古学』一六、二〇一四年)。

(4) 古典的な研究としては吉田東伍「貞観十一年陸奥府城の震動洪溢」(『歴史地理』八―一二、一九〇六年)があるが、近年の代表的な研究として次のものを挙げる。柳澤和明A「『日本三代実録』より知られる貞観十一年(八六九)陸奥国巨大地震・津波の被害とその復興」(『歴史』一一九、二〇一二年)、同B「『日本三代実録』にみえる五大災害記事の特異性」(『歴史地震』三二、二〇一七年)。柳澤は他にも多くの研究を発表しているが、それらを概括したものとして同C「九世紀の地震・津波・火山災害」(鈴木拓也編『東北の古代史4　三十八年戦争と蝦夷政策の転換』吉川弘文館、二〇一六年)を参照されたい。斎野裕彦A「平安時代貞観十一年(八六九)の津波災害―津波災害痕跡と一つの史料による研究―」(『津波災害痕跡の考古学的研究』同成社、二〇一七年、初出は二〇一二年)、同B「貞観十一年陸奥国震災記事と自然災害痕跡研究」(『市史せんだい』二三、二〇一三年)、同C「貞観震災の被害と朝廷の復興策」(文化庁編『日本人は大災害をどう乗り越えたのか』朝日選書、朝日新聞出版、二〇一七年)、同D「貞観の地震・津波と岩沼」(岩沼市史編纂委員会『岩沼市史　第一巻通史編Ⅰ原始・古代・中世』二〇一八年)、保立道久『歴史のなかの大地動乱―奈良・平安の地震と天皇―』(岩波新書、岩波書店、二〇一二年)、佐川正敏「古代における東北の復興―瓦を通して見た貞観地震からの復旧を中心に」(『東日本大震災復興祈念特別展　東大寺と東北―復興を支えた人々の祈り』東北歴史博物館・日本経済新聞社、二〇一八年)。

(5) 二上玲子「文献史料からみた貞観地震に関する一考察」(『市史せんだい』二二、二〇一二年)。

(6) なお、筆者卑見は「九世紀城柵と災害史料」(第三九回古代城柵官衙遺跡検討会、特集『古代東北の城柵と災害』報告資料、二〇一三年)として発表している。本稿の論旨はこれと基本的に同じだが、若干の修正と追加をしている。

(7) 註(4)前掲斎野A論文。以下、斎野の見解はこれによる。

(8) この他、註(4)前掲の柳澤の一連の研究や註(4)保立前掲書、石井正敏「貞観十一年の震災と外寇」(歴史学研究会編『震災・核災害の時代と歴史学』青木書店、二〇一二年)など、多くの研究がこの理解をとっている。

(9) 遠藤慶太「『三代実録』の写本について」(『平安勅撰史書研究』皇学館出版部、二〇〇六年、初出は二〇〇五年)。

(10) 註(9)前掲遠藤論文。

(11) 『類聚国史』と『日本三代実録』の関係については吉岡眞之「類聚国史」(『国史大系書目解題　下巻』吉川弘文館、

二〇〇一年）の研究史整理を踏まえ、『類聚国史』採録の『日本三代実録』の記事は、菅原道真以降の人物による追補とみる説が現段階で最も蓋然性が高いと判断する。真壁俊信「『類聚国史』と菅原道真」（『天神信仰史の研究』続群書類従完成会、一九九四年）が指摘するように『菅家文草』巻第五、三六五番「早春、観レ賜二宴宮人一、同賦二催粧一、応レ製」の序にある「聖主命二小臣一、分二類旧史一之次」の「分二類旧史一」とは『日本三代実録』を除く五国史とみるべきである。この賜宴が『日本紀略』寛平五年（八九三）正月十一日条の「密宴、賦宮人催粧之詩」に相当することは間違いなく、よってこの段階で『日本三代実録』の編纂は未だ開始されていないから（井上薫「日本三代実録」『国史大系書目解題上巻』吉川弘文館、一九七一年）、論断はできないものの「分二類旧史一」は『日本三代実録』編纂の事前準備事業だったのではあるまいか。いずれにせよ、『日本三代実録』条文を道真の「分二類旧史一」に補追した者やその契機については未だ不明な点が多く、よってこの点が明確にならない限り、無批判に『日本三代実録』と『類聚国史』とを同格に扱うことは憚られる。この点に関しては今後の課題としたい。

(12) 谷森本は東北大学架蔵のマイクロフィルム紙焼を、慶長写本・和学甲本・昌平坂本は国立公文書館のＷＥＢ公開画像を、浄教房本は国立国会図書館のＷＥＢ公開画像をそれぞれ確認した。

(13) なお「潮」と「湖」の問題については、伊藤一允「貞観十一年「陸奥国地大振動」と十和田火山についてのノート」（『弘前大学国史研究』一〇〇、一九九六年）も指摘している。

(14) 大系本ではこれを「湖」と判読している。

(15) 法書会編輯部編『五體字類』（西東書房、一九一六年）、若尾俊平・服部大超編『草字苑』（柏書房、一九七六年）。

(16) 註（9）前掲遠藤論文。

(17) 柄浩司「三条西家による『日本三代実録』の書写について」（『中央史学』一八、一九九四年）。

(18) なお、検討の手続き上、『日本三代実録』諸写本における「湖」の字形も確認しておく必要がある。谷森本・浄教房本ともに特殊な字形は確認できず、ほぼ楷書で「湖」と記す。ただし、慶長写本のみ貞観元年四月十八日癸卯条と元慶三年閏十月十五日辛丑条において卜部家Ⅱ類の特殊な字形と全く同じ字形で書写している。このことから、慶長写本はこの特殊な字形を「湖」と判断し得た人物による筆写であることが確認できるから、本条においても同様の判断が働いたものと推察される。

(19) 註(4)前掲柳澤B論文。
(20) 「海口」を港と解するのは、
(21) 「城下」については、局地的景観を示す語として多賀城の南面に広がる方格地割域(市川橋遺跡・山王遺跡)とする見解が多い。しかし正史上散見するこの語は、行政的・政治的管轄範囲という意味合いの語であり(平川南「古代における東北の城柵について」(『日本史研究』二三六、一九八二年)、註(13)前掲伊藤論文、熊谷公男「律令社会の変貌」(仙台市史編さん委員会『仙台市史通史編二 古代中世』仙台市、二〇〇〇年)、同「秋田城の停廃問題と九世紀初頭の城柵再編」(『アジア文化史研究』一一、二〇一一年)、熊田亮介「蝦夷と古代国家」(『古代国家と東北』吉川弘文館、二〇〇三年))、本条もこの語義で理解すべきとする註(4)前掲斎野A・B論文の指摘は正しい。なお、筆者は本条を『日本三代実録』編纂時の成文と考えており、この理解からも具体的な津波浸水域を景観的に明示した文言ではなく、観念的な理解として行政的・政治的管轄範囲を意味する「城下」が選ばれたものと考える。
(22) 当該部の「十」を海から津波到達点までの距離、「百」を津波に襲われた沿岸域の距離とする見解が散見(註(13)前掲伊藤論文、註(4)前掲斎野A論文、註(2)前掲河野論文)されるが、これはあくまで広範囲を示す表現である。
(23) 斎野は「驚涛」が主語であるから述語「湧」に続くのは場所を示す文字であるとする。しかし、『北斉書』列伝第十二慕容儼伝のように「驚涛湧激」と「湧」を形容する文字が続く事例もあり、「湧水」のように「湧く」対象物が続く例もあるから、強い論拠とはならない。
(24) 谷森本は「海水」とあり、傍書で「海イ」と追記する。ただし三条西家本の子本群は全て「海水海」とあるから、この部分は谷森本の脱漏と判断される。谷森本が校合に際して用いた写本は不明であるが、三条西家本系統のものであろう。
(25) 『類聚国史』諸写本は全て「海水」とする。
(26) 仙台市教育委員会『沼向遺跡第四～三十四次調査』(仙台市文化財調査報告書第三六〇集、二〇一〇年)。
(27) この点は初発表時に指摘しているが、註(4)前掲柳澤B論文により批判が寄せられている。柳澤の論点は次の二つである。①『日本三代実録』仁和三年(八八七)七月三十日辛丑条の地震記事は、複数国から災害報告があったにも関わらず、複数国の中上を採録したのでは父光孝天皇の治世を貶めることとなるから、宇多天皇の意向により地震発生日にまとめて記載することでそれを隠蔽している。②この仁和三年記事の特異性との整合を図るために、被害の大きかった他の災害記事(「五大災害記事」と一括する)も、国司からの報告記事でありながら災害発生時に付けて立条した。以上の二点から、【史料1】も国司による災害報告の記事であるとする。しかしながら、筆者の理解は『日本後紀』以降の正史編纂方式として示したものである。また、柳澤は「大災害」であることを理由に立条操作が行われたとする。しかし、柳澤が挙げた五つ事例の内、【史料2】以外は全て複数国の被害や、複数国からの報告公文の存在が確認できる。また【史料2】も冒頭に京の状況が記されていること、及び台風被害という性格上、複数国にわたる可能性は否定しきれない。柳澤による反論の論拠にはあまりにも飛躍がある。

(28)「国家による復興史観」は東日本大震災以降の災害史研究の動向として菅野正道「東日本大震災後における仙台市博物館の活動を通して」(『国史談話会雑誌』五三、二〇一二年)が指摘した「復興史観」を筆者なりに読みかえたものであり、その問題とするところの本質は註(5)前掲二上論文とともに同一である。

(29)山里純一「国衙行政費」(『律令地方財政史の研究』吉川弘文館、一九九一年、初出は一九八八年)、註(5)前掲二上論文。

(30)片岡耕平「貞観新羅海賊事件と神国の転換―「神国」の形成」以前―」(永井隆之・片岡耕平・渡邉俊編『カミと王の呪縛　―日本中世のＮＡＴＩＯＮ　３―』岩田書院、二〇一三年)。

(31)貞観十一年十二月四日条。註(30)前掲片岡論文。

(32)貞観十一年十二月二十八日辛亥条。

(33)註(4)前掲柳澤Ａ論文。

(34)註(3)前掲工藤論文。

(35)註(5)前掲二上論文。

(36)なお、二上は青森県史編さん古代史部会編『青森県史資料編　古代1　文献史料』(青森県、二〇〇一年)の書下しを継承している。

(37)斎野は陸奥国司の徳政とするが、筆者は国司の政務評価として使用する概念として「善政」を用いる。

(38)初発表時には二上説に従い「陸奥国での府を修理する料(財源)の内の造瓦の事に預ける」と解したが、本文のように見解を改める。

(39) 註(3)・(4)前掲佐川論文。
(40) 仙台市教育委員会『与兵衛沼窯跡』(仙台市文化財調査報告書第三六六集、二〇一〇年)から既に指摘されている。ただし、ここで木工寮の技術者集団を想定するのは検陸奥国地震使と紀春枝の官歴の評価に基づくが、この点については本文で後述するように首肯できない。
(41) 註(6)前掲拙稿で指摘しているものの、詳論は別稿を準備したい。
(42) 註(4)前掲斎野A・柳澤A論文など。
(43) 註(5)前掲二上論文。
(44) 野尻忠「律令制下の賑給使と地方支配機構」(『史学雑誌』一一〇―九、二〇〇一年)。
(45) 註(8)前掲石井論文。

Ⅱ　城柵論

国庁・郡庁と城柵政庁

吉田　歓

はじめに

古代日本の東辺、北辺には中央政権側が蝦夷などと位置づけていた人々が生活していた。そうした蝦夷の地に対して支配を及ぼしていくために中央政権がとった方策の一つに城柵の設置があった。城柵には蝦夷の地ではない、いわゆる内国から大量の移民が送り込まれるとともに兵力も置かれていた。そして、地域の蝦夷を服属させせつつ、一帯の支配を推進していくための拠点的施設と位置づけられていた。このように日本古代史を考える上では、とても重要な意味を持っており、これまでも膨大な研究の蓄積がある。ここでそれら研究史を振り返ることは難しいが、簡単に大きな流れをまとめると以下のように整理できよう。

かつて城柵に対しては、朝廷に反抗する蝦夷を討伐するための軍事的な施設と考えられていたが、戦後の一九六〇年代以降、多賀城をはじめとする各地の城柵遺跡で発掘調査が進められてくると、その見方が大きく変わってきた。すなわち、城柵遺跡からは築地塀や一般の国府と同じような政庁の遺構が見つかってきたことから、それまでのイメージとは異なって、いわゆる官衙と違いがないのではないかと見られるようになってきたのである。城柵は政庁を備えた官衙であったというとらえ方が登場したのである。しかし、それに対して、やはり軍事的な性格を持っていたことを忘れてはならないとする議論も提起された。これによって城柵を官衙の一形態と見るのか、やはり軍事的な施設と見るのかで議論が展開していくこととなった。このような過程を経て、現在では両方の性格を併せ持っていたとする理解が大方の見方となっているように思われる。確かに中枢施設として、一般の国府と同じような政庁を持っている一方で、外郭施設や櫓などの軍事的な要素も備えていることは事実であり、どちらか一方だけで城柵をとらえることはできない。両方の性格を同時に併せ持っているところにこそ城柵の特異性があらわれていると見るべきであろう。

本稿では、以上のような城柵研究の成果を受けて、その政庁に注目して分析を試みたい。叙上のように、城柵には大きく二つの側面があり、そのうちの軍事的な面については、官衙と見る考え方に対抗するという一面もあって、具体的な検討が進んでいる。特に阿部義平氏は、外郭施設や櫓などの遺構を考古学的に検討し、文献史料や西日本の古代の城との対比もしながら詳細に考察をされている(1)。こうした分析によって城柵の持つ軍事的な側面については、より具体的に明らかとなってきている。しかし、もう一方の官衙としての面については、もう少し検討の余地が残されているように思われる。例えば政庁については、正庁(政庁の正殿を正庁と呼ぶこととする)と東西にそれぞれ脇殿が付属し、方形に築地塀などで囲まれて門が開くという構造が、一般の国府と基本的に共通するということから官衙であったと理解されるようになったのである。だが、なぜ城柵にそのような政庁が存在するのかといったことについては、あまり議論が深められていないように感じる。もちろん蝦夷の服属儀礼や饗給が行われる場として機能していたことは、すでに多くの指摘がなされている。しかし、やや印象論の感を拭えないように思われる。そうした中で、なぜ一般の国府と同じような政庁が各城柵に設けられたのかという問いに迫ったのが今泉隆雄氏であった(2)。今泉氏は、城柵それぞれに国司が、あるいは後には鎮官も含めて専当官として常駐していたとする城司制の存在を明らかにされた。各城柵には国司や鎮官が常駐していたのであり、彼ら中央派遣官が常駐していることから国府と同様の政庁が設けられていたと解釈されたのである。もちろん蝦夷の服属儀礼や饗給を行う場として機能していたことは前提の上である。

このように各城柵に政庁が存在する問題に対して、今泉氏の城司制論が一つの有効な解答を与えたと言える。

しかし、その後の城柵遺跡の発掘調査の進展の中で、城司制論にも再検討がなされるようになってきた。さまざまな形態やレベルの城柵遺構が確認されるようになってきた状況を受けて、熊谷公男氏はすべての城柵に国司や鎮官が常駐することには無理があり、むしろ城司が常駐したのは一部の重要な城柵にとどまっていたのではないかと指摘された(3)。これによって城司制のより現実的なあり方が明らかになったものと思われる。しかし、同時に城柵の主要なものになぜ政庁が存在するのかという問題ももう一度考え直さざるを得なくなったとも言える。

そこで重要な指摘をされたのが、村田晃一・大平聡両氏であった。村田氏は、防御機能を持つ郡家として生まれたのが城柵兼郡家であったと指摘された。大平氏は、「柵」が「郡家」の機能をも持っていたとは考えられないかと問題提起された(4)。この理解を本稿は発展的に継承したいと考えている。この理解をさらに突き詰めていくと、単に城柵と郡家とが兼ねているというだけでなく、その本質は郡家が城柵でもあるということ、すなわち郡家に防御のための外郭施設が付加されているということになろう。本稿の見通しを先に示すと、城柵の核は実は国府や郡家などの場合があり、それらに防御装置として外郭施設が付加されたと理解でき、そのため官衙としての政庁が備わっていたということになる。だが、こうした理解だけでは十分ではなく、一方に国府でも郡家でもない城柵にも政庁を持つものが存在することも事実である。これらも含めて律令官僚制という面から検討をしてみたい。以上のような視点から、まず国府・郡家の政庁について整理した上で、城柵の政庁について可能な限り迫ってみたい。

1　国庁・郡庁の機能

(1) 形態と機能

古代国家が地方支配を行うために設置したのが国府と郡家である。国府・郡家に関する研究も数多く、多角的な分析が積み重ねられてきている。そのすべてを紹介できないが、山中敏史氏の業績は今日まで基本的な枠組みとして重要な地位を占めている(5)。また、都の役所も含めて官衙全般についてまとめられた阿部義平氏の著書も基本文献の一つと言えよう(6)。本稿も両氏の成果を繰り返すだけのものであるが、以下、若干の検討を試みたい。

本稿は城柵の政庁に注目していくことから国府・郡家についても、その政庁について見ていくが、山中氏の用語法に従って国府の政庁を国庁、郡家のそれを郡庁と呼ぶこととする(7)。また、それぞれの正殿を正庁と呼ぶこととする。

国庁と郡庁とされる遺構については、全国の国府・郡家遺跡で少なからず発掘調査によって姿を現している。これらの遺構と城柵政庁の遺構については、すでに山中・阿部両氏が詳しく分析を加えられ、形態分類やそれぞれの特徴を明らかにされている。阿部氏は、城柵型、大宰府型、太政官型の三類型に分類している(8)。しかし、山中氏は阿部氏の分類は地域に結び付けている点や「内国」の国庁の手本を太政官曹司に見出している点など、いくつかの問題点があると指摘する(9)。とはいえ阿部氏の三類型自体は有効であるとして、地域的類型ではなく構造上の類型として、城柵型国庁、大宰府型国庁、長舎型国庁という分類を提示する。両氏ともに城柵を一つの独立した類型として立てている点は共通している。郡家についても、ここでは詳しくは紹介しないが遺構や文献史料などをもとに分類がなされている。

以上のように国庁も郡庁も、いくつかの類型に分けることができるが、次にそうした政庁がどうして作られたのかをあらためて見ていきたい。この問いに明確に答えたのが栗林茂氏であった(10)。栗林氏は国庁について、毎年正月に行われることになっている元日朝拝儀礼に着目された。儀制令18元日国司条によると、毎年正月元日に国司は僚属・郡司を率いて庁に向かって拝朝し、それが終わると今度は国司長官が賀を受け、さらにその後に宴会を設けることができると規定されている。つまり、都で行われる元日朝賀と同様の儀礼を全国の国庁でも行っていたことになる。はじめの庁に向かって朝拝をする儀が、都の元日朝賀における大極殿にいる天皇に対する朝賀に相当するわけである。栗林氏は国庁での政務執行の場としての機能も認めながらも、この元日朝拝儀礼が国庁にとって第一義的な意味を持っていたと評価して、このために国庁が全国の国府に作られたと指摘された。その上で国庁は朝堂院をモデルとしていたと推測された。栗林氏の理解は、その後も影響力を持ち続け、元日朝拝儀礼をはじめとする儀礼の場としての側面を大きく評価する見解が多いように見える。近年も海野聡氏によって国庁・郡庁について儀式のための空間であったことが指摘されている(11)。

このように特に国庁については、元日朝拝儀礼から儀礼・饗宴に即応した形として理解される傾向が強いようである。確かに国庁の機能を考えようとする時、元日朝拝儀礼がほとんど唯一の参考資料であり、これを手がかりとして検討するしか方法がない。しかし、一方で資料には現れない日常的な機能もあった可能性を排除することもできないのではないだろうか。つまり日常的に行われていたと思われる政務の場としての姿も持っていたと推測される。かつて山中氏が国庁の機能として儀式・宴会・政務の三点に整理して分析されたことを想起する必要がある。国庁は日常的な政務を行う場であり、儀礼などにも使用する場でもあったと見るのが適切であろう。ただ、日常的な政務の様子は儀礼などとは違って特に資料としては残りにくく、具体像が見えてこない。この点は後に詳しく述べることとする。

(2) 国庁・郡庁の院形式

国庁も郡庁も基本的には方形の区画を構成して一院をなしている。郡庁遺構の中には一辺が欠けているものや完全に閉塞しないものも見つかっているが、あるまとまった空間を作っていたことは確かである。国庁・郡庁はなぜこのようにまとまった空間からなっているのかという点は、これまであまり問われてこなかったように思われる。各地で見つかる国庁・郡庁の遺構がそうしたまとまった空間をなす院形式であるため、取り立てて問題とはならなかったのであろう。政庁として当然視されてきたとも言えよう。そのため国庁・郡庁のモデルを探す方向に研究が進められてきたのである。確かに国庁・郡庁の設置やその形式などに触れた律令などの根拠資料は存在しない。逆に各地から遺構が見つかってきているため、それらの成果から帰納法的に分析することができたのである。しかし、まったく参考となる資料がないわけではない。その一つが假寧令12外官聞喪条である。この条文によると、外官と使人が喪の知らせを聞いた場合、その場所の館舎に安置することを許すが、「国郡庁内」[12]に挙哀することは許さないと規定されている。この条文もすでに知られているものであるが、ここで注目されるのは国郡庁内での挙哀を禁じているところである。『令集解』假寧令同条所引の古記も「国郡庁内」[13]と令本文を引用していることから、「国郡庁内」は大宝令でも同じであったことが確かめられる。つまり、「国郡庁内」という表現は大宝令にも使われていたことになる。そこで注目されるのは、「国郡庁内」という表現が令本文で使用されている点である。すなわち、令本文では国庁と郡庁が存在することを前提としていたことを意味していよう。言い換えれば、律令編纂者たちは国庁と郡庁の存在を前提として本条文を作ったということになる。しかも、それは大宝令段階に遡ることができる。そして、「国郡庁内」と「内」を付けていることから一定の空間を構成していることをも意味している。[14]以上の理解が正しいとすると、大宝令編纂段階で、すでに国庁・郡庁が院形式をともなう形で存在することが、前提となっていたということになろう。発掘調査の成果からすると、国庁については近年七世紀末に建設されたものも指摘されるようになってきているが八世紀初頭にかけて建設されていった場合が多いようである。大宝令編纂時点では今後建設していくことも含めて各国に国庁があることを前提とした条文があることは大きな意味がある。郡庁については評衙の存在が指摘されているように大宝令制定以前に後の郡庁に相当する施設があった可能性がある。[15] 以上のように、すでに郡庁に相当する施設が存在したり、国庁のようにこれから建設を予定している場合も含めて大宝令本文に「国郡庁内」と表現されたと推測される。律令国家の地方支配システムの中に国庁・郡庁は必須の施設として組み込まれていたと言えるのである。このような事情によって律令国家を建設する中で全国に院形式の国庁・郡庁が作られたものと理解できる。律令本文そのものに国庁・郡庁の設置やその標準的な形式を規定した条文があるわけではないが、漠然と各国の国庁・郡庁が院形式になっていたわけではなかったと考えられる。

(3) 国庁・郡庁の機能

国庁と郡庁が院形式で存在することは律令編纂段階で前提条件として組み込まれていたことを述べてきたが、次にその機能について再検討を試みる。これまでに特に国庁の儀礼の場としての側面は強調されてきているので、ここでは政務の場としての面に注目していく。国庁・郡庁における政務の具体的な有り様は、資料的制約から明らかにしがたいが、すでに山中氏の先駆的な研究がある。以下、山中氏の成果に導かれながら検討していきたい。

山中氏は国庁と郡庁の機能について詳細に検討を加えているが、大きくまとめると、国庁も郡庁も儀式・饗宴・政務の三つの機能があったことを明らかにされた。[16] このうちの元日朝拝儀礼については、栗林氏以来、注目され重要視されてきている。しかし、山中氏が整理したように政務も無視することはできないであろう。そこで政務の有り様についで山中氏とは違った角度から迫ってみたい。

国庁や郡庁において、そこでの政務がどのように行われていたのかを考える上で参考となるのが都での政務処理のあり方である。都では朝堂院で朝政を行うことが原則であるが、各曹司でも政務処理がなされていた。朝堂院での政務の様子は橋本義則氏が詳しく分析されている。[17] それによるとまず諸司による常政が行われ、その後、必要に応じて大臣に上申する諸司政が行われた。その際、五位以上は大臣の召しによって朝堂院の大臣たちの朝堂である昌福堂に上がって着座し、六位以下はその庇に立つ。そして、口頭で申政し大臣が処分を与え諸司官人が返答をするという形で政務執行が進められていく。このように朝堂の上下に分かれて口頭で上申し決裁を受けるというのが律令官僚制の政務の基本形であった。そして、この形は曹司でも同様であった。吉川真司氏は太政官の曹司や外記庁での政務処理の進め方を明らかにされたが(18)、読申公文という口頭で文書を読み上げ、それに対して決裁がなされたことがわかる。つまり朝堂院の朝堂と同じ形態であったのである。

以上の成果を踏まえて筆者も曹司の執務とその空間構造について検討したことがあった(19)。そこでの結論は、各曹司の空間は、基本的には曹司正庁―前庭という構造であったということである。曹司の正庁上にその役所の官人たちが着座し、上申者が前庭に立ち、必要に応じて正庁に上がったりして、口頭で申政し、それに対して決裁が下されるという執務形態であった。そこで注意が必要なのは、例えば太政官曹司庁の西庁の着座のあり方で、ここは弁官の庁の一つであるが、ここには左右弁官の史生・官掌までが着座していたことである。書記官である史生も西庁上に着座していることから、文書作成から弁による決裁までが庁上で完結していたことになる。すなわち、弁官内の政務は庁上だけで行われ、弁官以外の諸司の案件が持ち込まれる場合は前庭に引き入れて口頭での申政・決裁が行われたわけである。おそらく国庁・郡庁での政務も、この西庁における弁官の執務のあり方と同様に考えられよう。つまり、国司や郡司たちは国庁・郡庁の正庁上に着座して口頭での申政・決裁を行い、それ以外の部署からも上申がある場合は、正庁の前庭に立たせて、必要に応じて正庁上に上がらせたり、そのまま前庭に立たせて申政をさせて決裁を下していたものであろう。こうした見通しの上で、国庁と郡庁それぞれについて検討していく。

国庁での日常的な政務の実像を示すものは、『朝野群載』を除くとあまり存在しない。しかし、職員令70大国条には、大目の職掌として「読申公文(20)」が規定されている。このうちの読申公文が都における口頭による上申にあたり、国司の目がこれを行っていたことがわかる。そして、おそらくそれは国庁の正庁上に弁官の場合と同じように国司たちが着座し、目が公文を読み上げ守が決裁を下すという形で行われたと考えられる。政務執行の具体的な様子は『朝野群載』巻二二、国務条々事の尋常庁事例儀式事に国印の捺印の儀として詳細に見ることができる。このように国庁においても都の曹司と同じ形態で政務処理がなされ、正庁―前庭という空間構造であったと推測される。このことからこうした政務処理の形態は政務執行の基本スタイルであり、律令官僚制と不可分の関係にあったということができる。[21]

郡庁については、さらに資料が少ないが、検討を試みたい。職員令74大郡条の主帳の職掌に、「読申公文」[22]が規定されている。国司の目と同じく、おそらく大領以下が郡庁の正庁上に着座し、主帳が公文を読み上げて大領が決裁を下すという形態であったと思われる。そして、それ以外の部署が申政をする場合は、郡庁の前庭に立ち、郡庁の正庁上に召されたり、前庭に立ったまま上申し決裁を受けたものと考えられる。このように郡庁においても都の曹司や国庁と同様のことが推測できよう。

以上のことを整理すると、国庁も郡庁も同じく正庁―前庭という空間構造を基本とし、長官以下が正庁上に着座して口頭による上申と決裁が行われていたということになろう。そして、この形態は律令官僚制の運用と不可分のものであったのである。その意味では国庁や郡庁はそれぞれの政務を行う上で必須の施設であり、形であったと言える。

(4) 公的な空間として

国庁・郡庁が律令官僚制に基づく政務処理のために必須であったことを述べてきたが、単に政務処理の上で必要であったのだろうか。次にこの問題を考えたいが、結論を先に示すと、国庁・郡庁はもっとも公的な空間であり、その意味でも必要な施設であったと思われる。

『令集解』儀制令凶服不入条の古記には、「国郡庁院為㆓公門㆒、倉庫国郡厨院駅家等類不㆑称㆓公門㆒也[23]」とある。本条では凶服では公門に入ることはできないと規定しているが、その公門について古記はこのように注釈を施している。まず天平十年(七三八)頃成立の大宝令の注釈書である古記が「国郡庁院」という表記を使っている点も注目される。この段階で国庁院・郡庁院の存在が前提とされていることを意味している。このことは先にも令本文にすでに「国郡庁内」とあることからも述べたとおりである。そして地方においては、この両者の門のみが公門と位置づけられ、倉庫以下の諸施設の門は公門ではないというのである。それでは国郡庁院のみがなぜ公門とされるのか。当然のようではあるが、次のようなことによるらしい。同じく古記は、「市不㆑在㆓公門之例㆒、以㆓午後㆒集故[24]」とも説明している。つまり、市場の門も公門ではない。それは市場が午後から始まるからであるというのである。それに対して同条の令釈は、「市司庁院門者、是為㆓公門㆒耳[25]」としている。市司の庁院の門は公門なのである。すなわち、市場は午後から始まるのに対して、市を管理する市司の庁院は朝から開門するので公門と位置づけられるということであろう。それは市司の官人たちが早朝にその庁院に出勤してくることによると思われる。言い換えると早朝に出勤してくる官庁の門が公門なのである。そして、それはただ出勤する官庁すべてに当てはまるわけではなかった。

公式令60京官上下条では、「外官、日出上、午後下[26]」と規定していて、地方官(外官)は日の出とともに出勤し午後に退勤することとなっている。この規定だけでは漠然としているが、下級職員は直接、各部署に出勤したかもしれないものの、一定以上の職員はまず国庁院や郡庁院に向かったのではないかと思われる。例えば、『令集解』考課令国博士条を見ると、国府に置かれた国学で教育に当たる国博士の勤務評定について、「居㆑官不㆑怠、教導有㆑方為㆑上[27]」と規定している。怠らずまじめに勤務し教育方法も優れていたなら勤務成績を上等とせよ、ということである。この中の「居官」について穴記は、「居㆑官、謂参㆓国庁㆒也[28]」と注解している。つまり、まじめに官に居るとは、国庁に参ることであると説明しているわけである。おそらく国博士は国学で教育に当たるため、令文の「居官」の解釈が問題となったのであろう。その解答が国庁に参るというものであった。穴記の解釈に従うと、国博士は一度、国庁に出勤してから国学に向かったと理解されよう。つまり、国博士は毎朝、一旦は国庁に出勤するのが建前であったと推測される。そして、そこでは上日を与えられ出勤日数が計上されたものと思われる。これも国庁の門が公門と位置づけられた理由であろう。とすると同じく公門とされる郡庁も同様に理解でき、郡司たちが毎朝出勤する場であったと考えられる。また、大宰府でも、天長二年(八二五)八月十四日太政官符に「監典等早朝就レ衙午後分行」とあり、おそらく衙は大宰府政庁を指すと考えられることから早朝、政庁に出勤していたことが推測される。(29)以上から、大宰府政庁や国庁・郡庁は都の朝堂院に相当する場であったと理解できる。

以上に見てきたように、朝参と口頭による政務処理は律令官僚制の基本的なあり方であり、そのあり方を地方で実現するために建設された場が国庁と郡庁であったと見ることができる。毎朝、官人たちが出勤し口頭での政務処理が行われる場(30)が公的な空間であり、それが国庁・郡庁であった。

一方で国庁も郡庁も儀礼や宴会の場でもあった。政務と儀礼・宴会のいずれが主たる機能かということは一概には言えず、朝堂院も両方の機能を果たしていたことから両者を併せ持っていたと見るのが穏当であろう。本稿では、これまであまり注目されてこなかった日常的な政務面について取り上げてみた。その結果、儀礼だけではなく、そもそも律令官僚制による政務の実施に必要な施設であり、その形であったことが理解されたと思う。そして、いわゆる大宝律令制定以降に生まれたものではないことにも注意すべきである。すなわち、令制以前に評衙の存在が考えられており、令制以前にも地方における正庁―前庭構造があった可能性が想定できる。また、都でも大化の小郡宮の礼法で朝参の原則がより明確となり、それ以前からも方向性としては見えはじめていたことから、(31)そうした動きが地方にも及びつつあったことも容易に推測される。国庁や、特に郡庁にはそうした下地がもう少し早くからあったという点も忘れてはならない。

2　城柵政庁と城司

(1) 国庁・郡庁から見た城柵政庁

城柵の性格については、先にまとめたように、かつては蝦夷征討のための軍事拠点と考えられてきたが、発掘調査によってわかってきた遺構から実は一般の国府と同じような政庁を持つ官衙であったと見られるようになった。それと同時にやはり軍事的な性格が強い点も注目すべきであるという見解も提起されてきた。現在の状況としては両方の性格を併せ持っていたと見るのが大方の見方であろうし、本稿も賛同するところである。どちらかだけということにはなり得ず、古代国家が地方に置いた官衙でもあり、蝦夷との対応を行う上で軍事的な側面も有していたのは確かであろう。その上で官衙としての面について、国府や郡家との比較を通してもう少し詳しく検討してみたい。

近年の城柵をめぐる研究は、従来よりもさらに深まるとともに複雑化してきている。発掘調査の進展や文献史料の読み直しなどによって、城柵にはさまざまな形態があったらしいことがわかってきている。これまでは主要な城柵遺跡の政庁が国府のそれに近似していることから国府に準じるような官衙的性格が見出されてきたと言えよう。そうした流れの中で、各城柵には国司が城司として派遣されていたとする今泉隆雄氏の城司制論が提起された(32)。しかし、先述したとおりその後の調査の進展とともにそう単純ではないことがわかってきたのである。この過程をまずは少し詳しく整理しておきたい。

村田晃一氏は、陸奥国賀美郡家と考えられる東山遺跡群の調査成果から、城柵兼郡家という形態の存在を指摘するとともに、囲郭施設が三重構造をとる城柵が登場してくることを明らかにされた(33)。また城司制については、徳田奈保子氏が、限られた人数の国司を各城柵に常駐させると国府の本来の業務に支障が出ることを指摘して、城柵には鎮官が派遣されて鎮守していたと説かれた[34]。ついで熊谷公男氏は、両氏の議論を受けて、城柵を五つの型に整理できるとし、城司制についても再検討を行って、やはりすべての城柵に国司を常駐させるのは無理で、一部の城柵のみであったとされた[35]。熊谷氏が提示した城柵の五類型とは、①国府型、②準国府型、③郡家型、④軍事拠点型、⑤「柵」型の五つである。このうち準国府型の城柵には城司が常駐していたものと見ている。そして、郡家型というのが村田氏の提起する城柵兼郡家に対応している。このように城柵といっても、さまざまな形態のものがあったことが認識されるようになったのである。これまでのように国府に準じた施設と理解するだけでは十分ではない段階に入っている。さらに吉田修太郎氏は、鎮官兼任国司が鎮官の職務から鎮兵守衛の城柵に駐在したのが城司制であるととらえるとともに、時期や陸奥国・出羽国でも違いがあったと指摘された[36]。再び鎮官や鎮兵との関係が注目されている。

さて、熊谷氏が整理した五類型のうち、政庁を有しているのは①②③である。本稿は城柵の政庁について着目していることから、以下、これら三類型を対象に若干の考察を加えてみたい。はじめに城柵に政庁がある背景について大づかみにまとめる。この点についても村田氏の外郭施設がともなった郡家と見る城柵兼郡家という理解と、熊谷氏の東北の城柵は官衙自体に外郭施設をめぐらした施設と見ることが出来るとする指摘が参考となる[37]。これをさらに発展的に継承したい。

まず国府型についてであるが、熊谷氏はこの類型として多賀城・渟足柵・創建当初の出羽柵、遺跡として郡山遺跡Ⅱ期官衙・城輪柵跡などをあげている。ここに例示されている城柵は、渟足柵は若干議論があるかもしれないが、基本的にはある時点で国府が置かれていたと考えられているものであろう。しかし、国府型という名称を使用すると、その指し示す範囲に幅があるかのような印象を与えてしまうかもしれない。ここではもう少し厳密に検討するため、国府そのものであった城柵と概念を限定して考察を進めることとする。そうすることで欠点もあるかもしれないが、議論が明確になるものと期待している。

右のことを前提として国府型をとらえ直すと、国府が置かれた城柵と理解することが可能になる。例えば多賀城は陸奥国府が置かれていたということになる。ということは、そこには一般の国府と同じように国司が赴任してくるわけであり、当然、国庁が設けられて国司たちによる政務が行われていたはずである。すなわち、国府型の城柵に国府と同様の政庁があるのは当然のことであったのである。もちろん先行研究が指摘しているように、一般の国庁とは脇殿の長さが短いなどの形態的な違いがあり、城柵政庁の特異性は無視できないのも事実である。だが、国司が政務を処理したり儀礼の場として使うという点では国庁と基本的には同じと言えよう。

次に郡家型であるが、熊谷氏は牡鹿柵・新田柵・色麻柵、遺跡として東山遺跡・城生柵跡・赤井遺跡などを例示している。この類型についても、それぞれの柵や遺跡には議論があろうが、ひとまず郡家が置かれた城柵と限定的に定義し直すと、国府型と同じくそこには郡司が任命されていたことになり、それはすなわち郡司による政務処理空間として郡庁が存在するということになる。つまり、郡家型においても一般の郡家と同様に郡庁があったわけである。

以上のように、国府型も郡家型も政庁が設けられているのは、一般の国府や郡家と何ら変わるところはなかったからであり、基本的には同じ理屈によっていたのである。これまでのように城柵遺跡で政庁が見つかって、実は官衙だったという議論の進め方をすると、特異なことのように思われるが、国府であり郡家であると考えるなら国庁や郡庁があるのは自然なこととなるのである。そこで問題となるのが準国府型であるが、これについては後にあらためて考えることになるが、簡単に見通しだけ述べると、政庁が設けられていることから、何らかの官僚機構が置かれていたか、あるいは置かれる場合を想定して設けられていたと解釈せざるを得ないと思われる。この問題は城司制との関わりで後に触れるように、おそらく駐在する官人が国から派遣されたと推測されることと関係していると憶測される。

以上のように見直すことが許されるなら、国府型・郡家型はまさに国府・郡家として国庁・郡庁が設けられ、準国府型も律令官僚機構の存在を前提としていたということになろう。とすると、いずれも律令官僚制に従っていたということになり、前節で見たように律令官僚制を実現する場が正庁—前庭構造であったことから、城柵にも同じ構造の政庁が設けられたのは当然であったのである。もちろん城柵の場合は、蝦夷の服属儀礼や饗給など蝦夷に対する対応を行う場としても機能したり、海外からの来航者への対応など、特異な機能を果たすこともあった。そうした特殊性によって一般の国府・郡家とは異なるところもあったであろうことも事実である。

(2) 国府・郡家と城柵

ここまで国府型・郡家型の城柵には国府・郡家が置かれていたと割り切って理解した上で、国庁・郡庁が設けられていたのは自然であったと述べてきた。それではまったく一般の国府や郡家と違いはなかったのか。次にこの問題を取り上げる。結論的には当然差異があったのであり、その差は外郭施設があったかどうかというきわめて平凡なものとなることをお断りしておく。

城柵については、その名称からもわかるとおりであり、発掘調査の成果からも築地塀や材木列、土塁などの外郭施設に囲まれていることが多い。これに対して一般の国府や郡家はどうであったのか。

外郭施設の存否については、郡家に対してはあまり議論がされていないように思われる。一方の国府に関しては、かつては都と同様に碁盤目状の町割りや外郭施設に囲まれた都市と見る見方があったが、その後の発掘調査の成果からすると、そうした理解は成り立ちがたくなっている。ごく一部の例外を除くと、基本的には外郭施設をともなっていたとは考えにくいというのが現状であろう(38)。そこで文献史料の面でも再検討をしてみたい。以前、国府には全体を囲むような外郭施設は原則的には存在せず、古代国家自身も作る意志は特に持っていなかったことを指摘したことがある(39)。ここでは別の史料などからも迫ることにする。

この問題を考える上で参考となるのが、衛禁律24越垣及城条である。本条では兵庫垣や筑紫城などを越えた際の罰則が定められているが、その中に国垣と郡垣を越えた場合の罰則も規定されている。この国垣と郡垣が何を指しているのかが問題となる。今泉氏は国垣を国庁の垣、郡垣を郡庁の垣ではないかと推測されているが、慎重に断定することを避けている。一方、阿部義平氏も国垣を国庁の垣と簡単ながら推測している[40]。しかし、以下に述べるように、その推測通りでほぼ間違いないものと考える。

まず本条文は当然、唐律を継受したもので、『唐律疏議』衛禁律越州鎮戍等垣城条をもととしている。そこで両者を比較してみると次のような違いが見られる。唐律では越えてはいけない城壁や垣が量刑の重いものから、州鎮戍城・武庫垣＝徒一年、県城＝杖九〇、官府廨垣・坊市垣籬＝杖七〇、の順番で定められている。それに対して日本律では同じく重い順に、兵庫垣・筑紫城（陸奥越後出羽等柵も）＝徒一年、曹司垣（大宰府垣も）[41]＝杖一〇〇、国垣＝杖九〇、郡垣＝杖七〇、坊市垣＝笞五〇、となっている。一見してわかるように唐律では、日本の国府・郡家に相当する州城・県城が官府廨垣の前に位置している。官府とは疏に「百司之称、所居之處、皆有二廨垣一[42]」とあるように官衙のことであり、日本では曹司に当たるものである。一方の日本律では、国垣と郡垣は曹司垣の後に位置している。これは明らかに律編纂の段階で意図的に変更を加えたものである。つまり、唐では州城・県城の城壁を越える場合について規定していたのに対して、日本律は国垣と郡垣を曹司垣の後に移動させているのである。このことは刑の重い順番に並べ替えたもののように考えられるかもしれないが、唐律の官府廨垣が曹司垣・国垣・郡垣の三つに分解されたものと理解すべきであろう。おそらく国府にも郡家にも外郭施設は存在しないことから、唐律が定める州城・県城という城壁はそもそもなかったのである。そのため唐の州城・県城と同じようには規定を作ることができず、代わりに官衙の一つとして国庁・郡庁の垣を組み込んだのであろう。なお、大宰府垣は曹司垣の罰則と同じと規定されているが、この大宰府垣もいわゆる政庁のものと理解されよう。

また、後で城司制を検討する際にも取り上げるが、同条文の後半部分にも注目される。唐律の疏では、「城主無レ故開閉者、謂州県鎮戍等長官主レ執レ鑰者、不レ依二法式一開閉、與二越罪一同」[43]とある。城主が正当な理由なく城門を開閉した場合も城壁を越えた罪と同じ扱いとすると規定したところで、城主とは州県鎮戍等の長官のことで、彼らが城門のカギを管理していると解釈している。すなわち、城主とは城門のカギを管理している州県鎮戍などの長官であるということになる。州城と県城にはそれぞれ地方行政府が置かれ長官がいた。その長官が自ら統治する州城・県城という城郭都市の城門の開閉を掌っているわけである。しかし、この部分を日本律は、「謂国郡之城主執レ鑰者」[44]と改変している。城主の説明をするべきところで、唐の「長官」をあえて国郡の「城主」としているのである。これはおそらく国府・郡家が唐の州県のような城郭都市ではないため、国郡の長官とは変えられなかったものと思われる。しかし、後に見るように城そのものはないわけではないことから、「国郡之城主」と漠然とした注解になってしまったものと思われる。このように、もし国府・郡家に都市域を囲む外郭施設があれば唐律同様に国郡の「長官」と注解できたのであるが、それができなかったのである。ということは日本では、そのような外郭施設を作る意志もなく、実際にも作らなかったと考えられる。以上のことから、国垣・郡垣は都市域を囲む外郭施設ではなく、国庁・郡庁の垣を指していたと理解される。

　右に見てきたように日本では、国府や郡家を囲むような外郭施設の建設はまったく念頭にないばかりか、唐律の城郭都市を前提とした条文をうまく改変して外郭施設が問題とならないように変更していたのである。このように理解できるなら国府・郡家の姿というのは、全体を囲む外郭施設ははじめから作られず、国庁と郡庁がそのまま設けられた状態で存在し、付属施設などが周辺に散在するというものであったと言えよう。

　これに対して城柵はどうであろうか。周知のように、陸奥国府である多賀城は政庁が無防備に存在しているわけではなく外郭施設で囲まれている。賀美郡家とされる東山遺跡も同様である[45]。つまり、多賀城などと一般の国府・郡家との最大の違いはまさに外郭施設の有無ということになろう。結論的には言うまでもないことではあるが、国府型と郡家型については、国庁・郡庁に外郭施設がともなっている点こそが特徴であり、だから「城」「柵」と呼ばれていたのである。外郭施設がなぜ設けられたかは、これも当然のことであろうが、蝦夷との緊張関係や柵戸・兵士の管理の問題があったと考えられる。

(3) 城司制と城主

発掘調査によって国庁と同様の政庁遺構が城柵遺跡で見つかってきたことから、城柵とは国府に準じた施設であったとするとらえ方がなされるようになり、それをある意味で理論的に説明するものとして提示されたのが今泉氏の城司制論であった。つまり、各城柵には国司が、後には鎮官も含めて派遣され常駐していたと推測し、それによって国庁と同様の政庁が設けられていたと解釈したのである。しかし、先述のように徳田・熊谷両氏の批判によってそのままでは成り立ちがたくなり(46)、実際にはすべての城柵ではなく一部の重要な、熊谷氏の分類による準国府型の城柵ぐらいであったとする見方が提示されている。このように現時点ではすべての城柵に国司たちが城司として常駐していたとは考えにくい状況となっている。とすると熊谷氏も説かれるように城司のいない城柵もあったことになる。そこで城柵の管理という観点が問題となってくるが、この問題を次に検討していく。

城柵の管理者を考えようとする時、律令条文に散見される「城主」に注目せざるを得ない。結論的に言うと、この城主が基本的な管理者であったと考えられる。城主については、すでに今泉氏が詳しく言及され律令条文に見える城主が城司の法的根拠であり両者は実質的に同じものであったととらえられた。しかし、その後、熊谷氏は城主に関係する律令条文を再検討した上で、城主は城司とは大きく異なるものであったと指摘された。そして、城主とは、「辺城」の城門の開閉とその管鎰の管理を主務とする官人であったことを明らかにした。これによって城主と城司を同一のものとすることはできなくなった。おそらく城主は城司の法的根拠として直接結び付くものではなかったと考えられる。だが、城主そのものについては、もう少し検討してみる価値があるように思う。そこで城主について日唐比較をしながら考えてみたい。

まず唐における城主について取り上げる。唐の城主に関しては、すでに紹介した『唐律疏議』衛禁律越州鎮戍等垣城条が参考となる。本条の「即城主無故開閉者」に対して疏で「謂州県鎮戍等長官主執鑰者」と注解している。すなわち、唐律における城主とは、州県鎮戍などの長官を意味しているということになる。州も県も鎮・戍も唐においては基本的に城壁で囲まれたものであるから、その城門の開閉はそれぞれに置かれた官衙の長官がカギを管理して掌握していたのである。まさに城郭都市国家を基本とする中国らしい規定と言えよう。ここであらためて注目されるのは、城主とは州・県・鎮・戍などの長官のことである点である。州城以下、いずれにおいても城主というものが特に設置されていたわけではなく、それぞれの長官がすなわち城主と位置づけられていただけであった。つまり、唐の城主は独立した官職でも特別な称号でもなく、州以下の各機関の長官を指す汎称だったのである。城主という官職があるわけではなく、各長官自体が城主だったことになる。

それでは、この条文を日本はどのように継受していたのかを確認したい。日本の衛禁律越垣及城条についても先に紹介したが、唐律を継受して日本律でも「即城主無故開閉者」(47)という本文を作っている。しかし、前にも指摘したように疏の注釈は大きく改変されて、「謂国郡之城主執鑰者」となっている。(48)唐律の疏で「州県鎮戍等長官」とあるところが、「国郡之城主」に変更されている。この改変については、すでに今泉氏が触れている。すなわち、国・郡城がないのに唐律の疏の「州県」を機械的に継受して「国郡之城主」としたもので、この「国郡」は除いて考えるべきであるとされた。(49)確かにこの改変では意味がよくわからなくなってしまっている。さらに唐律では城主とは具体的に何を指すのかが問われていて、その答えとして州県鎮戍等の長官であると言っているのであるが、日本では国郡の「城主」であると説明していて、結局城主とは何かについて具体的に答えていない。このようにこの部分には問題が多くあることは事実である。一般的に日本の律は令と比べて唐律を機械的に改変して済ましていると理解され、令ほど日本の実態に合っていないと考えられている。この傾向を念頭におくと、この部分も空文に近いように思われよう。しかし、唐の城主が日本にはそのまま当てはめられないことを自覚しているからこそ、このように大きく改変していることを考えると、簡単に無視することもできないのではないだろうか。そこでもう少しこの部分にこだわってみたい。

まず変更しているところを再確認すると、「州県鎮戍等」を「国郡」に、「長官」を「城主」に変更していることがわかる。国郡に改変したのは実態に合わせたものであろうが、注目すべきは「長官」を「城主」に変更していることである。先述の如く「城主」を説明するのに「城主」と答えているので答えになっていない。しかし、ここを「国郡之長官」とはできなかった事情があったのであろう。それは今泉氏も言われたように国府・郡家には外郭施設がないためであったと思われる。「国郡之長官」としてしまうと守や大領(領)が城門のカギとその開閉を掌ることになってしまい、外郭施設を持たない日本の実情に合わなくなってしまうのである。

だが、一方で日本の軍防令52辺城門条では辺城門の開閉が規定され、その管鎰は城主が管理すると定めている。つまり、辺城門については城主がカギを掌握していることになっていたのである。この規定から辺城においては城主なるものが存在することを前提としていたことは確認できる。そして、ここでも国郡の長官とはしていないのである。それではなぜ「長官」とはできなかったのか。可能性としては二つあろう。一つは城主に国郡の長官ではないものがなる場合、もう一つは国郡の長官も含むがそれに限られなかった場合である。そこで想起されるのは多賀城である。多賀城は陸奥国府であるから陸奥守以下の国司が常駐している。しかも一般の国府と違って外郭施設を持っていた。その門のカギと開閉は誰が掌握していたのか。唐律に合わせてみると「長官」である陸奥守と考えられよう。これは出羽国府であった時の出羽柵についても言える。この場合には陸奥守と出羽守が国の長官であり城主であったということになり、唐律の趣旨に合致する。同様に郡家が外郭施設を有した城柵の場合も郡司の長官の大領(領)が門のカギと開閉を掌っていたと考えられる。以上のように国府と郡家を核とした城柵においては、国司・郡司の長官がそのまま城主ということになり、唐律の趣旨と一致することになる。(50)つまり、長官が城主でもある場合が存在し得たのである。しかし、さらに問題なのは、国府・郡家以外にも城柵があったことである。立郡以前の伊治城などや軍事拠点としての覚鱉城などである。こうした城柵には別の形で管理者が派遣されたと考えざるを得ない。そのような官人が城主なのであろう。

以上をまとめると、「国郡之長官」とできなかったのは、国府・郡家一般について外郭施設がなかったことと、逆に城柵では国司・郡司の長官が城門とカギを管理する場合もあり得た一方、それ以外の城柵もある場合があって長官だけに限定できなかったからであったと推測される。そのために「長官」と限定せず「城主」に変更したのである。そして、城主はやはり官職ではなく汎称と理解される。

ここであらためて注目されるのは、『続日本紀』宝亀十一年(七八〇)八月乙卯条である。これによると、狄たちからの秋田城はこのまま放棄されるのかという訴えに対して、使もしくは国司一人を専当とせよと指示が出された。この使については今泉氏は鎮官と見るが、それに限られない可能性もあるかもしれない。いずれにしても国府・郡家以外の城柵にも国司以外の官人が派遣されることはあったことがうかがえる。このような官人も城主と位置づけられよう。

以上から、城柵について大きく三つの形態の存在を想定できる。①国庁に外郭施設がともなう場合で、国司長官が城主として外郭門のカギと開閉を掌る。②郡家に外郭施設がともなう場合で、郡司長官が城主として外郭門のカギと開閉を掌る。③いずれでもない場合で、派遣された官人が城主として外郭門のカギと開閉を掌る。この派遣官が国司の場合には特に城司とされた。また、②の場合も国司が派遣されたなら城司ということになる。この三形態を熊谷氏の五類型と対応させると、①が国府型、②が郡家型、③が準国府型に当たるが、ただし、個々の城柵が国府や郡家そのものかどうかは別途検討が必要であることから、完全に一致しているかどうかは個別に考える必要がある。また、城主が複数名から構成されていたことは熊谷氏の指摘の通りであり、(51) 長官以外の国司・郡司たちなど複数の者も含まれるのであろう。実際にカギと開閉を掌る責任者が長官や派遣官の上位者ということになる。そして、カギの管理と城門の開閉が城主の主たる業務ではなく、国司や郡司としての本務、派遣官の場合は駐在する城柵の運営といった業務が本務であり、そうした任務のうちの一つであったと理解される。なお、城主は東北地方の城柵に限らず全国にいても問題はなく、柵や城があってそれを管理する官人が常駐していればそれが城主である。逆に常駐していなくても城外の官人が城門のカギと開閉を掌っている場合も考えられる。その場合には必ずしも政庁を必要としない可能性があろう。

さて、以上の検討を踏まえて政庁についてあらためて考えたい。城柵には国府・郡家を核としたもの以外のものもあり、そこにも官人が城主として派遣されていた。とすると官人は勤務評定の問題を抱え、外官は日の出とともに出勤することが求められ、その官衙での政務処理を行うことになる。そして、それに適合した公門を備えた空間が必要となる。それが政庁ということになろう。つまり、前述のように律令官僚制を実現するためには政庁は必須条件であり、そのため国府・郡家以外の城柵にも政庁が設けられたのである。すべての城柵に城司がいたからではなかったと思われる。そして、国府でも郡家でもない準国府型が、両者の中間のレベルに見えるのは、例えば秋田城に使もしくは国司が派遣されたように郡司が派遣されるわけではなく、国司やそれ以外の官人が国から派遣されることがあったからであろう。言い換えると、郡司が派遣されれば郡家と同レベルの政庁で良かったのであるが、国から派遣される場合は少なくとも郡家より格が上となるのであろう。(52) このような背景で生まれたのが準国府型の政庁ではないだろうか。さらに②の場合にも担わされる役割や性格によって郡家レベルを超えることもあったと考えられる。

おわりに

本稿は古代の城柵について、特に政庁の存在に注目して検討を進めてきた。ほとんどが自明のことを履述しただけで、また、先行研究、特に今泉・村田・熊谷諸氏の成果をなぞるだけの内容となってしまった。村田氏が提起された城柵兼郡家という理解と熊谷氏の城柵の五類型を参照して、城主という存在に着目しつつ整理を行った。貧しい内容をまとめると、律令官僚制を実現するためには政庁が必要であり、城柵も例外ではなかったということになる。また、城柵を管理する官人が城主であり、国府の場合は守、郡家の場合は大領(領)、それ以外の場合は国から官人が派遣される場合があったと推測した。そして、国から派遣される場合には郡庁より格が上の準国府型の政庁が建設されたものと指摘した。

本稿で述べたことは以上であるが、これですべての城柵を説明し得たとは考えてはおらず、今回は律令に依拠しすぎたかもしれない。現実にはもっと複雑で、さまざまな可能性があったものと予想される。これまでの城柵研究は、文献史料をもととしたものも積み重ねられてきたが、発掘調査の成果が充実していることもあり、各遺構の整理と分析を基礎として組み立てられる傾向が強いように感じられる。今後もそうした成果を踏まえながら検討を続けていきたい。また、今回は城柵の軍事面や地域支配の面には触れられなかった。このように不十分なところが多く残っており、先行研究の見落としなどもあろうかと恐れている。諸賢のご叱正を願いながら筆を擱く。

註

（1） 阿部義平「古代の城柵跡について」（同『日本古代都城制と城柵の研究』吉川弘文館、二〇一五年。初出は一九八二年）。
（2）今泉隆雄「古代東北城柵の城司制」（同『古代国家の東北辺境支配』吉川弘文館、二〇一五年。初出は一九九〇年）。
（3）熊谷公男「城柵と城司―最近の「玉造等五柵」に関する研究を手がかりとして―」（『東北学院大学東北文化研究所紀要』三九、二〇〇七年）。
（4）村田晃一「陸奥北辺の城柵と郡家―黒川以北十郡の城柵からみえてきたもの―」（『宮城考古学』九、二〇〇七年）。大平聡「古代石巻地域研究の現状と課題」（『石巻地方研究』第五号、二〇〇〇年）。なお、村田氏にならって東山官衙遺跡・壇の越遺跡・早風遺跡などを含めて東山遺跡群と呼ぶこととする。その他、柳澤和明「『玉造柵』から『玉造塞』への名称変更とその比定遺跡―名生館官衙遺跡Ⅳ期から宮沢遺跡へ移転―」（『宮城考古学』九、二〇〇七年）も玉造柵に玉造郡家が併置されたという見方を提示されている。
（5）山中敏史『古代地方官衙遺跡の研究』（塙書房、一九九四年）。
（6）阿部義平『官衙』（ニュー・サイエンス社、一九八九年）。その他、条里制・古代都市研究会編『日本古代の郡衙遺跡』（雄山閣、二〇〇九年）、江口桂編集『古代官衙』（ニュー・サイエンス社、二〇一四年）もある。東北地方の城柵・官衙などについては、進藤秋輝編『東北の古代遺跡　城柵・官衙・寺院』（高志書院、二〇一〇年）が総合的にまとめている。
（7）山中氏註（5）著書三五頁（郡庁関係）、二二二頁（国庁関係）。
（8）阿部義平「国庁の類型について」（『国立歴史民俗博物館研究報告』一〇、一九八六年）。
（9）山中敏史「国府の構造と機能」（山中氏註（5）著書）。
（10）栗林茂「国庁（国府中心施設）の初現形態に関する一試論―儀制令元日国司条を通して―」（『史友』二一、一九八九年）。
（11）海野聡「古代地方官衙政庁域の空間構成」（『日本建築学会計画系論文集』六四五、二〇〇九年）。
（12）假寧令12外官聞喪条（『日本思想大系3律令』）。養老律令本文と条文番号は『日本思想大系3律令』による。
（13）假寧令外官聞喪条古記（『新訂増補国史大系　令集解』）。
（14）雑令14庁上及曹司座者条（『日本思想大系3律令』）の「庁上」を朱説は「八省之庁上耳」（雑令庁上及曹司座者条朱説『新訂増補国史大系　令集解』）としているように庁の建物内部は「庁上」と表現される。なお、趙大瑩「唐假寧令復原研究」(天一閣博物館・中国社会科学院歴史研究所天聖令整理課題組校證『天一閣蔵明鈔本天聖令校證』中華書局、二〇〇六年)は、日本の假寧令外官聞喪条に相当する唐令条文を天聖令と同文として復原している。その当否の判断は慎重を要するが「国郡庁内」は「州県公廨内」となっている。また、丸山裕美子「律令国家と假寧制度―令と礼の継受をめぐって」(大津透編『日唐律令比較研究の新段階』山川出版社、二〇〇八年)が全体的に検討している。

(15) 山中敏史「古代地方官衙の成立と展開」(山中氏註(5)著書)、大橋泰夫「長舎と官衙研究の現状と課題」(奈良文化財研究所編『長舎と官衙の建物配置　報告編』クバプロ、二〇一四年。後に同『古代国府の成立と国郡制』吉川弘文館、二〇一八年に「国庁の構造」と改題、改稿して収載)や国府成立に関する近年の動向は、「特輯:古代国府の成立をめぐる諸問題(上)(下)」(『古代文化』第六三巻第三号・四号、二〇一一・一三年)参照。海野氏註(11)論文も政庁の前庭空間は令制以前に淵源があると推測する。

(16) 山中敏史「郡庁の構造と機能」、「国庁の構造と機能」(山中氏註(5)著書)。その他、木簡から実務面を検討した研究に、森公章「木簡から見た郡務と国務」(同『地方木簡と郡家の機構』同成社、二〇〇九年。初出は二〇〇四年)がある。

(17) 橋本義則「朝政・朝儀の展開」(同『平安宮成立史の研究』塙書房、一九九五年。初出は一九八六年)。

(18) 吉川真司「申文刺文考―太政官政務体系の再編成について」(同『律令官僚制の研究』塙書房、一九九八年。初出は一九九四年)。

(19) 吉田歓「曹司の空間構造」(同『日中宮城の比較研究』吉川弘文館、二〇〇二年)。

(20) 職員令70大国条(『日本思想大系3律令』)。

(21) このようなスタイルは中国に淵源がある。古瀬奈津子「唐礼継受に関する覚書―地方における儀礼・儀式―」(同『日本古代王権と儀式』吉川弘文館、一九九八年。初出は一九九一年)参照。

(22) 職員令74大郡条(『日本思想大系3律令』)。

(23) 儀制令凶服不入条古記(『新訂増補国史大系　令集解』)。

(24) 註(23)に同じ。

(25) 儀制令凶服不入条令釈(『新訂増補国史大系　令集解』)。

(26) 公式令60京官上下条(『日本思想大系3律令』)。

(27) 考課令国博士条(『新訂増補国史大系 令集解』)。
(28) 考課令国博士条穴記(『新訂増補国史大系 令集解』)。
(29) 『類聚三代格』巻七、郡司事、天長二年八月十四日太政官符(『新訂増補国史大系 類聚三代格』)。
(30) 基本的には口頭による申政と決裁が行われるが、文書も使用されていた(吉田歓「天皇聴政と大極殿」同『日中宮城の比較研究』吉川弘文館、二〇〇二年。初出は一九九九年)。また、実際には比較的早い段階から国司たちが毎朝、国庁に参集する原則は必ずしも守られていなかったかもしれない(吉田歓「国庁と国司館」同『日中古代都城と中世都市平泉』汲古書院、二〇一四年、初出は二〇〇八年)。
(31) 岸俊男「朝堂の初歩的考察」(同『日本古代宮都の研究』岩波書店、一九八八年。初出は一九七五年)。
(32) 今泉氏註(2)論文。
(33) 村田氏註(4)論文。
(34) 徳田奈保子「陸奥国の鎮守制についての一考察—城司制論をめぐって—」(『続日本紀研究』三三一、一九九九年)。
(35) 熊谷氏註(3)論文。
(36) 吉田修太郎「城司制の再検討」(『史叢』九一、二〇一四年)。
(37) 村田氏註(4)論文。熊谷公男「城柵論の復権」(『宮城考古学』一一、二〇〇九年)。
(38) 山中敏史「国府の実態」(山中氏註(5)著書)。
(39) 吉田歓「日中都市比較から見た平泉」(『島と港の歴史学』中央大学出版部、二〇一五年)。
(40) 今泉氏註(2)論文、今泉隆雄「律令と東北の城柵」(同『古代国家の東北辺境支配』吉川弘文館、二〇一五年。初出は一九九一年)。同様に阿部義平「古代城柵の研究(一)—城郭の成立と機能—」(同『日本古代都城制と城柵の研究』吉川弘文館、二〇一五年。初出は二〇〇六年)参照。
(41) 「曹」字は『日本思想大系3 律令』の校訂に従った。
(42) 『唐律疏議』衛禁律越州鎮戍等垣城条(『譯註日本律令』二)。
(43) 註(42)に同じ。
(44) 衛禁律越垣及城条(『日本思想大系3 律令』)。

(45) 村田氏註(4)論文。村田晃一「版図の拡大と城柵」(熊谷公男編『東北の古代史3蝦夷と城柵の時代』吉川弘文館、二〇一五年)でも郡家に外郭施設がともなっていることを再述されている。
(46) 徳田氏註(34)論文。熊谷氏註(3)論文。
(47) 註(44)に同じ。
(48) 唐律の疏では「長官主執鑰」とし「主」を「つかさどる」と読むが、日本律では「主」を省略しているらしい。
(49) 今泉氏註(2)論文。
(50) 一致するとはいっても中国とは異なって都市ではなかった。ただし、東山遺跡群については、拙稿註(39)論文で述べたように、城郭都市ととらえられるかもしれない。
(51) 熊谷氏註(3)論文。
(52) ただし、国からの官人派遣に加えて造営に対する関与の度合いや造営主体者の意図なども考慮する必要があるかもしれない。上野邦一「古代東北城柵の政庁域の建物について」(『古代学』第五号、二〇一三年)も「政庁はかくあるべし」というイメージが存在したと指摘しているように、造営主体の意図が反映している可能性があろう。

古代東北の城柵について

樋口知志

はじめに

まず、近年の城柵に関する研究成果を踏まえた永原慶二監修『岩波日本史辞典』(岩波書店、一九九九年)の「城柵」の項目を掲げる。

城柵《じょうさく》　7世紀半ば〜10世紀、古代国家が、(1)蝦夷・隼人などの化外《けがい》の民の支配や、(2)唐・新羅などの外敵の侵入に備えるためにおいた軍事的機能を有する施設の総称。とくに(1)をさすことが多い。何々柵または何々城と呼称されたが、その訓はいずれも〈き〉。(1)は、隼人に対するものは実態が不明であるが、北辺では陸奥・越後・出羽の各国の縁辺部に、古代国家がその支配領域の拡大とより遠方の蝦夷集団の支配を目的に城柵をおいた。周囲に材木塀・築地塀などの外郭施設をめぐらし、中央部に諸国の国府と同様の形態の政庁を配置する。代表的なものとして、越後の渟足《ぬたり》(沼垂)柵・磐舟(石船)柵、陸奥の多賀城・桃生《ものう》城・胆沢《いさわ》城、出羽の出羽柵・秋田城・雄勝城などがある。周辺一帯に坂東・北陸などから柵戸《さくこ》を導入して特殊な移民郡(近夷郡《きんいぐん》)を編成した。また国司の一員が城司として常駐し、軍団兵・鎮兵などの常備軍の統率や城下の近夷郡の統轄、蝦夷の朝貢の受納などにあたった。(2)は対馬、九州北部、瀬戸内海沿岸、畿内に設けられた山城で、その多くは7世紀後半代に造営されたとみられ、神籠《こうご》石式山城と朝鮮式山城の2類型に大別される。これらは(1)と異なって政庁施設を伴わない。(1)（傍線は樋口が付加）

同辞典は項目執筆者名を明記していないが、おそらく今泉隆雄氏の執筆項目と思われる。今泉氏は、一九九〇年代に古代東北の城柵に関わる論考を相次いで執筆し、その説は近年に至るまで通説的見解の座にあった。(2) 右の項目説明も、その今泉説の概要を簡潔にまとめたものとなっている。

本稿では、右の項目説明のうち(2)の西国に築かれた山城や(1)の隼人に対する城柵を除き、(1)の東北の城柵をめぐる問題についての私見を述べたい。というのは二〇〇〇年代の半ば頃より、熊谷公男氏が今泉説に対して批判を展開し新たな見解を提示して以来、古代東北の城柵についての通説的見解が大きく揺らいでいる状況にあり、(3) 曲がりなりにも東北古代史を専攻している身として、私自身もこの問題について自らの見解を示しておく必要があると考えたためである。

1　城司制論をめぐって

熊谷氏が批判した今泉氏の主たる論点は、前掲の項目説明の傍線部イ・ロの二点である。

まず傍線部イの、東北城柵は全て国府と同様の政庁を有していたとする今泉氏の主張に対して熊谷氏は、城柵には(1)国府所在城柵で国府型の政庁をもつもの（〝国府型〟）、(2)国府所在城柵ではないが城司が常駐し国府型の政庁をもつもの（〝準国府型〟）、(3)郡家型政庁をもつもの（〝郡家型〟）、(4)政庁をもたない軍事拠点施設であるもの（〝軍事拠点型〟）、(5)集落に防御施設を繞らした囲郭集落の形態をもつもの（〝「柵」型〟）の五類型があり、全ての城柵が国府と同様の形態の政庁をもっていたのではないとしている。(4)

次に傍線部ロについては、今泉氏が全ての城柵に国司が城司として駐在し現地統治・蝦夷支配などの諸行政や軍政を掌るとするのに対して、熊谷氏は国司が城司として常駐する城柵は右の五類型のうちの（1）と（2）のみで、多くの城柵は国司が不在だったと考えている。[5]

〔史料1〕養老職員令70大国条

大国

守一人。掌下祠社、戸口簿帳、字二養百姓一、勧二課農桑一、糺二察所部一、貢挙、孝義、田宅、良賤、訴訟、租調、倉廩、徭役、兵士、器仗、鼓吹、郵駅、伝馬、烽候、城牧、過所、公私馬牛、闌遺雑物、及寺、僧尼名籍事上。余守准レ此。其陸奥・出羽・越後等国、兼知二饗給、征討、斥候一。壱岐、対馬、日向、薩摩、大隅等国、惣知二鎮捍、防守、及蕃客、帰化一。三関国、又掌二関剗及関契事一。（後略）

〔史料2〕養老軍防令52辺城門条

凡辺城門、晩開早閉。若有二事故一、須二夜開一者、設備乃開。若城主有二公事一、須二出レ城検校一者、不レ得二倶出一。其管鑰、城主自掌。執レ鑰開閉者、簡二謹慎家口重大者一充之。

〔史料3〕養老衛禁律24越垣及城条

凡越二兵庫垣、及筑紫城一、徒一年。陸奥・越後・出羽等柵亦同。曹司垣杖一百。（注略）国垣杖九十、郡垣杖七十、坊市垣笞五十。（注略）即兵庫及城柵等門、応レ閉忘誤不レ下レ鍵、若毀二管鍵一而開者、各杖六十。（注略）錯下レ鍵、及不レ由レ鑰而開者、笞卌。余門各減二二等一。（注略）若擅開閉者、各加二越罪一等一。（注略）即城主、無レ故開閉者、与二越罪一同。（注略）

両氏の見解についてもう少し深くみてみると、まず今泉説で城柵には必ず国司が城司として駐在するとされている点は、〔史料1〕の傍線部で陸奥・出羽・越後三国の守に特有の職掌として規定されている「饗給（大宝令では「撫慰」）、征討、斥候」という三つこそが、三国の守が城柵を拠点として遂行すべき任務であると氏が位置づけていることと深い関係にある。つまり東北城柵の政庁の最大の特質は、朝貢してきた蝦夷族長らに対して「饗給」（饗宴・賜物をおこなうこと）を施行するための場であることにあるのであり、それ故に城柵には朝貢・饗給儀礼を主催する国司が城司として駐在していなければならなかったという訳である。(6) また今泉氏は、〔史料2〕と〔史料3〕の二条文に見える「城主」の語が、東北の城柵に駐在する国司＝城司を指すものであるとも論じており、全ての城柵に城司が駐在したとする自説を補強している。(7)

一方熊谷氏は、〔史料2・3〕中の「城主」は国司＝城司のことではなく、辺境の城柵の城門の開閉と管鎰の管理を主務とする官人のことを指すとして、「城主」は城柵に駐在する国司ではありえないとする。また今泉説のように奥羽両国で全ての城柵に国司が常駐したとすると国司の人数が不足してしまい、両国での一般行政実務が困難になってしまうから、結局国司が城司として常駐したのは一部の城柵だけにすぎなかったと解さざるをえないとも指摘している。そして、宮城県域では天平期前後だけに限っても、多賀城以外に東山遺跡（加美町）、城生柵跡（同上）、名生館遺跡（大崎市）、小寺・杉の下遺跡（同上）、三輪田・権現山遺跡（同上）、新田柵跡（田尻町）、赤井遺跡（東松島市）の七つかそれ以上の数の城柵が存在したとみられることから、全ての城柵に国司が駐在したとみるのは誤りであり、実際に城司が常駐したのは五類型の城柵のうち（1）〝国府型〟と（2）〝準国府型〟の二類型だけであったと論じている。(8)

まず〔史料2〕養老軍防令52辺城門条と〔史料3〕養老衛禁律24越垣及城条中の「城主」の解釈については熊谷氏の論の方が妥当性が高く、条文中の「城主」がそのまま国司＝城司に対応するとはみなしがたい。その理由についても概ね熊谷氏の説で尽くされていよう。とくに〔史料2〕に「若城主有二公事一、須下出レ城検校上者、不レ得二倶出一」と規定されていて一城につき複数の「城主」の駐在が前提とされていることと、〔史料2・3〕のいずれにおいても「城主」には城門の開閉や管鎰の管理が規定されるのみで城柵における饗給儀礼との関わりを見出しがたいことの二点は重要であり、今泉氏のようにこれらの律令規定が東北の城柵への城司派遣の法的根拠であるとみるのはきわめて困難なのではなかろうか。すなわち、この点については、熊谷氏の論の方が正しいように思われる。

ただし、令条文中に法的根拠は見出しがたいとはいえ、やはり今泉氏が想定するように、大宝令施行初期のかなり早い時期より「城司」の概念そのものは存在したのではないか。今泉氏がその点を論じる際に根拠として用いたのは、次に掲げる「威奈大村墓誌」の銘文中にみえる「越後城司」という記載である。

〔史料4〕威奈大村骨蔵器銘(9)

(前略)慶雲二年、命二兼太政官左小弁一。越後北彊衝三接蝦虜一、柔懐鎮撫允属二其人一。同歳十一月十六日、命レ卿除二越後城司一。四年二月、進二爵正五位下一。卿臨レ之以二徳沢一、扇レ之以二仁風一。化洽刑清、令行禁止、所レ冀享三茲景祐錫以二長齢一、豈謂三一朝遽成二千古一。以二慶雲四年歳在丁未四月廿四日一、寝レ疾終二於越城一。時年卌六。(後略)

熊谷氏はここの「越後城司」を「越後守」の漢文的修辞表現にすぎないとし、これをもって国司を城柵に派遣する城司制の嚆矢とすることはできないとする(10)。しかしながら、〔史料4〕では「越後城司」は「越城」と明らかに呼応しており、また「越城」は越後国府が所在した渟足柵(沼垂城)のことを指すとみられ、越後守は国府所在城柵たる渟足柵の主であるが故に「越後城司」とも称されたと解するのが最も自然であろう。とすればやはり今泉氏のように、「越後北彊」の「蝦虜」への「柔懐鎮撫」をなした大村のことを敢えて正式官職名の「越後守」ではなく、対蝦夷政策の功労者であることに力点を置いて「越後城司」という別称で記したと解する方がよいように思われる。また熊谷氏のようにこれを単なる漢文的修辞としてしまっては、註に譲るけれどもいささか説明しがたいものが残ってしまうのである(11)。そしてこの「越後城司」の用例を踏まえるならば、陸奥国府が置かれた城柵の主である陸奥守のことが同様に「陸奥城司」と称されることもありえたのではなかろうか。

右のように、陸奥・越後両国の守(おそらくは出羽国の守も)は国名+「城司」の別称で呼ばれることがあったと推察されるのであるが、しかしながらそれ故に城司制が存在したとすることはできない。今泉氏が提唱する城司制とは、「律令の規定に基づき八世紀初～九世紀末の間、国司四等官・史生・鎮官などを城主あるいは城司として、城柵に派遣・駐在させる制」[12]のことであり、介以下の国司について城柵への駐在が一般的なものであったかどうかを明確にしなければその見解の当否を論じられないからである。それでは今泉氏が論じるように、国府所在城柵よりも下位の城柵に介以下の国司が駐在することは果たしてあったのであろうか。

〔史料5〕『続日本紀』(以下『続紀』と略称)神亀元年(七二四)三月甲申(二十五日)条

甲申、(中略)陸奥国言、「海道蝦夷反、殺二大掾従六位上佐伯宿祢児屋麻呂一」。

〔史料6〕同、宝亀五年(七七四)七月壬戌(二十五日)条

壬戌、陸奥国言、「海道蝦夷、忽発二徒衆一、焚レ橋塞レ道、既絶二往来一。侵二桃生城一、敗二其西郭一。鎮守之兵、勢不レ能レ支。国司量レ事、興レ軍討レ之。但未レ知三其相戦而所二殺傷一」。

〔史料7〕同、宝亀十一年(七八〇)三月丁亥(二十二日)条

丁亥、陸奥国上(此カ)治郡大領外従五位下伊治公呰麻呂反、率二徒衆一、殺二按察使参議従四位下紀朝臣広純於伊治城一。(中略)時広純建レ議造二覚鱉柵一、以遠二戍候一。因率二俘軍一入、大楯(道嶋)・呰麻呂並従。至レ是、呰麻呂自為二内応一、唱二誘軍一而反。先殺二大楯一、率レ衆囲二按察使広純一、攻而害レ之。独呼二介真綱一、開二囲一角一而出、護二送多賀城一。(後略)

まず〔史料5〕には、神亀元年に海道蝦夷が反乱して陸奥大掾佐伯児屋麻呂を殺害した事件が記されているが、おそらくこの時陸奥大掾の児屋麻呂が海道蝦夷の朝貢・饗給儀礼の舞台となる牡鹿柵に滞在しており、そこで反乱軍によって暗殺されたものと推測される。牡鹿柵の遺跡と推定されている宮城県東松島市矢本の赤井遺跡の遺構中からこの時の反乱によるとみられる火災の痕跡が確認されていることも[13]その傍証となるであろう。もう既にこの時点において、

陸奥大掾が海道蝦夷に対する支配拠点である牡鹿柵での朝貢・饗給儀礼を担当していたのではなかろうか。

また〔史料6〕は、奈良末～平安初期の国家と蝦夷社会との大戦争時代の幕開けを告げる宝亀五年の海道蝦夷による桃生城襲撃事件についての記事であるが、そこには桃生城を焼き討ちした海道蝦夷が途上の橋を焼き道を塞いだことがみえており、彼らがそれ以前には陸路を使って度々桃生城を訪れていたことが推察できる。その理由としてはやはり、桃生城において海道蝦夷の朝貢・饗給儀礼が陸奥国府より派遣された国司の下で行われていたからであると考えるのが最も自然であり、牡鹿柵の後継城柵と目される桃生城でも海道蝦夷に対する朝貢・饗給が行われ、牡鹿柵と同様に陸奥国司が派遣されていたものとみられる。

さらに〔史料7〕は、宝亀十一年に起こったいわゆる伊治公呰麻呂の乱についての記事であるが、熊谷氏はこの史料の解釈にもとづき、乱勃発時には伊治城に陸奥介大伴真綱が城司として駐在していたと推測している。[14]確かにこの史料を読む限りでは、呰麻呂に暗殺された按察使紀広純は牡鹿郡司道嶋大楯と呰麻呂の二人を従えて伊治城に入ったとされているのに、後段では呰麻呂が大楯と広純を殺害した後に城内にいた真綱を呼んで多賀城まで護送したと記されていて、予め真綱が伊治城に滞在していた可能性を想起させる。また呰麻呂が真綱一人を助けわざわざ多賀城まで護送したのは、彼が真綱に対して何か特別な信頼を置いていたことの顕れと解することもでき、その点も真綱が用務の度毎に伊治城へ屢々派遣されていた可能性を窺わせよう。

以上は陸奥国の事例であるが、隣国出羽の場合についても熊谷氏は、秋田城（出羽柵）・雄勝城の二城柵には造営当初から城司が駐在したと論じている。[15]すなわち氏は、『続紀』宝亀十一年八月乙卯（二十三日）条中に「為レ番依レ旧」って秋田城に鎮狄使か出羽国司を「専当」として派遣し城を守備する旨の文章がみえることより本来秋田城には城司が派遣されていたとし、また秋田城跡出土の第一〇・一二号漆紙文書に「介御舘」の語が読めることから、[16]神護景雲四年（宝亀元＝七七〇）頃の秋田城には出羽介が城司として駐在していたと推察する。さらに雄勝城についても、天長七年(八三〇)閏十二月二十六日太政官奏[17]よりこの時国府・秋田城とともに同城にも国司が配置されていたとみられること、元慶の乱終結後の元慶三年(八七九)に「秋田城城司」とともに「雄勝城城司」が任じられていることなど[18]を挙げたうえで、八世紀半ばの創建当初から城司が駐在していたと推定している。

右の熊谷氏の見解のように、出羽国においては国府・秋田城・雄勝城の三城柵に国司が駐在していたとみる説が現在では一般化している。しかしながら、氏も指摘するように出羽国で「城司」の呼称が定着するのは遅く九世紀半ば以降のことであり、また『日本三代実録』仁和三年(八八七)五月二十日癸巳条によれば国府にあった出羽国司らは春秋の出挙貸付・収納のために秋田・雄勝両城へ往来している旨が記されていて、果たして両城柵に国司が常駐していたとみてよいかは疑問の余地もある。天長七年太政官奏についても、確かにこの時秋田・雄勝両城には国司がいたけれども、同年の大地震への対処という特殊事情がそこに介在していた可能性もあろう。さらに秋田城跡出土漆紙文書の「介御舘」は従来介が秋田城に常駐していたことの証拠のように扱われていたが、あるいはこの「舘」は秋田城に派遣された介が滞在時に公館として使用するための施設のことであって、必ずしも介が秋田城に常駐していたことを示すものではないのかもしれない[19]。やはり出羽国でも陸奥国と同様に、秋田・雄勝両城に国司が常に張り付いていた訳ではなく、介以下の国司は通常は国府におり、必要に応じて自らが朝貢・饗給儀礼や政務を担当する城柵へ派遣されていたのではなかろうか[20]。

以上のように、奥羽両国とも国府所在城柵よりも下位の城柵に国司が派遣されて駐在することはあったとみられる。ただしそれは介以下の国司が国府を離れて前線の諸城柵に常駐したことを意味するのではなく、むしろ国内諸城柵を分担してそれぞれの専当国司となり、蝦夷への朝貢・饗給儀礼をはじめとする諸用務を遂行するために一定期間滞在するというのが常態であったと推察される。すなわち国司同士で誰がどの城柵へ派遣されるかという担当体制が予め決められており、国司と城柵との間には個別の対応関係が存在していたように解される。とすればそうした体制を「城司制」と称するのはあまり適切ではなく、本稿ではこれまで提唱されてきた城司制論と明確に区別する意味で、これを「城柵専当国司制」と称することにしたい。

なお城柵専当国司が充てられる城柵は、牡鹿柵・桃生城・伊治城・秋田城・雄勝城の五城柵ともにいずれも郡に相当する広域地名を冠している。このクラスの城柵には介以下の専当国司が定められ、国司派遣・駐在が行われたことが推測できよう。

ここで注目されるのが、次に〔史料8〕として掲げる『続紀』天平九年(七三七)四月戊午(十四日)条である。そこには国府所在城柵である多賀柵(=多賀城)と並んで、郡相当の広域地名を冠した玉造柵・新田柵・牡鹿柵・色麻柵の四城柵の名がみえる。

〔史料8〕『続紀』天平九年四月戊午条

戊午、遣陸奥持節大使従三位藤原朝臣麻呂等言、「以㆓去二月十九日㆒、到㆓陸奥国多賀柵㆒。与㆓鎮守将軍従四位上大野朝臣東人㆒共平章。且追㆓常陸・上総・下総・武蔵・上野・下野等六国騎兵惣一千人㆒。(中略)仍抽㆓勇健一百九十六人㆒、委㆓将軍東人㆒。四百五十九人分㆓配玉造等五柵㆒。麻呂等、帥㆓所㆑余三百卌五人㆒、鎮㆓多賀柵㆒。遣㆓副使従五位上坂本朝臣宇頭麻佐㆒鎮㆓玉造柵㆒。判官正六位上大伴宿祢美濃麻呂鎮㆓新田柵㆒。国大掾正七位下日下部宿祢大麻呂鎮㆓牡鹿柵㆒。自余諸柵、依㆑旧鎮守。廿五日、将軍東人従㆓多賀柵㆒発。四月一日、帥㆓使下判官従七位上紀朝臣武良士等及所㆑委騎兵一百九十六人、鎮兵四百九十九人、当国兵五千人、帰服狄俘二百卌九人㆒、従㆓部内色麻柵㆒発。(中略)」(後略)

この記事は同年のいわゆる陸奥出羽連絡路開削事業に関わるもので、その際に坂東六国の騎兵三四五人が国府所在城柵である多賀柵(城)に、同じく四五九人が「玉造等五柵」に配置されたこと、さらに遣陸奥持節大使の藤原麻呂が多賀柵を、副使の坂本宇頭麻佐が玉造柵を、判官の大伴美濃麻呂が新田柵を、陸奥大掾の日下部大麻呂が牡鹿柵をそれぞれ守衛し、その他の諸柵は「依レ旧鎮守」するという体制がとられたことが知られる。牡鹿柵については〔史料5〕より既に神亀元年の時点で大掾が城柵専当国司として派遣されていた可能性が高いことを指摘したが、この〔史料8〕でもやはり大掾である日下部大麻呂が守衛していて、大掾と牡鹿柵との深い関係が垣間見える。(21)いずれにせよ、牡鹿柵の場合と同様に郡に相当する広域地名を冠し、かつこの時征東使による鎮守がなされた玉造・新田両柵にもやはり通常時には専当国司がいたものと推察できよう。また「自余諸柵」については、坂東六国の騎兵四五九人が「玉造等五柵」に配置されたことが文意上明らかで、その五柵の内訳が「玉造柵」・「新田柵」・「牡鹿柵」・「自余諸柵」の四者であるとみるのが最も自然であり、それ故玉造・新田・牡鹿三柵を除く残りの二柵を指すものである可能性が高い。(22)おそらく残りの二柵もまた、同様に郡相当の広域地名を冠した城柵であったと考えられる。

さらに最後にみえる色麻柵は宮城県加美町中新田の城生遺跡に擬定する説が近年も有力であり、(23)これも「玉造等五柵」の中に含まれるものと思われる。とすれば、玉造・新田・牡鹿・色麻の四柵と名称不明の一柵に専当国司が派遣されていたものと推測される。

なお、今泉氏は〔史料8〕に「自余諸柵、依レ旧鎮守」とあるのを、玉造・新田・牡鹿三柵以外の二城柵については通常どおりに城司が騎兵を率いてそれらを鎮守したものと考えているが、(24)熊谷氏が指摘するように、おそらく通常時には軍団兵であれば軍毅ないしは校尉クラス、鎮兵であれば征討軍の別将クラスなどが指揮して城柵の守衛にあたっていたと考えるべきであろう。(25)城柵専当国司制においては、城柵に派遣された国司に鎮守のための軍兵の指揮が委ねられていたとはきわめて考えにくい。

以上のように、陸奥国では八世紀前半に専当国司が派遣された城柵として玉造・新田・牡鹿・色麻柵と名称不明の一柵の五城柵が、八世紀後半に玉造・桃生・伊治の三城柵があったと推測されるのであるが、こうした城柵専当国司制の実際の運用に深く関連するとみられるのが、次に掲げる天平五年(七三三)に出された勅符である。(26)

〔史料9〕天平五年十一月十四日勅符

天平五年十一月十四日勅符偁、「給㆓国司以下軍毅以上㆒護身兵士、守八人、介六人、掾五人、目三人。但遣㆓鎮㆑奥塞㆒者、守十人、介八人、掾七人、目五人、史生・傔仗各三人。大小毅各二人」者。

この勅は今泉氏が指摘したとおり陸奥国の国司らを対象としたもので、[27]彼らが前線の城柵に派遣される際に与えられる護身兵士についての規定であると考えられる。だが今泉説では傍線部の「遣㆓鎮㆑奥塞㆒者」を城柵に派遣される城司に対する特別規定と解しているが、陸奥国では国府も多賀城という城柵に置かれているから結局国司全員が城柵にいたことになり、すると「遣㆓鎮㆑奥塞㆒者」ではない前半部の国司に該当する者は一人もいなくなってしまう点が不合理といわざるをえない。無論そうではなく、「鎮㆑奥塞」とは多賀城以外の城柵のことを指すのであろう。徳田奈保子氏や熊谷氏はこの勅符について、部内巡行で国司が多賀城以外の諸城柵へ派遣される場合の護身兵士に関する規定であるとしており、[28]一般論としては賛同できるが、私見ではこれが介・掾・目を専当国司として諸城柵へ派遣する城柵専当国司制のシステムを前提として出されたものであると解したい。

既に触れたように、介以下の国司が諸城柵へ派遣される用務として最も主要なものは、蝦夷に対する朝貢・饗給儀礼を施行する任務であったと考えられる。今泉氏は「蝦夷の朝貢と饗給」と題した論考において、「国府以外の城柵がいわば国府なみの政庁を設けているのは何故なのか」と問い、「蝦夷・俘囚の服属儀礼である朝貢・饗給の場としての意味が大きく、それ故に国府なみの政庁が設けられたのではなかろうか」との仮説を提示した。[29]氏のいうとおり、城柵の中枢部をなす政庁で行われる蝦夷への朝貢・饗給は律令国家による対蝦夷政策においてきわめて重大な意味をもっていたのであり、それ故に城柵へ派遣された介以下の国司がたとえ一時的滞在にすぎなくとも「城司」と称され国守の代理人としての扱いを受けるようなことも、あるいはありえたのかもしれない。すなわち介以下の国司の城柵への派遣は、やはり〔史料1〕に奥羽越三国の守の職掌として規定された「饗給」を実現するためのシステムであったと考えられるのであり、国司を「鎮㆑奥塞」に派遣するという〔史料9〕の規定もまた、蝦夷への朝貢・饗給儀礼の執行に最も重きを置いていたものであったと考えても大きな誤りはないように思われる。

ただし、〔史料9〕には介以下の国司だけでなく、守や史生・傔仗、軍団大小毅の護身兵士の規定もみられることには注意される。まず実際に守が国府所在城柵以外の城柵へ赴いたことは、〔史料7〕の伊治公呰麻呂の乱の際の事例より知られる。また新たな城柵の造営事業において陸奥守がひときわ主導的な役割を果たしたことは、雄勝城造営において、「然今陸奥国按察使[30]兼鎮守将軍正五位下藤原朝臣朝猟等、教㆓導荒夷㆒、馴㆓従皇化㆒、不㆑労㆓一戦㆒、造成既畢」と特筆されている例[31]などからも窺える。新城柵の造営事業において守が現地へ赴き、最寄りの城柵に滞在して陣頭指揮を執ることが屢々あったのであろう。

〔史料9〕の勅符も、おそらく同年における出羽柵の秋田村高清水岡への遷置や雄勝「建郡」との関連で発せられたものであったように推察される。周知のように『続紀』天平五年十二月己未(二十六日)条には「出羽柵遷㆓置於秋田村高清水岡㆒。又於㆓雄勝村㆒建㆑郡居㆑民焉」とあって、同年に出羽柵が北進するとともに雄勝村への「建郡」[32]がなされたことがみえる。次いで天平九年には陸奥出羽連絡路開削とともに雄勝の地における城柵造営が目指されたが後者は実現せず[33]、そのことは『続紀』天平宝字四年(七六〇)正月丙寅(四日)条にも「昔先帝《(聖武)》数降㆓明詔㆒、造㆓雄勝城㆒、其事難㆑成、前将《(大野東人)》既困」と記されている。天平五年には既に、雄勝城造営の前提となる雄勝地方の開発に着手されていたのである。

以上から、〔史料9〕の天平五年勅符は出羽柵遷置と雄勝「建郡」(→雄勝城造営)に備えるために、按察使を兼ねる陸奥守以下の陸奥国司とその随員について、前線の城柵へ派遣される際の護身兵士の人数を定めたものであったと推測される。それ故に普段は滅多に多賀城を離れることがない守に対してもこの時護身兵士の規定が定められたのであろう。また文書事務を担う史生や守付きの武官である傔仗、軍団の大小毅に護身兵士が与えられているのも、おそらく城柵造営・「建郡」事業との関連から理解すべきなのではなかろうか。
しかしだからといって、〔史料9〕が本来城柵専当国司制の運用と深い関わりをもつ規定であったこと自体は否定しがたいと思われる。おそらくこれ以前より介以下の国司が朝貢・饗給などの用務で自らの専当する城柵へ赴く際に普段より護身兵士を二人増員して派遣することが行われており、ここではそれを守にも拡大するとともに、さらに城柵造営・「建郡」に関わる用務で一緒に前線の城柵に派遣される史生・傔仗・大小毅に関する規定も付加して新たに勅符として施行したものであろう。(34)

2　囲郭集落は城柵か

熊谷公男氏は前掲〔史料8〕中の「自余諸柵」に関して、従来多くの論者が「玉造等五柵」から玉造・新田・牡鹿三柵を除外した二柵と解してきたことに疑問を投げかけ、「玉造等五柵」以外にも当時兵士が配備されていた城柵が同地方に数多く存在していたと主張する。ただし熊谷氏が、「自余諸柵」を「玉造等五柵」のうちの二柵とみる従来の通説的見解について、「これまで「玉造等五柵」をこの地域に存在した城柵のすべてと考えてきた」と評するのは若干不正確であり、(35)また〔史料8〕を虚心に読む限り、通説どおりに「自余諸柵」は「玉造等五柵」の中に含まれると解釈されるので、この点の氏の認識には賛同できない。とはいえ、熊谷氏が大崎・牡鹿地方に従来想定されてきた以上に多くの城柵が存在したと述べた点、また城柵を(1)～(5)の五類型に分け、多様な形態の施設があった可能性を示した点については、新たな問題提起として検討に値するものであると考える。

熊谷氏の城柵論の概要は前節で示したが、その最大の特徴は七世紀代の囲郭集落を城柵の一類型に位置づけていることであろう。囲郭集落とは、宮城県域を中心に分布するところの多数の竪穴住居や小型掘立柱建物で構成された集落の周囲を溝や材木列で区画したものを指し、いわゆる関東系土師器を出土することより関東方面からの移民の集落と推察されている[36]。本節ではその囲郭集落を城柵の概念に含める熊谷氏の論の当否について検討してみたい。

まず熊谷氏は、(1)「城」・「柵」字の読みはいずれも「キ」で施設の外囲いの呼称を意味すること、(2)転じて区画施設を繞らした施設全体がキと呼ばれたこと、(3)防塁・木柵・築地・壕などの防御的機能をもつ区画施設を伴う施設であればキと呼ばれたことを指摘し、キとは区画施設で取り囲まれた施設全体がいかなるものかには拘わらない呼称であったとする。また〔史料3〕の養老衛禁律24越垣及城条の規定からも「城」・「柵」の本来の意味が外郭施設を指すことが窺えるとしたうえで、溝・材木列を外郭施設とする囲郭集落も次の三条件を満たしているので城柵と呼ぶことができると主張している[37]。

(イ)木柵(材木塀)、土塁・石塁・築地などの防御的機能をもつ区画施設を周囲にめぐらす。

(ロ)国家の施策によって構築された施設。

(ハ)国家によって「—柵」「—城」「—塞」などの名称でよばれていたか、またはそのような名称でよばれていたと想定できる施設。

しかしながら、右の熊谷説については率直な疑問を禁じえない。まず熊谷氏がキとは区画施設で取り囲まれた施設全体がいかなるものかに拘わらない呼称であるとしている点については、古代和語の「キ」が指示するものについての一般論的な説明としてはそれなりに当を得ているのかもしれないが、そうした「キ」の字義がそのまま歴史的概念としての城柵に適用できるという保証はない。そこで熊谷氏は(イ)〜(ハ)の三条件を立てて城柵の概念化を図り、囲郭集落もそれに合致する故に城柵と呼びうるとの論法を採るのであるが、そのように氏が主張する際に挙げられている根拠にもいささか無理が目立つように思われる。

たとえば熊谷氏は、「囲郭集落が(a)七世紀後半代という限られた時期に、(b)当時の陸奥国の北辺部に相当する限定された地域にいっせいに出現し、(c)材木塀と溝を周囲にめぐらすという共通する特殊な形態をとり、(d)関東系土器のまとまった出土がみられ、(e)八世紀初頭前後にはいっせいに官衙や城柵に移行して消滅する、というような現象が在地で自然発生的に起こったとはとうてい考えがたいから、これらの現象の背後に古代国家の蝦夷支配策とその一環としての柵戸移配策を想定することは十分な合理性をもつと考えられる」と述べているが[38]、仮にそのとおりに囲郭集落出現の背後に「古代国家の蝦夷支配策」と「柵戸移配策」があったことを認めるにしても、だからといって囲郭集落そのものが(ロ)の「国家の施策によって構築された施設」という条件を満たしているとの結論をストレートに導けるのかどうかは甚だ疑問である。この点の氏の論法は性急に過ぎるのではなかろうか。

ただし(e)の囲郭集落が官衙・城柵の造営に先行して営まれている点は注意を要するところで、囲郭集落を城柵の初源的段階のように捉える見方が出されていることもある意味首肯できる。しかしながらそのことを以て、蝦夷社会の只中に関東系の人々を主体とする囲郭集落が全く純粋に中央政府からの強制移住命令だけによって成立したと論断するのは早計であろう。例えば『続紀』霊亀元年(七一五)五月庚戌(三十日)条に坂東六国から富民一〇〇〇戸を陸奥へ移住させたとみえるような明確な移民政策の形跡が史料上に認められるのならばまだしも、七世紀後半代には城柵設置記事と一体となった柵戸移配記事以外に国家が直接関与したとみられる東北方面への移民に関する記事は全く見出せないのである。

それでもやはり関東系の人々の北辺への移住の背後には古代国家の対蝦夷政策、北方への版図拡大策の影響が決して皆無ではなかったように私にも推察されるのであるが、他方で近年、既に四、五世紀代より宮城県北部〜岩手県南部地方に南北間交易の拠点が存在した可能性が指摘されている。辻秀人氏は北海道系遺物が集中的に分布する宮城県北部江合川流域の岩出山丘陵一帯が恒常的な交易の場であったと論じており[39]、また岩手県奥州市水沢区中半入遺跡の豪族居館跡や古式土師器・久慈地方産琥珀・馬の歯などの出土遺物によって既に五世紀代より北上盆地南部の地が交易センター的な機能を果たしていたことも窺い知られる。さらに八木光則氏によれば、東北北部の末期古墳から出土する馬具をはじめとする副葬品類は、馬匹交易を契機として東国社会より流入したものである可能性が高いとされている。(40)

右のことを前提とするならば、七世紀代の囲郭集落は、国家の政策を背景としつつも、関東系の人々が蝦夷社会との交易の利を求めて半ば自発的な意志の下に営んだものである可能性も決して小さくはないように思われる。(41)実際に囲郭集落の遺跡では関東系土師器のみならず在地の蝦夷系土師器を共伴する場合がほとんどであり、(42)また関東系土師器は遠く岩手県北上盆地北部の盛岡市台太郎遺跡でも出土していて、囲郭集落に住んだ人々が周囲の蝦夷集団と交易関係を取り結び、そのネットワークを介して遠隔地へも訪れていた可能性を想起させるのである。

とはいえ、現在でも学界では蝦夷の地への内国民の移配について国家的強制の文脈で考える傾向が依然として強い(43)のであるが、百歩譲ってそのように成立した囲郭集落が実際に存在したと仮定した場合でも、国家機構から官制的に切り離された民間人のみで構成される集落が国家の施設であるかのような扱いを受け、多賀城や「玉造等五柵」とともに城柵概念の中に包摂されるなどということはいかにもありえないのではなかろうか。

熊谷氏のいう〝「柵」型〟城柵＝囲郭集落を城柵の範疇より除外した方がよいとする意見は、柳澤和明氏によっても述べられている。(44)すなわち柳澤氏は、⑴官衙ではない、⑵関東系土師器は在地系土師器とともに出土しており柵戸のみからなる集落はない、⑶初期の城柵が七世紀後半の評制施行範囲の北限以南に分布するのに対して囲郭集落はそれを越えた大崎平野周辺まで分布している、⑷軍兵の駐屯があったとは考えがたい、という四点を根拠に、囲郭集落を城柵とする熊谷説を批判している。私も柳澤氏の見解に概ね賛同する。

また熊谷氏は前述のように、〔史料3〕養老衛禁律24越垣及城条を根拠に、律令規定上の「城」・「柵」の本来の意味が外郭施設たることにあったとするが、やはりこの史料は〔史料2〕養老軍防令52辺城門条と併せて論じられるべきものであろう。しかるに、両条文中にみえる「辺城門」・「城主」・「陸奥・越後・出羽等柵」といった語が囲郭集落にもそのまま該当するとはいかにも考えがたい。そもそも囲郭集落において外郭施設に管鎰がついた門があったとは想定できず、門の開閉や管鎰の管理などの業務が国家の定めた規定にもとづいてなされたとも到底思えないからである。

あるいはこうした批判に対しては、養老律令の規定は八世紀段階のもので七世紀代には遡及しえないとの反論がなされるかもしれないが、律令における城柵概念が直前の時代における東北城柵の実態と全く異なっていたとも考えがたい。また熊谷氏の論では囲郭集落は柵戸集落の一類型として扱われているようにも見受けられるが、しかし七、八世紀を通じて柵戸集落に「辺城門」や「城主」が存在したということもほとんど想定できない。囲郭集落にせよ城柵周辺の柵戸集落にせよ、律令規定中の「城」・「柵」とは基本的に関わりがないとすべきで、いずれも「国家の施策によって構築された施設」とは見なせないのである。

以上の考察より、囲郭集落を城柵の一類型とみる熊谷説は成立しがたいことが明確になったと考える。氏の論は、古代東北城柵の概念を「キ」という和語の一般語法的説明に引き付けて捉え直そうとしたものであるが、考古遺構上の区画施設が「キ」そのものであるとの観念に囚われすぎてしまったために、城柵の語がもつ歴史概念としての内実をも〝広義の「キ」〟そのものに直結させてしまったような観がある。しかしながら、六国史などの史料上に現れる「城」・「柵」・「塞」などの名称が、氏のいうとおりの「キ」の語義そのもののような無限定な用法によっているとは到底考えがたいのである。

ところで熊谷氏は〝「柵」型〟の他にも〝軍事拠点型〟なる新たな城柵の類型を提起しており、その点についても言及しておきたい。氏は〝軍事拠点型〟の例として覚鱉城[45]・由理柵[46]・中山柵[47]の三城柵を挙げているが、造営工事中の覚鱉城に按察使兼陸奥守の紀広純が赴く予定であった可能性が高いこと、由理柵は『続紀』宝亀十一年八月乙卯(二十三日)条中に「又由理柵者、居二賊之要害一、承二秋田之道一」とみえていてきわめて重要な軍事上・交通上の要衝であったとみられること、中山柵は鈴木拓也氏の説によれば宝亀五年の海道蝦夷の襲撃によって失陥した桃生城の後継城柵と推測されることから考えるに[48]、いずれも陸奥・出羽国で専当国司が定められ、必要に応じて派遣されるかたちが採られていた可能性が高いと思われる。「宜下造二覚鱉城一、得中胆沢之地上」（『続紀』宝亀十一年二月丁酉（二日）条）と所見し軍事基地としての性格が強かったとみられる覚鱉城については確かに〝軍事拠点型〟の範疇でも理解できるのかもしれないが、由理・中山両柵の方は〝準国府型〟であった可能性をも否定できない。

結局のところ古代東北の城柵とは、政庁施設をともない蝦夷に対する朝貢・饗給機能を備え専当国司の派遣が行われる〝国府型〟と〝準国府型〟とを主としていたとみられるが、それら以外のものであってもその時々に何らかの重要性にもとづき専当国司が定められたものについては、同様に城柵としての扱いを受けるものがありえたのではなかろうか。

3　初期の城柵

よく知られているように、列島東北部の城柵で文献上最古のものは、大化三・四年（六四七・六四八）に相次いで造営された越国の渟足柵と磐舟柵の二城柵である。

〔史料10〕『日本書紀』（以下『書紀』と略称）大化三年是歳条

是歳、（中略）造二渟足柵一、置二柵戸一。老人等相謂之曰、「数年鼠向レ東行、此造レ柵之兆乎」。

〔史料11〕同、大化四年是歳条

是歳、（中略）治二磐舟柵一、以備二蝦夷一。遂選下越与二信濃一之民上、始置二柵戸一。

渟足柵は新潟県新潟市東区沼垂あたりに、磐舟柵は同村上市岩船あたりに所在したと推定されるが、ともに遺跡は未発見である。〔史料10・11〕によれば両柵ともに柵戸が置かれたこと、とくに磐舟柵の柵戸は越と信濃の民より選ばれて柵の周辺に配されたことが窺える。

また『書紀』によれば、それらの他に都岐沙羅柵と優嶓曇柵の二城柵があったことも窺い知られる。

〔史料12〕同、斉明四年（六五八）七月甲申（四日）条

甲申、蝦夷二百余、詣レ闕朝献。饗賜贍給、有レ加二於常一。仍授二柵養蝦夷二人位一階一。渟代郡大領沙尼具那小乙下、或所、云下授二位二階一、使上レ検二戸口一。少領宇婆佐建武、勇健者二人位一階。別賜二沙尼具那等、鮹旗廿頭・鼓二面・弓矢二具・鎧二領一。授二津軽郡大領馬武大乙上、少領青蒜小乙下、勇健者二人位一階一。別賜二馬武等、鮹旗廿頭・鼓二面・弓矢二具・鎧二領一。授二都岐沙羅柵造闕レ名。位二階一。判官位一階。授二渟足柵造大伴君稲積小乙下一。又詔二渟代郡大領沙奈〔尼〕具那一、検三覈蝦夷戸口与二虜戸口一。

〔史料13〕同、持統三年（六八九）正月丙辰（三日）条

丙辰、務大肆陸奥国優嶓曇郡城養蝦夷脂利古男、麻呂与二鉄折一、請下剔二鬢髪一為中沙門上。詔曰、麻呂等、少而閑雅寡レ欲。遂至二於此一、蔬食持レ戒。可二随レ所レ請、出家修道一。

熊谷氏はこれら『書紀』中に所見する七世紀代の城柵の中に囲郭集落としての実態をもったものが含まれている可能性を指摘しているが(49)、既に前述したように〝「柵」型〟城柵なるものは存在しないと考えられる。また〔史料10・11〕を読む限りでは、渟足・磐舟両柵造営と「柵戸」設置とは一応別個のことと認識されていることが窺われるから（両者は一体のものではあるが）、少なくとも両城柵は国家による辺境統治のために造営された独立的な機能をもった施設であって、「柵戸」はその周囲に配置された移民集落であると解するべきであろう。すなわちあくまで柵戸は城柵本体の周囲に置かれるべきものなのであり、柵戸が居住する集落自体を本体とする城柵があったなどとはいかにも考えがたいのである。

次に〔史料12・13〕を手がかりに、初期の城柵における支配機構について考えたい。

まず、〔史料12〕は斉明四年七月に日本海側の蝦夷二〇〇余人が上京朝貢を行ったことを伝える記事であるが、その際に叙位された者の中に「都岐沙羅柵造」・「渟足柵造」や「判官」の語がみえる。都岐沙羅柵なる城柵が斉明四年以前に存在していたことが知られ、その位置は現時点では不明であるが、「都岐沙羅」を杯(坏)皿・土器皿と解して渟足・磐舟以北の朝貢・饗給拠点とみる説があることには注目される。[50] そして「都岐沙羅柵造」と「渟足柵造」に対して飛鳥の朝廷においてともに位二階(大化五年〔六四九〕施行の冠位の下から二番目の小乙下)が叙されているのであるが、記事の内容によれば「都岐沙羅柵造」・「渟足柵造」と「柵養蝦夷」(両柵の周辺に居住していた蝦夷系住人か)の三者はいずれもこの時、蝦夷二〇〇余人の上京朝貢に同行し朝廷において一緒に叙位等に与っているように読める。すなわち都岐沙羅・渟足両「柵造」は両城下の「柵養蝦夷」とともに、おそらく同年の阿倍比羅夫による北方遠征[51]においてかそれ以前に渟代・津軽の蝦夷集団に対して帰順・服属を促す役割を果たしたために、蝦夷二〇〇余人とともに叙位に与ったものであろう。

また両柵の「柵造」や「判官」が蝦夷系ではなく内国から移住した移民系の人物であったことは「渟足柵造」大伴君稲積の氏姓からも明らかであるが、ここで注目されるのは彼ら両「柵造」と渟代・津軽両「郡」[52]の「大少領」に対して与えられた冠位がほとんど大差ないことである。これらの中で最も高い位を与えられたのは「津軽郡大領」の馬武の大乙上(令制の正八位上くらいに相当)で、対して両「柵造」は「渟代郡大領」の沙尼具那、「津軽郡少領」の青蒜と同じ小乙下(従八位下くらいに相当)を叙されている。これらの冠位よりみるに、「柵造」が北方蝦夷社会の族長層に対して国家の後ろ楯を借り大きく優位に立っていたようには窺われない。都岐沙羅・渟足両「柵造」・「判官」、渟代・津軽両「郡大少領」、「柵養蝦夷」のいずれも与えられている冠位からみれば、概ね律令制下の郡大少領に近い待遇をえていたように思われるが[53]、その点は「柵造」・「判官」と渟代・津軽の蝦夷族長との間の交流においては明確な上下関係が存在せず、「柵造」・「判官」は実際には日本海沿岸地域の在地豪族としての立場で、以前からの交流経験にもとづいてこれら遠隔地の蝦夷族長らと個別に接触していた可能性を窺わせる。(54)

工藤雅樹氏は、七世紀代城柵の「柵造」が「柵戸として移配された人々のなかの代表者格の人物」である可能性を指摘しており、(55)賛同できる。だが城柵下には「柵造」・「判官」―柵戸の系列の内国系住人だけでなく、「柵養蝦夷」と称される蝦夷系住人も存在していた。〔史料12〕によれば、都岐沙羅・渟足両「柵造」に小乙上が、「判官」に「位一階」（大化五年施行の冠位で最下位の立身。初位相当）が叙されているのに対して、「柵養蝦夷」にも「判官」と同じ「位一階」が叙されている。「柵造」に次ぐ「判官」と「柵養蝦夷」とに与えられた冠位が同じであることは、両者が二城柵の支配機構において「柵造」の補佐役としてほぼ同格の役割を担っていたことを示唆しているのではあるまいか。だとすれば、「柵養蝦夷」はこの時「柵造」を補佐するかたちで、渟代・津軽両地方の蝦夷集団に帰順・服属を促すというミッションに従事していたと考えることも、あるいは可能であるのかもしれない。

一方の〔史料13〕によれば七世紀末期、当時陸奥国に属していた置賜地方に優嶒曇柵なる城柵が存在し、その城下には務大肆（天武十四年〔六八五〕施行の冠位。従七位下に相当）の位をもつ脂利古という「城養蝦夷」がいたことが窺い知られる。その脂利古の子息の麻呂と鉄折の二名に対して出家修道の許可がこの時下されたのであるが、『書紀』の持統紀には同記事の他にも越国・陸奥国の「蝦夷沙門」が仏像や幡・鉢・鐘などの仏具を賜与された記事が所見し、当時「城（柵）養蝦夷」出身の仏教僧が屡々出現していたことが窺われる。(56)優嶒曇柵の城下に居住していた脂利古と麻呂・鉄折の父子も、脂利古の冠位からみて優嶒曇柵の経営・運用に大いに貢献していたであろうことが強く推測される。

右のように、〔史料13〕の「城養蝦夷」は城柵建置地域の蝦夷族長で、柵戸とも文化的交流を行い仏教文化の担い手にもなったと考えられるが、では〔史料12〕の「柵養蝦夷」も同様に考えてよいのであろうか。こちらの「柵養蝦夷」

は前述のように渟代・津軽蝦夷への働きかけに関与したとみられるが、『書紀』斉明五年（六五九）三月是月条によれば、阿倍比羅夫の第二回遠征において北辺の蝦夷を「一所」に集めて饗宴を行った際に、「飽田・渟代二郡蝦夷二百卌一人、其虜卅一人、津軽郡蝦夷一百十二人、其虜四人」が饗されたことがみえる。私はそこで「虜」といわれている者たちこそが〔史料12〕の「柵養蝦夷」に相当するのではないかと臆察する。すなわち、渟代・津軽より都岐沙羅・渟足両柵の下に移住していた「柵養蝦夷」＝「虜」が同四年の第一回遠征において渟代・津軽両地方の馴化に功績を果たして叙位され、さらに彼らは翌年の遠征においても水先案内人として協力し、その際の饗宴において故郷の蝦夷族長層の者たちと一緒に饗を受けたものと解するのである。[57]とすれば、この時期の「柵（城）養蝦夷」の中にはかなり遠隔の地より城下に移住してきていた者もいたことになるが、奈良時代後期の宝亀年間にも北海道島に本拠をもっていたとみられる「狄志良須俘囚宇奈古」なる人物が秋田城下に居住していた例が知られるので、[58]そのような可能性は決して低くはなかろう。「柵（城）養蝦夷」の存在形態は決して一様ではなかったのである。

以上のように、〔史料12・13〕の「柵（城）養蝦夷」は内国系の有力者である「柵造」を補佐し、城柵の経営・運用に関与していた蝦夷系の有力住人であった可能性が高いと考えられるが、天武紀中の次の記事もまた、その実態に関して一つの手がかりを与えてくれる。

〔史料14〕『書紀』天武十一年（六八二）四月甲申（二十二日）条

甲申、越蝦夷伊高岐那等、請俘人七十戸為一郡。乃聴之。

越の蝦夷族長である伊高岐那らが配下の「俘人」七〇戸を郡となすことを中央政府に申請し認められたことを伝える記事であるが、伊高岐那はおそらく城柵（渟足柵か）下に居住する「柵（城）養蝦夷」の有力族長であり、〔史料13〕の「城養蝦夷」と同様の階層に属していた者であろう。とすれば有力な「柵（城）養蝦夷」の族長の中からこの頃、配下の蝦夷系住人集団（＝「俘人」）を郡に編成し、自ら「郡領」となる者も出てきていたことになる。従来は七世紀代の初期の城柵も八世紀代の城柵の場合と同様に、その経営・運用を支援する役割は専ら柵戸ら内国移民系の人々によって担われてきたように考えられてきた。(59)だが実際には初期の城柵の支配機構において、「柵(城)養蝦夷」の族長層がきわめて重要な役割を果たしていたことが窺えるのである。

それでは、このように内国系の「柵造」・「判官」と蝦夷系の「柵(城)養蝦夷」とが相俟って経営・運用に関与していたこの時期の城柵の特質を、私たちはどう理解したらよいのであろうか。そこで注目されるのは、大化前代の地方支配制度の一つであるミヤケ(屯倉・官家)制のありようである。

ミヤケに関しては、古くはヤマト政権の直轄する農業経営の拠点とする理解が一般的であったが、現在では農業に限らず、政治・経済・軍事・外交など多様な機能をもったヤマト政権の支配拠点の総称と考えられるようになっている。(60)また六世紀以降のいわゆる「後期ミヤケ」の大きな特徴は、中央からたびたびクニノミコトモチが遣わされ指令が下される中で、現地の豪族たちが配下の民を率いて恒常的な施設維持や運営に当たることにあった。

例えば、『書紀』安閑元年閏十二月壬午条によれば、三島県主飯粒が安閑天皇に四〇町の田を献上して成立した三島竹村屯倉における耕作労働は、田の献上を拒んだ大河内直味張が贖罪として差し出した「郡」毎の钁丁によって賄われていた。同じく同年十月甲子条には、安閑天皇が大伴金村の進言に従い、小墾田屯倉と国毎の田部を紗手媛に、桜井屯倉と国毎の田部を香香有媛に、難波屯倉と「郡」毎の钁丁を宅媛に授けたこともみえる。また『播磨国風土記』飾磨郡条では、仁徳天皇の頃に「意伎・出雲・伯耆・因幡・但馬五国造等」が贖罪のために国名を冠した田を耕作して収穫物を「御宅」に収納したことが、飾磨御宅の成立の契機であったとされている。以上の例によれば、ミヤケの中には所在地の現地豪族だけでなく、外部の在地首長や遠隔地の国造らも共同で参加し複合的・多元的な経営形態が採られることもあったとみられる。そうした例は、内国系の「柵造」・「判官」と在地系や北方辺境系の「柵(城)養蝦夷」とが相俟って経営・運用に関与する初期の城柵のありようとも、少なからず似ているように窺われる。

また近年は、ミヤケの経営が単に国造制の領域支配的原理によってなされているのではなく、実際には伴造—部民制的な縦割り的支配の系列と重層化しており、ミヤケの設置と名代・子代の設定とが同時に行われえたことも指摘されている。(61) さらに小林昌二氏は、越後における古代氏族の分布や部民制の痕跡について考察を行い、「越後と佐渡の古代の氏族分布について見ると、越前から越中に至る各地域や信濃との関連を示唆する場合がきわめて濃厚であり、それが全体的な基調をなしている」と述べている。(62) 氏の指摘は〔史料11〕に磐舟柵の柵戸が越と信濃より移されたと所見することとも符合し、初期の城柵が造営・運用される背後には伴造・部民制、国造制などの族制的組織が重層的に機能していた可能性も強く窺われる。とすれば、渟足・磐舟・都岐沙羅柵などの経営・運用は単に「柵造」・「判官」・「柵(城)養蝦夷」ら現地の管理者のみに委ねられていた訳ではなく、城柵の諸機能や柵戸の支配・管理といった任務遂行においては物部氏・阿倍氏ら中央伴造系氏族の下での族制的統率システムがその補完的役割を果たしていたとも考えられよう。

おそらく初期の城柵は、今泉・熊谷両氏によって概念化された律令制下の城柵のような国司を主とする蝦夷の朝貢・饗給儀礼の場としては未成熟で、「柵造」・「判官」や「柵(城)養蝦夷」らを現地管理者とするところの、対蝦夷交易のため、または北方遠隔地の蝦夷集団に対して朝貢・饗給関係を設定していくための拠点施設としての機能を担う一種のミヤケとして造営されたものであったと思われる。もちろんそれらの城柵の造営が、国・評制が全国的に整備される途上の大化年間より始まっていることもやはりきわめて重要であろう。

それでは、七世紀代の初期の城柵はいかなる姿をもっていたのであろうか。『書紀』に名がみえる日本海側の城柵には一つとして遺跡が発見されている例はないが、一方太平洋側の陸奥国では、渟足・磐舟両柵の造営とほぼ同じ頃に造営されたとみられる宮城県仙台市太白区郡山遺跡I期官衙が当該期の城柵遺跡として確認されている。こちらはなぜか『書紀』中に名がみえないが、東西三〇〇メートル、南北六〇〇メートル以上の広い官衙域を材木列塀で囲った壮大な規模をもつ城柵遺跡であり、大化改新後の陸奥国における最重要の城柵であったと推察される。なお官衙域の中ほどの位置には長辺約一二〇メートル、短辺約九二メートルの材木列塀と掘立柱建物で区画された中枢部と称される一郭があり、正殿的な建物は未検出であるが政庁であった可能性も否定できない。あるいは陸奥国で最重要の城柵であった同遺跡では蝦夷の朝貢・饗給のための儀式空間の原型が既に成立していた可能性もあり、日本海側城柵の要をなしたとみられる渟足柵の姿を考える上でも少なからず参考となろう。なお日本海側諸城柵の造営・機能においては物部氏・阿倍氏ら伴造系氏族による影響が推察されたが、郡山遺跡Ⅰ期官衙の城柵においても、『書紀』中に上毛野氏の祖による征夷関係説話がみえること、(63) 出土瓦の様相から最北端の国造であった浮田・信夫両国造を上毛野氏が政治的影響下に組み込んでいた可能性が考えられること、(64) 郡山遺跡Ⅱ期官衙(七世紀末～八世紀前葉)の使用瓦が上毛野系統の上植木廃寺系瓦であったことなどを併せ考えるに、その造営・運用の背後に上毛野氏の下での族制的統率システムが介在していた可能性が大いに想定できよう。

なお前述のように宮城県内の囲郭集落を城柵とみることはできないが、おそらくはそれらの集落の多くもまた七世紀代の東北経営を主導していた上毛野氏が媒介者的役割を果たすことによって成立したものなのではなかろうか。確かにその背景には中央政府による政策的影響があったであろうが、個々の集落が国家的政策を直接の契機として営まれたとはいささか考えがたいように思われるのである。

4 律令制下の城柵と対蝦夷政策

律令制の成立をいつの時点に置くかについては近年も様々な論があるが、最近では持統三年(六八九)に施行された飛鳥浄御原令が従来いわれてきたような大宝令とほぼ同内容の法典ではなく、それ以前に施行された単行法令を集成したものである可能性も指摘されている。(65) やはり本格的な律令制の成立は大宝二年（七〇二）施行の大宝律令の段階においてであったと考えるのが穏当であろう。

律令制的な城柵の成立については、今泉隆雄氏が郡山遺跡II期官衙の遺構をもとに具体的考察を提示している。(66) 七世紀末に成立し八世紀前葉まで機能した郡山遺跡II期官衙は多賀城の前身の陸奥国府の遺跡と考えられ、その政庁域は材木列塀で囲まれた約四二五メートル四方のII期官衙域の中央南寄りに位置する。中軸線上に正殿が、そのやや南に前殿があり、東西辺には一～六号の片側六棟の建物がほぼ左右対称に配置されている。ただし後継城柵である多賀城にみられるような政庁全体を取り囲む築地塀などの区画施設はない。今泉氏によれば、こうしたII期官衙の建物配置は構造において藤原宮の大極殿・朝堂と顕著な共通点があり、基本的に藤原宮をモデルに設計されたものと考えられるが、政庁正殿の北側に造られた方形の石組池からは前代の飛鳥宮との共通点も指摘できるという。そして二つの点を合わせみて、II期官衙は大宝令の前段階に対応したありようを示しているとも評している。ともあれ、大極殿・朝堂型の建物配置と石組池は、今泉氏も指摘するようにともに蝦夷による王権への朝貢・饗給や服属儀礼のための舞台装置として設えられたものであるとみてよく、とくに前者は政庁での蝦夷の朝貢・饗給儀礼を主催するのが天皇の代理人たる陸奥守に他ならなかったことを示すものであると解釈されるのであり、前節でみた初期の城柵とは大きくあり方を変化させていたことが窺えよう。

『令集解』職員令70大国条の古記によれば、養老令同条（〔史料1〕）に先行する大宝官員令大国条に、陸奥・出羽・越後三国の守に固有の職掌として、「撫慰（養老令では「饗給」に変更）、征討、斥候」の三つが規定されていたことが知られる。

〔史料15〕『令集解』職員令70大国条古記

（前略）古記云、問。大国撫慰、与㆓考仕令招慰㆒、若為㆑別。答、一種。（後略）

右の引用部分は『令集解』同条の「饗給」の語に付された古記で、「問ふ。大国の『撫慰』と考仕令の『招慰』とは若しくは別なるか。答ふるに一つの種なり」と読むことができ、大宝官員令大国条では「撫慰、征討、斥候」とされていたものが、後身の養老職員令70大国条では「饗給、征討、斥候」に改められたことが明らかである。なお古記が引用する「招慰」の語を用いた大宝考仕令条文は、次に掲げる養老考課令55増益条の前身条文とみられ、ほぼ養老令条文と同一の内容であったと推測される。

〔史料16〕養老考課令55増益条

凡国郡、以二戸口増益一、応レ進レ考者、若是招慰、謂、不レ従二戸貫一、而招慰得者。括出、隠首、走還者、得レ入二功限一。折生者、不レ合。若戸口入レ逆、走失、犯レ罪配二流以上一、前帳虚注、及没レ賊以致二減損一者、依二降レ考例一。没レ賊、非二入力所レ制者非。

大宝官員令大国条の「撫慰」について今泉氏は、「「撫慰」も「饗給」も蝦夷を編戸する方法として定められたのであり、従って、大宝令から養老令への変化は、蝦夷の編戸民化の方法として、漠然とした「撫慰」から具体的な「饗給」へかきかえたものであり、大宝令の「撫慰」は具体的にいえば「饗給」であるといえよう」と述べている[67]。しかしながら、氏は「撫慰」を「蝦夷を編戸する方法」であるとするが、〔史料15〕の古記が「撫慰」と同義とする〔史料16〕中の「招慰」とは、「戸貫に従さざるを、而も招き慰めて得たる者なり」（波線部）と説明されているように、「編戸する方法」というよりも未編戸者を編戸する行為そのものを指しているものと解するのが最も自然である。また律令制下における蝦夷の朝貢・饗給のシステムが必ずしも蝦夷の編戸民化に直結するものではないことも、従来の諸研究によって屢々指摘されてきた[68]。故に今泉氏の解釈はいささか強引であり、やはり大宝令の「撫慰」と養老令の「饗給」とでは意味が異なり、奥羽越三国守に独自の職掌の一つが「撫慰」から「饗給」へと書き換えられたことの背景には、ある時点における国家の対蝦夷政策の重要な方針転換が伏在していたと考えなければならない。

大宝官員令大国条の「撫慰」とはただ単に饗給によって蝦夷を手懐けるのではなく、そうした手段を通じて彼らを編戸して王民の秩序に組み入れる行為を指す語であったと推測される。そのことは以下に述べる通り、大宝令施行後十数年ほどの間の和銅～霊亀年間における律令国家の東北政策の内実からも明確に窺えるのである。

〔史料17〕『続紀』和銅三年(七一〇)四月辛丑(二十一日)条

辛丑、陸奥蝦夷等、請下賜二君姓一同中於編戸上。許レ之。

〔史料18〕同、霊亀元年(七一五)十月丁丑(二十九日)条

丁丑、陸奥蝦夷第三等邑良志別君宇蘇弥奈等言、「親族死亡、子孫数人、常恐レ被二狄徒抄略一乎。請、於二香河村一、造二建郡家一、為二編戸民一、永保二安堵一」。又蝦夷須賀君古麻比留等言、「先祖以来、貢二献昆布一。常採二此地一、年時不レ闕。今国府郭下、相去道遠、往還累レ旬、甚多二辛苦一。請、於二閇村一、便建二郡家一、同二於百姓一、共率二親族一、永不レ闕レ貢」。並許レ之。

〔史料17〕によれば、和銅三年四月に陸奥国側の蝦夷族長らが「請下賜二君姓一同中於編戸上」い、許された。「編戸」とは籍帳に登載され課役等の負担を負う公民を指す語で、君カバネを伴う新姓を賜った蝦夷族長らを公民に準じて扱うよう定めたものと解される。

また〔史料18〕によれば、霊亀元年十月に邑良志別君・須賀君の姓をもつ二名の蝦夷族長の請願により、彼らの本拠地の近傍に「郡家」が建てられた。宇蘇弥奈・古麻比留の両名とも和銅三年に君姓を付与され「編戸」に準じた扱いを受けるに至ったものと思われるが、いずれも各々の本拠地の近辺に「郡家」を建てることで「編戸民」ないし「百姓」と同等の待遇を受けることを改めて請願し、中央政府より認められているのである。

右の二史料の内容より、当時にあっては正に大宝官員令大国条の規定の通り、蝦夷が直接的な「撫慰」＝「招慰」の対象として位置づけられていたことが明らかであろう。しかしながら、そうした蝦夷に対する「編戸民」化政策は

その後挫折させられ、律令国家はやがて新たな対蝦夷政策への変更を余儀なくされることとなる。

蝦夷族長層への君姓賜与を皮切りに推進された蝦夷の「編戸民」化政策は、実際にはその編戸民化に不可欠な蝦夷系住人の生活保障のための具体的施策を欠いており、それにも拘わらず蝦夷らに対して一般公民並みの重い負担を強いるものであった。〔史料18〕によれば、三陸地方中部岩手県宮古市・山田町付近の海民蝦夷の族長とみられる須賀君古麻比留はこの時、「国府郭下」（郡山遺跡Ⅱ期官衙）まで往復二〇日（「累レ旬」）もかかる長い陸路の道程[69]を、昆布の荷を担って徒歩で行き来していたことが窺われる。それ故に彼は昆布貢献に甚だしい辛苦が伴うことを訴え、結果として自らの本拠地に近い「閇村」に「郡家」を設置されることで重い負担を軽減されたのである[70]。古麻比留の場合は特殊事情が考慮されたために労苦を軽減されたけれども、おそらく数多くの蝦夷系住人が陸路人担による調の貢進などの重い負担を強制され、その後も依然として苦役を免れていなかったものと推察されるのである。

若干前後するが、宇蘇弥奈・古麻比留への処置より約半年前の同年五月には、相模・上総・常陸・上野・武蔵・下野の六国より陸奥国へ一〇〇〇戸もの移民が送り込まれた。

〔史料19〕『続記』霊亀元年五月庚戌（三十日）条

庚戌、移二相模・上総・常陸・上野・武蔵・下野六国富民千戸一、配二陸奥一焉。

富民一〇〇〇戸とはおそらく人口規模にして二万五〇〇〇～三万人程度に相当するものと思われる[71]が、それほど多くの移民が大崎平野や石巻海岸平野の城柵の周辺地域に移住してきたと推測される。それらの地に長く暮らしてきた蝦夷系住人は、生活保障も不十分なまま性急な公民化を迫られ収奪を強化されつつあり、そのうえ大規模な移民や相次ぐ城柵・官衙の造営によって自らの故郷が想像を絶するほどの激変に晒されることにもなったのである。しばらく後に彼らの中から国家の施策に反発・抵抗する動きが生じたことは、ある意味では当然のことであったといえよう。

〔史料20〕『続紀』養老四年（七二〇）九月丁丑（二十八日）条

丁丑、陸奥国奏言、「蝦夷反乱、殺二按察使正五位上上毛野朝臣広人一」。

簡潔な記事であるが、この時奥羽政界の頂点に立つ按察使の暗殺という国家にとりきわめて深刻な事態が発生したことが、明確に伝えられている。また研究者の多くは、この反乱が大崎平野やその周辺に住む蝦夷らによって引き起こされたものと推測している。(72)

この反乱は征討軍の軍事行動などによって程なく収束するが、国家側はこの事件を契機に蝦夷社会に対する諸政策を根本的に変更する必要を認めるに至り、その結果いくつかの政策を実施した。第一に、陸奥国内の公民からの調・庸の徴収を止め、「税布」と称される蝦夷への禄の給付に充当される特殊な麻布だけを生産・貢進させる制度に変更した。(73)これが国家に反発・抵抗した蝦夷への懐柔の手段に用いられたであろうことは、想像に難くない。第二に、蝦夷族長・蝦夷系住人を性急に公民化しようとした従来の政策を根本的に改め、彼らを公民とは基本的に異なる「蝦夷」・「俘囚」の二身分によって編成し直し、その負担軽減を図った。そして第三に、そうした新たな政策的基調の下に陸奥国政を一新すべく、新たな陸奥国府＝多賀城の造営に着手した。なお多賀城跡の政庁南門と外郭南門を結ぶ城内道路の側溝より出土した木簡の内容によれば、既に養老四年の蝦夷反乱の直後頃より多賀城の造営事業が開始されていたことが窺い知られる。(74)

ところが、多賀城造営が完了しようとしていた神亀元年(七二四)三月、今度は陸奥国の海道蝦夷が反乱を起こし、陸奥大掾の佐伯児屋麻呂を殺害するという事件が勃発した(前掲〔史料5〕)。国家が進めつつあった懐柔・譲歩路線による対蝦夷政策の成果が未だ十分に奏功していない状況下での反乱再発であった。殺害された大掾の児屋麻呂は前述のように海道蝦夷が朝貢・饗給儀礼を行う牡鹿柵(赤井遺跡)に派遣されていたらしく、あるいは牡鹿柵の周辺で海道蝦夷と国家側社会の人々との間の交易上のトラブルが発生しており、それが事件の導火線となった可能性もあるのかもしれない。

二度目の蝦夷反乱が鎮定された同年後半頃に、新陸奥国府の多賀城の造営が完了した。その政庁(第Ⅰ期)もその頃完成をみたと思われるが、区画施設を欠いていた郡山遺跡Ⅱ期官衙のそれとは違って当初より築地塀の区画施設をもっており、また郡山遺跡の石組池にみられるような前代的要素も確認できない。正に多賀城こそは律令制下東北城柵の完成形であると称してよいであろう。さらに既に知られているように、多賀城造営期には大崎平野においても併行して新たな城柵の造営や既存の城柵の修理・改作がなされており、〔史料8〕の「玉造等五柵」の中にも、この時期に蝦夷の朝貢・饗給儀礼の場として造営・整備された国府型政庁をもつ城柵がいくつか存在する可能性があるように推測される。

また、多賀城造営期より本格的に施行されたとみられるのが、先述の「蝦夷」・「俘囚」の二区分による蝦夷系住人の身分編成である。「蝦夷」とは本拠地名＋君カバネを与えられた蝦夷族長層に対する身分呼称で、彼らは配下の蝦夷系住人(「俘囚」)を率いて様々な職務を果たすことにより禄の支給に与るとともに、交易等での利権をも保持したと考えられる。他方の「俘囚」とは「蝦夷」身分の族長層以外の広範な蝦夷系住人に対する身分呼称で、彼らは個別的な貢納・奉仕を行ったとみられるが、公民よりはやや負担が軽減され、かつ族長たる「蝦夷」の下で一定の自治的権能を国家・国府から容認されていたと推察される。この「蝦夷」・「俘囚」両身分制の施行により、大宝官員令大国条が記す「撫慰」の語のうちに含意されていた蝦夷系住人に対する「編戸民」化政策は一旦揚棄されたのである。

律令国家は、八世紀前期の蝦夷反乱を経験したことにより、城柵下の奥郡地域や郡制施行外の北辺地域に住む蝦夷らに対して、彼らによる自治を一定程度容認した上で比較的穏健な平和的交流を基調とする政策を行おうとしたと考えられる。もちろんその際にも反乱発生に備えて武力征討が可能な体制は整えられてはいたが、しかしそれは必ずしも国家が蝦夷に対して常に強権的・抑圧的な姿勢で臨んでいたことを意味するものではなかった。とりわけ、神亀元年の海道蝦夷の反乱の後、同じく海道蝦夷による宝亀五年(七七四)の桃生城襲撃事件が勃発するまでの実に約五〇年もの間、国家と蝦夷社会との間で戦争が起こった形跡が一切みえないことに、私たちは改めて十分な注意を払う必要があるように思われるのである。

むすびにかえて

本稿では古代東北の城柵をめぐるいくつかの問題について考察を行ったが、初期の城柵から律令制下の城柵の完成形である多賀城の造営までしか扱うことができなかった。論及できなかった問題は数多いが、最後に八世紀後期以降の城柵の展開についての見通しを簡潔に述べてむすびにかえたい。

多賀城造営期に完成の域に達した律令制下の城柵は、八世紀後期に至ると様々な面で変質を遂げる。中でも重要な事象は、城柵の運営主体の側にそれまでは支配の客体であった蝦夷族長層・有力者層が参入してくることである。神護景雲元年(七六七)に造営された伊治城の近在を本拠とする蝦夷族長の伊治公呰麻呂は宝亀十年(七七九)頃に此(伊)治郡大領に抜擢されたが、その段階において伊治城内に彼が常駐する曹司が設けられた可能性が高いように思われる。

また同じ頃には、宮城県域の諸城柵の周囲に広範囲にわたって土塁が繞らされるようになるが、熊谷氏のようにそれらを国家と蝦夷との間の軍事的緊張に引き付けて考える論調に対しては少なからず疑問が抱かれる。私見では、土塁の内側には柵戸ら移民系住人だけではなく相当多数の蝦夷系住人も住んでいたように推察され(実際に竪穴住居をみるとカマドの煙道が短い関東型と長い在地型とが混在している)、土塁という区画施設には、移民系・蝦夷系を問わない城柵膝下の住人たちによる自分たちの居住域の可視化といった意図が顕れているようにも窺われるのである。

奈良時代末期から九世紀初頭にかけての三〇年近くに及ぶ征夷の時代が終焉すると、北上盆地や横手盆地に新たに築かれた胆沢城・志波城・徳丹城・払田柵(第二次雄勝城)やその周辺地域において、また新たな様相が現れる。蝦夷族長・蝦夷系有力者に対する城柵での饗給・優遇措置は極限まで拡大され、また各城柵の支配機構の中に蝦夷族長・有力者らの政治的・経済的・社会的実力が一層積極的に導入されるようになるのである。そうした八世紀後期以降、城柵が廃絶する十世紀中頃までの東北城柵をめぐる諸問題については、稿を改めて論じてみたい。

註

（1）永原慶二監修『岩波日本史辞典』（岩波書店、一九九九年）、五八五頁第一一一六項目「城柵じょうさく」。
（2）今泉隆雄「古代東北城柵の城司制」（同氏著『古代国家の東北辺境支配』吉川弘文館、二〇一五年、初出は一九九〇年）、同「律令と東北の城柵」（同右、初出は一九九一年）、同「東北の城柵はなぜ設けられたか」（同右、初出は一九九三年）。
（3）熊谷公男『蝦夷の地と古代国家』（山川出版社、二〇〇四年）、同『古代の蝦夷と城柵』（吉川弘文館、二〇〇四年）、同「城柵と城司―最近の「玉造等五柵」に関する研究を手がかりとして―」（『東北学院大学東北文化研究所紀要』三九、二〇〇七年）、同「城柵論の復権」（『宮城考古学』一一、二〇〇九年）。
（4）熊谷「城柵と城司」、同「城柵論の復権」（いずれも前掲註（3））。
（5）熊谷「城柵と城司」。
（6）今泉隆雄「古代東北城柵の城司制」、同「律令と東北の城柵」（いずれも前掲註（2））。
（7）今泉「古代東北城柵の城司制」。
（8）熊谷「城柵と城司」。
（9）奈良国立文化財研究所飛鳥資料館編『日本古代の墓誌』（同朋舎、一九七九年）、『寧楽遺文　下巻』（東京堂出版、一九六二年）。
（10）熊谷「城柵と城司」。
（11）熊谷氏は、〔史料4〕の「越後城司」・「越城」はともに墓誌銘の作者が越後守・越後国府を意味する修辞表現として独自に創作したものと理解しているようであるが、百歩譲ってそのように仮定したとしても、「越城」は越後国府の単なる漢文的修辞であるとは思えず、やはり国府所在城柵＝渟足柵のイメージを念頭に置いたものと考えねばなるまい。とすれば、同じく「越後城司」もまた越後守の単なる修辞ではありえず、渟足柵の主としての越後守のイメージにもとづく造語である可能性が高いとみるべきで、結局のところ「城司」の語が墓誌作者に採用されたのは、越後守が国府所在城柵＝渟足柵の主であることを彼が明確に認識していたことの証左でもあると推測される。とすれば、国府所在城柵のことを国名を冠して「―《国名》城（柵）」と称し、その主である奥羽越三国の守のことを「―《国名》城司」と称する用法は、やはり当時普及していた一般的な呼称法であった可能性が高く、熊谷氏のように墓誌銘作者による独自の造語であるとみるのは多分に不自然なのではなかろうか。

(12) 今泉「東北の城柵はなぜ設けられたか」（前掲註（2））、一九三頁。

(13) 佐藤敏幸「多賀城創建にいたる黒川以北十郡の様相―海道地方―」（『第二九回古代城柵官衙遺跡検討会資料』同検討会事務局、二〇〇三年）。

(14) 熊谷「城柵と城司」。

(15) 同右。

(16) 『秋田城跡調査事務所研究紀要II　秋田城跡出土文字資料集II』（秋田城を語る友の会、一九九二年）。

(17) 『類聚三代格』巻五加減諸国官員并廃置事所収。

(18) 『日本三代実録』元慶三年六月二十六日乙酉条。

(19) 「御舘」は施設としての「舘」ではなく介に対する単なる尊称表現である可能性もあるが、その場合でも同様に介が必要に応じて派遣されて駐在したとの想定は十分に成り立ちうるものと考える。

(20) ただし天長七年大地震や元慶の乱のような特殊な状況下において、「鎮秋田城国司」（『類聚国史』天長七年正月癸卯〔二十八日〕条）、「秋田城城司」・「雄勝城城司」（『三代実録』元慶三年六月二十六日乙酉条）のように派遣された国司が一時的に「城司」として常駐化することはあったとみられる。

(21) 今泉氏は、「この時は征東大使が派遣されたのでその官人が玉造・牡鹿《ママ》柵を鎮守したが、通常は国司らが駐在したのであり、「自余諸柵、依ㇾ旧鎮守」とはその国司鎮守体制を指すのであろう。牡鹿柵に派遣された陸奥大掾は別の国司と交替したのであろう」と述べ、牡鹿柵には通常大掾以外の国司が常駐していたとみている（今泉「古代東北の城司制」

前掲註(2)、二〇四頁)。だが後述のように城柵専当国司は通常軍事指揮権を行使していなかったと考えられるので、この時大掾の大麻呂が牡鹿柵の守衛を任されたことを根拠に通常は別の国司が同柵に常駐していたとの論理を導くことにはいささか無理があるように思われる。

(22) 熊谷氏は、「玉造等五柵」を大崎・牡鹿地方に所在する城柵の全てとみる説を批判したうえで、同地方には七つかそれ以上の城柵があったと主張している(熊谷「城柵と城司」)。しかしながら〔史料8〕の当該部分の文章は、坂東六国の騎兵が配置された諸城柵の鎮守体制を説明しているものと解釈され、すると「自余諸柵」は「玉造等五柵」の中に包括されていると考えざるをえない。「玉造等五柵」をこの地方に所在する全城柵と考えるかどうかの問題は措くとしても、「自余諸柵」が多くの城柵を包含するとみる熊谷氏の解釈には従いがたい。

(23) 柳澤和明「陸奥国の諸城柵とその比定」(『宮城考古学』一一、二〇〇九年)。柳澤氏によれば、城生遺跡は当初色麻柵として賀美郡家が併置されていたが、後に賀美郡より色麻郡が分置された段階で同柵内に色麻郡家が併置された(賀美郡家は加美町鳥嶋の東山遺跡に遷置)と解されている。

(24) 今泉「古代東北の城司制」。

(25) 熊谷「城柵と城司」。

(26) 『類聚三代格』巻十八軍毅兵士鎮兵事所収大同五年五月十一日太政官符所引天平五年十一月十四日勅符。

(27) 今泉「古代東北の城司制」。

(28) 徳田奈保子「陸奥国の鎮守制についての一考察—城司制論をめぐって—」(『続日本紀研究』三二二、一九九九年)、熊谷「城柵と城司」。

(29) 今泉隆雄「蝦夷の朝貢と饗給」(『古代国家の東北辺境支配』初出は一九八六年)、一一二頁。

(30) 藤原朝猟は天平宝字元年(七五七)七月に陸奥守に任じられているが(『続紀』同年同月甲寅(八日)条)、その時点で陸奥按察使と陸奥守・鎮守将軍を兼任していたとみられる。なお大同三年(八〇八)以前の按察使が一般に陸奥守によって兼任されていたことは鈴木拓也「古代陸奥国の官制」(同氏著『古代東北の支配構造』吉川弘文館、一九九八年、初出は一九九四年)を参照。

(31) 『続紀』天平宝字四年(七六〇)正月丙寅(四日)条。

(32) この雄勝「建郡」記事については、二五年余り後の『続紀』天平宝字三年九月己丑(二十六日)条に出羽国雄勝・平鹿二郡の建郡記事があるために、これまで単なる建郡計画の策定だけで終わったとする見解もみられたが、近年の発掘調査成果によれば秋田県横手市雄物川町の末舘窯跡(須恵器窯跡)がちょうどその頃操業開始され、また同時期にその周辺で豊富な遺物をともなう大規模な集落や墳墓群が盛期を迎えるなどの大きな変化が見て取れるので、現地の蝦夷族長が「郡領」に任じられ、権郡・蝦夷郡としての雄勝「建郡」が行われた可能性も少なからずあるように窺われる。

(33) 『続紀』天平九年(七三七)四月戊午(十四日)条。

(34) ただし熊谷氏が指摘するように、大小毅の中には軍団兵士を率いて常時城柵の守衛に当たっていた者も少なからずいたと推察され、〔史料9〕の勅符中の「大小毅各二人」という部分はそれまでの慣例を明文化したものであった可能性も否定できない。

(35) 熊谷「城柵と城司」、二七頁。

(36) 村田晃一「飛鳥・奈良時代の陸奥北辺—移民の時代—」(『宮城考古学』二、二〇〇〇年)、同「七世紀集落研究の視点(一)—宮城県山王遺跡・市川橋遺跡を中心として—」(『宮城考古学』四、二〇〇二年)。

(37) 熊谷公男『古代の蝦夷と城柵』、同「城柵論の復権」(いずれも前掲註(3))。

(38) 熊谷「城柵論の復権」、六一頁。

(39) 辻秀人「蝦夷と呼ばれた社会」(鈴木靖民編『古代蝦夷の世界と交流(古代王権と交流1)』名著出版、一九九六年)。

(40) 八木光則『古代蝦夷社会の成立(ものが語る歴史21)』(同成社、二〇一〇年)。

(41) 樋口『阿弖流為—夷俘と号すること莫かるべし—』(ミネルヴァ書房、二〇一三年)。

(42) 村田「飛鳥・奈良時代の陸奥北辺」(前掲註(36))。また佐藤敏幸氏は、牡鹿柵造営前の七世紀中葉~後半の同地の囲郭集落において北方蝦夷集団との交易が行われていた可能性を指摘する(佐藤「律令国家形成期の陸奥国牡鹿地方(1)—古代牡鹿地方の土器様式—」『宮城考古学』五、二〇〇三年)。

(43) 今泉隆雄「八世紀前半以前の陸奥国と坂東」(『古代国家の東北辺境支配』初出は一九八九年)以来の通説的見解といってよい。

(44) 柳澤「陸奥国の諸城柵とその比定」(前掲註(23))。

(45)『続紀』宝亀十一年二月丙午(十一日)条・同年三月丁亥(二十二日)条。
(46)同右、宝亀十一年八月乙卯(二十三日)条。
(47)『日本後紀』延暦二十三年(八〇四)正月乙未(十九日)条。
(48)鈴木拓也「古代東北の城柵と移民政策」(同氏著『古代東北の支配構造』吉川弘文館、一九九八年)。
(49)熊谷公男『蝦夷の地と古代国家』(前掲註(3))。
(50)小林昌二『高志の城柵―謎の古代遺跡を探る―』(高志書院、二〇〇五年)。
(51)『書紀』斉明四年四月条。
(52)いうまでもなくここにみえる「郡」・「大領」・「少領」といった語は大宝令の郡制度にもとづく潤色であり、原史料では「評」・「評督」・「助督」といった評系統の語が用いられていたと考えられる。
(53)養老選叙令13郡司条に、大領を外従八位上、少領を外従八位下に叙する規定がある。同条の規定では、天武朝以降に畿内優位政策が推進された結果、外位制を適用されて外官である郡領層の政治的地位がかなり低下しているが、その点を考慮すれば、この記事の「大少領」への叙位記載と比べてもほとんど違和感はない。
(54)『書紀』斉明六年(六六〇)三月条には、三度目の比羅夫の北方遠征の際に粛慎の軍勢との戦闘で能登地方の在地豪族とみられる能登臣馬身龍なる人物が戦死したことがみえる。北陸沿岸部の豪族の中にそれ以前より個別に北方蝦夷集団と接触していた者がいたことを示唆するものであろう。
(55)工藤雅樹『城柵と蝦夷(考古学ライブラリー51)』(ニュー・サイエンス社、一九八九年)。
(56)『書紀』持統三年正月壬戌(九日)条・七月壬子朔(一日)条。樋口知志「律令制下東北辺境地域における仏教の一様相―城柵下の仏教施設をめぐって―」(『国史談話会雑誌』三〇、一九八九年)、同「仏教の発展と寺院」(須藤隆・今泉隆雄編『新版・古代の日本9　東北・北海道編』〈角川書店、一九九二年〉)を参照。
(57)熊谷公男氏は、『書紀』斉明五年三月是月条の「虜」について、蝦夷集団相互の抗争によって発生した隷属的身分と考えている(熊谷「阿倍比羅夫北征記事に関する基礎的考察」〈高橋富雄編『東北古代史の研究』吉川弘文館、一九八六年〉)。だが氏の見解では、隷属的身分の「虜」が比羅夫の主催する饗宴に招かれた理由の説明がつかず、支持できない。おそらく彼らは、齶(飽)田・渟代・津軽の地を離れて都岐沙羅・渟代両柵の城下に居住していたために「虜」と呼ばれたのであろう。

(58)『続紀』宝亀十一年(七八〇)八月乙卯(二十三日)条。なお「狄志良須俘囚宇奈古」の素性に関する論証は、樋口知志「渡島のエミシ」(鈴木靖民編『古代蝦夷の世界と交流』前掲註(39))、同「古代北方辺境における人的交流」(『人間・文化・社会』〔岩手大学人文社会科学部地域基礎研究講座、一九九七年〕)を参照。

(59) 熊谷公男「近夷郡と城柵支配」(『東北学院大学論集　歴史学・地理学』二一、一九九〇年)、今泉隆雄「律令国家とエミシ」(『古代国家の東北辺境支配』初出は一九九二年)、熊谷公男「古代城柵の基本的性格をめぐって」(『国史談話会雑誌』三八、一九九七年)。

(60) 舘野和己「ヤマト王権の列島支配」(歴史学研究会・日本史研究会編『日本史講座第1巻　東アジアにおける国家の形成』東京大学出版会、二〇〇四年)。

(61) 仁藤敦史「古代王権と「後期ミヤケ」」(『国立歴史民俗博物館研究報告』一五二、二〇〇九年)。

(62) 小林『高志の城柵』(前掲註(50))、七〇頁。

(63)『書紀』仁徳五十五年条、舒明九年(六三七)是歳条。

(64) 樋口知志「律令国家形成期における陸奥国と関東との地域間交流―寺院・官衙の瓦に関する考古学の研究成果を手がかりに―」(国士舘大学考古学会編『古代社会と地域間交流Ⅱ―寺院・官衙・瓦からみた関東と東北―』六一書房、二〇一二年)。

(65) 吉川真司『飛鳥の都(シリーズ日本古代史3)』(岩波書店、二〇一一年)。

(66) 今泉隆雄「古代国家と郡山遺跡」(『古代国家の東北辺境支配』初出は二〇〇五年)、同「多賀城の創建―郡山遺跡から多賀城へ―」(同上、初出は二〇〇一年)。

(67) 今泉「蝦夷の朝貢と饗給」(前掲註(29))、一〇二頁。

(68) 今泉隆雄「律令国家とエミシ」(前掲註(59))、武廣亮平「八世紀の「蝦夷」認識とその変遷」(『国立歴史民俗博物館研究報告』八四、二〇〇〇年)。なお今泉氏は前者の論考の中で、招慰は奥羽越三国の守の職掌の撫慰=饗給と同じもので、撫慰=饗給は最終的には蝦夷の課口化を意図していたと論じているが、他方では蝦夷の編戸民化=調庸民化が実際にはいかに困難で長期間を要するものであったかについて多面にわたり解説している。

(69) 往復二〇日とは往路一三～一四日、復路六～七日ほどの道程を指し、『延喜式』主計上に規定された平安京と諸国府との調庸貢進の往復日数によれば、平安京～遠江国府(往路一五日、復路八日)、飛驒国府(往路一四日、復路七日)、伯耆国府(往路一三日、復路七日)、安芸国府(往路一四日、復路七日)の道程に匹敵する。

(70) この宇蘇弥奈・古麻比留の一件についてのより具体的な論述については、樋口『阿弖流為』(前掲註(41))、一七～二〇頁を参照のこと。

(71) 正倉院文書中の戸籍・計帳より窺える平均的な戸の規模はだいたい二〇人前後で、この場合は「富民」でありやや多めの戸口数が想定されるので、一〇〇〇戸で二万五〇〇〇～三万人程度と推定した。

(72) 熊谷公男「養老四年の蝦夷の反乱と多賀城の創建」(『国立歴史民俗博物館研究報告』八四、二〇〇〇年)、高橋誠明「多賀城創建にいたる黒川以北十郡の様相—山道地方—」(『第二九回古代城柵官衙遺跡検討会資料』前掲註(13))。

(73) 『続紀』養老六年(七二二)閏四月乙丑(二十五日)条。また同条中の税制改革の内容については、鈴木拓也「陸奥・出羽の調庸と蝦夷の饗給」(同氏著『古代東北の支配構造』前掲註(48)、初出は一九九六年)を参照。

(74) 平川南「多賀城の創建年代」(同氏著『古代地方木簡の研究』吉川弘文館、二〇〇三年、初出は一九九三年)。

古代越後国の国府と城柵

徳竹 亜紀子

はじめに

古代越後国は、天武十二〜十四年頃(六八三〜六八五)の国境画定事業の一環として、越国から分立して誕生した。(1)国内には七世紀半ばに設けられた渟足柵・磐舟柵などの城柵を有し、(2)律令国家成立期には日本海側における最北端の国として対エミシ政策を担っていた。しかし和銅五年(七一二)に出羽国が独立すると、その役割は出羽国に移行し、それとともに越後国の性格も変わっていったと考えられる。

現在の古代史研究における越後像は小林昌二氏と相沢央氏によって構築されたといっても過言ではないほど、両氏は多くの重要な研究を発表してきた。相沢氏は、エミシ政策に対する令制国の関わり方には①職員令大国条に規定される饗給・征討・斥候など、直接的にエミシ集団と関わり、日常的にエミシ問題を扱う、②柵戸の移配や征討軍派遣の際の人的・物的負担など、後方支援的な役割で臨時的にエミシ問題に関わるという二つがあり、越後国は①の性格を有しつつ②へと次第に重点を移していったと出羽国成立後の越後国の役割の変化を論じている。(3)だがその一方、新潟県八幡林遺跡から「沼垂城」の文言が書かれた木簡が出土したことなどを根拠に、出羽国が独立した後も越後国では城柵が維持され続けたとする小林昌二氏の理解を支持しており、越後国の変化の内実について説明が必要であるように感じられる。出羽国の成立により、国内に未建郡地域が存在しなくなっている越後国に城柵が維持されたとするならば、その目的や存続期間について見通しを提示しておく必要があろう。

本稿では、律令制下の越後国における城柵の存続の是非と、それに関わって国府の移転に関する問題を考察し、出羽国が独立した後の越後国の変化の過程を跡付けてみたい。

なお、以下の本稿では、城柵名は可能な限り国史の表記にしたがい、郡名については延喜民部省式所載の国郡名表記にしたがうこととする。そのため、渟足柵と沼垂郡、磐舟柵と石船郡のように表記に用いる文字が異なる場合が生じるがご了承いただきたい。

1 越後国域の形成過程

越後国の領域は、現在の新潟県域から佐渡地方を除いた上・中・下越地方におおよそ一致する。これは越後国の発足当初からの領域ではなく、数段階の変遷を経て形成されていったものである。その過程については先行研究によって既に明らかにされているが、本論に入る前に、越後国の成立の経緯とともに確認しておきたい。

周知のように、本州日本海側の北陸道以北は越国という一国からはじまった。実質的な支配は阿賀野川以南にとどまっていたとはいえ、福井県以北の日本海側全域を領域とする広大な国である。

阿賀野川以北への進出は、改新政府による大化元年(六四五)八月の東国国司発遣及び九月の諸国に対する人口調査等を経て[4]、大化三年(六四七)に渟足柵、翌四年(六四八)に磐舟柵が設けられた頃から本格化する[5]。渟足柵は新潟市山の下松島・王瀬周辺、磐舟柵は村上市岩船周辺と推定されているが、現在までのところ遺跡の発見には至っていない。全国的な立評に向けた動きのなか、評制施行の前提となる国造制が行われなかった地域に対する支配拡大の足がかり

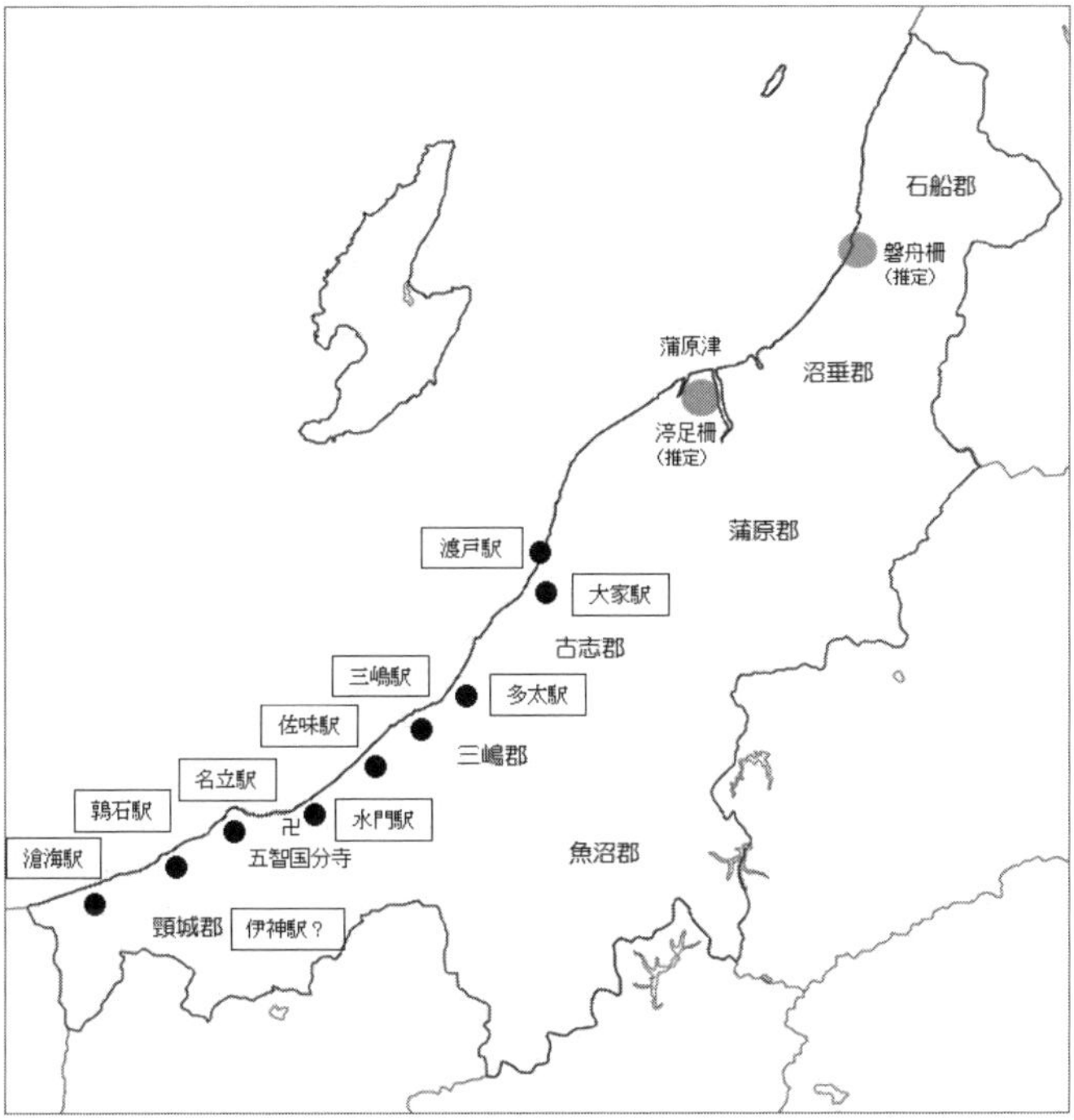

越後国要図

として、両城柵の建設は位置づけられる。今泉隆雄氏は日本海側の越国と太平洋側の道奥国で同じ方針に基づく政策が行われ、支配領域拡大とエミシの帰服の拠点としてほぼ同じ時期に越国では渟足柵・磐舟柵が、道奥国では郡山遺跡I期官衙の城柵が設置されたと論じている。[6]

『先代旧事本紀』巻十 国造本紀によれば、後の越後国に相当する地域の国造には、高志（古志）、久比岐（頸城）、高志深江の三国造を確認できる。高志国造については、若狭国造と三国国造の間に挙げられるため、これを越前国内の一地域の国造に比定する考えもあるが、[7] 国造本紀の配列は必ずしも地理的序列を貫徹させているとはいえず、高志国造の掲載位置は確かに不審であるものの越国内での掲載順の前後に留まっていることから、高志国造が後の古志郡に勢力をもつ国造であった可能性は依然として残ると考えておく。また、「越後国沼足郡深江」と書かれた木簡が平城京から発見されたことを受け、[8] 高志深江国造を後の沼垂郡の国造とする考えも出されているが、[9] 本稿ではこの立場は取らない。律令国家が最初期に設けた城柵の基本的な性格が、評制が施行されなかった地域への支配領域拡大の拠点であることは疑いなく、国造が存在した地域に城柵を設置したとは考えがたい。高志深江国造の本拠地は蒲原郡以南に求められるべきである。沼垂郡の「深江」地名は、柵戸移民による地名の転移の可能性もあり得るであろう。なお、国造本紀では蒲原郡に相当する地域の国造名を確認できないが、城柵設置と評制施行との間には強い関係があると考えられることから、蒲原郡は国造による支配が行われていた地域であった可能性が高い。

以上により、本稿では、越国では後の沼垂郡に渟足柵、後の石船郡に磐舟柵という二つの城柵を築き、以南には評制を施行した。その後、天武朝の国境画定政策の一環として、天武十二～十四年(六八三～六八五)の間に越国から越前・越中・越後国が分立し[10]、越後国が誕生したと考える。

大宝律令施行の翌年となる大宝二年(七〇二)、越中国から越後国への四郡移管が決定した[11]。『延喜式』民部省4北陸道条[12]によると、越後国には頸城・古志・三嶋・魚沼・蒲原・沼垂・石船の七郡があった。このうち三嶋郡は九世紀に古志郡から分離したことが明らかにされているので[13]、八世紀には六郡での構成であった。越中国から移管された四郡は頸城・古志・魚沼・蒲原郡と推定され、四郡移管以前の越後国は沼垂・石船の二郡のみだったことになる。

さて、越中国からの四郡移管にはどのような意味があったのだろうか。初期の越後国を構成した沼垂・石船郡は、七世紀後半に城柵による支配が行われ、その後に建郡(評)された地域である。『日本書紀』大化三年(六四七)是歳条に「造二渟足柵一。置二柵戸一。」、同四年(六四八)是歳条に「治二磐舟柵一以備二蝦夷一。遂選下越与二信濃一之民上。始置二柵戸一。」とあり、渟足柵・磐舟柵の設置と同時に柵戸を移民したことが知られる。律令国家の支配領域拡大政策は、評・郡が設定されていない地域に城柵を建設し、その周辺に柵戸移民を集住させて、安定的な支配が可能になると建郡(評)によって自立的な地域運営に移行させるというステップを繰り返すことによって実行されていった。渟足柵では斉明四年(六五八)に「渟足柵造[14]」が存在していたことから、少なくともこの時期まで建評されずに柵の直接的支配が行われていたことが指摘されている[15]。

城柵による支配が行われた地域に建てられる新郡の主体となるのは柵戸移民たちで、その地域の元来の住人であった人々はエミシとして把握される。服属したエミシは、将来的には公民化が目指される建前だが、実際には数世代にわたってエミシ身分のまま据え置かれた。その間、エミシは課税徴収対象にならないばかりか、逆に朝貢して夷禄を支給される。その財源は公民からの徴税や出挙によって賄わなければならないが、通常の国衙運営費用もかかるのだから、国の負担は非常に大きい。さらに、柵戸移民たちも移住から数年間は給復対象となるため、徴税されない時期がある。したがって、沼垂・石船二郡のみでは越後国の運営が立ちゆかないことは容易に想像でき、大宝律令施行後すぐに越中国からの四郡移管を決定したのは、国の経営に不可欠な公民の不足を補うという目的から理解できるだろう。

和銅元年(七〇八)九月、越後国からの申請に基づき出羽郡が新設された[16]。現在の山形県庄内地方を中心とした地域で、越後国にとっては最も北に設けられた郡である。この地には出羽柵が設けられたことが知られており[17]、沼垂・石船郡と同じく一郡に対して一城柵を設置する体制であった[18]。出羽郡建郡の半年後、和銅二年(七〇九)三月には巨勢麻呂を陸奥鎮東将軍、佐伯石湯を征越後蝦夷将軍に任じ、遠江・駿河・甲斐・信濃・上野・越前・越中等の国から兵を差発して大規模な征夷が行われた[19]。この征夷の三年後、和銅五年(七一二)九月に出羽国が建国され、ここに至ってようやく後世まで続く越後国の国域が確定する[20]。設立当初の出羽国は出羽郡一郡での構成だったが、すぐに陸奥国から最上・置賜二郡が移管された[21]。これは、越後国に越中国から四郡を移管したことと同じく、国の経営に必要な公民の確保を目的とした措置と推測される。

2　出羽国の成立と越後国

出羽国が独立した後の越後国について、先行研究では次に挙げる二つの史料が重視されている。

〔史料1〕威奈大村墓誌銘

小納言正五位下威奈卿墓誌銘并序

卿。諱大村。檜前五百野宮御宇　天皇之四世。後岡本聖朝紫冠威奈鏡公之第三子也。卿。温良在レ性。恭倹為レ懐。簡而廉隅。柔而成立。後清原聖朝。初授二務広肆一。藤原聖朝。小納言闕。於レ是。高門貴冑。各望レ備レ員。天皇特擢レ卿。除二小納言一授二勤広肆一。居無レ幾進二位直広肆一。以二太宝元年一律令初定。更授二従五位下一仍兼二侍従一。卿。対二揚宸扆一。参二賛糸綸之密一。朝二夕帷幄一。深陳二献替之規一。四年正月。進二爵従五位上一。慶雲二年。命兼二太政官左小弁一。越後北彊。衝接二蝦虜一。柔懐鎮撫。允属二其人一。同歳十一月十六日。命レ卿除二越後城司一。四年二月。進二爵正五位下一。卿。臨レ之以二徳澤一。扇レ之以二仁風一。化洽刑清。令行禁止。所レ冀。享二茲景祜一。錫以二長齢一。豈謂。一朝遽成二千古一。以下慶雲四年歳在二丁未一四月廿四日上。寝レ疾終二於越城一。時年卌六。粤以二其年冬十一月乙未朔廿一日乙卯一。帰二葬於大倭国葛木下郡山君里狛井山崗一。天潢疏レ派。若木分レ枝。標レ英啓レ哲。載レ徳形レ儀。惟卿降誕。餘慶在レ斯。吐納参賛。啓沃陳規。位由レ道進。栄以レ礼随。製二錦蕃維一。令望攸レ属。鳴レ絃露レ冕。安レ民静レ俗。憬服来蘇。遥荒仚レ足。輔仁無レ験。連城析レ玉。空対二泉門一。長悲二風燭一。

〔史料2〕八幡林遺跡出土二号木簡(22)　(90)×26×2

・廿八日解所請養老

・□祝　沼垂城

〔史料1〕は威奈大村骨蔵器に刻まれた墓誌銘である。[23] 球形の骨蔵器の蓋表に一行一〇字詰×三九行の文字が放射状に刻まれ、冒頭の「小納言正五位下威奈卿墓誌銘并序」という題名は、中国の典型的な墓誌の様式である「某墓誌銘并序」に則っており、日本古代の墓誌としては最も本式と評されている。威奈大村は、『続日本紀』に猪名真人大村と見える人物と同一で、『続日本紀』では大宝三年(七〇三)に持統太上天皇の御葬司の次官に任じられた記事と、慶雲三年(七〇六)閏正月の越後守への補任という二つの記事にしか名が見られないが、[24] 墓誌には『続日本紀』にはない多くの情報が記される。すなわち、浄御原令制下の文武朝に少納言、大宝令施行後には従五位下で侍従となり、大宝四年(七〇四)正月(五月に慶雲改元)従五位上に進み、慶雲二年(七〇五)左少弁を兼任、その年の十一月十六日に「越後城司」に除された。越後国においては、「越後北彊(疆)。衝接二蝦虜一。柔懐鎮撫。允属二其人一。[25]」、「卿。臨レ之以二徳澤一。扇レ之以二仁風一。化洽刑清。令行禁止。」などと表現されるように、柔和で寛大な態度でエミシへの対応にあたり、仁政を敷いたことが強調されている。慶雲四年(七〇七)二月には正五位下に昇叙するも、四月二十四日「越城」にて卒し、十一月、大倭国葛木下郡山君里狛井山崗に帰葬されたというから、骨蔵器および墓誌は慶雲四年頃の製作であろう。『続日本紀』慶雲四年(七〇七)十一月丙申条には安倍真君が越後守に就任する。威奈大村の帰葬時期に近いことから、卒去に伴う後任人事と考えられる。

〔史料2〕は古志郡家に推定されている新潟県八幡林遺跡(長岡市)から出土した木簡である。木簡の出土遺構は奈良時代前半に比定され、また木簡表面の記載内容から養老以降であることが確実である。注目されているのは裏面の「沼垂城」の文言で、この発見により、『日本書紀』にのみ名を知られた渟足柵について、その実在が確認されたとともに、八世紀前半頃までの存続も確実視されるようになった。木簡で使用される「沼垂」の文字表記は、延喜民部省式所載の郡名表記と同じである。

これらの史料を用いて八世紀の越後国について論を立てたのは小林昌二氏であった。[26] 小林氏は、七世紀半ばに設置された渟足柵は越後国が成立すると越後国府となり、〔史料1〕の「越後城」「越城」は渟足柵が国府を併設していたことに由来する呼称と考えた。次に、〔史料2〕では「沼垂城」という旧称が使用されていることから、この頃には渟足柵は国府ではなくなって再び城柵になっているとみなし、国府は〔史料1〕（慶雲四年頃）から〔史料2〕（養老〜奈良時代前半）までの間に頸城郡に遷ったとする。その時期は、四郡移管後まもなくと想定している。

越後国府の所在について、十世紀前半頃に成立した『和名類聚抄』は頸城郡に存在するとしている。しかし成立当初の越後国には沼垂郡と石船郡しかなかったのだから、越後国が誕生した最初から頸城郡に国府があったはずはなく、少なくとも一度は移転していることは間違いない。小林氏の説はその問題に答えを示し、さらに国府でなくなった後も渟足柵が城柵として存続したという見方を提示したのであった。

次に、新潟県内で多数発見されている古代の木簡を積極的に用いて、古代越後国を描き起こしている相沢央氏の研究がある。相沢氏は基本的には先の小林説を継承しているが、国府移転の時期については養老五年（七二一）九月に出羽国が陸奥按察使の管轄に入り、北陸道から東山道に移管されたことが契機になったと論じている。(27)

国府移転時期に差はあるが、小林・相沢両氏ともに渟足柵、越後城、沼垂城をすべて同一施設の名称の変遷としてとらえ、現在のところ越後国を研究する研究者から広く支持されている。しかし、この説には二つの理由から問題がある。ひとつは、この説は今泉隆雄氏の城司制論に依拠するところが大きいが、城司制論に対しては既に熊谷公男氏による批判があり、現在では成立しがたくなっていることである。

今泉氏の城司制とは、陸奥・出羽・越後など辺要の地域の城柵に国司を城司（城主）として駐在させる制度があったとする主張である。(28)今泉氏によれば、城司（城主）は衛禁律24越垣及城条、軍防令52辺城門条に、奥羽越三国と西海道諸国に城柵を置くことが定められており、奥羽越三国では、職員令70大国条に陸奥・出羽・越後の三国守に対して規定される「饗給・征討・斥候」（大宝令では饗給の代わりに撫慰）というエミシ支配に関わる特別な職掌に基づき、その実現のために城柵を築いて国司・史生等を城柵に派遣して駐在させ、これを城司(城主)と呼んだ。そして、城司(城主)が駐在する施設だけが城・柵・塞と呼ばれたという。〔史料1〕の「越後城司」がその初例で、大宝令施行直後から実際に行われた制度と推測した。

小林・相沢両氏は今泉氏の城司制に基づいて渟足柵の体制を推定し、〔史料1〕の解釈においては全面的に今泉氏に依拠している。それは、威奈大村が任じられた「越後城司」とは、越後守であった大村が国府のある「越後城」「越城」の城司(城主)でもあったことを意味し、墓誌ではエミシに対して仁徳のある政治を行ったことを述べるために、越後守ではなく越後城司を用いたという解釈である。

城司制論に対して批判を行った熊谷公男氏の論点は多岐にわたるが、本稿に関わる内容を中心に示すとおおよそ以下のようになる。[29] ①律令条文の「城主」は辺城にあって城門の開閉とそれに付随する管鎰の管理を主務とする官人として規定されていて、国司が兵士を率いて城柵の防守とエミシ支配にあたる律令制下の城司とはまったく異なる。②威奈大村墓誌銘の「越後城司」の「越後城」は後文の「越城」に同じで、このとき越後国府があった渟足柵の中国風の表現であり、「越後城司」もまた越後守の漢文的な修辞表現と考えられる。③国司の一員を派遣・駐在させる城司制は大宝令施行当初から行われたのではなく、出羽国では天平五年(七三三)の秋田への出羽柵移転、陸奥国では多賀城創建の頃にはじまる。④今泉氏は城司が駐在する施設のみを城・柵・塞とみなしたが、国司の通常業務の事務量を考慮すればすべての城柵に国司を派遣することは不可能で、城柵とは周囲を柵・築地・溝・土塁・石塁などで囲まれた施設を指す用語である。

筆者は概ね熊谷氏の指摘のとおりであると考えているが、②については、熊谷氏とは少し異なる意見を持っている。威奈大村墓誌銘は、庾信の『庾開府集』に収載されているいくつかの墓誌銘を下敷きにして、『論語』『尚書』『文選』などの文例も取り入れて撰文されたことが明らかにされている。[30] 熊谷氏はこの点を踏まえ、故人を讃えることが目的であるはずの墓誌銘が、大村の事績でもっとも重要な越後守就任を落とすはずがなく、「越後城」「越城」は越後国府を、「越後城司」は越後国司を漢文的に表現したと推測した。ここで、「城」の辞書的な意味を探ってみると、『漢語大詞典』「城」の項には、意味のひとつとして「猶国。古代王朝領地。諸侯封地。卿大夫采邑。都以二有城垣的都邑一為二中心一。皆可レ称レ城。」との解説があり、『詩経』大雅・瞻卬より「哲夫成レ城。哲婦傾レ城」の用例を挙げる。つまり、「城」には国そのものの意味があり、熊谷氏が指摘するように、越後城司は越後国司を言い換えた表現と考えられる。ただ、そのように「城」を理解するならば、「越後城」「越城」は国府ではなく越後国を指すのではないだろうか。些細な点ではなるが、ここが熊谷氏と筆者の異なるところである。

熊谷氏の批判により、城司制は律令に基づいて実施された制度ではなく、実際の必要のなかで次第に成立していった仕組みであること、城司の初見とみなされた〔史料1〕は城司制とは無関係であることが指摘された。したがって、今泉氏の城司制に依拠して〔史料1〕を解釈する小林・相沢説は見直されなければならない。

小林・相沢説のもう一つの問題は、〔史料2〕の「沼垂城」を、国府が頸城郡に移転したことにより、渟足柵が再び城柵となった状態ととらえたことである。これは〔史料1〕の「越後城」との整合性をとるべく産み出された解釈であるが、越後城が城柵名ではないことは先に述べたとおりである。したがって、〔史料2〕は〔史料1〕とは切り離して考えなければならない。そうしたとき想起されるのは、陸奥国多賀城が国府を兼ねていてもなお「多賀城」「多賀柵」と呼ばれた例である。多賀城のように、国府であっても城柵名で呼ばれることがあるのならば、「沼垂城」に越後国府が存在していても何ら問題はないはずである。よって、〔史料2〕の「沼垂城」は渟足柵と同じ施設を指し、国府併設の存否はこの史料だけでは判断できないことになる。

以上により、渟足柵→越後城・越城→沼垂城と城柵名称が変遷したという仮説は、成立しないと考えられる。これに関連し、沼垂郡から頸城郡への国府移転時期についても再考の必要が生じる。小林氏が国府移転を大宝二年（七〇二)の四郡移管後まもなくと想定したのは、国府移転に伴って「越後城」から「沼垂城」へと名称が変更されたととらえたためであるが、これまでに述べてきたように、〔史料1〕〔史料2〕から越後国府の移転時期を絞り込むことはできないので、国府移転の時期は別の視点から検討されなければならない。この問題については次節で改めて検討してみたい。

さて、通説的位置にあった小林・相沢説が成り立たないならば、越後国の国府と城柵はどのように考えられるだろうか。まず、初期越後国の国府が渟足柵にあったと考えられていることについては、成立当初の越後国には沼垂郡と石船郡の二郡しかなく、それぞれに城柵が設置されていたのだから、より南の沼垂郡に国府が置かれたと考えることには妥当性があり、本稿でもこの理解を支持する。

八世紀の越後国に城柵(国府兼城柵の可能性も含む)が存在していたことを示す史料は、衛禁律24越垣及城条の本註に見られる「陸奥越後出羽等柵」という文言である。律令条文における国の配列は、五畿七道の順序に準拠しているので、(31)この部分は陸奥・越後・出羽という配列により出羽国成立後かつ出羽国の東山道移管以前、つまり和銅五年(七一二)～養老五年(七二一)頃のことと読むことができる。この時期には越後国にも「柵」と称することのできる施設が存在したことが言えそうである。

職員令70大国条の「其陸奥。出羽。越後等国。兼知㆓饗給(大宝令では撫慰)。征討。斥候㆒。」という規定も越後国に城柵が存在した根拠としてよく引用されるが、この条文自体は城柵の設置を直ちに意味するものではない。大国条に陸奥・出羽国とともに越後国が規定されているのは、この三国にのみエミシが存在するため(集団性を失って他国に移配された俘囚などは考慮しない)に他ならない。国内にエミシが存在する以上、エミシに対する特別の職掌を定めておくことが必要だったのである。(32)陸奥・出羽国では未建郡地域を領内に含むため城柵の設置が不可欠であったが、出羽国成立後の越後国には未建郡地域は存在しない。建郡後も城柵が存続する事例は知られているが、そのような不安定な状況であれば、そもそも出羽国の切り離しなど不可能である。越後国は陸奥・出羽国とは異なる状況になっていたのである。少し論点がずれてしまったが、ここでは大国条は越後国に城柵が存在した根拠とはならないことを確認しておきたい。

城柵の維持・運営には、兵士や兵糧・武器などの配備や施設の修繕・維持が不可欠で、重い負担が地方財政にのしかかる。陸奥・出羽国では、人々の負担減となる税の優遇や、税を京進させずに国内消費させるなどの対策を講じて対エミシ政策を推し進めていったが、一般諸国と同等の税を負担する越後国では、長期にわたり城柵を維持しつづけることは困難だったはずである。このため、越後国の城柵は出羽国が東山道に移管された後、廃止または縮小されていったと考えるのが妥当ではないだろうか。

以上を踏まえ、律令制下における越後国の国府と城柵のあり方について、筆者は以下のように推測する。

①越後国成立以来、国府は渟足柵に所在し、越中国からの四郡移管後もしばらくはその状態が続いた。

②出羽国成立後も、出羽国が北陸道に属した時期は、渟足柵（＝国府）・磐舟柵は維持された。

③渟足柵は国府が所在した間は国府兼城柵として維持されたが、国府が頸城郡に移転した後には廃され、純然たる城柵として使われることはなかった。

本節の最後に、出羽国成立後、越後国は出羽国のエミシ支配を支える後方支援国として重視されたと考えられていることについて、[33]少し私見を述べておきたい。後方支援的性格は、北陸道・坂東諸国が広く有した性格であり、これを大国条や城柵の維持と結びつけて越後国の特別な性格とすることには違和感を覚える。

出羽国の独立は、初期越後国や陸奥国からの石背・石城国の分離と同じく、エミシの地に移民によって建郡し拡大した新領域を分国して、自立的な経営を目指す方針に基づくものであることが既に指摘されている。[34]陸奥国ではこの政策は頓挫し、わずか四年で石背・石城国は再併合されたが、[35]越後国では越中国から四郡を移管、出羽国では陸奥国

表1　越後国の陸奥・出羽国への支援（和銅5年～）

西暦	記事	出典
714	勅割尾張。上野。信濃。越後等国民二百戸。配出羽柵戸。	『続日本紀』和銅7年10月丙辰条
716	従三位中納言巨勢朝臣萬呂言。建出羽国。已経数年。吏民少稀。狄徒未馴。其地膏腴。田野広寛。請令隨近国民。遷於出羽国。教喩狂狄。兼保地利。許之。因以陸奥国置賜最上二郡。及信濃。上野。越前。越後四国百姓各百戸。隷出羽国焉。	『続日本紀』霊亀2年9月乙未条
717	以信濃。上野。越前。越後四国百姓各一百戸。配出羽柵戸焉。	『続日本紀』養老元年2月丁酉条
759	遷坂東八国。并越前。越中。能登。越後等四国浮浪人二千人。以為雄勝柵戸。及割留相摸。上総。下総。常陸。上野。武蔵。下野等七国所送軍士器仗。以貯雄勝桃生二城。	『続日本紀』天平宝字3年9月庚寅条
777	仰相摸。武蔵。下総。下野。越後国。送甲二百領于出羽国鎮戍。	『続日本紀』宝亀8年5月乙亥条
780	勅曰。機要之備不可闕乏。宜仰坂東諸国及能登。越中。越後。令備糒三万斛。炊曝有数。勿致損失。	『続日本紀』宝亀11年5月丁丑条
781	尾張。相摸。越後。甲斐。常陸等国人。総十二人。以私力運輸軍粮於陸奥。随其所運多少。加授位階。又軍功人殊等授勳六等一等。勳八等二等。勳九等三等。勳十等四等。	『続日本紀』天応元年10月辛丑条
796	発相摸。武蔵。上総。常陸。上野。下野。出羽。越後等国民九千人。遷置陸奥国伊治城。	『日本後紀』延暦15年11月戊申条
802	越後国米一万六百斛。佐渡国塩一百廿斛。毎年運送出羽国雄勝城。為鎮兵粮。	『日本紀略』延暦21年正月庚午条
803	令越後国米三十斛・塩卅斛。送志波城所。	『日本紀略』延暦22年2月癸巳条

から最上・置賜二郡を移管して公民の不足を補いながら、この体制を維持していった。表1は征夷や柵戸移民の実施に際し、越後国から人や物資を供出した事例を集めたものである。これを見ると坂東・北陸諸国を広く徴発対象とする例がほとんどである。越後の負担が目立つのは、延暦二十一年(八〇二)に毎年雄勝城に越後国から米一万六〇〇斛、佐渡国から塩一二〇斛を運ばせ、同二十二年(八〇三)に志波城に越後国の米三〇斛・塩三〇斛を送らせた記事であるが、三十八年戦争中の特例的な措置であるし、この事例だけを挙げて越後国の特殊性を示すには十分ではない。陸奥・出羽以外の諸国には通常の税負担が課されていた状況を考えると、特定の国に支援要請を集中させず、広く薄く負担させて各国の経営への影響を抑えようとしたと見るべきであろう。

　越後国の特異性は、領内に未建郡地域はないものの、エミシ身分の人々(もともとの沼垂郡・石船郡の住民等)を抱えていたという点にある。越後国内のエミシたちがいつまでエミシのまま据え置かれたかは史料上不明だが、長期にわたり公民化されなかった可能性が高く、(36)越後国内、特に沼垂郡・石船郡には、公民身分の人々と、彼等とはほぼ変わらない生活文化を営みながら、エミシであり続けなければならない人々とが共存する社会が展開していたと思われる。

3　国府移転の契機

本節では、越後国府が頸城郡へ移転した時期とその契機について考察してみたい。とはいえ、史料によってその時期を絞り込むことは困難なので、越後国を取り巻く状況の変化から総合的に考えていく。

これまでに述べてきたように、初期の越後国は沼垂郡・石船郡の二郡のみであったから、国府ははじめ沼垂郡に所在したとする従来の考え方には妥当性があり、本稿でもこれに従う。一方、頸城郡に国府が遷ったことを示す史料は、『和名類聚抄』五 国郡・越後国の「国府在二頸城郡一。」まで下る。頸城郡での国府は上越市国府周辺と考えられているが、現在のところ遺跡の発見には至っていない。また、上越市国府の近くには国分寺（五智国分寺）が存在するが、これも上杉謙信による再興と伝えられる寺院で、創建時の国分寺・国分尼寺の所在は不明である。

このように、直接的に国府の所在を示す史料はほとんど存在しないが、『延喜式』に記載される越後国の駅・伝馬の配置からは、この時期の国府は頸城郡にあったと推測できる。

〔史料3〕『延喜式』兵部省81北陸道　越後国

越後国　駅馬〈滄海八疋。鶉石。名立。水門。佐味。三嶋。多太。大家各五疋。伊神二疋。渡戸船二隻。〉伝馬〈頸城。古志郡各八疋。〉

（〈　〉内は割注を示す。筆者注。）

遺称地名により、滄海駅は糸魚川市青海、鶉石駅は糸魚川市鶉石、名立駅は上越市名立の周辺に比定される。佐味駅は西大寺領佐味庄があったとされる上越市柿崎周辺、大家駅は八幡林遺跡から「大家駅」と読める墨書土器が出土し、付近の下の西遺跡が駅家に比定されていることから長岡市和島であることもほぼ問題ない。三嶋駅・多太駅は神名帳の三嶋郡に三嶋神社、多多神社が見えるのでこの二駅は三嶋郡内で、三嶋駅が鯨波~柏崎西部辺りの沿岸地域、多太駅が柏崎東部~刈羽郡辺りの沿岸地域と推測される。水門駅については史料的な裏付けはないが、名立と佐味の間に位置するため上越市直江津周辺であろう。したがって、日本海沿岸を北上する北陸道に沿って、滄海・鶉石・名立・水門・佐味の五駅は頸城郡、三嶋・多太の二駅は三嶋郡、大家駅は古志郡にそれぞれ設けられたと推測される。

伊神駅は、かつては越後国最北の駅として蒲原郡の弥彦周辺と推定されていたが、「伊神郷」と書かれた木簡が上越市延命寺遺跡から出土したこと(37)を受け、現在では信濃・越後両国間の東山道・北陸道連絡路に設けられた駅である可能性が指摘されるようになった。(38)本稿でもこの考えを支持したい。なお、船二隻のみ設置された渡戸駅の所在は不明である。駅馬を併置せず船だけを置く水駅は他国を含めてもほかに例がない。

『延喜式』に見られる越後国には、頸城郡、古志郡と九世紀に古志郡から分離した三嶋郡にしか駅が設けられていなかった。駅路は中央政府と国府を結ぶことを目的とした緊急連絡路である。越後国の駅の配置を見る限り、この時期には越後北部まで駅路を延ばす必要がなくなっていることを明らかに示している。(39)つまり、『延喜式』時点での越後国府は頸城郡にあり、佐渡国に渡るために古志郡まで駅が設定されていたと考えてよい。おそらく、渡戸駅の船二隻は佐渡国への連絡のために設置されたもので、駅馬が置かれていないのもそのためであろう。本稿では、渡戸駅は大家駅から程近い沿岸に設けられたと推測しておきたい。

『延喜式』には越後国から海路で都を往還する場合も想定されている。

〔史料4〕『延喜式』主税寮116諸国運漕功賃条

北陸道

（中略）

越後国陸路〈百五束〉。海路〈自二蒲原津湊一漕二敦賀津一船賃。石別二束六把。挟杪七十五束。水手四十五束。但水手人別漕二八石一。自餘准二越前国一。〉

この条は諸国から都まで陸路・海路で雑物を運搬する際の功賃の規定である。越後国では海路の出発点を蒲原津湊に設定していることに注目される。

信濃国から流れ込み魚沼・古志・蒲原郡を通って越後国を縦断する信濃川と、陸奥国会津地方から蒲原郡と沼垂郡の郡境を西進する阿賀野川は、合流する一歩手前で日本海に河口を開く。この両河川に挟まれた地には、十七世紀頃まで蒲原津と呼ばれる港が存在していた。流路が移動している可能性があるため、古代の蒲原津が江戸時代と同所とは言えないが、信濃川・阿賀野川の両河口がぶつかる地点に築かれた港の呼び名であったとみなしてよい。両河川の流域は広大な越後国のかなりの部分を網羅し、越後国内の物資輸送・集積にこれほどの好適な港はないといえる。

沼垂郡に国府が存在した間は、沼垂・蒲原郡の郡境沿岸部に位置する蒲原津は国府に近接した港であったが、『延喜式』の頃には国府は頸城郡に移転している。〔史料4〕を見る限り、蒲原津を出港した船は国府周辺に寄港せずそのまま敦賀に向かっており、越後国内の各郡から集められた調庸などの物資は、すべて蒲原津で船に積み込まれたことが知られる。国府と国津がこれほど離れている例も珍しいだろう。

蒲原津が越後国津であったことは古来よりよく知られているが、頸城郡の国府から遠く離れているという点はあまり意識されてこなかったのではないだろうか。しかし国府の所在の問題を考えるには、非常に興味深いことである。たとえば、対エミシ問題が現実的な脅威として継続している時期には、越後国の注意は北に向けられていて、しかも物資輸送の要となる港が近くにあるとなれば、渟足柵に国府を置くことは妥当な判断だったと言える。この時期に、この好条件を捨てて国府を遠く西端の頸城郡まで下げることは考えにくい。逆の見方をすれば、蒲原津を国津としたまま、遠く離れた頸城郡に国府を遷したのは何故だったのかということが問われる。

そこには二つの理由が考えられる。ひとつは、出羽国の東山道移管によって北陸道の最終地点は佐渡国府となり、越後国は越中国から佐渡国へとつなぐ役割を担うことになる。しかし沼垂郡はそのルート上から大きく北に外れていて便が悪い。そこで、佐渡国に向けて出港する渡し(渡戸駅が想定される)よりも手前に国府を置いたのではないかという駅路の変更に伴う理由である。

二つ目は、出羽国が東山道に移管されて、対エミシ問題は陸奥・出羽国で対応すべき問題として陸奥按察使のもとに一括されるようになると、越後国が北(出羽国)を意識する必要は薄れていき、中央派遣官である国司たちの関心の目は西(都)を向くようになるのではないかという意識の変化に伴う理由である。その結果、都—国府間の移動を最小限に抑えられる頸城郡が選ばれたのではないかと考える。

国府移転の時期について、二度の軍団兵士制停止の格が興味深い。一度目は天平十一年(七三九)で「三関并陸奥出羽越後長門并大宰管内諸国等」を除く諸国の軍団兵士を停止した。[40] このとき越後国の兵士は停止されずに存続したが、その後の軍団兵士制復活を経て延暦十一年(七九二)に再度停止した際には、例外として残す対象を「陸奥出羽佐渡等国及大宰府」としており、越後国は辺要国とみなされなかった。[41] 両格を比較してみると、二度とも兵士を停止されなかったのは陸奥国・出羽国・大宰府、天平十一年には停止されなかったが延暦十一年に停止されたのは三関・越後国・長門国、天平十一年には停止されたが延暦十一年には停止されなかったのは佐渡国である。このうち、三関は延暦八年(七八九)に廃止されていて延暦十一年には存在しない。長門国は延暦十一年に一旦停止された後、延暦二十一年(八〇二)に兵士を復活させている。[42] 要するに実態における両格の差は越後国と佐渡国との違いのみであった。

佐渡国は天平十一年に兵士を停止した後、天平十五年(七四三)二月に越後国に併せられ、天平勝宝四年(七五二)十一月に再び独立する。その直前には佐渡嶋へ渤海使が来着しており、佐渡国の再独立は渤海使への速やかな対応が必要と判断されたためと思われる。延暦十一年の兵士制停止に際して佐渡国での存続が決定したのは外交上の理由と推測される。

一方、天平十一年以前における渤海使の来着は神亀四年（七二七）の出羽国への漂着事例があるだけなので、天平十一年に越後国の兵士を停止しなかった理由は外交的事情ではなかったと思われる。この時点で兵士を残した理由は、現実的脅威は薄れつつあったとはいえ、やはりエミシに対する防衛と考えるのが穏当であろう。その後、延暦十一年になると日常的にエミシに備える必要性は完全になくなったと認識されるようになり、兵士の停止に至ったのではないだろうか。したがって、越後国府の移転は、早くとも天平十一年以後と考えられる。

ところで、このように国府移転の時期を従来より引き下げる場合、ひとつの問題が生じる。それは、八幡林遺跡で〔史料2〕と一緒に出土した一号木簡、通称郡符木簡と呼ばれる木簡の解釈である。

〔史料5〕八幡林遺跡出土一号木簡　（585×34×5）

・郡司符　青海郷事少丁高志君大虫　右人其正身率□□

・虫大郡向参朔告司□（身）率申賜　符到奉行　火急使高志君五百嶋

　九月廿八日主帳丈部□□

この木簡は三つに切断されたうえで廃棄されていたという。木簡が発見された八幡林遺跡は古志郡家に推定されているが、文中にみえる青海郷は『和名類聚抄』では蒲原郡にその名が確認される。

これまで、この木簡は国府が頸城郡にあるという前提に基づき解釈されてきた。それは、木簡の内容を、青海郷に関する事案について、郡に参向して国府の告朔司に直接報告するように少丁高志君大虫に命じた郡司符と読み、高志大虫が蒲原郡と国府（頸城郡）を往還する間は過所として持ち運ばれ、蒲原郡のひとつ手前の古志郡まで来たところで役割を終えて廃棄されたと解釈するのである。(43)

しかし本稿では〔史料2〕の時点で国府は沼垂郡にあると想定した以上、〔史料2〕とともに出土したこの郡符木簡に対しても同じく国府が沼垂郡に存する時期のものとしなければならない。そうすると、どのような解釈ができるだろうか。

従来の解釈にはひとつの問題があった。それは、朔告司（ついたちもうしのつかさ、告朔司）は国府にあると読むことが適切かという問題である。国府における告朔儀の実施を念頭に、朔告司の所在を国府とみなした解釈と思われるが、木簡の文は「郡に向かい参じて朔告司に（身を）率いて申し賜へ」と読めるので、朔告司は郡家にあると読むのが自然である。大虫が呼ばれた先が儀式の場である必要はなく、朔告司が郡家に設置された告朔儀の事務的・儀礼的準備を担当する部署であった可能性は十分に考えられる。そもそも告朔儀は、毎月朔日に初位以上の官人が官司ごとに朝庭に整列し、前月の公文を注した告朔文を提出するという行為を通じて、朝廷における天皇を頂点とした官司秩序を確認する儀式である(44)。国府で行われる地方の告朔儀もその意義は同じく、おそらくは朔日に国司の前に郡司等が整列して前月の公文を記した文書を提出し、国司―郡司という官司秩序を再確認する儀式だったと推測される。つまり、この儀礼では郡司自身が国司の前に整列すべきで、いかに具体的事情に精通した者が別にいたとしても、郡司の代理を務めてよいとは到底思われない。したがって高志大虫が召喚されたのは儀式そのものではなく、告朔文の作成など事前準備に関わる場であったと考えることが可能である(45)。

高志大虫が召喚された先が郡家であるとすると、この一件は古志郡内で完結する事案とは考えられないだろうか。何と言っても、召喚されている人物や使者が「高志君」であることが示唆的である。本稿では、古志郡が郡内の少丁高志君大虫に対し、郡家に参向して青海郷の件について朔告司に説明するよう促した郡司符という解釈を提示したい。件名である青海郷は『和名類聚抄』では蒲原郡にのみ見られる郷名だが、八世紀前半頃に古志郡にも存在したとしても不思議ではないし、あるいは蒲原郡の青海郷に関する事案だったのかもしれない。

このように解釈すると、廃棄された場所が郡家遺跡であることとも符合する。これまでの解釈を基に、八幡林遺跡は関的な機能も有する複合的な官衙遺跡であったとする考えもあるが(46)、呼び出された先を郡家とすれば、郡家で発見されたことをより積極的に評価することができるのではないだろうか。

おわりに

古代越後国の面白いところは、威奈大村墓誌銘や新潟県内のさまざまな遺跡から発見された古代の木簡など、多様な史料が存在することである。それゆえに史料の扱いが難しく、筆者の力不足も加わって議論が散漫になってしまった感は否めない。最後に、本稿で述べてきた内容を整理し、この小文のまとめとしたい。

初期越後国の国府は渟足柵にあり、越中国からの四郡移管、出羽国の分国などの国域の変化を経ても、当面その状態は続いた。衛禁律24越垣及城条に「陸奥越後出羽等柵」とあるように、出羽国の東山道移管以前には越後国の城柵は維持され、それは具体的には磐舟柵と国府兼城柵であった渟足柵を指すと思われる。

しかし、その後の越後国における城柵の存在を確認できる史料は八幡林遺跡出土二号木簡の「沼垂城」のみとなる。この木簡によって渟足柵は国府ではなくなった後に城柵になったと考えられてきたが、陸奥国多賀城の例があるように国府兼城柵もありうる。越後国の税負担などを考慮すれば後者の可能性が高い。その後、越後国の城柵は、頸城郡への国府移転によって廃止されたと考える。

頸城郡への国府移転について、出羽国の東山道移管によって出羽国まで駅路を延ばす必要がなくなったことによる国府の南下と、中央派遣官である国司等の関心が北(出羽国)から西(都)に移ったことを背景に赴任時の移動を最小限に抑えるために頸城郡が選ばれたという二つの理由を推測した。また、その時期は天平十一年以後と考え、従来よりも引き下げた。

越後国は出羽国の独立以後征夷を実施することはなくなり、八世紀半ば～後半頃には城柵も維持されなくなる。しかし国内には既服属のエミシを抱え続け、朝貢と饗給の関係を継続させなければならなかった。ここに越後国の特異性を見いだすことができる。

本稿の結論は薄弱な根拠の上に積み重ねた推論の域を出ないが、関連史料解釈の可能性のひとつとして提示し、諸賢のご叱正を待ちたい。

註

（1）鐘江宏之「「国」制の成立―令制国・七道の形成過程―」（笹山晴生先生還暦記念会編『日本律令制論集　上』吉川弘文館、一九九三年）。
（2）『日本書紀』大化三年（六四七）是歳条、大化四年（六四八）是歳条。
（3）相沢央「越後国の成立と蝦夷政策」（同『越後と佐渡の古代社会』高志書院、二〇一六年、初出二〇〇七年）。
（4）『日本書紀』大化元年（六四五）八月庚子条、同九月甲申条。
（5）『日本書紀』大化三年（六四七）是歳条、大化四年（六四八）是歳条。
（6）今泉隆雄「古代国家と郡山遺跡」（同『古代国家の東北辺境支配』吉川弘文館、二〇一五年、初出二〇〇五年）。今泉氏ははじめ郡山遺跡Ⅰ期官衙と渟足柵との対応関係だけを想定したが（今泉隆雄「多賀城の創建」同書収載、初出二〇〇二年）、小林昌二氏の指摘（小林昌二「渟足・磐舟柵の研究序説」科学研究費『前近代の潟湖河川交通と遺跡立地の地域史的研究』平成十二～十五年度研究経過報告書〈二〇〇一～二〇〇四年〉、研究代表者小林昌二）を受けて渟足・磐舟両柵と対応するとの見解に修正した。
（7）舘野和己「越の国々と豪族たち」（『新版古代の日本　中部』角川書店、一九九三年）。
（8）『平城宮発掘調査出土木簡概報』二九（奈良国立文化財研究所、一九九四年）。
（9）小林昌二「古代日本海地域と高志の城柵」（小林昌二・小嶋芳孝編『日本海域歴史大系 第一巻 古代篇Ⅰ』清文堂出版、

二〇〇五年)。
(10) 前掲鐘江註(1)論文。なお、佐渡が越国に含まれていたか否かは、本稿では保留とする。
(11) 『続日本紀』大宝二年(七〇二)三月甲申条。
(12) 『延喜式』を引用する場合の条文番号は虎尾俊哉編『訳注日本史料 延喜式』上・中・下(集英社)による。
(13) 米沢康「大宝二年の越中国四郡分割をめぐって」(『信濃』三二ノ六、一九八〇年)。
(14) 『日本書紀』斉明四年(六五八)七月甲申条。
(15) 鈴木拓也「古代東北の城柵と移民政策」(同『古代東北の支配構造』吉川弘文館、一九九八年)。
(16) 『続日本紀』和銅元年(七〇八)九月丙戌条。
(17) 出羽柵の初見は『続日本紀』和銅二年(七〇九)七月乙卯条だが、建郡よりも早い段階で城柵が設置されていたと推測される。
(18) 一城柵が一郡を管轄する場合と、複数の郡を管轄する場合とがあったことが指摘されている。平川南「古代における東北の城柵について」(『日本史研究』二三六、一九八二年)。
(19) 『続日本紀』和銅二年(七〇九)三月壬戌条。
(20) 『続日本紀』和銅五年(七一二)九月己丑条。
(21) 『続日本紀』和銅五年(七一二)十月丁酉朔条。
(22) 『木簡研究』一三(一九九一年)、一〇九頁。
(23) 威奈大村骨蔵器及び墓誌銘については、『日本古代の墓誌』(奈良国立文化財研究所、一九七七年)、『日本古代の墓誌銘文編』(奈良国立文化財研究所、一九七八年)、今泉隆雄「銘文と碑文」(同『古代国家の地方支配と東北』吉川弘文館、二〇一八年、初出一九八八年)を参照。
(24) 『続日本紀』大宝三年(七〇三)十月丁卯条、慶雲三年(七〇六)閏正月庚戌条。
(25) 墓誌銘の「越後北彊」の「彊」は、国界を意味する「疆」が正しい。また「蝦虜」の「虜」には捕虜・トリコの意味のほかに、『漢語大詞典』「虜」の項に「古時対北方外族。或南人対北方人的蔑称。」とあり、北方の異民族を示す用法がある。ここでは後者の意味であろう。異民族呼称としてはエミシにほぼ固定的に使用される「蝦」の文字と「虜」を組み合わせ、「蝦夷」「蝦狄」に類する言葉として使用したと考えておきたい。なお、「蝦虜」は『続日本紀』宝亀十一年十二月庚子条、延暦八年七月丁巳条にも用例がある。

(26) 小林昌二「木簡資料などによる越佐古代史像の再生」(『市史にいがた』一〇、一九九二年)。

(27) 前掲註(3)相沢論文。

(28) 今泉隆雄「古代東北城柵の城司制」(同『古代国家の東北辺境支配』吉川弘文館、二〇一五年、初出一九九〇年)。

(29) 熊谷公男「城柵と城司—最近の「玉造等五柵」に関する研究を手がかりとして—」(『東北学院大学東北文化研究所紀要』三九、二〇〇七年)。

(30) 『日本古代の墓誌』(奈良国立文化財研究所、一九七七年)。

(31) 永田英明「出羽国の東山道移管と陸奥按察使」(『日本歴史』八一一、二〇一五年)。

(32) 『新潟県史 通史編1 原始古代』(新潟県、一九八六年)では、出羽国が分立した後、大国条に述べられる役割は減少したと述べ(四二二頁)、また同様にとらえる研究も多いように感じられるが、それは誤りである。大国条の当該部分では陸奥・出羽・越後の順に配列されていて、先に本文に述べたとおり国の配列は五畿七道の順に拠っているので、これは出羽国が東山道に移管された後に行われた養老令文の修訂の結果ということになる。越後国では征夷を必要とするようなエミシ対応はなくなっても、国内問題としてのエミシ対応は継続していた。

(33) 相沢央『越後と佐渡の古代社会』(高志書院、二〇一六年)。

(34) 今泉隆雄「多賀城の創建—郡山遺跡から多賀城へ—」(同『古代国家の東北辺境支配』吉川弘文館、二〇一五年、初出二〇〇一年)。

(35) 石背・石城国の陸奥国への再併合は養老五年(七二一)十月以前のことであることが明らかにされている。佐々木茂槙「古代陸奥国の「名取以南一十四郡」と多賀・階上二郡の権置」(『国史談話会雑誌』五〇、二〇一〇年)。

(36) 『延喜式』主計寮41越後国条によれば、越後国の庸に狭布がみえる。狭布は越後国以外には陸奥・出羽国の調・庸にしかみられない特殊な品目で、エミシへの禄物に使用されたと推測されており、『延喜式』段階でも越後国内にエミシ身分の人々が存在した可能性がある。武田佐知子「律令国家と蝦夷の衣服」(『アジアのなかの日本史V 自意識と相互理解』東京大学出版会、一九九三年)。

(37)『木簡研究』三〇、二〇〇八年。

(38)虎尾俊哉編『延喜式』下(集英社、二〇一七年)兵部省81北陸道補注参照。

(39)なお、陸奥国では国府のある多賀城を越えて胆沢まで駅路を延ばし、出羽国でも秋田まで到達させて重要な城柵との連絡ができる体制を整えていた。越後国内の駅が沼垂郡まで延びていないことは、渟足柵や磐舟柵などの城柵が存続していないことを意味する。

(40)『類聚三代格』延暦二十一年(八〇二)十二月某日太政官符所引天平十一年(七三九)五月廿五日兵部省符。

(41)『類聚三代格』延暦十一年(七九二)六月七日勅。

(42)『類聚三代格』延暦二十一年(八〇二)十二月某日太政官符。

(43)平川南「八幡林遺跡木簡と地方官衙論」(『木簡研究』一七、一九九五年)。

(44)風間亜紀子「文書行政における告朔解の意義」(『正倉院文書研究』一〇、二〇〇五年)。

(45)なお、「申賜」については三上喜孝氏により第三者への敬意表現との指摘がされており、朔告司が国の機構である可能性があるが、その場合であっても国府に所在するとは限らず、郡への巡行や出向などさまざまな可能性が考えられる。三上喜孝「「郡司符」木簡のなかの「申賜」―新潟県八幡林遺跡出土第一号木簡私釈―」(『史学論叢』一二、一九九三年)。

(46)前掲註(43)平川論文。

八世紀鎮守府に関する覚書

吉野　武

はじめに

多賀城跡は奈良・平安時代の陸奥国府跡であり、奈良時代には鎮守府も置かれていた。このことは六国史等の文献の記載と多賀城跡の発掘調査の成果により一般的に知られている。特に考古学的調査による遺跡の解明は、それらの位置づけに説得力をもたせている感がある。しかし、発掘調査で遺跡の規模や構造・年代・変遷は解明されてきたが（図1）、それが文献上の陸奥国府多賀城であることを明示する資料はほとんど得られていない。多賀城跡が文献上の多賀城であるのは自明のように扱われているが、管見のかぎり、それを示す資料は偽作説がほぼ払拭された多賀城碑のみと私見ではみている(1)。

そうした中で平成二十七年に鎮守府の記載を持つ八世紀第3四半期頃の木簡が多賀城跡で二点出土した（以下、鎮守府木簡と称す）。従来は多賀城跡に「鎮」、南面の山王遺跡に「府」と記す墨書土器はあったが(2)、鎮守府を明示する資料が出土したのは陸奥国全体でも初めてである。また、それらには多賀城跡における鎮守府の実在を示すだけでなく、当時の鎮守府を考えるうえで注目される記載もあった。本稿は、これらの木簡の出土を契機として八世紀の鎮守府について思考した一展望をしるす覚書である。

1　多賀城跡出土の鎮守府木簡

(1)　城前官衙と木簡の出土遺構

鎮守府木簡は多賀城政庁跡の南東に位置する城前官衙のＳＫ三二六四土壙で出土した。

①城前官衙　城前官衙は政庁跡東半から南に緩やかに下る幅六〇～七〇メートル程の丘陵上に立地する（図1・2）。西側の丘陵裾には外郭南門と政庁を直線的に結ぶ政庁南大路が伸びており、外郭南門から城内に入り、政庁南門に向かって南大路を進んだ右手の丘陵上に位置する官衙である。発掘調査は平成十年（一九九八）から中断を挟んで平成二十七年まで続けられ、官衙の全貌と変遷が明確になっている[3]。

官衙は多賀城跡の第Ⅰ・Ⅱ・Ⅲ期[4]に各々造営されている。城前Ⅰ期官衙は残りが悪く、詳細は不明だが、外郭南辺[5]に方向を揃えた建物がある。また、削屑主体ではあるものの外郭南門前の暗渠で多量に出土した木簡[6]の廃棄元の官衙とみられる。木簡には戸籍の抜書や木材の収納に係わるものもあるが、兵士の数や交替、神亀の征討使の職名[7]など軍制関連の記載があるものが目立つ。

Ⅱ期官衙は第Ⅱ期政庁に似た建物配置を持つ東西約六六メートル、南北約九〇メートルの官衙である（図2）。北向きだが[8]、建物は南北両面に廂が付く東西棟ＳＢ二四五三を中心とし、その前面の広場を挟んで南北棟が東西対称に三棟ずつ柱筋を揃えて並ぶ配置をとる。さらにＳＢ二四五三の背後には政庁の後殿、両脇には楼にあたる建物を置き、

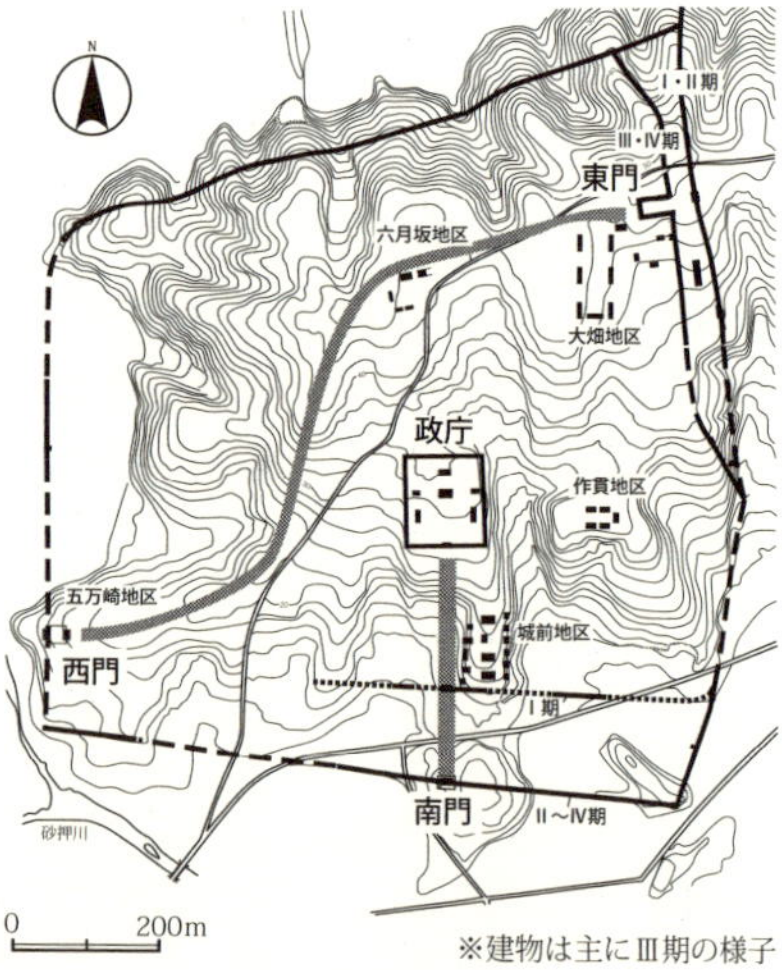

※建物は主にⅢ期の様子

図1　多賀城跡

それらもＳＢ二四五三と柱筋を揃えて建つ。こうした広場を囲む建物配置は、政庁と同じく儀式的な空間構造をもつ官衙の典型といえる。[9]また、この官衙は政庁正殿を中心とする計画性に則って造営された計画性の高い官衙で、[10]一部の建物では瓦も葺かれていた。僅か一八年という第Ⅱ期の間に一度改修され、宝亀十一年（七八〇）の伊治公呰麻呂の謀反を契機とする蝦夷の襲撃で政庁とともに焼失している。

火災後の復興期を挟んで、Ⅲ期にはⅡ期官衙とは異なる構造の官衙が造営された。Ⅲ期官衙では広場がなくなり、少し北に移った南北両面に廂が付く東西棟ＳＢ二四五二を中心とした中枢部の周りに建物が種別ごとに配された。[11]全体の規模はⅡ期官衙より大きく、建物の柱筋が揃う特徴も随所にみられる。しかし、政庁に則ったⅡ期官衙ほどの計

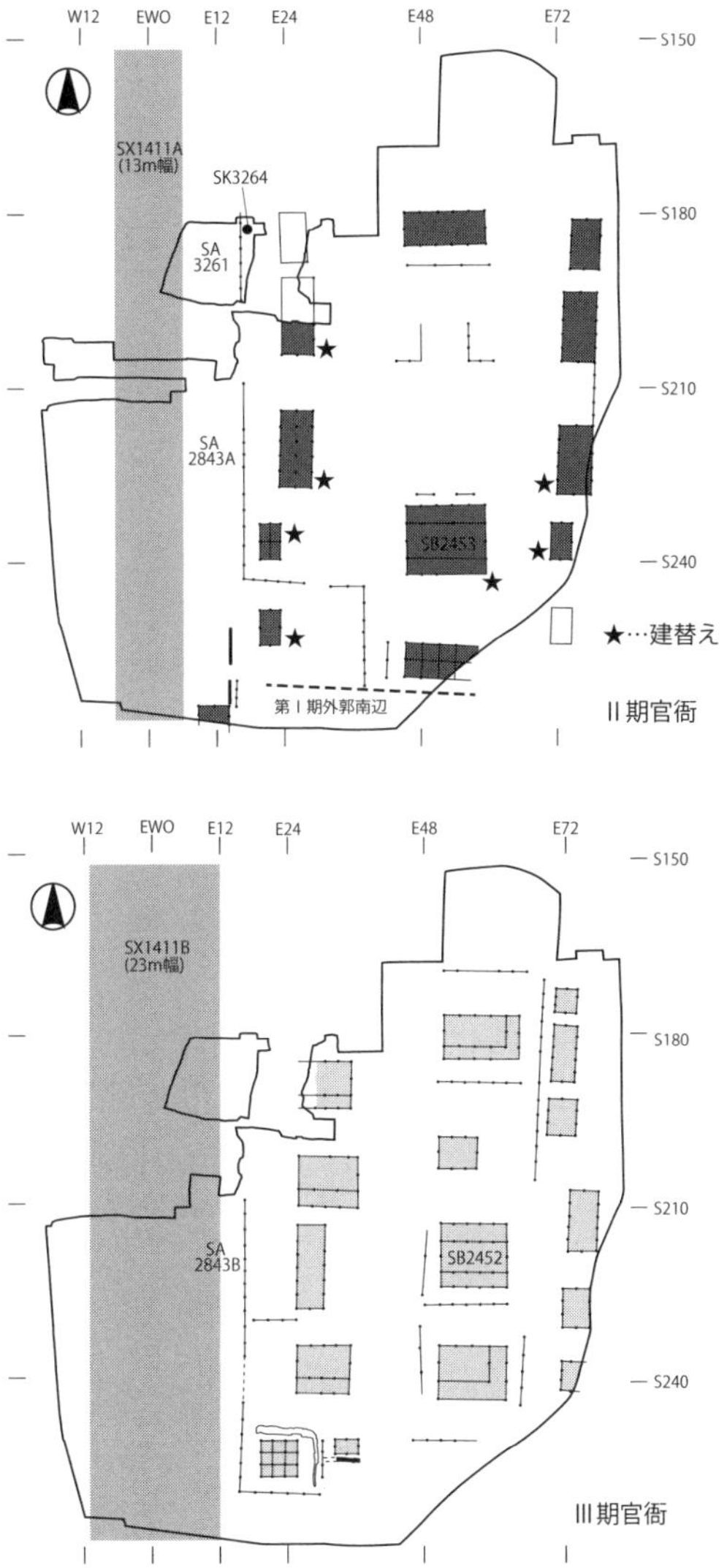

図２　城前官衙模式図（1/2000）

画性はなく、建替えも建物によって頻度(回数)が異なり、個別に建替えられたと考えられる。そうした特徴からⅢ期官衙はSB二四五二を中心として部署ごとに異なる建物を配した官衙で、儀式的な空間構造を持つⅡ期官衙に対して実務性を強めた官衙とみられる。なお、この官衙は第Ⅳ期にも存続するが九世紀後葉頃には衰退する。

以上の城前Ⅰ〜Ⅲ期官衙で出色なのはⅡ期官衙である。構造が儀式的な空間を持つ政庁と類似し、政庁正殿を中心とする計画性に則った官衙様相は城内屈指のものといえる。瓦葺きの建物もあり、政庁に次ぐ格付けを持つ官衙とみられる。鎮守府木簡は、この城前Ⅱ期官衙の北西隅で検出されたSK三二六四土壙で出土した。

②木簡の出土遺構　Ⅱ期官衙の北西隅は西側から入る沢に面した緩やかな北西斜面になっている。SK三二六四は南北に長い溝状の土壙で(図3)、多量のはつり材の投棄後に粘土や砂による自然流入土で埋没しており、西半部はⅡ期官衙西辺のSA三二六一柱列に伴うSX三二七〇盛土、東半部は盛土沿いに堆積した7層に覆われている。官衙西辺のSA三二六一は掘立式の柱列による塀で、沢に下る軟弱な斜面では柱を立てた後に柱列に沿って高さ五〇センチ程のSX三二七〇盛土をして両脇を固めた特徴的な構造を持つ。Ⅱ期官衙末の火災で焼失しており、改修後の西辺とみられる。

木簡が出土したSK三二六四はSX三二七〇盛土の下に位置する。特徴的な構造を持つ西辺の保存のため全体は検出していないが、長さ三・一メートル以上、幅約一・八メートル、深さ五五センチ前後の土壙である。はつり材の投棄後(下層)に自然流入土(中・上層)で埋没しており、はつり材に覆われた底面から横槌、中・上層から丸瓦や平瓦、隅切瓦、土師器坏・皿・蓋・甕、須恵器高台坏が出土している。平瓦と隅切瓦は多賀城第Ⅰ期の瓦で、土師器甕にはロクロ成形にロクロを使用したものがある。年代は宝亀十一年(七八〇)焼失の官衙西辺より古く、ロクロ成形の土師器甕が出土したことから八世紀第3四半期頃であり、改修前のⅡ期官衙に伴う。掘り込みは下層に投棄された多量のはつり材と横槌の出土から官衙の造営時とみられる。木簡は中・上層から鎮守府木簡を含む八点が出土しており、改修前の

SA3261・SX3270とSK3264（南から）

SA3261・SX3270とSK3264（南西から）

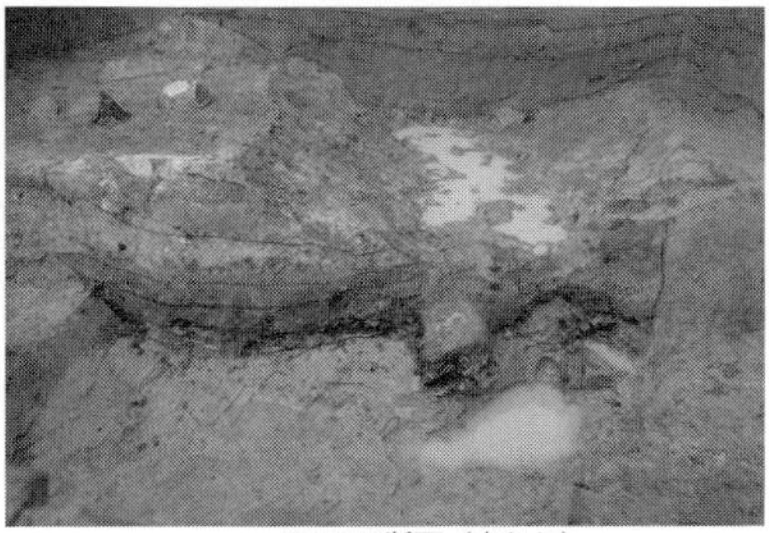

SK3264断面（南から）

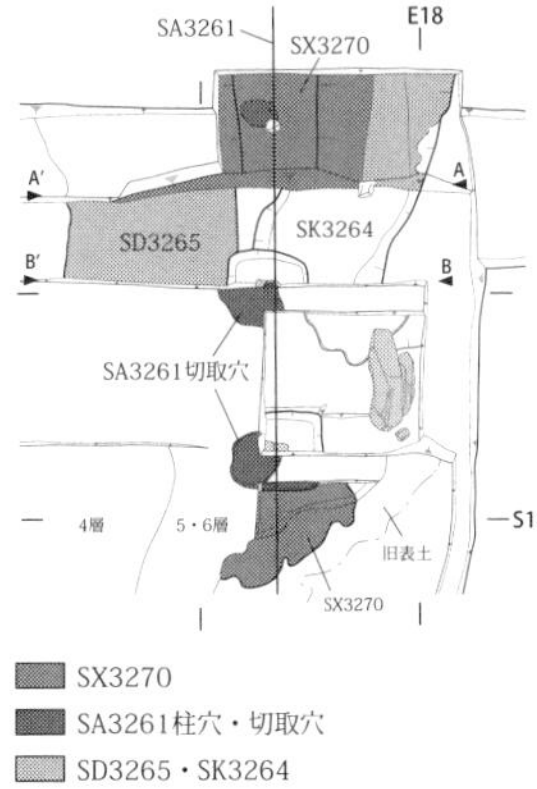

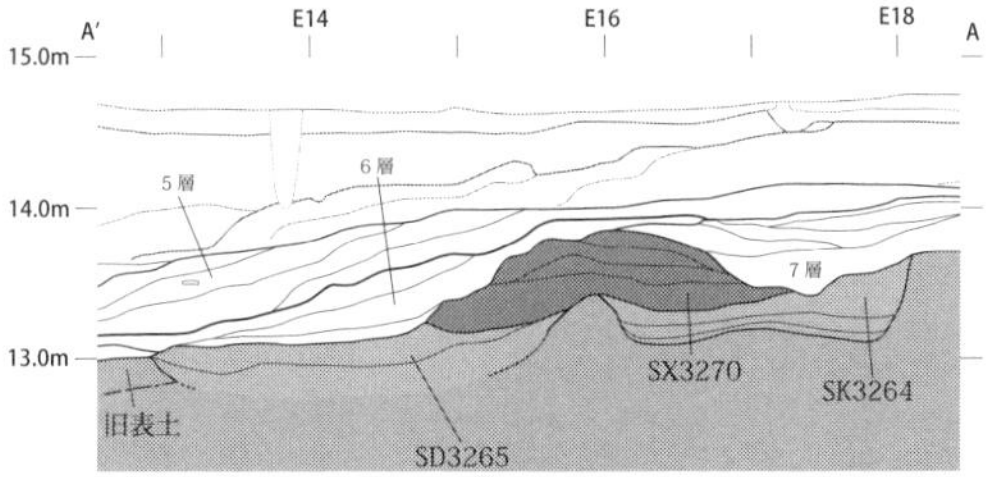

A－A'断面図

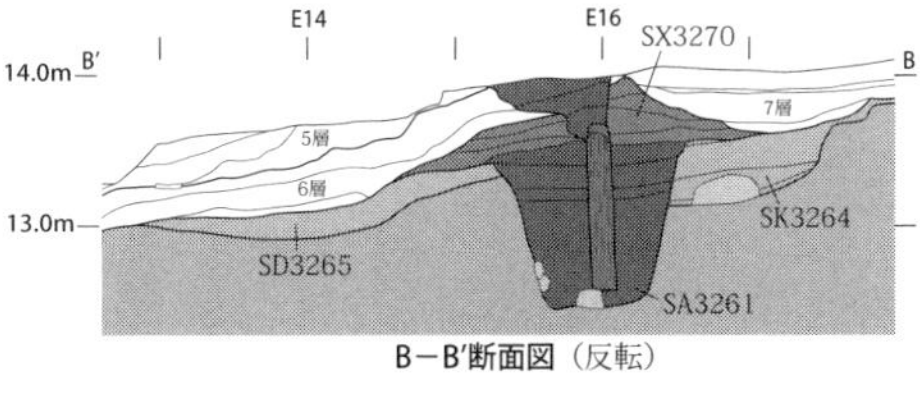

平面図：1/200　断面図：1/100

B－B'断面図（反転）

図3　鎮守府木簡の出土遺構

II期官衙での使用が考えられる。

(2) 木簡の形態と内容

報告書に基づいてSK三二六四出土木簡の形態や内容等について述べる(12)。

①鎮守府木簡　これらは多賀城跡の第四二四号木簡と第四二五号木簡にあたる。

【第四二四号木簡】

「『(記号)』府符□〔諸カ〕郡司□」　321×57×17　061　ヒノキ　柾目

【第四二五号木簡】

・「舘司長□□〔謹解カ〕大目舘小子」
・「等□〔鎮カ〕守府伊麻呂□□〔充カ〕□
　　使□□子」　177×27×5　011　ヒノキ　柾目

第四二四号は諸郡司宛の鎮守府の符の記載を持つほぼ完形の文書函の蓋である(図4)。全面を削って成形し、表は中心部が高い甲盛りの形状をとる。裏は周縁部を削って函にはめ込む突出部を作り出す(13)。記載は表にあり、上端中央の二五ミリ下から「府符」と書き出すが、三字目以下は墨が薄い。また、「府」の上には細い異筆で○印の記入がある。第四二五号は短冊形の文書簡である。四辺は削り。腐食して墨の薄い箇所があるが、裏に筆を鎮守府ととれる文字がある。内容は舘司長から大目舘宛の解で、末尾にみえる某を使として大目舘の小子等を鎮守府の伊麻呂に充てる申請をしており、最終的に伊麻呂のもとで廃棄された文書簡と考えられる。

第四二四号では省略されているが、「府」は鎮守府を指す。「符」は上級官司から被官の官司への下達文書で、郡司

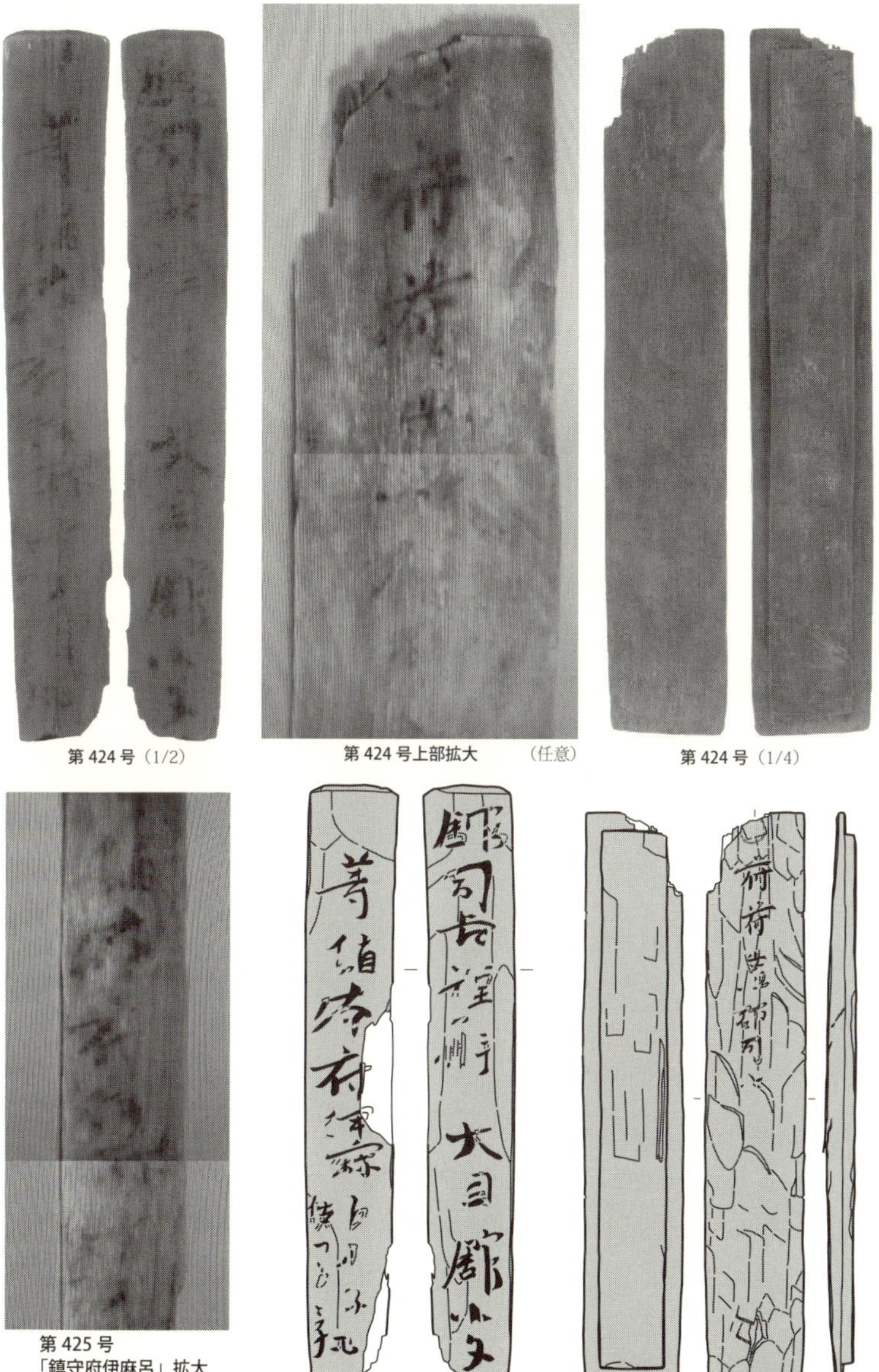

図 4　城前官衙出土の鎮守府木簡

に符を下すのは通常は国であるが、その場合は「某国符」、「国符」、「符」と記すのが通例である。管見のかぎり「国府符」や「府符」のように「府」字を使う例はない。また「府」の呼称を持つ国外の官司が陸奥国の郡司に符を直接下すことも考え難い。共伴した第四二五号にも鎮守府の記載があり、第四二四号の「府」も八世紀の陸奥国府多賀城に併置された鎮守府とみてまず間違いない。また、この記載は文書函の蓋本来の機能に伴う。文書函は二次的にしばしば習書に使われるが、第四二四号の記載は蓋の上部中央に書かれ、「府」字の上に異筆で○印がある以外に墨痕はない。記入の位置と習書に使われた形跡がないことから函蓋本来の機能に伴う蓋書であり、鎮守府が諸郡司に下した符を収めた文書函の蓋と位置づけられる。

②その他の木簡　鎮守府木簡以外では習書木簡が一点(第四二六号。〇八一形式)、荷札が三点(第四二七〜四二九号。〇三二形式)、人名や墨痕がみえる小断簡が二点(第四三〇・四三一号。〇八一形式)あり、習書木簡では「国」や牡鹿郡の「牡」等の字が習書されている。荷札のうち、第四二七号は牡鹿郡のもの。第四二八号は石背国石瀬郷の荷札で、墨は流れているが、上部に文字や紐をかけた痕跡が残る。第四二九号は茂□郷の服部福人の荷札で、数量と単位から米類の荷札と思われる。陸奥国で一字目が「茂」の郷名は小田郡に茂賀郷がある。第四三〇号には「物部」の記載がみえる。以上のうち、郡名等の習書木簡は改修前のII期官衙で国郡制に基づく文書実務が行われていたことを示す。また、荷札はいずれも異なる郡のもので、各郡から多賀城への物資の集積を示すが、出土数は必ずしも多くない。墨が薄く、紐の痕跡が残るものもあり、多少の時間を経た廃棄が考えられる。従って、物資収納の際の検収・整理に使われた荷札というよりも、個々の荷物の消費にあたって廃棄された荷札の可能性が高い。

(3) 出土の意義と木簡からみた鎮守府

ここで鎮守府木簡出土の意義と、木簡からみた当時の鎮守府について考えてみたい。

①出土の意義　まず、第四二五号は多賀城跡が八世紀第3四半期頃の陸奥国府多賀城であり、鎮守府が併置されていたことを明確にした。この木簡では館司長が大目館に解を送り、そこで働いていた小子等を鎮守府の伊麻呂に充てており、彼のもとで役割を終えた木簡が城前官衙で廃棄されている。大目は陸奥国司の第四等官であり、館司長は国司の館を維持管理し、その雑役に充てる小子等を差配する国衙の雑任とみられる。館司長の記載と小子等の鎮守府伊麻呂への配置換えは、この木簡が使われた多賀城跡が文献上の陸奥国府多賀城であり、鎮守府が併置されていたことを明瞭に示している。

次に、鎮守府の実務が城前Ⅱ期官衙で扱われていたことが明らかになった。鎮守府の伊麻呂のもとで廃棄された第四二五号が出土した同官衙は彼の職場とみられる。そして、共伴した第四二四号の形態（文書函蓋）と「府符」の記載からみれば、この官衙では鎮守府の符を扱う実務が行われている[14]。実務官衙と称される遺構は各地に数多くみられるが、その呼び名が端的に物語るように扱われていた実務の内容が知られる例は少ない。鎮守府木簡はその点でも貴重な資料である。

ほかに第四二四号から地方官司の間でも文書の運搬・伝達に文書函が使われたことが知られた。文書函については、紙の文書を収納・保管するとともに文書の運搬・伝達に使われたと指摘されている[15]。『延喜式』には「勅書函」「詔書函」「考選文函」「告朔函」「暦函」「位記函」「飛駅函」等の例があり、重要な文書や機密性の高い文書の収納・運搬に使われている。また、『類聚三代格』によると国衙の徭丁には造函併札丁がおり[16]、地方官衙での文書函の製作が考えられる。その用途は『延喜式』の例からみれば都への上進文書の運搬が主体であろうが、第四二四号の存在からすれば、地方官司の間でも重要文書の運搬・伝達に文書函が使われている。その「府」は鎮守府、「符」の宛先は諸郡司であり、出土地は鎮守府が併置された陸奥国府多賀城である。これらのことを踏まえれば、第四二四号は鎮守府が陸奥国の諸郡司に下した重要な符を収めて各郡を逓送され、最終的に多賀城に戻って廃棄された文書函の蓋と考えられる。「府」字の上の○印には用途の終了を意味する可能性もあろう。

②木簡からみた鎮守府　鎮守府木簡からみて、八世紀第3四半期頃の陸奥国には鎮守府という「府」の機構が実在した。文献上、鎮守府の初見は『続日本紀』天平十一年(七三九)四月壬午条の鎮守府将軍大野東人だが「府」字を欠く写本もある。(17)また、律令では基本的に府の官職名に「府」字は記さない。副将軍以下を含めて鎮官も八・九世紀の用例は二例のみで、(18)八世紀は前述の例以外にない。要するに、天平十一年の例には疑義がある。その場合、鎮守府の初見は後掲の『類聚三代格』巻六天平宝字三年(七五九)七月廿三日官奏となるが、それは官司名を記したもので鎮守府木簡と同じ頃の史料でもあり、妥当と思われる。

ところで、第四二四号では鎮守府が郡司に符を下している。「苻」から下は墨が薄いが、「郡司」は赤外線テレビカメラで判読できる。(19)軸線も上の文字と揃い、一連の蓋書とみられる。この記載は八世紀の鎮守府を鎮兵の統括官司とみれば異質だが、征討を典型とする版図の拡大事業では鎮守将軍が郡司や軍毅のほか、諸国の騎兵をも指揮した例がある。(20)八世紀の鎮官の多くが国司と兼任であったこととの関係が考えられるが、その点は次節以下でも考えたい。いずれ第四二四号は鎮守府が郡司に直接命令を下したことを示す資料である。一方、第四二五号では大目の館の小子等が鎮守府の伊麻呂のもとに配置換えされており、鎮守府の雑務に就く者が国衙機構から充てられている。後述のように鎮兵は当初は献穀、後には国衙財政で賄われたが、官司の運営も国衙に負っていたことが窺われる。

以上のように、鎮守府木簡は八世紀第3四半期頃の多賀城跡が鎮守府を併置した陸奥国府多賀城であること、鎮守府の実務が城前II期官衙で扱われていたことを明確にした。また、鎮守府が郡司に直接指示を下すことがある一方で、国衙で徴発した者を官司の運営に充てていたことも示す。

2　鎮守府と多賀城

八世紀の鎮守府については前半を臨時的な官司、後半を常置の府とする見方が一般的である[21]。しかし、鎮守府関係の史料や考古学的な所見に基づく多賀城の実態をみると、必ずしも適切ではなく見うけられる。

(1) 八世紀前半の鎮守府と第Ⅰ期の多賀城

①鎮兵と鎮官　鎮兵は当国から分番勤務する軍団兵士と並んで陸奥国の軍制を担った軍兵であり、主に東国から徴発され、食料の支給を受けて城柵の守衛に長期間あたった長上兵である。この鎮兵を統べる官司が鎮官で構成される鎮守府だが、その名称は現段階では疑義のある天平十一年(七三九)の例以外に八世紀前半にはみえない。

鎮兵・鎮官の創設は神亀元年(七二四)頃という見方でほぼ一致している。鎮兵は天平九年の陸奥出羽直路開削の史料が初見だが、神亀元年にみえる「陸奥国鎮守軍卒」を鎮兵、養老六年の鎮所への献穀を鎮兵粮[22]とみることで神亀元年頃の創始が考えられる。一方、鎮官は天平元年の鎮守将軍を初見とするが[23]、多賀城碑を真物とみれば神亀元年に多賀城を創建した鎮守将軍大野東人に遡る。多賀城碑は現在では偽作説がほぼ払拭され、筆者も真物と考えている(註(1)参照)。以上から鎮兵と鎮官の創設、多賀城の創建は養老末〜神亀初め頃となるが、それらは養老四年(七二〇)の蝦夷の反乱で陸奥国が甚大な被害を受け、その支配体制を再建する中でなされたと指摘されており、さらに私見では再建は同五年から手順を踏んで行われ、陸奥国は軍事力を重視した独自の体制をとる国となったとみている[24]。

創設当初の鎮兵数は不明だが、天平元年には有功の在鎮の兵人二〇〇〇人が賞され、天平九年の陸奥出羽直路開削では大野東人が四九九九人の鎮兵を率いたことから[25]五〇〇〇人程と推定される。その粮は当初は献穀で賄われ[26]、その後は陸奥国の国衙財政に切替えられた。この点は後述する天平十八年の鎮兵の廃止が財政的事情によるとみられること、献穀と同時に命じた陸奥国の調庸停止に伴う農桑の勧課によって租・正税の増収が見込まれること（註（24）今泉氏論文）から考えられる。鎮兵粮は調庸停止による増収で維持される仕組みになっていた（註（24）拙稿）。

鎮官は鎮守将軍以外に天平十年の上階官人歴名に鎮守判（官）、天平勝宝元年（七四九）の産金による叙位に鎮守判官がみえるが[27]、副将軍がいた形跡はない。また、三・四等官の官名は、養老以前の征討使の官名が対隼人への使を含めて軍防令24将帥出征条に定める将軍系列（大将軍・副将軍・軍監・軍曹）の官名であること（註（7）拙稿）、神亀元年に陸奥国への征討使が鎮官との区別のため大使系列（大使・副使・判官・主典）の官名に変更されたとみられることから[28]、当初は軍監・軍曹だった可能性が高い[29]。人数は神亀の征討前に行われた軍事調練が陸奥国を含む坂東九国を対象とし、征討使の判官・主典が各八人である点に注目すれば各一名と推定される[30]。従って、多賀城碑にみえる鎮守将軍を含めて、神亀当時の鎮官は将軍・軍監・軍曹各一名による三等官制が考えられる。

ところで、鎮兵については天平十八年の廃止が指摘されている。代わりに小田団が置かれ、陸奥国は六つ（白河・安積・行方・名取・玉造・小田団）の軍団兵士で支える体制となった[31]。この改革を主導したのは当時の陸奥守百済王敬福であり、その方策は八世紀後半に復活させた鎮兵を神護景雲二年（七六八）に削減する際にも旧例として依拠された[32]。その時の削減は膨大な鎮兵粮の支給に主因があるが、敬福の旧例に依拠した点からすると天平十八年の時も同様だったと考えられる。次に第I期の多賀城をみてみたい。

②第I期の多賀城　第I期の特徴や創建年代については述べたことがある[33]。多賀城は前代の陸奥国府郡山II期官衙の倍以上の規模を持ち、樹枝状の丘陵地形を活用した軍事的機能の高い城柵として造営された。平面形は正方位をとる九〇〇メートル四方の方形プランを基本とし、地形を活用して変形させている。政庁も三方が沢に囲まれる場所に造られた。また、郡山II期官衙は中枢部（政庁）を囲む施設がない単郭の構造だが、多賀城では政庁を囲む築地を構築

し、外郭線と合わせた二重構造をとる。区画施設も郡山Ⅱ期官衙の材木塀に対して、政庁をはじめとした防衛を強化すべき場所には築地を採用した。

一方、政庁の建物は正殿と東・西脇殿のみの構成で、楼閣風の建物や北側に庭園的な施設を持つ郡山Ⅱ期官衙よりも素朴で簡素である。建物が掘立式である点は共通し、正殿の規模も大きいが、四面廂付建物の郡山Ⅱ期官衙正殿に対して多賀城の正殿は南廂付建物であり、格式が低かった。外郭南門も郡山Ⅱ期官衙には十二脚門の可能性があるが、多賀城は八脚門である。外郭南辺も築地とみられる積土遺構と材木塀との併用で、東半では材木塀の部分が多かった。(34)南門の南側は小丘に遮られており、正面観にも難がある。規模は大きいが、外観は意外に貧相であり、内部の建物も大作りで簡易な構造をとっていた。ほかに造成不足や構築物の粗雑さもみられる。(35)第Ⅰ期の多賀城は外観的な格式や装飾性は抑え、多少の粗雑さも容認したうえで軍事力の強化を重視して造営されていた。

創建年代は多賀城碑に刻まれた神亀元年を完成とする見方が一般的だが、(36)同年にはまだ造営中で未完成だったと私見ではみている(註(7)拙稿)。また、碑文が記す年代は天平宝字六年(七六二)の建碑時に藤原朝獦が郡山Ⅱ期官衙から国府を移した年を創建年代として採用したとみるが、いずれ多賀城の創建が鎮兵・鎮官の創設と同じ頃なのは確かであろう。それらが養老四年の反乱後の陸奥国再建のための一体的な施策であるのも今世紀初めの研究(註(24)熊谷・今泉氏論文)により明確である。その場合、郡山Ⅱ期官衙の倍以上の規模を持ち、軍事的機能を重視して造られた点が注目される。その事実は新たな兵制の鎮兵を統べる鎮守府を併置した大規模な国府の計画的な造営を示唆し、(37)八世紀前半の鎮守府を臨時的とする見方にも一石を投じる。ここで、養老六年〜神亀元年の史料に集中する陸奥国鎮所にも注意したい。

③鎮所と多賀城　鎮所については、熊谷公男氏が用例の検討から兵士等が駐屯する施設の軍事的機能に着目した汎称であり、具体的に養老六年〜神亀元年の陸奥国鎮所は大崎地方の玉造等の五柵と多賀城を指すとしている(註(24)

論文)。そのうち汎称という理解は妥当と思うが、具体的には多賀城を中心に捉えるのが適切ではなかろうか。

当時の鎮所の用例はすべて物資や柵戸の送り先として現れる[38]。その場合、複数の施設を示し得る汎称を送り先として指示するのは曖昧である。例えば、養老六年の鎮所への献穀命令に応じて複数の者が方々の鎮所に献穀したのでは混乱をきたす。にもかかわらず、それが使われているのは、この頃には鎮所と言えば直ちに想起される中心的な施設があり、本来は鎮所という汎称が事実上はその施設を指したことが考えられる。同史料に献穀量に応じた叙位規定がある点からすれば、それは献穀を統括するような施設である。また、鎮所と明記する以上、当時の国府郡山II期官衙ではない。さらに、多賀城への国府移転が考えられる神亀元年で鎮所という語句の集中が途切れる点に注目すると、その施設は多賀城以外にはない。恐らく、新たに鎮守府を併置する新国府多賀城を現国府郡山II期官衙と区別して示すため、その性格の一端を示す点でも適切な汎称(鎮所)が固有名詞的に使われたと私見では考えている。

ところで、八世紀前半の鎮守府が臨時的とされるのは官人の任命が続かず、三・四等官の官名も臨時の官に使われる判官・主典である点にある(註(21)参照)。しかしながら、当初の三・四等官は軍監・軍曹の可能性が高く(註(29)参照)、任官記事等の史料の少なさも将軍・軍監・軍曹各一名による鎮官の構成からすれば自然と思われる。

八世紀前半の鎮守府について整理すると、鎮守府は養老四年の蝦夷反乱後の養老末〜神亀初め頃に創設され、天平十八年の鎮兵廃止まで二〇年以上存続した。鎮官は三等官制、鎮兵は五〇〇人程の常備兵とみられる。同時に多賀城が軍事的機能を重視して郡山II期官衙の倍以上の規模で造られ、国府の移転までは鎮所と呼ばれた。また、鎮兵粮は当初は献穀で賄われたが、その後は国衙財政に切替えられた。ほかに創設期から鎮守軍卒の陸奥国への移貫や家族の同行も許されている[39]。以上のことからすると、むしろ恒常的な官司としての創設が考えられる。もっとも、鎮兵数や鎮官の官制は八世紀後半より小規模で、多賀城にも簡素で不備な面がある。ただ、それは当初の献穀による鎮兵粮の確保でも窺われるように、蝦夷反乱後の陸奥国国力の脆弱さによるものであろう。当時の陸奥国は外観に拘らず創建した多賀城を中心に五〇〇人程の鎮兵を養うのが限度であり、鎮官の構成もそれなりであったとみておきたい。

(2) 八世紀後半の鎮守府と第Ⅱ・Ⅲ期の多賀城

鎮兵は廃止から十一年後の天平宝字元年（七五七）に再見し、二ヶ月後には鎮守将軍と副将軍が任じられた(40)。以後、鎮守府は常置となるが、鎮兵は伊治城の造営終了後の神護景雲二年（七六八）に大幅に削減され、翌年には廃止も図られた(41)。結果的には存続したものの、神護景雲年間以前と宝亀年間以降の鎮守府には変化がみられる。

①天平宝字～神護景雲年間の鎮守府と第Ⅱ期多賀城　復活時の鎮兵数は不明だが、神護景雲二年の削減時は三〇〇人余であった。その間には桃生・雄勝・伊治城の造営と多賀城・秋田城の改修が行われ、前者では史料から鎮兵が使役されたとみられる。後者も同様であったろう。桃生・雄勝城の造営開始は鎮兵再見の翌年で、さらに次の年には八一八〇人もの郡司・軍毅・鎮兵・馬子が造営に役されている(42)。従って、鎮兵は前代を大きく上回る数で復活したものと思われる。その最大の目的は間違いなく両城の造営にあった。

鎮守府の官司名は前述の『類聚三代格』天平宝字三年七月廿三日官奏にみえる。

乾政官謹奏
陸奥国鎮守府給二公廨事力一事
将軍准レ守　将監准レ掾　将曹准レ目　若帯レ国者不レ須二兼給一。
右件府官人。離レ家遠任。理須二矜恤一。伏請。自今以後。准レ件並給。臣等商量如レ前。伏聴二勅裁一。謹以申聞。謹奏。奉レ勅。依レ奏。
天平宝字三年七月廿三日

この官奏は、同元年十月に国司の公廨配分率を定めたことにより鎮官も同等としたもので(43)、鎮守府の名称も年代的に鎮守府木簡で肯定できる。復活した鎮兵を統括したのは陸奥国鎮守府である。なお、官奏には副将軍がみえないが[44]、この官奏から文を成す『弘仁式』主税式にはあり、『弘仁格』の編纂段階での削除が指摘されている(註(43)論文・書籍)。鎮官は桃生・雄勝城造営の報賞記事で将軍と副将軍各一名、軍監二名、軍曹一名が確認され[45]、大国の国司とほぼ同規模の四等官制とみられる(註(21)鈴木氏論文)。副将軍は鎮兵再見後最初の任官記事で確認され、天平宝字三年官奏でも存在が指摘されるので当初からの存在が考えられる。鎮兵の大規模な復活とともに官制が拡大され、処遇も国司待遇とされた。

ここで、この時期の将軍と副将軍をみると(表1・2)、将軍は四名中一・二人目の大伴古麻呂と藤原朝獦は陸奥国は初任であり、副将軍には各々陸奥国に長く在任していた佐伯全成・百済足人(余足人)が任じられた。全成は前述の陸奥守百済王敬福のもとで介を勤めて彼の後任となった人物、百済足人は上階官人歴名の鎮守判(官)で、その後は敬福と全成の下で陸奥大掾・介を勤めて二〇年近く陸奥国に在任していた。復活当初の鎮守府は桃生・雄勝城の造営という政府の意を託した新任の将軍と国務に精通した副将軍による体制をとり、藤原朝獦の将軍時に両城の造営と多賀城・秋田城の改修がなされた。一方、将軍三・四人目の田中多太麻呂と石川名足は副将軍として赴任し、その後に将軍となった。副将軍として経験を積んだ者を将軍にする方法で、将軍と副将軍の位置づけが変わり、鎮守府の活動も現地主導を強めたと思われる。この体制下では伊治城が造営され、その終了後に陸奥国の申請で鎮兵が削減される。

次に、この頃に改修された第II期多賀城をみてみたい。多賀城の改修は藤原朝獦の前任の陸奥守佐伯全成の頃から手がけられ、朝獦が完成させた[46]。朝獦は天平宝字元年の橘奈良麻呂の変の際に新任の守として陸奥国に乗込み、奈良麻呂の一派とみられた全成を勘問のすえ自殺に追い込んで全権を握った[47]。そうした経緯から当初より専制的な立場を獲得し、陸奥国に熟知した百済足人をはじめとする現地官人を縦横に使って城柵の造営・改修を進めたとみられる。第II期多賀城は第I期の軍事的な優秀性を引継ぎ、不足していた装飾性や格式を加えて第I〜IV期の中でも最も荘厳

表1　八世紀の鎮守将軍

鎮守将軍	初　見	終　見	兼任の状況	備　考
大野東人(参考)	神　亀　1 (724)：(従4上)		按察使	出典：多賀城碑。実際の位階は従5上
大野東人	天　平　1 (729)	天　平　11 (739)：従4上	按察使・守	
大伴古麻呂	天平宝字1 (757)：正4下		按察使＝将軍	
藤原朝獦	天平宝字4 (760)：正5下	天平宝字6 (762)：(従4上)	守＋按察使・将軍	終見の出典：多賀城碑。実際の位階は従4下
田中多太麻呂	天平宝字8 (764)：従5上		守＋将軍	
石川名足	神護景雲2 (768)：正5上		将軍＋守	
坂上苅田麻呂	宝　亀　1 (770)：正4下			
佐伯美濃	宝　亀　2 (771)：従4下		将軍＝守	
大伴駿河麻呂	宝　亀　4 (773)：正4下	宝　亀　7 (776)：正4上	按察使・守＋将軍	
大伴家持	延　暦　1 (782)：従3	延　暦　4 (785)：従3	按察使＝将軍	
百済王俊哲	延　暦　6 (787)：正5上			
多治比宇美	延　暦　7 (788)：正5下		按察使・守＋将軍	
百済王俊哲	延　暦　10 (791)：正5上			
坂上田村麻呂	延　暦　15 (796)：従4下	延　暦　19 (800)：従4上	按察使・守＋将軍	

トーン部分：按察使・守の任官が将軍任官と同時(＝)または先行(＋)するもの

表2　八世紀の鎮守副将軍

鎮守将軍	初　見	兼任の状況	備　考
佐伯全成	天平宝字1 (757)：従5上	守＋副将軍	前任：陸奥介→陸奥守
百済足人	天平宝字4 (760)：従5上	介＋副将軍	前任：鎮守判(官)→陸奥大掾→陸奥介
大伴益立	天平宝字5 (761)：従5下	副将軍＋介	前任：鎮守軍監
田中多太麻呂	天平宝字6 (762)：従5上	守＋副将軍	前任：鎮国衛次将兼上総員外介→陸奥守
石川名足	神護景雲1 (767)：正5下	備前守＋副将軍	
田口安麻呂	神護景雲2 (768)：従5下	介＋副将軍	前任：内豎少丞
紀　広純	宝　亀　5 (774)：従5上	(河内守)＋副将軍＋陸奥介	昇任：陸奥守＋陸奥按察使(宝亀8)
佐伯久良麻呂	宝　亀　7 (776)：従5上	(近江介)＋権副将軍＋陸奥介	
大伴真綱	宝　亀　11 (780)：従5下	介＋副将軍	
百済王俊哲	宝　亀　11 (780)：従5上		前任：(陸奥在任)
内蔵全成	天　応　1 (781)：正5上	守＋副将軍	
安倍猿島墨縄	延　暦　1 (782)：外従5上		副将軍は権任。前任：(陸奥在任)。昇任：鎮守副将軍(延暦7)
多治比宇美	延　暦　4 (785)：従5上	守＋按察使兼副将軍	
百済王英孫	延　暦　4 (785)：従5下		副将軍は権任。
佐伯葛城	延　暦　6 (787)：従5下	介＋副将軍	
池田真枚	延　暦　6 (787)：従5下		前任：長門守
巨勢野足	延　暦　8 (789)：従5下		
文室大原	延　暦　10 (791)：従5下	介＋副将軍	前任：治部少輔

トーン部分：按察使・守の任官が将軍任官と同時(＝)または先行(＋)するもの

で偉容を持つ城柵となる。

政庁の建物には後殿と楼が加わり、(48)正殿は四面廂付となる。外回りでは南門に翼廊が取付き、東・西・北の築地線上にも建物が付加された。建物は礎石式で、築地を含めて総瓦葺きである。また、広場が石敷となり、石組の溝や通路も布設された。建物の増設と礎石式化で質が向上し、正殿の四面廂化と翼廊付きの南門、築地線の建物や石を用いた施設、総瓦葺き化で装飾性が格段に高められ、機能と装飾性を兼備した政庁となっている。

外郭線では佐伯全成が約一二〇メートル南に移して造り始めた南門・南辺に手を加え、南門は規模を大きくし、建物の方向も修正して政庁南大路や城外の道路と直交させた。築地は多賀城最大の基底幅約二・七メートルの区画施設で、低地部ではしがらみで両脇を押さえた幅一五～一六メートル、高さ二メートル前後の基礎地業上に構築された。南門は礎石式八脚門、築地も礎石式寄柱を伴い、総瓦葺きである。掘立式の南門と材木塀を併用した第Ⅰ期南辺を遥かに凌ぐ施設で、移転によって南から全貌が視認可能となり、多賀城の正面観に偉容が備わった。ほかに東・西門も礎石式総瓦葺きの八脚門に建替えられている。ほかに、実務官衙では前述の城前Ⅱ期官衙が政庁に次ぐ高い計画性で造営された。鎮守府木簡が出土し、第Ⅱ期中に一度改修されている。また、政庁南大路は多様だった第Ⅰ期の道路脇の形態が、東側を側溝、西側を石列または石垣を伴う道路に統一された。

以上のような改修は、政庁をはじめとした多賀城の主要施設全体で行われており、軍事的機能を重視した第Ⅰ期には欠けていた要素を加え、多賀城は荘厳で偉容を持つ城柵になった。改修の年代は、佐伯全成の陸奥守在任末頃から改修を顕彰した多賀城碑が記す天平宝字六年(七六二)頃で、鎮兵の復活や鎮守府の拡大整備と期を一にしてなされたとみられる。しかし、そこに常置の府としての鎮守府の成立をみるのは早計である。本節の冒頭で触れたように伊治城造営後の神護景雲二年(七六八)には鎮兵が大幅に削減されている。

②城柵の造営と鎮守府 同年九月壬辰条では陸奥国が百済王敬福の時の旧例に依拠し、鎮兵二五〇〇人の削減と軍

団兵士の増員を申請して許された。同時に十年に一度の調庸京進も許可されている。削減の主因は「当国春運年粮料稲卅六万余束」と記された鎮兵粮の負担にある。多数の鎮兵を養うには莫大な粮が必要であった。翌三年正月己亥条によると、削減は三〇〇〇人余の鎮兵から五〇〇余人を残して行われ、残った鎮兵もいずれ廃止する方針が示された。前年に調庸の十年一進を許したこと、その用途が蝦夷への饗給にあるとみられることからすると、以後は造営・改修した城柵を軍団兵士で守衛しつつ、蝦夷政策の重点を朝貢・饗給による懐柔に置いたと考えられる。(49)

ところで、鎮兵の削減を百済王敬福の旧例に依拠した点からすると、天平十八年の廃止も鎮兵粮の負担によるとみられる。当時の鎮兵は五〇〇人程で、その粮は調庸を停めた余力による農桑の勧課で財源を得ていた。しかし、十一年後の鎮兵復活時には調庸は復活していた。(50)とすれば、大規模な鎮兵の復活が陸奥国単独で維持できないことは自明であったろう。また、第Ⅱ期多賀城も鎮兵の創設に対応する規模の拡大と軍事機能の重視によって造られた第Ⅰ期とは異なり、朝貢と饗給による蝦夷の懐柔に効果を発揮する姿を持つ。装飾性・格式を加え、政庁と外郭南辺の建物・築地を総瓦葺きにした外観は朝貢する蝦夷を魅了し、同時に国家のレベル・威信を誇示する点で極めて有効である。一方、大規模化した鎮兵を統べる鎮守府を体現するような軍事的強化を意図した改修はあまりみえない。(51)その姿は、むしろ鎮兵削減後の蝦夷政策に合致している。

そう考えれば、大規模な鎮兵復活と鎮守府の整備は当初から諸城柵の造営・改修のための臨時的な措置の感がある。鎮兵を造営に役すことは天平九年の陸奥出羽直路開削における雄勝城の例(52)があり、鎮所と呼ばれた多賀城の創建も同様だった可能性が高い。天平宝字～神護景雲年間の鎮守府は、そうした性質を持つ鎮兵を最大級に使うために復置された臨時的な官司と私見では考える。従って、一連の造営がすめば多量の粮を費やす鎮兵は無用であり、廃止の方向性が示された。もっとも鎮官の任命はその後も続き、鎮兵も宝亀年中の再増員が指摘されている(註(31)論文)。しかし、それは城柵の造営とは別に蝦夷との関係の悪化による戦闘という新たな局面が生じたためである。

③宝亀年間の鎮守府　鎮兵の廃止が示されたにもかかわらず、翌宝亀元年には早くも坂上苅田麻呂の鎮守将軍任命がみえる。そのひと月前には蝦夷の宇漢米公宇屈波宇が賊地に逃げ帰り、城柵の襲撃を放言する事件があり、同五年には桃生城が襲撃される(53)。陸奥国は宝亀初年から不穏な情勢にあり、やがて蝦夷との戦闘が現実化した。そうした情勢では鎮守府は閉鎖できず、今度は戦闘を意識して苅田麻呂のような武人を登用し、強化を図ったとみられる。鎮兵増員の年代や人数は不明だが、延暦二年(七八三)四月辛酉条には「比年坂東八国、運穀鎮所」とあり、同年以前から鎮兵粮の不足を補っていることから、宝亀年中には陸奥一国では維持できない数が推測される。多賀城でも城前II期官衙が改修されており、増員との対応が考えられる。

苅田麻呂以後、将軍には佐伯美濃、大伴駿河麻呂が任じられた。彼ら三人は陸奥国は初任だが、いずれも武の家柄に出自を持ち、苅田麻呂と美濃は藤原仲麻呂の乱の際に実戦で活躍している。副将軍としては大伴駿河麻呂のもとで紀広純が遠山村の征討にあたり、駿河麻呂の没後は按察使兼陸奥守として陸奥国の首班となった。ただ、広純は宝亀十一年に殺害されるまで副将軍であり(54)、将軍は空席だったらしい。駿河麻呂没の時点で広純は陸奥国赴任一年程にすぎず、将軍の兼任には日が浅かったのかもしれない。また、駿河麻呂没の二ヶ月前に志波村の賊が叛逆した際には佐伯久良麻呂が権副将軍となり(55)、広純とともに以後の鎮守府の任にあたった。将軍の欠員を副将軍二名で維持する変則的な体制で鎮守府は存続している。

ところで、宝亀年間の鎮守府は遠山村の征討や志波村賊との戦闘を行い(56)、征討を主体に機能している。また、陸奥国は初任でも武の家柄に出自を持つ苅田麻呂等三人が将軍を務めるあり方は、政府の意を受けた彼らを中心に現地主体で征討を進める体制である。次いで副将軍のまま征討を指揮した紀広純が将軍となれば、現地鎮守府の主導性が強まると思われるが、そうした経緯は造営・改修の時と同じであり、その意味で鎮守府は城柵の造営から蝦夷の征討に活動の重点を替えて存続した。蝦夷との関係悪化による存続や他国への鎮兵粮の依存、駿河麻呂没後の変則的な体制なども踏まえると、この頃の鎮守府にも臨時的な性格が窺われる。

④宝亀十一年以降の鎮守府と第Ⅲ期の多賀城　伊治公呰麻呂による紀広純の殺害を契機とした反乱で、[57]蝦夷との戦闘は大規模な政府派遣軍による国家レベルの征討に発展する。多賀城も蝦夷の襲撃による全焼後に再建され、征討の拠点となる。この頃も鎮守府の兵力は不明だが、桓武天皇が征討を断念した延暦二十四年（八〇五）には相模国が三五〇〇人の鎮兵を陸奥出羽両国に出しており、弘仁元年（八一〇）には三八〇〇人の鎮兵が確認される。[58]少なくとも三〇〇〇人前後から四〇〇〇人の規模が推定される。

政府派遣軍による征討が始まると、現地で征討にあたってきた鎮守府の立場は相対的に低くなるが、鎮守府自体の体制は延暦八年の征討まではむしろ強化された（註(21)鈴木論文）。具体的には複数の鎮守副将軍や国司を兼任しない専任の副将軍が置かれており、征討軍の中で果たす鎮守府の役割が重視されている。実際、同年の征討では専任の鎮守副将軍池田真枚・安倍猿島墨縄が征討使とともに作戦を立案のうえ前線での戦闘にもあたり、鎮守府が征討の一翼を担った。[59]しかし、彼らの軍をはじめとして同年の征討は混成軍的な編成をとり、それが敗戦の要因にもなったことから、以後の征討では征討使が鎮官を兼任し、征討使の中に鎮官が取込まれた。つまり、征夷大将軍指揮下の征討使に鎮官を吸収する形で指揮系統が一本化され、結果として鎮守府の主導性および独自性はかなり弱まったとみられる。国家レベルの征討の中で鎮守府の機能や立場は変化した。

ところで、宝亀十一年に炎上した多賀城に政府派遣軍が到達したのは三ヶ月弱ほど後とみられる。[60]以後、多賀城は仮の施設による多少の期間を挟んで本格的に復興される。仮の施設は政庁や城前官衙、外郭東門等で確認されており、政庁では正殿だけは最初から本格的な礎石建物として復興されたが、他は本来の場所とは位置をずらして仮の建物が掘立式で建てられた。[61]政庁の機能を迅速に回復させたうえで再建が進められている。

第Ⅲ期多賀城の構造は第Ⅱ期と大差ないが、[62]政庁では築地線の翼廊や建物、石組溝等の装飾的な施設が省かれ、第

I期と同じく門部分を残して政庁が築地で完全に囲まれた。外郭施設では諸門が少し小さくなり、東・西門は外郭線がコ字に入った奥に掘立式で構築された。櫓も多く付設され、政庁と外郭施設には質実さと防衛上の配慮がみられる。城内の官衙では、城前官衙が実務性を強めた官衙になったのをはじめとして各地区で建物が増加し、北東部の大畑官衙や政庁東側の作貫官衙ではコ字型の配置もみられる。ただ、城前II期官衙ほどの計画性や鎮守府との係わりが知られる官衙は見出されていない。他には政庁南大路が二三メートル幅に拡げられた。外郭南門から城外に伸びる南北大路も拡幅され、その延長上では砂押川の流路が直線的に改修されている[63]。この河川は海上に通じる潟湖あるいは七北田川に接続し、南からの物資の搬入に備えた運河とみられる。そして南北大路と運河、南北大路から西に伸びる東西大路を基準として城外南面に方格状の地割が形成される。

城外も含めた第III期の様相は、大規模な派遣軍による征討の拠点としての姿と符合する。まず、襲撃で炎上した多賀城の防衛が強化されるのは当然である。また、この頃の多賀城は史料から征討の一大拠点・集積地とみられるが[64]、道路や運河、城内の建物や南面の地割等の様相は、そのあり方によく符合する。拡げられた道路は帰降した蝦夷の朝貢の際にも有用であったろう。ただ、当時の概観は窺われるものの鎮守府と直接係わる遺構・遺物は未だ確認されていない。今後に期されるところである。

3 八世紀鎮守府の特質

鎮守府木簡の出土により多賀城跡が八世紀後半に鎮守府が併置された陸奥国府多賀城であるのが明確になった。また、多賀城は鎮兵・鎮官の創設と同じ養老末〜神亀初め頃に陸奥国府郡山II期官衙の倍以上の規模で造られ、同官衙からの国府移転までは鎮所という汎称で示されたと考えた。鎮守府と呼ぶ明証はないが、実質的には陸奥国府兼鎮守府を置く城柵として創建されたのであり、八世紀の鎮守府は国府とともに多賀城跡にある。

ところで、八世紀後半の鎮守府の実務は多賀城の城前II期官衙で扱われていたが、政庁以下の規模・格式や鎮官と按察使・国司の兼任の多さ(表1・2)などからすれば、鎮守府政庁は国衙政庁が兼ねたとみられる(註(14)参照)。そうした兼任や施設の共用は当時の鎮守府を考えるうえで重要であろう。ここでは兼任の実態や鎮守府の運営・機能・性格などから八世紀の鎮守府の特質を窺ってみたい。

(1) 兼任と鎮守府の運営

①**兼任の実態**　按察使・国司との兼任は八世紀の鎮守将軍一二例中一〇名、副将軍一八例中一二名で確認され、そのうち将軍八名と副将軍九名が同時または先に按察使・国司に任じている。それらとの兼任は鎮官の前提であり、鎮官は按察使や国司に付与、重ねられる官職と考えられる。このことは天平宝字三年官奏で国司を兼任する鎮官には公廨を重給しないとしたこと、多賀城政庁が鎮守府政庁を兼ねたとみられることと通じる。

ここで各将軍・副将軍の初見時の位階をみると、将軍は従四位前後、副将軍は従五位前後で、按察使・守と介の相当位(正五位・従五位上、正六位下)よりも高い。これは鎮官が付与される官による必然的な現象だが、国司等より上位にみえる点で注目される。実際、国司からの鎮官兼任者は国司以上の権限を持つ。鎮官への就任は国司を基盤とし、より大きな権限を所持する上位者となる意味を有したと考えられる。[65]

②**鎮守府の運営**　鎮守府木簡のうち、第四二四号(文書函蓋)では被官関係にない鎮守府から郡司に符を下しており、按察使・国司が鎮官を兼任すること(按察使・国司＋鎮官)を前提として機能している。制度的に違和感はあるが、鎮官＝按察使・国司なら実質的に問題はない。「府苻」の表記は鎮守府関係の用務であることの明示でもあったと思われる。また、典型的な文書函蓋の形態からみて、この函蓋は国衙所属の造函併札丁による供給が推定される。別官司

とはいえ、一城柵内で同形の函蓋を作るのに国府と鎮守府の徭丁が別であったとは考えにくい。第四二五号でも国司館の雑役従事者を鎮守府に配しており、その運営は国衙機構を基盤としたとみられる。

一方、鎮守府の兵力及び労働力となる鎮兵は、八世紀には国外の東国から徴発され、その粮は創設時の献穀から国衙財政に替えられた。その後、神護景雲二年の鎮兵削減時には国衙財政から膨大な量を支出しており、宝亀年間には坂東諸国からの運穀も知られる。鎮兵の人的基盤は東国、それを養う物的基盤は国衙財政を主体として東国に補完させる仕組みであった。要するに陸奥国と東国にほとんど依存していたといえるが、鎮官が按察使・国司に重ねる官である点を重視すれば、鎮守府は陸奥国と東国という基盤にいわば重ね合わせた枠組み、運営された官司とみられる。

(2) 機能・性格と八世紀鎮守府の特質

鎮守府は平時には鎮兵を管理維持し、城柵の守衛に充てるのを主務としたと思われるが[66]、史料上で征討や城柵の造営における活動が目立つのは否定できない。それが最初に知られるのは神亀元年(七二四)の征討である。

①八世紀前半の機能と性格　神亀の征討では現地官人の大野東人への報賞が征討大使の次に高く[67]、東人が鎮守将軍として高い戦功をあげたとみられる。その詳細は不明だが、この時の征討軍は事前に坂東九国の軍兵を調練しており、征討使の判官・主典の人数(各八人)を陸奥国以外の八国に対応するとみれば、東人以下の鎮官は陸奥国の軍兵を指揮したと考えられる。次に、天平九年(七三七)の雄勝城造営を伴う陸奥出羽直路の開削が知られる。その計画を東人は按察使として申請したが、実行時には鎮守将軍または将軍と記され(註(6)史料)、鎮兵以外に帰降狄俘と陸奥国の軍団兵士、坂東の騎兵を率いている。帰降狄俘と軍団兵士の引率は東人の按察使兼任に立脚するが、それを鎮守将軍として指揮・統括しているのが注意される。将軍は軍事行動時の陸奥国総司令としての地位と権限を有した。なお、坂東の騎兵は征討使から委ねられた兵で、厳密には将軍の麾下とは言えない。ただ、それをも指揮する立場になりえた

ことには将軍の権限の拡張・強化が窺われ興味深い。

ところで、八世紀前半の鎮守府が臨時的とされるのは（註(21)参照）、鎮官記事の少なさや呼称、八世紀後半と比べた兵数の少なさ等によると思われるが、記事の少なさは小規模な官制（将軍・軍監・軍曹各一）や、天平九年の直路開削挫折後の社会・政治情勢を背景とする事業の頓挫という結果（註(29)参照）による点が大きい。呼称も当初は軍防令24将帥出征条どおりとみるのが妥当であり、五〇〇人程とみられる兵数も別に少なくはない。鎮兵創設頃の陸奥国軍団兵士は四団四〇〇〇人で（註(31)論文）、六番制なら常勤は六六〇〜六七〇人であり、鎮兵を加えると倍近い兵力となる。つまり、当時の鎮兵数は一国分の常勤兵力に匹敵するのであり、多賀城も郡山Ⅱ期官衙の倍以上の規模で創建された。また、天平十一年以降に将軍はみえないが、鎮兵は天平十八年まで二〇年以上存続している。八世紀後半と比べれば兵数は少ないが、むしろ陸奥一国では到底維持できない後半の兵数のほうが多すぎないか。そうした違和感のある実態を標準として前代をみるのは慎みたい。八世紀前半の鎮官・鎮兵や多賀城のあり方、社会・政治的な背景からすると、創設当時の鎮守府を臨時的とみる要素は必ずしもない。私見では養老四年（七二〇）の蝦夷反乱後の陸奥国の軍制強化を目指した恒常的な設置を考える。

②八世紀後半の機能と性格　天平宝字〜神護景雲年間の城柵の造営は鎮守府主体で進められたことが桃生・雄勝城、伊治城の造営に関する報賞記事(68)で明らかである。桃生・雄勝城の記事にみえる陸奥国官人はすべて鎮官である。伊治城では首脳部を賞したうえで、その他の有功者の簡定・奏聞を将軍に命じている。造営は鎮守府が指揮していた。また、各城の造営には郡司や軍毅、夷俘、諸国の騎兵・軍士等も動員され、諸国軍兵も指揮下にあった。鎮守府の権限、位置づけはかなり大きい。

宝亀年間の征討では鎮官の記載が目立ち、按察使兼任の大伴駿河麻呂や紀広純を鎮守将軍・副将軍の官職のみで記す例がある。志波村賊との戦闘にも権副将軍があたり(69)、天平九年の大野東人と同様に実際の軍事行動では鎮官の名のもとに軍が指揮されている。ただ、当時の軍の構成は今ひとつ詳らかではない。鎮兵と陸奥国の軍団兵士、他に俘軍があったのは確実だが、諸国軍兵の存在は確認できない。もっとも、城柵の造営・改修期からの存続を考慮すれば含まれる余地もあり、指揮権もそのまま有した可能性はある。

一方、政府の征討軍が派遣された宝亀十一年以降になると、諸国軍兵は派遣軍所属とみるのが妥当であり、鎮守府が率いるのは陸奥国の軍兵に限られたと考えられる。それでも延暦八年の征討まで鎮守府は比較的重視され、副将軍の増員といった強化も図られたが、征討軍全体の中で鎮官は現地の別将にすぎず、敗戦を責める勅では卑将とまで呼ばれた(註(59)史料)。さらに、延暦十三年以降の征討軍において征討使による鎮官兼任が始まると、鎮官は征討使に取り込まれ、鎮守府の主体性は大きく低下したとみられる。

ところで、八世紀後半の鎮守府は時間軸上では常置だが、桃生・雄勝城に続く伊治城の造営終了後には鎮兵が大幅に削減され、廃止も図られた。しかし、蝦夷との関係の悪化で存続し、鎮兵も再増員されて結果として常置化したのが実態である。また、天平宝字〜神護景雲年間の鎮守府は多賀城と秋田城も改修し、多賀城は荘厳で偉容のある城柵となったが、削減前の鎮兵三〇〇〇人を統括する軍令部的な要素や軍事的な強化はあまりみえない。改修後の多賀城は造営に使った鎮兵による軍事的な統治ではなく、通常の軍団兵士で城柵を守衛しつつ朝貢と饗給による蝦夷の懐柔に有効な姿を持つ。従って、この時期の鎮守府ははじめから各城柵の造営・改修を目的とし、増強を伴う形での臨時的な設置が考えられる。一方、宝亀年間の鎮守府は蝦夷征討を主体に存続し、宝亀十一年以後は政府派遣の征討軍とともに機能する。蝦夷との関係悪化で戦闘に備えざるを得ず、やがてその方向に進んで大規模な征討に発展した結果である。ただ、征討が済めば役割は終了する。存続の必要性もそれまでであろう。

以上から八世紀後半の鎮守府は臨時的とみるが、征討も城柵の造営ももとより平常時の城柵守衛とともに鎮守府の機能ではあった。多賀城を創建した大野東人は鎮守将軍として神亀元年の征討で戦功を立て、天平九年には雄勝城の造営を伴う陸奥出羽直路の開削にあたっている。そうした実績を踏まえて、鎮守府は天平宝字～神護景雲年間には城柵の造営、宝亀年間は征討に特化した形で機能し、政府派遣軍による征討の開始で官司の位置づけはさらに変化を重ねた。見かけは常置の一官司でも情勢によって機能や位置づけを比較的短期間で変えつつ移行し、蝦夷政策を遂行する一翼を担っている。

③八世紀鎮守府の特質　本稿の冒頭に示した捉え方にもみえるように、一般的に八世紀の陸奥国府と鎮守府は並列的に扱われている。しかし、兼任や運営、国衙と鎮守府の政庁を兼ねる多賀城政庁などの実態からすると、鎮守府は国衙機構という基盤に重ね合わされた官司とみられる(図5参照)。征討や城柵の造営の際には、鎮守将軍が按察使・国司からの兼任を前提として国衙機構を動かしつつ、陸奥国の軍団兵士と東国から徴発した鎮兵を合わせた陸奥国の総司令として指揮をとった。また、その構造は大野東人の例からすれば鎮守府創設時からの特徴で、その後に政府が軍事的な蝦夷政策を大規模かつ臨時に行う際に大いに利用できた。八世紀後半には政府の意を託した藤原朝獦、大伴駿河麻呂等を按察使・陸奥守としたうえで鎮守将軍に据えて陸奥国の全権を持たせ[70]、城柵の造営および征討をさせている。その場合、建前の上で国衙とは別機構であるため、臨時に増員した多数の鎮兵や諸国の軍兵をも指揮させることができた[71]。とすれば、八世紀後半の鎮守府は陸奥国で政府が大規模臨時に行う蝦夷政策事業の枠組みとして使われた感がある。そのため官司的な外見(枠組み)は常置の一官司にみえても重点を置く機能(中身)が情勢や政策によって変わる官司として活動し、征討の大規模化に伴って政府派遣軍という新たな枠組みが編成されれば取込まれる変遷をたどった。

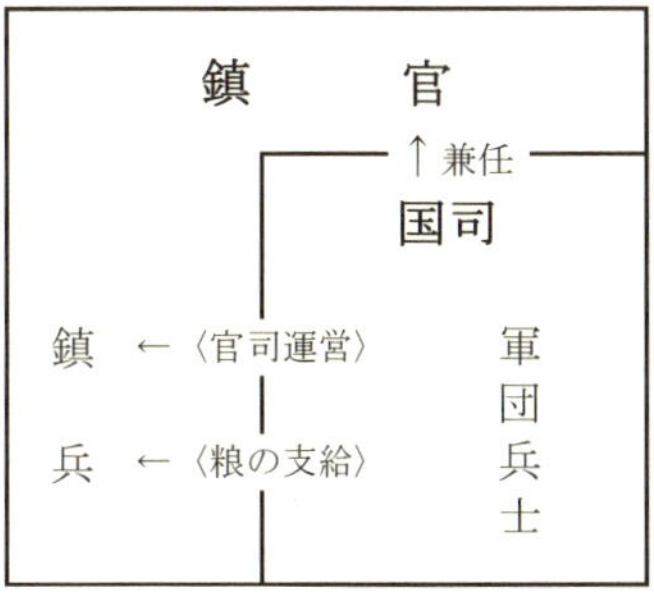

図5　国司・鎮官概念図

おわりに

一展望の域を出ないが、本稿では従来の見方とはやや異なり、八世紀前半の鎮守府に恒常的な官司としての創置、後半の鎮守府に臨時的な設置・存続を考えた。また、八世紀の鎮守府は国衙機構という基盤に重ね合わされた官司であり、後半には政府が城柵の造営や征討といった蝦夷政策を行う際に枠組み（事業主体）として活用した官司と考えた。そうして蝦夷政策の推移により鎮守府は機能・位置づけを変えつつ存続する。その可変的な性質は、九世紀の胆沢城移転の際にも前提になったと思われる。機会があれば考えてみたい。

註

（1）平川南ほか編『多賀城碑 その謎を解く 増補版』（雄山閣、一九九九年）。拙稿「出土文字資料と多賀城碑」（熊谷公男編『東北の古代史3 蝦夷と城柵の時代』吉川弘文館、二〇一五年）。

（2）宮城県多賀城跡調査研究所『宮城県多賀城跡調査研究所年報一九七三 多賀城跡』一九七四年。宮城県教育委員会『山王遺跡Ⅲ』宮城県文化財調査報告書第一七〇集、一九九六年。なお、以下では宮城県多賀城跡調査研究所年報を『年報一九七三』、複数の場合は『年報一九七三・一九七四』などと略す。

（3）『年報二〇〇六・二〇〇七・二〇一五・二〇一六』。ほかに『多賀城跡 政庁南面地区―城前官衙遺構・遺物編―』（二〇一八年）が刊行されている。

（4）多賀城跡では政庁跡の発掘調査で大別して第Ⅰ～Ⅳ期の変遷が捉えられており（宮城県多賀城跡調査研究所『多賀城跡 政庁跡 本文編』・『多賀城跡 政庁跡 補遺編』一九八二・二〇一〇年）、城内各地区の遺構の年代をみる目安としても有効である。

第Ⅰ期　養老・神亀年間頃（七一七～七二八）～八世紀中頃

第Ⅱ期　八世紀中頃〜宝亀十一年(七八〇)
第Ⅲ期　宝亀十一年〜貞観十一年(八六九)
第Ⅳ期　貞観十一年〜十一世紀中頃

このうち第Ⅰ期は大野東人による創建、第Ⅱ期は藤原朝獦による修造であることが多賀城碑にみえる。碑文は多賀城の創建を神亀元年(七二四)、修造を天平宝字六年(七六二)と記す。また、第Ⅱ期政庁は伊治公呰麻呂の謀反を契機とした蝦夷の襲撃で焼失し、第Ⅳ期の開始は貞観の大地震による被災からの復興にあたる。

(5)　多賀城跡第Ⅰ期の外郭南門・南辺は第Ⅱ期より約一二〇メートル北側に位置する(宮城県多賀城跡調査研究所『多賀城跡 外郭跡Ⅰ 南門地区』二〇一七年)。なお、第Ⅰ期多賀城の造営プランについては拙稿「第Ⅰ期多賀城の特質」(『日本歴史』第八三九号、二〇一八年)を参照されたい。

(6)　『年報一九八三』。宮城県多賀城跡調査研究所資料Ⅲ・Ⅳ『多賀城跡木簡Ⅱ・Ⅲ』二〇一三・二〇一四年。

(7)　拙稿「多賀城創建木簡の再検討」(『歴史』第一二六輯、二〇一七年)。

(8)　多賀城のコ字型配置の官衙は必ずしも南向きではなく、政庁から各官衙に向かう道路から入った奥に中心建物を置く。城前官衙以外では、政庁北側の東門—西門間道路を東に進んだ南側に位置する大畑官衙は北向きで、政庁の東側にある作貫官衙は西向きのコ字型配置をとる。

(9)　広場内をL字・逆L字状に伸びる東西対称の柱列から、Ⅱ期官衙をそうした官衙とはみない見解もある(八木光則「城柵構造からみた秋田城の特質」『北方世界と秋田城』雄山閣、二〇一七年)。しかし、広場では政務や儀式の際に設営物や目印、装飾物を付設することがある。例えば、政務では立ち位置の目印として版位を置くし、朝堂院ではないが、大極殿前に立つ幢竿は装飾物の典型である。また、大嘗祭では朝堂院に悠紀殿と主基殿を設営するが、その遺構を以てその場所が朝堂院でないことにはなるまい。広場は政務や儀式の際に種々の設営をする空間でもあり、何もない空間として機能するわけではない。Ⅱ期官衙の柱列も広場を囲む建物配置を官衙の基本構造としたうえで、広場内に付設した施設とみるのが妥当である。基本構造となる施設に比べてこの種の遺構が検出されるのは希であり、広場の使い方をみるうえではむしろ貴重な遺構である。

(10)　多少のズレはあるが、この官衙は政庁正殿南入側柱列から約一八〇メートル(六〇〇尺)南のラインを官衙北辺、約二七〇メートル(九〇〇尺)南の第Ⅰ期の外郭南辺を官衙南辺とし、それらとほぼ直交する政庁東辺築地の南延長線を軸線としてSB二四五三を政庁正殿から約二四〇メートル(八〇〇尺)南に置く。そのうえでSB二四五三の妻の柱列と柱筋を揃えて広場を挟んだ北側に東西棟、背後にも東西棟、入側柱列と柱筋を揃えて東西に総柱建物を配し、さらに総柱建物と柱筋を揃えて北側に東西列の南北棟、南側に総柱建物一棟を並べており、各建物は概ね二〇尺(約六メートル)または一〇尺の倍数による間隔で配されている。

(11)　SB二四五二の南側と北側には東と南に廂が付く東西棟があり、東側ではやや小規模な南北棟が北半と南半に各三棟ずつ柱筋を揃えて南北に並ぶ。西側では規模の大きい南北棟、その北側と南側に南廂付建物、さらに南西隅に楼とみられる総柱建物が建つ。ほかに、この官衙内では各場所の建物群を仕切る塀が目立つ。また、全体的に南北三列に縦列した建物群の中で中央列と西列の間がやや広い。その南端付近の塀や小規模な建物の配置からみると、そこが官衙の入口であり、中央・西列の間は通路として機能したと考えられる。

(12)　本節の記述は註(3)『多賀城跡 政庁南面地区―城前官衙遺構・遺物編―』による。なお、同報告書の編集と木簡に関する記述は小生が担当した。本稿では推敲のうえ構成や表現等を多少改めたが、主旨に大きな変更はない。

(13)　突出部の寸法から函の内法は長さ三〇〇ミリ、幅三八ミリと推定される。

(14)　なお、木簡からみて城前Ⅱ期官衙で鎮守府の文書実務が扱われたのは確実だが、Ⅱ期官衙＝鎮守府とみるのは早計である。出土遺物は遺構の年代の上限をみる際などには一点でも重要だが、遺構の性格をみる際には個々の遺物はその場で使われていた物品の一つであり、拡大解釈は慎まれる。また、Ⅱ期官衙は政庁に次ぐ計画性を持つが、規模や施設の構造・格式は到底及ばず(政庁＝礎石式、正殿は四面廂、外周は築地。城前＝掘立式、正殿は二面廂、外周は柱列による塀が主体)、北向きの官衙でもある。八世紀の鎮官と按察使・国司の兼任の多さからすれば(表1・2参照)、彼らが臨席する場合は鎮守府の政務・儀式でも政庁を用いたとみるのが妥当である。つまり、政庁は国と鎮守府の政庁を兼ねていたのであり、同様の考え方は城前Ⅱ期官衙(実務官衙)でも想定できる。鎮守府の符を収めた第四一四号を多少過大評価しても、鎮守府の重要な実務が多く扱われたといえる程度の官衙であろう。

(15)　小池伸彦「木簡と文書」(『木簡研究』第一一号、一九八九年)。

(16)　『類聚三代格』巻六弘仁十三年(八二二)閏九月廿日太政官符。

(17) 岩波書店刊『新日本文学大系 続日本紀』の底本(名古屋市博物館蓬左文庫所蔵本)では「府」字を欠く。なお、以後の記述で六国史を出典とする史料は書名を省略する。
(18) 天平十一年の例以外では貞観元年正月十六日癸酉条に鎮守府将軍の例があるが、同様に「府」字を欠く写本がある。
(19) この点は、大学共同法人国立文化財機構の平川南氏、東京大学佐藤信氏、東北学院大学熊谷公男氏とともに実見のうえ釈文を定めている(所属は当時)。
(20) 天平九年四月戊午・天平宝字四年正月丙寅条など。
(21) 工藤雅樹『蝦夷と東北古代史』(吉川弘文館、一九九八年)。鈴木拓也「古代陸奥国の官制」(『古代東北の支配構造』吉川弘文館、一九九八年。初出一九九四年)。ほかに最近刊行された『青森県史』通史編もその見方で記述されている(青森県史編さん通史部会『青森県史 通史編1 原始 古代 中世』第五章第四節。熊谷公男氏執筆。青森県、二〇一八年)。
(22) 養老六年閏四月乙丑・神亀元年二月乙卯条。
(23) 天平元年九月辛丑条。
(24) 熊谷公男「養老四年の蝦夷の反乱と多賀城の創建」(『国立歴史民俗博物館研究報告』八四、二〇〇〇年)。今泉隆雄「多賀城の創建―郡山遺跡から多賀城へ―」(『古代国家の東北辺境支配』吉川弘文館、二〇一五年、初出二〇〇一年)。および前掲註(5)拙稿。
(25) 註(23)・(20)史料。
(26) 養老六年閏四月乙丑条。
(27) 『大日本古文書』二十四(補遺一)七四頁。天平勝宝元年閏五月甲辰条。
(28) 北啓太「律令国家における将軍について」(笹山晴生先生還暦記念会編『日本律令制論集』上巻、吉川弘文館、一九九三年)。
(29) 従来は註(27)史料にみえる鎮守判官から判官・主典とする見方(註(21)工藤氏書籍)が一般的であり、それによれば判官等を臨時的な使に用いる官名としたうえで、鎮官の臨時的性質を軍防令24将帥出征条に求めている。しかし、それならはじめから同条に定める軍監・軍曹で済むのではないか。実際、養老年間までの征討使はすべて軍監・軍曹である。とすれば、鎮官に限って判官等を用いたことになり、違和感がある。ところで、天平十年と天平勝宝元年の判官の例は天平十年以降の史料であり、私見では天平九年の陸奥出羽直路開削以後における官名の変更を推測している。雄勝城造営を含む同年の事業は雄勝村に至る前に中途で挫折し、全国で猛威を振るった天然痘と藤原四子政権の崩壊によって完全に頓挫した。その後、鎮守将軍は天平十一年の大野東人の見任を最後に天平宝字元年まで任官がみえず、鎮兵も天平十八年に廃止された。また、天平勝宝元年の判官は産金に従事している。そうした状況からみると、天平九年の事業頓挫の段階で、当分は再開の見込みがないことから、天然痘の猛威等も踏まえて鎮官が軍務以外の業務にも柔軟に就けるよう官名を変えたのではなかろうか。

(30)　神亀元年四月丙申・癸卯条。
(31)　鈴木拓也「古代陸奥国の軍制」（註(21)書籍、初出一九九一年）。
(32)　神護景雲二年九月壬辰条。
(33)　註(7)・(24)拙稿。他に註(1)拙稿でも若干触れている。
(34)　一方、西半では築地が比較的採用されていた可能性がある。その場合、地盤が東半（低湿地）に比べて良いことや、当時の多賀城南面では西側の自然堤防上に集落があることによる視認性を多少は意識したためと思われる。
(35)　例えば、政庁南西部は盛土による平坦化が不十分で、第II期以降も盛土を繰返している。また、外郭南辺の基礎地業では下部の筏地業が剝き出しの箇所がある
(36)　平川南「多賀城の創建年代—木簡の検討を中心として—」（『国立歴史民俗博物館研究報告』第五〇集一九九三年）。
(37)　八世紀前半における鎮守府の名称は未確認だが、煩雑さを避けて該期の鎮官と鎮兵で構成される機構も以下では鎮守府と仮称する。
(38)　養老六年閏四月乙丑・八月丁卯条。同七年二月戊申条。神亀元年二月壬子・四月癸卯条。
(39)　神亀元年二月乙卯条。
(40)　天平宝字元年四月辛巳・六月壬辰条。
(41)　神護景雲二年九月壬辰・同三年正月己亥条。
(42)　天平宝字二年十月甲子・十二月丙午条。同三年九月己丑条。
(43)　福井俊彦「弘仁格二題」（『日本歴史』第四二一号、一九八三年）。同氏編『弘仁格の復原的研究民部中編』（吉川弘文館、一九九〇年）。

(44) ほかに、この官奏では三・四等官を将監・将曹としており、藤原仲麻呂による官名改易の影響(亀田隆之「『続日本紀』考証三題」関晃先生古希記念会編『律令国家の構造』吉川弘文館、一九八九年)あるいは中衛府将官の呼称の使用などが考えられる。
(45) 天平宝字四年正月丙寅条。
(46) 拙稿「第Ⅱ期多賀城改修前後の陸奥国」(前掲註(5)報告書)。
(47) 薗田香融「恵美家子女伝考」(『日本古代の貴族と地方豪族』塙書房、一九九一年、初出一九六六年)。
(48) 以下の記述に関する報告書は次のとおりである。政庁＝宮城県多賀城跡調査研究所『多賀城跡 政庁跡 補遺編』二〇一〇年、『年報二〇一二』。外郭施設＝前掲註(5)報告書、『年報一九八五・一九八八・二〇一〇・二〇一五』。城前官衙＝前掲註(3)報告書。政庁南大路＝『年報二〇〇六・二〇〇七・二〇一五』。
(49) 鈴木拓也「陸奥・出羽の調庸と蝦夷の饗給」(註(21)書籍、初出一九九六年)。
(50) 天平勝宝元年五月庚寅条。なお、私見では調庸の復活を天平十六〜十八年頃とみており(註(46)拙稿)、それによる鎮兵維持の仕組みの瓦解が天平十八年の廃止の背景と考えている。
(51) なお、外郭南辺の移動で多賀城の規模は大きくなったが、新たに城内となった地区の大半は低湿地であり、使い道があまりなかった。南辺の移動は遮るものなく全貌を示し、南正面の外観を誇示するためのものである(註(1)拙稿)。
(52) 天平九年四月戊午条。
(53) 宝亀元年八月己亥・九月乙亥条および同五年七月壬戌条。
(54) 「陸奥国官人表」(『年報一九七〇』)。
(55) 宝亀七年五月戊子・戊戌条および同年七月壬辰・同八年十二月辛卯条。
(56) 宝亀五年十月庚午条および註(55)史料。
(57) 宝亀十一年三月丁亥条。
(58) 延暦二十四年二月乙巳・十二月壬寅条。『類聚国史』巻八四弘仁元年五月辛亥条。
(59) 延暦八年六月甲戌・九月戊午条。
(60) 宝亀十一年六月辛酉条。

(61)　『年報二〇一二』。
(62)　以下の多賀城の記述に関する報告書は次のとおりである。政庁・外郭施設・政庁南大路＝註(48)報告書。城前官衙＝前掲註(3)報告書。大畑官衙＝『年報一九八八〜一九九七』。作貫官衙＝『年報一九八一』。
(63)　拙稿「陸奥国の城柵と運河」(鈴木靖民 川尻秋生 鐘江宏之編『日本古代の水上交通と運河』八木書店、二〇一五年)。
(64)　宝亀十一年七月甲申条、延暦七年三月庚戌・辛亥条など。
(65)　なお、鎮守将軍は蝦夷との戦闘が始まる宝亀年間以降は従四位以上の者が多い(表1)。一方、最も位階が低いのは最初の将軍大野東人で陸奥守と等位であり、天平宝字〜神護景雲年間の将軍は中間的な様相を持つ。こうした変化は按察使・陸奥守に次第に高位者が就いたためでもあるが、結果的に将軍の権威を高めたと考えられる。
(66)　例えば、宝亀五年七月壬戌条では鎮守之兵が桃生城を守備している。
(67)　神亀二年閏正月丁未条。
(68)　註(45)史料および神護景雲元年十月辛卯条。
(69)　宝亀五年七月庚申・八月辛卯条及び同六年十一月乙巳条、同八年十二月辛卯条。
(70)　藤原朝獦が父親の仲麻呂政権により陸奥国に送り込まれたのは周知のことである。また、大伴駿河麻呂は老齢のため按察使任官を辞退したが、光仁天皇の「然比国者、元来択人、以授其任。」という意向で任じられた(宝亀三年九月丙午条)。この頃の陸奥国での造営や征討は現地の鎮守府が担っているが、同時に政府の意思で行われているのも明確である。
(71)　大規模な鎮兵の増員や諸国軍兵の指揮権の行使は政府の意向でのみ可能である。一般行政官の陸奥按察使・国司に通常的にそこまでの権限は与えられないと考える。

Ⅲ　征夷と東北政策

阿倍比羅夫の北方遠征と「粛慎」

――国際情勢からみた北方遠征の目的をめぐって――

相澤 秀太郎

はじめに

本論は、斉明天皇四年(六五八)から同六年(六六〇)にかけて国家的事業として行われた、いわゆる阿倍比羅夫の北方遠征(以下、「北征」と略す)の目的を明らかにしようとするものである。はじめに、三度にわたって行われた阿倍比羅夫の北征の概要を今泉隆雄氏の整理によって記す(1)。

斉明天皇四年(六五八)四月、それ以前から服属していた渟代(能代)・津軽蝦夷を先導役として齶田(秋田)に至って、齶田蝦夷を服属させ、渟代・津軽郡を置いて郡領を任じた。さらに有馬浜に進み、そこに渡嶋蝦夷を召して大饗して帰服させる。同年七月に服属した蝦夷が飛鳥京に朝貢し饗給をうけ、遠征に従った渟代・津軽郡の大領・少領・勇健者、柵養蝦夷、都岐沙羅柵造・判官、渟足柵造を褒賞して叙位した。なお、この時は渡嶋蝦夷が帰服したが比羅夫率いる遠征軍が至ったのは津軽の有間浜までである。

斉明天皇五年(六五九)三月に遠征軍が出発し、飽田(秋田)・渟代・津軽郡の蝦夷とその虜、胆振鉏の蝦夷を一所に集めて大饗し、その地の神を祭った。さらに肉入籠に至ったとき、問菟の蝦夷が後方羊蹄に政所を置くことを進言したので、郡領を置いて帰った。遠征の功績により道奥と越の国司、郡領・主政に叙位した。肉入籠、胆振鉏、後方羊蹄は渡嶋の地名と思われるから、この時の遠征は渡嶋に至ったと考えられる。

斉明天皇六年（六六〇）三月に遠征し、陸奥の蝦夷を案内役にして渡嶋の大河に至ると、対岸にいた渡嶋の蝦夷が粛慎の船に攻撃されるので保護を求めてきた。遠征軍は粛慎と交易などの接触を試みたが失敗し、粛慎は弊賂弁嶋の柵に帰って戦闘になり、粛慎を打ち破る。同年五月、飛鳥京の須弥山の園池で粛慎を饗した。この時は渡嶋が遠征の目的地である。

阿倍比羅夫の北征については熊谷公男氏の精緻な研究がある。[2] 熊谷氏の論点は多岐にわたるが、なかでも重要な指摘は以下の三つに集約できる。第一は、北征が斉明天皇四年（六五八）から斉明天皇六年（六六〇）の三年間で毎年一回、計三回行われたとした点である。第二は、斉明天皇五年（六五九）の北征による論功行賞において、越国司・郡司とともに道奥国司・郡司が褒賞・叙位にあずかっていること（『日本書紀』斉明天皇五年三月条）を根拠に、古代国家は日本海側だけではなく、それに並行して太平洋岸沿いに北征を行ったと考えたことである。『日本書紀』が日本海側の北征のみを載せていることについては、阿倍氏の家記が主たる材料とされて書かれたことに起因すると説明している。第三は、北征の目的についての言及である。熊谷氏は、斉明朝の北征は各地に居住する蝦夷集団と個別的に接触をはかり、帰服した蝦夷集団と貢納制的な政治関係を結んで倭王権の政治支配のもとにおくことを目的に行われたとして、「貢納制支配の点的な拡大を意図したもの」と意義づけた。

熊谷氏の見解は、『日本書紀』の北征記事に忠実に従った解釈であり、通説的な位置にあるが、北征の目的については依然として議論がある。樋口知志氏は「熊谷氏の説を含めて従来の諸説の多くにあっては比羅夫の船団が北海道にまで到達したことについてなりゆき上の単なる結果としてしか理解されていないように思われる」[3] とし、北海道まで北征が行われたことについて、積極的な意義を見いだすことの必要性を説く。そこで注目される見解が坂井秀弥氏の国際情勢説である。坂井氏は、七世紀後半の北東アジアの緊迫した国際情勢を重視して、阿倍比羅夫の北征は倭国の北方領域の確定を目的としたものであったとする。(4)また今泉氏は「奥越羽の辺境経営においてこのような船団による遠征はこの時にしか見られず、この時期はちょうど東アジアの国際情勢が緊迫化していた」こと、さらに「この北征の対象地域がこの時期の国家の支配領域からみてあまりにも北方に突出している」ことの二点に注目し、北征の目的を次のように解釈している。すなわち「北征は国際情勢の緊迫化に対応して日本の国土と大陸との地理的関係を探索し、通交国である高句麗への北方航路の開拓を目指したもの」であったと推定し、かつて北征の目的を「国土の北辺と大陸との地理的関係を明らかにすることが北征の目的である」とした室賀信夫氏の説(5)を発展的に継承する。『日本書紀』は、大規模かつ継続して敢行された遠征の経過については具体的に載せているものの、その目的については一切触れていないために解釈の問題となるのであるが、ここで先に挙げた二つの学説の問題点を指摘しておきたい。まず北方最辺境の蝦夷を貢納制的支配のもとに取り込むことが目的であるとする解釈によれば、確かに『日本書紀』の北征記事には北海道まで遠征し、各地の蝦夷集団を服属させて貢納制的な支配関係の構築を成功させたことが書かれているので、これこそが北征の目的であると捉えて、北征の目的は達成されたとして評価することもできよう。しかし室賀氏が指摘するように、北征の過程で行われた蝦夷の「招撫」も大陸へ北進するための基礎であり、『日本書紀』の記述はあくまでも遠征の経過を記したものとして捉えることも可能である。さらに当該時期の東アジア諸国は朝鮮三国の覇権争いに端を発し、それに唐が介入するという政治的に最も緊張した状況にあったことを考え併せると、そのなかでも特に大規模な船団を要して継続的に北征を敢行したことの意味を考える必要があると思われる。一方、当時通交があった高句麗との間における北方航路の開拓が目的であったとする解釈については、以下の二点について説明が必要であると考える。一つは、唐と戦争状態にある高句麗に向けて船団を派遣することの政治的な意味、二つは越から日本海を北上して高句麗へ行こうとした理由である。このように、いずれの学説においても枢要な課題が残されており、改めて北征の目的及び意義の解明が必要であると思われる。

そこで本論では北征の目的を考える視点として、斉明天皇六年（六六〇）の北征で渡嶋蝦夷と別の集団として現れる粛慎に注目したい。粛慎とは、中国春秋時代に実在したとされる種族で、春秋時代を記した歴史書の『国語』には、楛矢石砮の使用者及び中国皇帝の徳を慕って遠方より来朝し、楛矢石砮を貢納する種族として現れる。また、中国正史は現在の吉林省・黒龍江省からロシアの沿海州にかけて居住した漢代の挹婁、南北朝時代の勿吉、隋・唐代の靺鞨をそれぞれ粛慎の後裔として位置づけている。一方、『日本書紀』に現れる粛慎についてはこれまで多くの研究がある。例えば、①『日本書紀』の粛慎は中国典籍の粛慎を範としていること、②『日本書紀』の粛慎は、中国に実在した粛慎やその後裔の諸集団とは実体において別の集団と考えられること、③『日本書紀』の粛慎や『続日本紀』にみえる靺鞨は、北方の種族と観念されていた「アシハセ」を義訓として共有することから、漢語「粛慎」は倭語「アシハセ」の漢語表現と考えられることなどである。筆者は、斉明天皇六年（六六〇）の北征に際して登場する粛慎について、『日本書紀』が「粛慎」と表現したことには何らかの意味があると考える。このような視点から本論では以下の二点について明らかにしたい。一つは、アシハセを粛慎と解釈した契機とその理由であり、二つは両者の結合が阿倍比羅夫の北征に関係して行われたと考えられることから、阿倍比羅夫の北征に込められた為政者の理念、すなわち北征の目的を解明することである。なお、行論上、実在したとされる周代の粛慎と区別するために、中国正史及び『日本書紀』の粛慎のように、当時は実在しない粛慎を意図的に粛慎として意味付けたうえで表記したものを括弧を付けて「粛慎」と表記することとする。

1　粛慎の意義

本節では、中国古典の『国語』における粛慎と、『後漢書』以降の中国正史に見られる「粛慎」の特徴と政治的意義について分析し、『日本書紀』の「粛慎」を解釈する一助としたい。

（1）中国古典の粛慎

まず、粛慎について記載がある『国語』を取り上げて、中国古代の実在した粛慎について述べる。

〔史料①〕『国語』巻第五　魯語

仲尼在レ陳。有レ隼集二于陳侯之庭一。而死。楛矢貫レ之。石砮其長尺有咫。（略）仲尼曰。隼之来也遠矣。此粛慎氏之矢也。昔武王。克レ商。通二道于九夷百蛮一。使下各以二其方賄一来貢上。使レ無レ忘二職業一。於レ是。粛慎氏貢二楛矢石砮一其長尺有咫。先王欲レ昭二其令徳之致遠一也。以示二後人一。使二永監一焉。故銘二其楛一曰。粛慎氏之貢矢。（後略）

史料①の要約は以下の通りである。孔子が遍歴の途中に陳に滞在したときのことである。陳のハヤブサが庭に飛んできてすぐに死んだ。見ると石の鏃がついた楛矢で射抜かれていた。陳の湣公が使いを遣わして孔子に尋ねたところ次のように返答した。「ハヤブサは遠いところから飛んできた。これは粛慎の矢である。その昔、武王が商（殷）に勝ったとき、道が九夷百蛮にまで通じた。おのおのその貢ぎ物をもって朝貢させ、その職務を忘れさせないようにした。そこで粛慎氏は石のやじりの楛矢を貢献した。楛矢の長さは一尺八寸であった。先王はその令徳が遠国をも来朝させたことを誇示しようとして、これを後人に示し、永く手本にさせようとした。それゆえ、その矢はずに「粛慎の貢矢」と刻んだ」のである。

右にみた『国語』の粛慎のほか、『左伝』昭公九年（前五三三）に周の景王がその広大な国土の四至を述べた言葉として「粛慎・燕・亳、吾北土也」とあることから、解釈としての「粛慎」ではなく、北方の夷狄として実在した粛慎と考えてよい。[6]『国語』に見られるように、仲尼（孔子）は、古代中国における粛慎の政治的意義を二点指摘している。一つは、楛木を幹とし、その先端に石鏃をつけた矢を使用することが種族の象徴であるとした点であり、二つは、中国の遠方に居住する粛慎による中国への朝貢は、皇帝の令徳がはるか遠方にまで及んだことを示す好事であると意味づけた点である。最初に『国語』を取り上げたのは、仲尼による解釈がそれ以後の中国における粛慎観念の基礎とされるからである。

⑵　中国正史の「粛慎」

次に中国正史（以下、正史と略す）の「粛慎」について検討する。正史は、中国東北方に居住した種族を北狄として列伝に載せるが、それらに対する呼称は、挹婁（『後漢書』『三国志』）、勿吉（『魏書』）、靺鞨（『隋書』）と変遷している。正史はこれらの北狄を粛慎の後裔として位置づけているが、これは当然に周代に実在した粛慎と同一実体ではなく、何らかの理由で粛慎と解釈されたために「粛慎」と記述されたものである。[7] では、正史は何を根拠として各王朝の北狄を古代の粛慎と結びつけて解釈したのであろうか。粛慎と結びつけられて解釈された北狄の挹婁・勿吉・靺鞨に関する正史を検討し、中国の為政者がそれらを「粛慎」、またはその後裔と解釈した理由について考えてみたい。

まず、『三国志』（二九七年以前に完成）の挹婁伝は「挹婁。在二夫余東北千余里一（略）其弓長四尺。力如レ弩。矢用レ楛。長尺八寸。青石為レ鏃。古之粛慎氏乃国也」（『三国志』挹婁伝）としており、挹婁を「古之粛慎氏乃国也」と解釈した根拠を楛矢石砮を使用する点に求めている。[8] これについて池内宏氏は、挹婁が魏に初めて朝貢した際に、彼ら挹婁人は魏人によって北方の夷狄として認識されたこと、そして挹婁が楛矢石砮を使用していたことの二点から、挹婁を古典に名高い粛慎の後裔であると考えたとする。また、日野開三郎氏もこの見解を支持しており、筆者もこれに従うべきであると考えるが、特に筆者は『三国志』が楛矢石砮を使用することを根拠として、挹婁を「粛慎」の後裔として解釈している点に注目したい。その後に編纂された『後漢書』（四三二年完成）においても「挹婁。古粛慎之国也。在二夫余東北千余里一（略）又善レ射。発能射二人目一。弓長四尺。力如レ弩。矢用レ楛。長一尺八寸。青石為レ鏃。」（『後漢書』挹婁伝)として、楛矢石砮の使用を根拠として挹婁を粛慎の後裔と解釈しており、『三国志』を継承している。次に『晋書』は「粛慎氏一名挹婁。在二不咸山北一。去二夫余一可二六十日一行。(略)有二石砮。皮骨之甲。檀弓三尺五寸。楛矢長尺有咫一。(略)周武王時。献二其楛矢石砮一。逮三於周公輔二成王一。復遣使入賀。(後略)」(『晋書』粛慎氏伝)としており、やはり楛矢石砮の使用と貢納を根拠に粛慎の後裔と解釈している。なかでも『晋書』の特徴は、「挹婁伝」ではなく「粛慎氏伝」として項目を立てていることであり、冒頭で「粛慎氏一名挹婁」としていることは注意される。『晋書』が「粛慎」を種族の呼称として解釈した理由については不明であるが、筆者は以下のように推察する。すなわち、正史のなかで挹婁なる族名は咸康六年(三四〇)を最後に見られなくなり、北斉の天保五年(五五四)までは挹婁は「粛慎」と呼称され続けること、また『晋書』は太宗の命によって唐の貞観二十二年(六四八)に成立したものであり、晋代の記録及び斉の永明五年(四八八)に編纂された『宋書』などでは挹婁に代わって「粛慎」という種族名が通用されていることを知った『晋書』の編者が、為政者によって意味づけられた「粛慎」こそが本来の種族名であると解したが故に「粛慎氏一名挹婁」という解釈を付したものと考える。その後、挹婁に代わって同地域を支配した勿吉についても「勿吉国在二高句麗北一。旧粛慎国也。(略)善射猟。弓長三尺。箭長尺二寸。以レ石為レ鏃。(略)常七八月造二毒薬一傅二箭鏃一。射二禽獣一。中者便死。(略)太和十二年。勿吉復遣レ使貢二楛矢方物於京師一。」(『魏書』勿吉伝)としており、楛矢石砮の使用と太和十二年(四八八)の魏への楛矢の貢納を根拠に、勿吉を粛慎の後裔と解釈している。勿吉の次に粛慎と結びつけられた種族(北狄)が靺鞨である。『隋書』は「靺鞨。在二高麗之北一。(略)自二払涅一以東。矢皆石鏃。即古之粛慎氏也」(『隋書』靺鞨伝)として、靺鞨と総称される種族であっても矢に石鏃をつける慣習のある払涅以東、すなわち払涅靺鞨・号室靺鞨・黒水靺鞨こそが粛慎の後裔であると解釈している。(9)

　このように中国の為政者は、楛矢石砮の使用と中国への貢納という種族的特徴を根拠として、正史の挹婁・勿吉・靺鞨を粛慎の後裔と解釈したものと考えられる。さらに後世まで粛慎の存在を強調した理由は、粛慎の来朝は皇帝の徳が遠方に及んだことを示す好事であるとする『国語』以来の伝統的な観念が、依然として中国の華夷秩序を維持するための基盤とされたからであり、それこそが中国における「粛慎」の存在意義であったと考える。

(3)『日本書紀』の「粛慎」

中国の為政者が北狄である挹婁・勿吉・靺鞨を粛慎と結びつけたのは、為政者の徳を慕って遠方より朝貢し楛矢石砮を貢納するという、『国語』以来の伝統的な観念に依拠した政治的演出であった。それゆえ、為政者は挹婁を「粛慎」と結びつけて表現し、さらには勿吉・靺鞨を古典に現れる粛慎の後裔と位置づけて、常に「粛慎」による朝貢という事実に政治的な意味を持たせていたのである。一方、『日本書紀』の「粛慎」も時間的な齟齬から、実在の粛慎ではなく、中国正史の「粛慎」と同様に為政者によって意味づけられた解釈としての「粛慎」と考えられる。そこで、『日本書紀』の粛慎についても中国正史の場合と同様にその特徴を指摘しておきたい。『日本書紀』の粛慎について指摘すべき第一の特徴は、「アシハセ」という義訓が付されていることである。この問題については従来より「ア(シハセ)」と「ミ(シハセ)」のどちらが正確な訓であるかをめぐって議論があったが、現在では、天理図書館蔵『日本書紀』八冊本の「斉明紀」にみえる「粛慎」の訓の一字目が「甘樫丘」の訓「アマカシノオカ」の「ア」に通用する例が散見されることなどから、「アシハセ」が正しい訓であり、「ミシハセ」は仮名文字「ア」を「ミ」と誤読したことから生じたものであると考えられている。[10] このほか、『釈日本紀』巻二十二秘訓七「粛慎志良須叡草」[11]の「粛慎」には「アシハセ」という訓が付されている。[12]「アシハセ」の語義については現在のところ不明であるが、[13] 倭語「アシハセ」は漢語「粛慎」から発生した訓とは考えにくいので、倭語「アシハセ」に漢語「粛慎」を充てた漢語表現と考えるのが自然である。[14] よって、『日本書紀』の「粛慎」も中国正史の「粛慎」と同様に、政治的な理由から意味づけられた解釈としての「粛慎」であるといえるであろう。

『日本書紀』の「粛慎」について指摘すべき第二の特徴は、楛矢石砮を使用せず、その上貢納しないことである。中国の為政者が、北狄を「粛慎」と意味づけた根拠は、楛矢石砮の使用とその貢納という点にあった。しかし、『日本書紀』には、「粛慎」による楛矢石砮の使用を示す史料は皆無であり、また貢納についても「是歳。越国守阿倍引田臣比羅夫。討二粛慎一。献二生羆二・羆皮七十枚一。」（『日本書紀』斉明天皇四年是年条）とあるように、「粛慎」は主に羆とその皮を貢納しているのである。したがって、『日本書紀』が「アシハセ」と「粛慎」とを結びつけた契機とその根拠が、『日本書紀』の「粛慎」を考える際の本質的な問題となる。

以上、『日本書紀』の「粛慎」の特徴について①「アシハセ」という義訓が付されていることから、「粛慎」は倭語「アシハセ」の漢語表現として充てられたこと、②『日本書紀』の「粛慎」は、中国の「粛慎」と異なり、楛矢石砮を使用せず、その上貢納しないことを指摘した。ここで問題となることは、『日本書紀』の「粛慎」はアシハセの表現として用いられた漢語と見られるが、『日本書紀』はなぜ「アシハセ」を当時実在しない古典の「粛慎」と表現したのかという点である。

2　阿倍比羅夫の北方遠征と「粛慎」

(1) 斉明天皇六年（六六〇）の北征と「粛慎」

本節では『日本書紀』が第三回目の北征（斉明天皇六年＝六六〇）において対峙した異民族を「粛慎」と結びつけた理由について考察する。

考察を始めるにあたって「粛慎」という呼称、表記を持つ種族について若干述べておく必要があろう。「粛慎」は、中国の先秦時代の地理書『山海経』[15]にその名が見え、それによれば中国の東北の境外に居住し、中国の徳を慕って来朝する種族で、楛矢と石砮を用いることがその特徴とされている。中国古典ならびに正史においては、極地に住む伝説的な種族とされ、『後漢書』東夷伝挹婁条では「古之粛慎氏之国也」という記述が物語るように、遅くとも南宋の時代には同地域に別の種族である「挹婁」が存在し、「挹婁」は「粛慎」の後裔であると認識されていたことが知られる。また、『山海経』大荒北経の粛慎氏の記述に附した郭璞の注においても、「今名㆑之爲㆓挹婁國㆒。(略)後漢書所謂挹婁者是也」とみえ、郭璞の生きた時代[16](西暦二七六―三二四)には「粛慎」は存在せず、同地域には「挹婁」と称される種族が存在していたのである。要するに、「粛慎」とは、中国の、かつ先秦時代に観念上存在した種族であり、阿倍比羅夫の北方遠征が行われた七世紀半ばには、すでに「粛慎」なる種族は、現実にも、また当時の認識においても存在しないのである。阿倍比羅夫が「粛慎」と対峙したことを事実として認めることはできない所以である。次の課題は、阿倍比羅夫が対峙した北方の種族を「粛慎」であるとした古代国家の意図について解明することである。「粛慎」が斉明朝に阿倍比羅夫との武力衝突の相手として史料に登場することは、いかなる理由があってのことなのであろうか。

「粛慎」という呼称の起源についてこれまでの研究を繙くと、大きく二つの見解があることがわかる。一つは、中国古典の「粛慎」の記録から中国の東北方に居住する種族とする解釈であり、二つは日本列島北部に居住する種族で中国古典の種族名を借りて表記(呼称)としたとする解釈である。ここで前者は成り立たないことを述べておかなければならない。なぜならば、中国の正史である『後漢書』のなかの「粛慎」は挹婁の古名として載せられているのみで、その時代に「粛慎」ないし呼称が生き続けていたことを示すものではないからである。ゆえに、前者の説が根拠とする中国古典の「粛慎」は、阿倍比羅夫の北征の時期にはすでに過去の種族の呼称となっていたのである。『後漢書』のなかで挹婁の古名とされた「粛慎」が、七世紀の阿倍比羅夫北征において、比羅夫一行と対峙することは、時間的に無理であり、それを根拠とする解釈も時間的に見て齟齬をきたす点で成り立たないといわざるを得ない。

そこで問題となるのが後者の解釈である。すなわち中国古典の種族名を借りて、「粛慎」と表記(呼称)したと解釈するのであれば、なぜ、阿倍比羅夫の北征の際に渡嶋蝦夷とは別の種族を特に「粛慎」と呼称する必要があったのだろうか。「粛慎」と対峙した第三回目の北征は斉明天皇六年(六六〇)であり、当時中国の東北方には「粛慎」ではなく「靺鞨」と認識された種族がいたことは中国史料の記述から確かめられる。もし、さきの解釈のように中国史料から中国の東北方の異民族呼称を借りたとするならば、「粛慎」ではなく「靺鞨」であってもよいはずである。むしろ「靺鞨」であった方が時間的に見ても齟齬をきたすことがなく、自然であろう。このように考えた場合、古代国家が阿倍比羅夫と対峙した異民族に対して「粛慎」と呼称するに至った理由を考える必要がある。「粛慎」をめぐる研究史については後述するが、既往の研究は多くのことを明らかにしてはいるものの、「粛慎」の実態ばかりにその興味が向けられ、古代国家が阿倍比羅夫と相対した異民族に対して「粛慎」という呼称を用いたことの政治的な意味について、それらを中心に据えて論じられることが少なかったように思われる。そこで、本論においては、既往の成果をふまえ、上記の問題について新たな視点から考察していきたい。

(2) アシハセと「粛慎」の結合① ―研究史―

ここでは、「粛慎」の表記と呼称の起源についての研究史を略述し、問題点の整理を行う。先述のように、「粛慎」とは、中国の古典において極遠の地に住むとされた伝説的な種族であり、それが後漢のころから今の中国東北地方の寧古塔付近を中心とする挹婁に付会されたとみられ、『後漢書』東夷伝挹婁条に「古之粛慎氏之国也」と記述されるに至った。その実態は諸説定まらないところではあるが、一般的には春秋戦国時代に、現在の吉林省、黒龍江省の地域に居住した人間集団の概括的な呼称と考えられている。[17]

一方、日本史上では、『日本書紀』欽明五年条の粛慎人の越国佐渡嶋への渡来記事をその初見として、[18]斉明朝の阿倍比羅夫北征記事、および天武・持統朝の来朝記事[19]など、七世紀の後半を通じて交渉があったことが見えている。欽明五年の「粛慎」初見記事については、津田左右吉氏が指摘するように、内容が説話的色彩が色濃く、筆者も「粛慎」の初見史料として認定するには問題が多いと考える。[20]また、簑島栄紀氏が指摘するように、欽明天皇五年(五四四)十二月条をその初見として、『日本書紀』に数回にわたって登場する「粛慎」が、同一の集団であるかどうかについては、なお疑問が残る。私見では、「粛慎」として登場した北方異民族は、同一の集団と見る必要はなく、日本の北方異民族が「アシハセ」として観念され、それが統一的に「粛慎」と表記されたがゆえに、「粛慎」が数回登場することとなった理由ではないかと考える。そのような意味で、「古代王権・国家による観念の限りにおいては、「粛慎」という概念はすこぶる広い、ルーズなものであった」とする関口明氏の見解は注目される。[21]

さて、『後漢書』東夷伝挹婁条では「古之粛慎氏之国也」といわれ、勿吉・靺鞨もまた粛慎の後裔とされる。かつては池内宏氏のように、中国史料にみえる「粛慎」の実態をツングース系種族ととらえ、『日本書紀』の粛慎もまた樺太・北海道方面に来住したツングース系種族であると考えるのが一般的であった。これに対し、津田左右吉氏は、阿倍比羅夫の北征記事の検討から独創的な見識を示した。すなわち、斉明紀に見える渡嶋を齶田、渟代、津軽の地方を含む総称であって、「粛慎」は、最後まで服属しなかった本州の最北端に住む蝦夷に対して用いられた中国風の雅名であるという。津田氏の解釈について、熊田亮介氏は次のように批判する。[22]すなわち、津田氏が指摘するように、未服の蝦夷にたいする雅名とされた点については、「粛慎」にしろ「靺鞨」にしろ、「アシハセ」の語に当てはめたもので、粛慎・靺鞨の音をうつしたものとは考えられないから、蝦夷と粛慎とは、明らかに区別されていたと考えるべきであるとする。筆者も熊田氏の意見に賛成である。なぜならば、津田氏の解釈は粛慎を中国東北地方のツングース系種族とは別の集団として位置づけた点は評価できるものの、『日本書紀』斉明天皇六年(六六〇)の記事では、渡嶋蝦夷はアシハセを自己とは異なる種族であると見ている感があり、また『日本書紀』の編者も一貫して渡嶋蝦夷と

「粛慎」とをはっきりと区別して記録している。ゆえに、「粛慎」の文字が雅名として用いられた、単なる文飾の結果であるとは考えにくいからである。

では、中国東北地方のツングース系種族でないとするならば、渡嶋蝦夷とは別の種族にたいして「粛慎」なる呼称を与えたことは、いかなる意図があってのことであろうか。ここで、歴史地理学の研究者である室賀信夫氏の以下の見解が示唆的である。すなわち、「国史に現れる現実の民族としてのアシハセ」と「大和の人々の解釈としての粛慎」とを区別すべきだとしたうえで、古代の為政者によって、「アシハセ」と「粛慎」とが国史のうえで同じ種族として理解されたということは、国土の北辺と大陸との地理的近接について、日本人がある程度の認識に達していた事実を証示するものであるとする見解である。さらに、国土の北辺と大陸東北部とは遠く離れているという漠然とした観念が、高句麗との通交、蝦夷との接触による知見の拡大に伴って、アシハセと呼ばれる種族の郷土がそのまま高麗の北にあると観念された「粛慎国」ではないかという推測を生み、その「粛慎国」に到達することを目的にして阿倍比羅夫の遠征が行われたというのである。室賀氏の新たな視点は、従来の解釈のような「楛矢の使用者」としての粛慎ではなく、国土の北辺と大陸との地理的媒介者という、象徴的な性格を持つものとして捉えている点に求められよう。このように、阿倍比羅夫の北征に登場する「粛慎」は、中国の古典にみられる実在の粛慎ではなく、アシハセと結びつけられた漢字表記が「粛慎」であったとするのが一般的な理解である。近年、アシハセと「粛慎」の結合について、具体的に踏み込んだ見解が出された。所謂「粛慎」実見説である。次に、この「粛慎」実見説について検討を加えることとしたい。

(3) アシハセと「粛慎」の結合② ―「粛慎」実見説の検討―

「粛慎」実見説とは、アシハセと「粛慎」が結びつけられた理由は、高句麗から日本に来ていた使者が、阿倍比羅夫の北方遠征の際に服属し、都へ朝貢してきたアシハセを実際に見て、これは粛慎であると結びつけたとする説である。若月義小氏は、「アシハセヒトと粛慎を結びつける直接的契機として、高句麗人によるアシハセヒトの実見は意味があった」と主張する。要するに、当時日本に滞在していた高句麗使が日本の北方種族であるアシハセヒトを実見し、その容貌・言語から「これは粛慎である」と述べたことがアシハセヒトを「粛慎」と表記するに至ったとする理解である。ここで若月説を具体的に検討してみたい。まず、若月説において疑問な点が、どうして高句麗使はアシハセヒトを実見した際に当時の北方種族である靺鞨ではなく、その古称である「粛慎」と称したのかという点である。先述のように、中国では粛慎の後裔とされた挹婁・勿吉・靺鞨について、皇帝の威徳をしたって遠方から楛矢石砮を朝貢する種族としての政治的な意味があった。それゆえ挹婁を粛慎とみなし、勿吉・靺鞨を粛慎の後裔と位置づけて常に粛慎の朝貢という事実に意味を持たせていた。つまり、粛慎という古称もしくは粛慎と結びつける意識には政治的な意味合いがあったのである。では、高句麗においても粛慎に政治的意味を持たせて挹婁を粛慎とみなし、勿吉・靺鞨を粛慎の後裔として、「粛慎」という古称を使う慣習があるのだろうか。次の表は、『三国史記』より高句麗が粛慎をはじめする遼東地域の呼称を抽出したものである。

三国史記	西暦	年月	呼称	内容
高句麗本紀巻五	二八〇	西川王十一年十月	粛慎	粛慎が辺境を犯したので王が有能な兵を募る
高句麗本紀巻六	四六八	長寿王五十六年二月	靺鞨	春二月、王は靺鞨の兵一万を率いて侵攻
高句麗本紀巻七	五〇七	文咨明王十六年	靺鞨	文咨明王は靺鞨とともに百済を攻める

右の表によると、高句麗では靺鞨が実在していた時代には靺鞨と称し、あえて「粛慎」という古称を用いることはない。つまり高句麗使がアシハセを実見したとしても、それについては「靺鞨」と発言するのが自然で、中国のよう

に「粛慎」という古称を意図的に用いることはなかったということである。ここから筆者は、高句麗使が「アシハセ」を実見し、その風貌・言語から「靺鞨」ということはあっても、あえて「粛慎」という古称で呼ぶ可能性は極めて低いのではないかと推測する。もっとも、粛慎の象徴である楛矢石砮について『日本書紀』に描かれる粛慎は一度も楛矢石砮を朝貢した事実すらない。ゆえに「粛慎」実見説には賛成することができないというのが筆者の立場である。

(4) アシハセと「粛慎」の結合③　—高句麗と粛慎の政治的関係(私見)—

先述のように、阿倍比羅夫の北方遠征の目的については、大きく二つの学説が提示されている。このうち、室賀・今泉両氏によって提唱されている高句麗への航路探検説はこれまであまり注目されてこなかったが、改めて当時の東アジア情勢を踏まえると、友好国である高句麗へつながる北路の探検には、軍事上重要な意味があったと思われる。この高句麗航路探検説が支持を得られなかった要因は、一つは、唐と戦争状態にある高句麗に向けて船団を派遣することの政治的な意味であり、二つは越から日本海を北上して高句麗へ行こうとした理由である。そこで本項では、中国史料から高句麗と粛慎との政治的な関係を明らかにしたい。ここで用いるのは中国の史料で、次の①②について読み取っていく。

①中国の史料において、粛慎と高句麗が同じ史料のなかで記述されている箇所があるかどうか。

②一連の記述のなかで、高句麗と粛慎とが結びついているとすれば、それはどのような政治的意識のもとに結びついているのであろうか。

右述のごとき問題点を踏まえて、以下に関係すると思われる史料を探したところ①②の条件に合致するものは次の二例である。

〔史料②〕『宋書』孝武帝本紀（中華書局本一二五頁）

十一月己巳。高麗國遣使獻㆓方物㆒。肅愼國重譯獻㆓楛矢石砮㆒。（後略）

〔史料③〕『宋書』志（中華書局本八七三頁）

孝武帝大明三年十一月己巳。肅愼氏獻㆓楛矢石砮㆒高麗國譯而至。

これらの史料は、つとに池内宏氏によって取り上げられ、氏は粛慎と高句麗との関係について「このときの粛慎は単独に来献したのではなく、高句麗の使者にしたがって来たのではなかろうか。当時、高句麗と粛慎との間に直接の交渉があったことを想定しなければならぬ」と述べている。近年、若月義小氏も「高句麗使と同時に貢献していることを勘案すると、やはり高句麗に随伴した粛慎使とみるのが妥当」とする。両者とも、粛慎と高句麗の関係を指摘してはいるものの、なぜ高句麗と粛慎が同道していたのかという点には触れていない。ここで東洋史の立場から粛慎と高句麗との密接な繋がりを論じた日野開三郎氏の研究に注目したい。日野氏は、「五世紀以降の粛慎は、高句麗の羈縻下にあったとみられる。そして四五九年の宋への高句麗の朝貢に際して同道した粛慎は、そのような羈縻下にあって、高句麗に朝貢していた「粛慎」であった」と解釈する。また若月氏は、高句麗と粛慎について池内・日野両氏の解釈を承けて「高句麗がその王権を中国的蕃夷思想で権威づけるために国内において服属した挹婁を粛慎と称していた。それを後趙や宋に同道し、中国の理解によれば聖天子の徳化を慕って来朝するという粛慎の象徴である「楛矢・石砮」を貢献させたのである。高句麗は挹婁＝粛慎を国内支配と外交に二重に利用していた」と解釈する。筆者の関心は、これらの中国史書にみる粛慎と高句麗の関係が、日本の支配者集団にどのように継受されたのか、という点にある。その際、粛慎と高句麗との関係を理解するキー・ワードとして注目したいのが高句麗と粛慎が「重訳」の関係として認識されていたという事実である。

前掲の史料②③は、『宋書』に描かれた高句麗と粛慎との関係が、所謂「重訳」の関係として認識されていたことを示している。高句麗と粛慎との関係を現す史料は唐代以前の中国史料はこれ以外にはない。よって限られた史料の中から、中国における高句麗と粛慎の関係について考えることは、一面的にしか捉えることができないという危惧もあるが、あえてそれをすることは古代日本における粛慎と高句麗との意識的な結びつきを考えるうえでの一助になると考える。また、このような中国における粛慎と高句麗との意識的な繋がりを理解することは、本論の関心事である阿倍比羅夫の北征の目的、アシハセ・粛慎・高句麗の関係を理解する上で大いに参考になると考える。

まず、さきに注目した「重訳」の関係について簡単に述べておこう。この「重訳」については、別稿において詳論しているのでここでは略述するが、斉明天皇五年(六五九)の遣唐使が蝦夷を帯道し、唐の高宗に謁見したことは、中国でいう「重訳」にあたり、中国皇帝の徳を体現するうえで非常に好ましいことであると理解されていた。このような「重訳」の理解は、『史記』三王世家に「百蠻の君も、風に郷《むか》ひ流を承けて意に称《かな》はざる靡《な》く、遠方の殊俗も、釋を重ねて朝し、澤(うるおい)は方外に及べり。故に珍獣至り嘉穀《かこく》(よい穀物)興り天應(天の感応)甚だ彰はる」とあるように、中国において観念上、古くから存在していたことが確認できる。「重訳」とは文字通り「訳を重ねる」ことである。中国には、古くから中華とは言葉の通じない遠方の夷狄は近くの夷狄を媒介として中華に朝貢するという概念があり、それは皇帝の徳を体現するうえで非常に好ましいこととされていた。無論、中国にとってみれば、六五九年の倭国に随った蝦夷の来朝についても、近くの夷狄(=倭国)を仲介役としてさらに遠方の夷狄(=蝦夷)が来朝したものとして捉えられたのである。[23] このような理解を前提にして、前掲の②③の史料を解釈すると次のようになる。史料②では、高句麗が遣使・朝貢したことを記した後、その高句麗に随って粛慎国が楛矢と石砮と献じたことが記され、また史料③では史料②と同様に粛慎国が高句麗(の訳)を介して入朝・貢献したことが記されている。すなわち二つの史料はともに粛慎国と高句麗を重訳の関係として理解しており、古代中国人の意識のうえで両者が「重訳」という関係で結ばれていたことが知られるのである。高句麗と他の種族がこのような「重訳」の関係で結ばれている例は他に見られないことからも、ここに「粛慎」なる種族が特に高句麗と政治的に結ばれていることが読みとれるのである。このような見方を「阿倍比羅夫の北征は高句麗を目指しており、その前段階として「重訳」関係にあると意識されていた「粛慎」と通交を持った」と解釈するためには、『宋書』に見るような高句麗と粛慎のつながり、ひいては「重訳」の観念が当時の日本の支配者層の意識のなかに伝来していたことを証明する必要があるが、『日本書紀』崇神紀には「異俗重訳来、海外既帰化」[24]とあること、また当時の日本において『宋書』のみが将来されなかったことは考えにくく、むしろ古代の中国典籍の将来についての理解を踏まえれば、既述のような観念が七世紀の倭国に伝わっていた可能性は極めて高いと考えられよう。[25]

以上から、前掲②③の史料は「言葉の通じない遠方の夷狄(＝粛慎)が、近くの夷狄(＝高句麗)を媒介として中華に朝貢した」ことを述べていると理解できることから、阿倍比羅夫の北征の目的についての解釈をめぐってひとつの可能性を指摘することが可能となる。すなわち、高句麗と通交を持つことを目的としていた倭国は、高句麗と重訳の関係にある種族が「粛慎」であることを漢籍等から既に認識していた。そこで阿倍比羅夫が対峙した異俗の民を実在の粛慎ではないにも関わらず、「粛慎」と呼称・認識したのではないだろうか。高句麗と通交を持つことが目的であり、その前段階として「粛慎」と通交を持ったという意味づけを行ったこと、それが『日本書紀』が記した第三回目の北方遠征の内実であったという理解である。

アシハセと粛慎の結びつきについての私見は以下の通りである。アシハセと粛慎が結びついた背景は、阿倍比羅夫の北征の目的が高句麗を目指す北方航路の開拓にあり、高句麗と政治的結びつきの強い「粛慎」がアシハセと結びつき、北方の種族を表す倭語「アシハセ」に「粛慎」という漢字表記をあてたのである。そして筆者は、この契機は阿倍比羅夫の北方遠征であり、以後、『日本書紀』編纂の段階において、「アシハセ」は漢字表記「粛慎」に統一されることとなったものと考える。

3　東アジアの国際情勢と北征の目的

前節までの考察において、阿倍比羅夫の北方遠征の目的は高句麗を目指して行われた北方航路の探検であったと考えた。だからこそ渡嶋蝦夷と別の種族を「粛慎」と認識し、倭語「アシハセ」に「粛慎」という漢字表記をあてたのである。『日本書紀』の「アシハセ」が、当時存在しないはずの「粛慎」に統一されているのはこのためであると考えられる。最後に、東アジアの政治情勢における高句麗と倭国、および何故この時に北へ向かう航路の探検が必要であったのかを論じたうえで、阿倍比羅夫の北方遠征の目的についての私見をまとめたい。

(1) 東アジアの国際情勢における高句麗と倭国

七世紀半ばの東アジアの国際情勢については、別稿で詳論しているので[26]、ここでは高句麗と倭国の動きを中心に述べることとする。当時の東アジアにおいては、推古天皇二十六年(六一八)に唐が建国され、政治的・軍事的な圧力を周辺諸国に及ぼすようになる一方で、高句麗・百済・新羅の朝鮮諸国では、三国が対立・抗争を繰り返していた。六四二年七月には百済の義慈王が新羅に侵攻し四十余城を奪取し、同年には高句麗も新羅へ侵攻している。このような抗争のなか、六四三年九月、新羅は唐に使を派遣して高句麗と百済による新羅への領土侵攻を訴えた。これに対して唐は、高句麗と百済はともに新羅との戦争をやめるよう、高句麗に使者を派遣して説諭を行った(『旧唐書』新羅伝)。これに対して百済と高句麗は従わず、新羅への領土侵攻を継続させ、抗争は続くこととなった。ここに唐と高句麗の対立と朝鮮三国の抗争のなかから、唐・新羅対高句麗・百済の対立の構図が確立する。このような抗争のなかで新羅は唐に接近する方針をとる。森公章氏も述べるように、この抗争に倭国が軍事的に参入することは百済の役まで見られず、それ以前は中立的立場をとっていたが、[27]高句麗は倭国に対して、六四二・六四三・六四五・六四六・六四七・六五四・六五五・六五六・六五九・六六〇年と日本へ使者を派遣している。それとは逆に『日本書紀』には倭国から高句麗への軍将らの派遣についても記されている。

〔史料④〕『日本書紀』天智天皇即位前紀是年条

是年。（略）又。日本救㆓高麗軍将等㆒。泊㆓于百済加巴利濱㆒。而燃㆑火。灰変為㆑孔。有㆓細響㆒。如㆓鳴鏑㆒。或曰。高麗百済終亡之徴乎。

〔史料⑤〕『日本書紀』天智天皇元年三月是月条

是月。唐人新羅人。伐㆓高麗㆒。々々乞㆑救㆓国家㆒。仍遣㆓軍将㆒拠㆓疎流城㆒。

史料④は、高句麗救援に向かった日本の軍将たちが百済の加巴利濱で停泊し火を燃やしたところ、灰が穴となってかすかな音を響かせた。鳴鏑のようであった。ある人が高麗・百済がついに滅びる前兆か、といったという記事、史料⑤は唐人と新羅人が高句麗を討伐し、高句麗は日本に救援を乞うてきたので、軍将を遣わして疎流城を守らせたことを伝える記事である。このように、倭国は中立的な立場をとっていたが、百済の役以前から高句麗を百済とともに友好国として位置づけ、盛んに交流を続けていた。特に高句麗が唐からの攻撃を受けている状況下にあっては、倭国の方から軍将らを派遣しているのである。以上の点から、高句麗と倭国は軍事的にも同盟関係を構築しようとしていたかの様相さえ窺わせるような動きをとっていることがわかる。

では、なぜ斉明天皇四年（六五八）から高句麗との航路開拓を目指して大船団を日本海側および太平洋側から北上させたのであろうか。今泉氏は「北征開始の前年の六五七年に新羅との関係が破綻したことが、北征の直接の契機となったと思われる。渟代・渡嶋などの蝦夷と服属関係を結んだのは、さらに北方へ進むための中継基地の設置を意味するに過ぎなかった。この事業は結局六六一年の百済の役の勃発で中断のやむなきに至ったが、養老四年（七二〇）渡嶋津軽津司を風俗視察のために靺鞨国へ派遣したのは、これを引き継ぐものであろう」とする見解を述べている。従うべき見解であると考える。確かに直接的な契機は今泉氏の述べるとおりであろうが、しかしそれ以前から高句麗への航路開拓が課題となっていたのではないかと考える。そのことを示すのが次の史料である。

〔史料⑥〕『日本書紀』白雉五年(六五四)二月条(傍線は引用者)

二月。遣二大唐一押使大錦上高向史玄理。(略)小乙上崗君宜。置始連大伯。小乙下中臣間人連老。田邊史鳥等。分二乘二船一。留連數月。取二新羅道一泊二于萊州一。遂到二于京一奉二覲天子一。於レ是東宮監門郭丈擧悉問二日本國之地里及國初之神名一。皆随レ問而答。(後略)

〔史料⑦〕『唐会要』倭国

永徽五年十二月。遣使獻二琥珀瑪瑙一。(中略)北限二大海一。西北接二百濟一。西北抵二新羅一。南與二越州一相接。頗有二絲綿一。出二瑪瑙一。有二黄白二色一。其琥珀好者。云二海中湧出一。

右の史料⑥及び史料⑦は、白雉四年(六五四＝唐永徽五年)の遣唐使に関する日本と中国の記録である。白雉四年(六五四)二月に発遣された大使高向玄理以下の遣唐使は、数箇月を要しながら「新羅道」を進み、萊州に停泊後、京へ到着し天子に拝謁した。唐の高官から日本の地理について尋ねられた使節は問われるままに答え、その記録が『唐会要』に残されている。すなわち「北は大海を限りとし、西北は百済に接し、西北は新羅に至り、南は越州と接近している」という回答である。なぜこの時、唐の高官は日本の地理を詳細に尋問したのであろうか。当時の国際情勢を踏まえて考えるに、日本周辺の地理を知ることが唐の軍事政策上、必要なことであったためではなかろうか。唐の高官の問いに対し、倭国の使者は西北および南については明確な回答をしているが、北については「限二大海一」にとどまっている。すなわち、北は大海が広がっているが、その先がどこにつながっているのかについて、倭国の使者は認識できていなかったということである。このことが、大船団を北へと向かわせる必要が生じた背景にあったのではなかろうか。今泉氏が指摘するように、新羅との断絶は「新羅道」（史料⑥）という航路が使えなくなったことを意味し、そのことは友好国である高句麗への航路も絶たれることとなったのであろう。このような背景から当時の倭国においては、北への航路探索が関心としてあったため、斉明天皇四年（六五八）から六年（六六〇）にかけて、三度の北征を行ったのではないだろうか。先述のように、この時の北路の探索は、事実上、高句麗への航路の探索でもあったため、渡嶋蝦夷と別の種族を当時は存在しない「粛慎」と認識し、『日本書紀』に記したのであろう。粛慎が高句麗と政治的関係が深いことは既述の通りであり、高句麗を目指した探索であることを前提に考えることで、阿倍比羅夫が対峙した北方異民族を「粛慎」であると意味づけた『日本書紀』の意図が氷解するのである。

(2) 高句麗への道　―北へ行くことの意味―

さきの考察により、当時の倭国は唐の高官からの尋問に対して、北には大海が広がっていると回答するだけで、北に広がる世界を具体的に把握できていなかった。倭国は友好国である高句麗への道として「新羅道」が使えなくなった段階で、北への探索を開始するのである。では、どうして北へ進むと高句麗にたどり着くことができると考えたのであろうか。それは、実際に高句麗が北から倭国へ来朝しているからである。[28]

〔史料⑧〕『日本書紀』欽明天皇三十一年（五七〇）四月乙酉条

夏四月甲申朔乙酉。幸㆓泊瀬柴籬宮㆒。越人江渟臣裙代詣㆑京奏曰。高麗使人辛㆓苦風浪㆒迷㆓失浦津㆒。任㆑水漂流。忽到㆓着岸㆒。郡司隠匿。故臣顯奏。詔曰。朕承㆓帝業㆒若干年。高麗迷路始到㆓越岸㆒。雖㆑苦㆓漂溺㆒。尚全㆓性命㆒。豈非㆓徽猷廣被。至徳魏魏。仁化傍通。洪恩蕩蕩㆒者哉。有司宜於㆓山背國相樂郡㆒。起㆑舘浄治。厚相資養。

史料⑧は欽明天皇三十一年の四月朔日に泊瀬柴籬宮に行幸の際、越人である江渟臣裙代が上京して「高麗の使者が暴風と高波に辛苦し迷って港を見失っている。波に任せて漂流し、たまたま海岸にたどり着いた。郡司が隠しているので私が報告いたします」と奏上したという記事である。このように、この時の高麗使は「任レ水漂流」という理由ではあったが、越へ漂着している。また同様の例が三年後の五月、四年後の五月にも発生している。

〔史料⑨〕『日本書紀』敏達天皇二年(五七三)五月戊辰条

二年夏五月丙寅朔戊辰。高麗使人泊二于越海之岸一。破レ船溺死者衆。朝庭猜二頻迷一レ路。不レ饗放還。仍勅二吉備海部直難波一送二高麗使一。

〔史料⑩〕『日本書紀』敏達天皇三年(五七四)五月甲子条

三年夏五月庚申朔甲子。高麗使人泊二于越海之岸一。

史料⑨は敏達天皇二年(五七三)五月に、高麗の使者が越の海岸にたどり着くも、船が壊れ溺死したものが多いので、朝廷は高麗使が頻繁に海路を迷うことを疑い、饗応せずに送り返したという記事である。また史料⑩からはその翌年五月、高麗の使者が越の海岸に停泊したことが知られる。

右の出来事は、当時、高句麗への道として北からの海路があると朝廷に認識させるに十分なものであると思われる。そのことは越からもまた高句麗への海路が延びているということを意味する。高句麗使が越に漂着することは、朝廷および当時の人びとのなかに越と高句麗との道を想起させた。そして興味深い史料がもう一つ存在する。

〔史料⑪〕『日本書紀』天智天皇七年(六六八)七月条　(傍線は引用者)

秋七月。高麗従二越之道一遣レ使進レ調。風浪高。故不レ得レ帰。(後略)

史料⑪は天智天皇七年(六六八)七月、高句麗が、越の道より使を遣わして調を進めたとする記事である。史料⑪には漂着とは書かれずに「越之道」と書かれている。このことに意味を持たせるのは拡大解釈かもしれないが、以前には越に高句麗使が来着した場合には漂着またはそれに類する表現であったが、阿倍比羅夫の北征の後には、高志の国への来着を称して「越之道」と表現していることには阿倍比羅夫の北征との関係で大きな意味を有していると考える。

すなわち、阿倍比羅夫の北征の成果として、この頃には既に越から高句麗への北方航路という認識が確立していたのではなかろうか。

おわりに

本論の考察をまとめて結語としたい。

阿倍比羅夫の北方遠征の目的をめぐっては、大きく二つの学説があった。一つは、熊谷氏をはじめとする通説的見解であり、国内における支配領域の拡大を目指したとする考え方である。この説に従えば、秋田・能代の蝦夷及び渡嶋蝦夷が服属したことで当初の目的は達成し、北征は成功裏に終わったと意義づけることができる。二つは、七世紀半ばの東アジアの国際情勢を踏まえて、阿倍比羅夫の北方遠征は倭国の北方領域の確定を目的としたとする坂井秀弥氏らの見解である。坂井氏の説に対しては、今泉氏が賛成の立場をとり、陸奥・越後、のちに出羽においてこのような大船団による遠征が行われたのはこの時限りで、ちょうどこの時期は倭国をめぐる東アジアの国際情勢が緊迫している時期にあたっていたこと、七世紀半ばの国家の支配領域を考えると、陸奥国では現在の仙台・大崎平野、越国では越後平野あたりまでであり、この時の北征の対象地域があまりに北に突出していることに違和感を覚えるとしている。

そこで本論では、阿倍比羅夫の北方遠征の目的を探る手段として、『日本書紀』において、斉明天皇六年（六六〇）の北征に当時実在しない「粛慎」が登場する点に注目した。

中国の古代に実在が確認できる「粛慎」が阿倍比羅夫と対峙することは時間的に不可能である。何故ならば、粛慎は『後漢書』のなかでは古名とされ、北征のころには靺鞨がその地域に勢力を張っていた。そこで古代国家が阿倍比羅夫が対峙した種族に対して、「粛慎」であると意味づけをしたその意図を問題とした。まず、中国における高句麗と粛慎とが、政治的にどのような結びつきがあるのかに焦点を合わせて検討を加えた。その結果、「粛慎」と高句麗とが「重訳」の関係で結ばれていたことが『宋書』の記述から読み取ることができた。これらのことから阿倍比羅夫の北方遠征の目的について筆者は次のように推測した。すなわち高句麗と通交を持つことを目的としていた日本は、高句麗と重訳の関係にあるのが「粛慎」であることを認識していた。そこで阿倍比羅夫の北征で対峙した集団を、実在の粛慎ではないにも関わらず、「粛慎」と呼称・認識したのではないか。高句麗と通交を持つことが目的であり、その前段階として「粛慎」と通交を持ったこと、そのことが斉明天皇六年(六六〇)の第三回目の北方遠征の歴史的意義ではなかろうか。その後、阿倍比羅夫は百済の役の軍将として最前線へと派遣され(29)、北方遠征は高句麗へ到達することなく高句麗と政治的に繋がりのある「粛慎」と対峙したところで頓挫するかたちとなった。このような理解に立てば、阿倍比羅夫の北方遠征すなわち高句麗への北方航路の探検は、「粛慎」までは到達することができたが、高句麗までは到達することができずに、百済の役のために頓挫せざるを得なかったという評価となるであろう。従来の通説とは大きく異なる結論に至ったが、阿倍比羅夫の北方遠征は、蝦夷の服属を目的とするような国内的事情に基づくものではなく、当時の国際情勢の中で行われた非常に軍事的要素の濃い大規模な作戦であったことを指摘して、本論は擱筆することとしたい。

〔付記〕本稿脱稿後、簑島栄紀「七世紀の倭・日本における「粛慎」認識とその背景」(小口雅史編『古代国家と北方世界』同成社、二〇一七年)に接した。七世紀における粛慎認識について詳細に検討されており、本論と関わるところも少なくない。併せて参照していただきたい。

註

（1）今泉隆雄「古代国家と郡山遺跡」（『古代国家の東北辺境支配』吉川弘文館、二〇一五年。初出二〇〇五年）。以下、特に断らない限り今泉氏の見解は本論文による。
（2）熊谷公男「阿倍比羅夫北征記事の基礎的考察」（高橋富雄編『東北古代史の研究』吉川弘文館、一九八六年）。以下、特に断らない限り熊谷氏の見解は本論文による。
（3）樋口知志「渡島のエミシ」（鈴木靖民編『古代蝦夷の世界と交流』名著出版、一九九六年）。以下、特に断らない限り、樋口氏の見解は本論文による。
（4）坂井秀弥「日本海側の古代城柵と北方社会」（『考古学ジャーナル』四四一、一九九六年）。以下、特に断らない限り坂井氏の見解は本論文による。
（5）室賀信夫「阿倍比羅夫北征考」（同『古地図抄―日本の地図の歩み―』東海大学出版会、一九八三年。初出は一九五六年）。以下、特に断らない限り、室賀氏の見解は本論文による。
（6）池内宏「粛慎考」（『満鮮史研究』上世編、祖国社、一九五一年）。以下、特に断らない限り池内氏の見解は本論文による。
（7）池内氏は「古の粛慎氏は古典のうえでは非常に名高いけれども（略）その正体は雲をつかむようなもので、果たしてそれが後の挹婁であったかどうか、それすらよくわからぬ」として、『国語』の粛慎が漢代の挹婁と直接に連なるかどうかは疑問であるとしている。また日野開三郎氏も、中国古典の粛慎と正史の粛慎とは実体が異なるとして、前者を「古粛慎」、後者を「後粛慎」として区別している（日野開三郎「粛慎一名挹婁考」同『東洋史論集』十四、三一書房、一九八八年）。以下、特に断らない限り日野氏の見解は本論文による。
（8）周知のように、中国の王朝は後漢を経て魏・呉・蜀の三国時代へと遷るが、正史の編纂については、まず西晋の陳寿が『三国志』を編纂し、その後、『三国志』を参考にして宋の范曄が『後漢書』を編纂したという経緯がある（『中国史籍解題辞典』）。したがって『三国志』が挹婁を「粛慎」と結びつけた根拠が問題となるのである。なお、『三国志』挹婁伝の記述は、正始六年（二四五）に、挹婁の南界に侵入した魏軍の従事者が親しく見聞したことによるものであるから、魏軍が接した集団が楛矢石砮を使用していたこと、それを挹婁と呼称していたことは政治的な潤色ではなく事実であると考えられる(日野開三郎氏前掲論文)。

(9) 黒水靺鞨については『旧唐書』に「兵器有二角弓及楛矢一」(『旧唐書』靺鞨伝)とあることから、黒水靺鞨による楛矢の使用を確認することができる。

(10) 若月義小「アシハセ・粛慎考」(『弘前大学国史研究』第一〇七号、一九九九年)。以下、若月氏の見解は、特に断らない限り本論文による。

(11) 『日本書紀』持統天皇十年(六九六)三月甲寅条。

(12) 『日本書紀』の注釈書で、かつ本格的な出典研究として知られる河村秀根らの『書紀集解』巻十九では「アシハセノヒト」、「ミシハセノ」の訓を施している。また、中世・近世における『日本書紀』の諸注釈を集大成した飯田武郷『日本書紀注釈』(一八九九年完成)では「美之波世と訓む。アシハセのアも、ミの仮字也」としており、いずれも「アシハセ」と「ミシハセ」の両訓を示している。近世の研究で「ミシハセ」とされたのは「ア」と「ミ」の仮名の字形が似ていたことによる混用の可能性が考えられる。

(13) アシハセの語義については諸説ある。例えば、白鳥庫吉氏はツングース語で大洲、大島の意であるとし(白鳥庫吉「粛慎考」『白鳥庫吉全集』4、初出一九一一年)、栗原薫氏は、境外の人を意味する言葉であるとする(栗原薫「粛慎および呉の名について」『日本上古史研究』六―一〇、一九六二年)。また若月義小氏は、「アシハセヒト」が本来の形であり、「アシ」を「悪し」、「ハセヒト」を「馳せ人」と解し、「性質が荒々しい(何処からか)馳せ来る人達」と解釈している(若月義小「アシハセ・粛慎考」前掲)。このようにアシハセの語義については諸説あるが、いずれの学説も確証を得たものとは言い難く、現在のところ不明とせざるを得ない。

(14) 児島恭子「エミシ、エゾ、「毛人」「蝦夷」の意味―蝦夷論序章―」(竹内理三先生喜寿記念論文集刊行会編『律令制と古代社会』一九八四年)。ところで、『日本書紀』においては統一的に「粛慎」と表記されるが、『続日本紀』では「靺鞨」と表記され「粛慎」と表記されることはない。『日本書紀』『続日本紀』の「粛慎」と「靺鞨」が概念上同一のものかは検討が必要であるが、おなじ「アシハセ」という訓が付けられていたことは確認できる。例えば、「若湯坐連靺鞨」(『大日本古文書』十一―二二五頁、同三五八頁、同四五一頁、二十四―一八一頁)は「阿志波世」または「阿志婆世」と表記されている。ここからも靺鞨が「アシハセ」と訓じられていたことが知られる。

(15)『山海経』については、『山海経・列仙伝』〔全釈漢文大系三三、前野直彬著〕(集英社、一九七五年)をテキストとする。以下はこれに同じ。

(16)平凡社『世界大百科事典』「郭鄴」項(吉川忠夫氏執筆)。

(17)平凡社『世界大百科事典』「粛慎」項(安田二郎氏執筆)。なお、井上秀雄氏も同様の理解を示している(『東アジア民族史1―正史東夷伝』〈東洋文庫二六四〉平凡社、一九七四年)。

(18)『日本書紀』欽明天皇五年(五四五)十二月条。内容については以下の通りである。

十二月。越国言。於㆓佐渡嶋北御名部之碕岸㆒有㆓粛慎人㆒。乗㆓一船舶㆒而淹留。春夏捕魚充㆑食。彼嶋之人言㆑非㆑人也。亦言㆓鬼魅㆒。不㆓敢近㆒㆑之。嶋東禹武邑人、採㆓拾椎子㆒。為㆑欲㆓熟喫㆒。着㆓灰裏㆒炮。其皮甲化成㆓二人㆒。飛㆓騰火上㆒。一尺餘許。経㆑時相闘。邑人深以爲㆑異。取㆓置於庭㆒。亦如㆑前飛。相闘不㆑已。有㆑人占云。是邑人。必為㆓魅鬼㆒所㆓迷惑㆒。不㆑久如㆑言。被㆓其抄掠㆒。於㆑是。粛慎人移㆓就瀬波河浦㆒。浦神厳忌。人不㆓敢近㆒。渇飲㆓其水㆒。死者且㆑半。骨積㆓於巌岫㆒。俗呼㆓粛慎隈㆒也。

右の史料が示すように、『日本書紀』が描写する北方異民族「粛慎」は、舟に乗って移動し、魚食をして生活するという海洋民的な色彩と、佐渡嶋の民が「人に非ず」「鬼魅」と見なして、接触を忌避するという異人、ないしは他者としての認識であった。

(19)『日本書紀』天武天皇五年十一月是月条。『同』持統天皇八年正月丁未条。『同』持統天皇十年三月甲寅条。

(20)津田左右吉「粛慎考」(同『日本古典の研究』下、岩波書店、一九五〇年)。

(21)関口明『蝦夷と古代国家』(吉川弘文館、一九九二年)。

(22)熊田亮介「蝦夷と蝦狄」(同『古代国家と東北』吉川弘文館、二〇〇三年。初出一九八六年)。

(23)河内春人「唐からみたエミシ」(『東アジア交流史のなかの遣唐使』汲古書院、二〇一三年。初出二〇〇四年)。

(24)『日本書紀』崇神天皇十二年三月丁亥条。

(25)拙稿「斉明天皇五年の遣唐使と蝦夷―蝦夷帯同の目的をめぐって―」(『歴史』第一二五輯、二〇一六年)。

(26)拙稿「斉明天皇五年の遣唐使と蝦夷―蝦夷帯同の目的をめぐって―」(『歴史』第一二五輯、二〇一六年)。

(27)森公章「朝鮮半島をめぐる唐と倭―白村江会戦前夜―」(池田温編『古代を考える　唐と日本』吉川弘文館、一九九二年）、森公章『白村江以後　国家危機と東アジア外交』（講談社選書メチエ、一九九八年）。

（28）今泉氏も、「政府は、高句麗使が北方から越に渡来することから、高句麗が国土の北方にあると認識し、日本海・太平洋沿いにひたすら北をめざせば、高句麗に到達すると認識していたのではなかろうか。これまでの筑紫から半島南部を経由する航路以外に、新たに列島沿岸沿いに北進して高句麗に至る航路を開拓しようとしたのだろう」と述べており、高句麗使が越へたどり着いたことがあったことが、北へ行けば高句麗にたどり着くという考えをもった背景にあると考えている。

（29）『日本書紀』天智天皇即位前紀斉明天皇七年（六六一）八月条。

三十八年戦争と伊治城

永田 英明

はじめに

本稿は、いわゆる三十八年戦争下[1]における伊治城・栗原郡をめぐる問題について考えようとするものである。

神護景雲元年(七六四)に造営された伊治城は、延暦二十一年(八〇二)に胆沢城が造営されるまで、陸奥国における最北端の城柵であった。しかしこの間の宝亀十一年(七八〇)に起こった伊治公呰麻呂の乱で伊治城は最初の戦闘の舞台となった。伊治城跡の発掘調査からは、伊治城の遺構はⅠ～Ⅲ期に区分されこのうちⅡ期の建物が火災に遭っていること、火災後のⅢ期政庁がⅡ期とほぼ同位置・同規模で再建されていること、Ⅲ期の中にも建替の痕跡がうかがえることなどが指摘され、呰麻呂の乱後の伊治城の復興や変遷の状況が近年少しずつ明らかになってきているが[2]、なお今後の調査に待つところが少なくないのも事実である。一方文献史料の上では、呰麻呂の乱後に派遣された征東大使藤原小黒麻呂が「所亡諸塞」を復したという記事(『続日本紀』天応元年(七八一)九月辛巳条)から乱後まもなく復旧したと見る理解もあるが[3]、伊治城や栗原郡の語自体は延暦十五年(七九六)までの間史料に見いだすことができず、本格的な復興をこの時期に遅らせる見解もあって[4]、この前後の伊治城や栗原郡の状況については意外に不明な点が多いのも事実である。伊治城・栗原郡やその周辺地域の状況をどのように理解するかは、三十八年戦争全体の推移[5]、その間における陸奥北部の状況を復原する上で軽視できない問題であり、なお考えてみる価値があると考える。

この問題は、栗原地方そのものの歴史的位置づけという問題にも通じる。かつて伊東信雄氏[6]は、大崎地方と栗原地方の間に「古墳の北限」のラインがあることを指摘し、虎尾俊哉氏[7]はこれを受けて、三十八年戦争の最大の要因が、律令国家がこの「国境線」を越えて桃生城・伊治城を建設したことにあるとされた。近年では熊谷公男氏がこの視点を継承しつつも、栗原市入の沢遺跡の発見を受け、伊東氏が想定したラインを「ある程度の幅を持ったベルト状の境界」と捉え直し、栗原地方を「ラインの北」から「ラインの上」へと位置づけ直している[8]。伊治城のあり方は、この境界領域のあり方を考える重要な素材であろう。本稿では、そうしたこの地域の歴史的特質を考える一つの手がかりとして、三十八年戦争下における伊治城・栗原郡の位置を、交通路や駅制との関わりを出発点にしながら考えてみたいと思う。

1　駅制から見る伊治城と栗原郡

(1) 伊治城・玉造塞間の駅家新設

【史料1】『日本後紀』延暦十五年(七九六)十一月己丑条

陸奥国伊治城玉造塞、相去卅五里。中間置㆑駅、備㆓機急㆒。

延暦十五年(七九六)十一月、「機急」すなわち緊急事態に備えるという理由で、玉造塞と伊治城の中間に駅が新設された。この記事でまず注意しておきたいのは、城柵と城柵の間の連絡、という観点で新駅の必要性が語られている点である。それはすなわち、駅制利用の許可権限を持つ官人、陸奥国で言えば国司や鎮官などの中央派遣官が伊治城や玉造塞に常駐していたこと、つまりこの時点で両城柵が城司の常駐する拠点城柵であったことを意味している。

伊治城はいうまでもなく栗原市築館城生野の伊治城跡に比定され、また玉造塞については、大崎市古川宮沢の宮沢遺跡が該当し宝亀十一年（七八〇）から天応元年（七八一）の間に名生館官衙遺跡Ⅳ期の「玉造柵」（玉作城）を移転する形で造営されたとする柳澤和明氏[9]の説が有力である。この二つの城柵の中間に置かれた新駅は、単純に両遺跡の中間付近と考えると、おおむね栗原市の高清水から一迫周辺に比定できる。しかし『延喜式』兵部式における陸奥国の駅名では、多賀城以北の駅名は黒川、色麻、玉造、栗原、磐井、白鳥、胆沢、磐基の順で並んでおり、玉造駅は玉造塞、栗原駅は伊治城の場所に近接すると見られるから、この新駅に該当する駅は見られない。つまり延暦十五年に新設されたこの新駅は、『延喜式』以前に廃止されていたと考えられる。

延暦十五年（七九六）十一月の新駅設置の意味を考える上では、八年後の次の史料も参考にすることができよう。

【史料2】『日本後紀』延暦二十三年（八〇四）五月癸

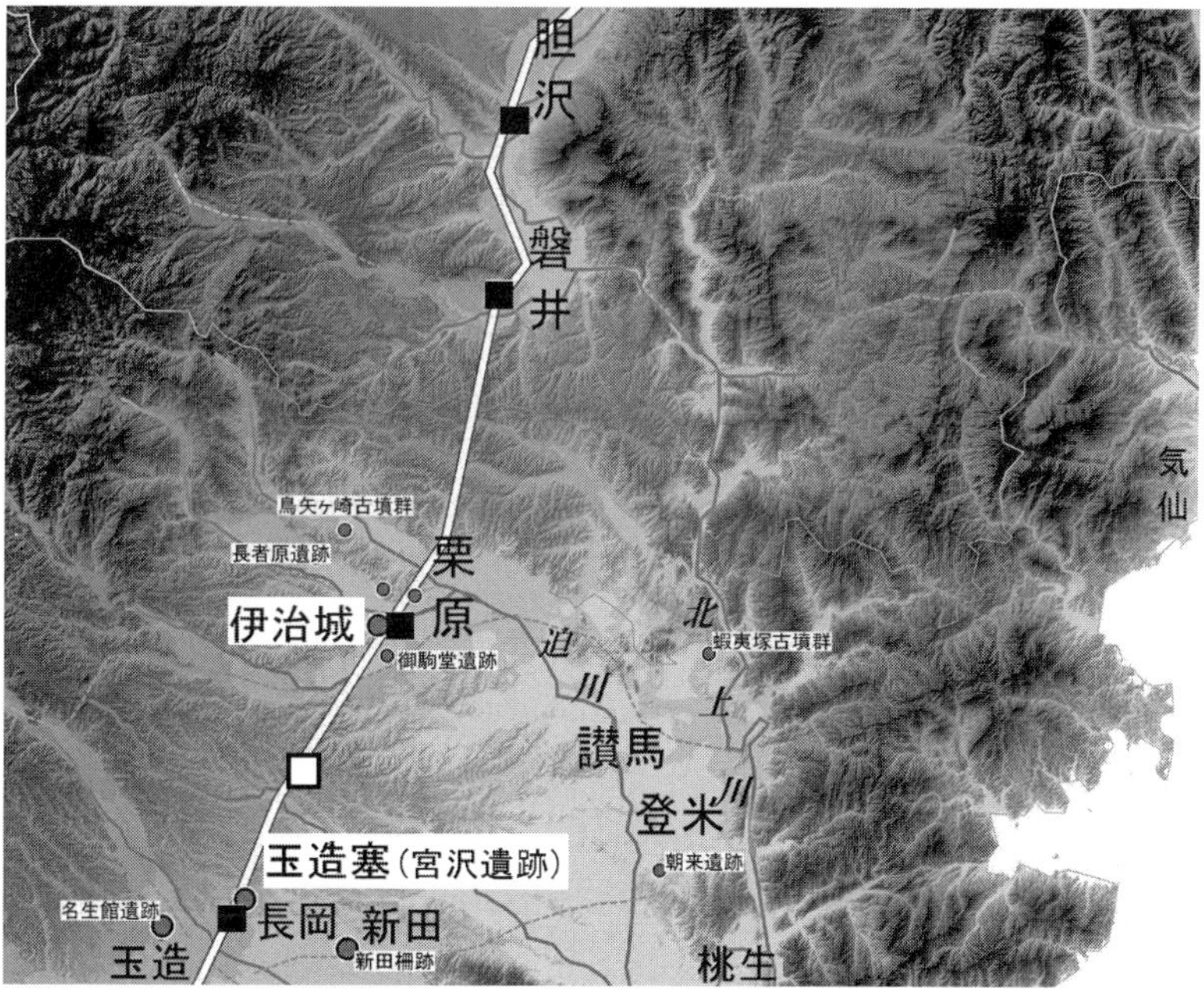

図１　栗原（伊治）地方周辺図
（■は延喜式制駅家の比定地、□は延暦15年設置駅家の推定地）

未条

陸奥国言。斯波城、与二胆沢郡一相去一百六十二里。山谷嶮□往還多レ艱。不レ置二郵駅一恐闕二機急一。伏請、准二小路例一置二一駅一。許レ之。

この「胆沢郡」は志波城との連絡の拠点として挙げられているから、具体的な地点としては胆沢城のことと考えるべきであろう。つまりここでも、「機急」への対応という形で、城柵と城柵の間の連絡、という観点から駅家の新設が行われている。斯波城すなわち志波城は、延暦二十二年(八〇三)三月に坂上田村麻呂を造志波城使として派遣し造営が開始され(『日本紀略』延暦二十二年二月癸巳・三月丁巳)、史料2にみえる陸奥国の申請もこの志波城の造営に伴うものと考えられる。志波城は、一辺八四〇メートルの外郭を持つ城柵であり、大同五年(八一〇)五月十一日官符(『類聚三代格』公粮事　大同五年五月十一日官符、『類聚国史』弘仁元年五月壬子条)から鎮官の公廨が志波城にも運送されたと考えられること、[10] 志波城廃止時に鎮官の官制が縮小していること(『類聚三代格』弘仁三年四月二日官符、『日本後紀』弘仁三年四月己丑条)などからみても、鎮官の一部が城司として駐在したと考えられる。一方の胆沢城も全く同様なので、両城柵の間で駅制による連絡が行われていて全く不思議はないが、実は次に述べるように、この時点では、陸奥国北部の駅家はまだ伊治城から胆沢城の間には設置されておらず、史料2の駅は、文字通り志波城と胆沢城の間での連絡・中継自体を目的に設置された駅であった。それは、延暦二十年(八〇一)の征夷を経て最北端の城柵となった志波城の孤立を防ぐための方策と見ることができる。

延暦十五年(七九六)に玉造塞・伊治城間に設置された新駅もまた、同様の観点から捉えることが可能であろう。厩牧令諸道須置駅条に依れば、通常駅家は三十里(約一六キロメートル)間隔で設置される原則であるが、「地勢阻険無水草処」の場合には「里数を限らず」置くことが出来るとされ、これは状況次第では駅家間距離が三十里を越えても構わないことを意図している。このような令文を考慮すると両城柵間の三十五里という距離は必ずしも駅家の設置を必須とするほどの距離とは言えないが、それにもかかわらず駅が新設されたのは、後方支援城柵である玉造塞との連係を強化することで最前線城柵である伊治城の孤立を防ぐという、極めて軍事的な理由によるものであろう。であるがゆえに、その後胆沢城や志波城が造営され伊治城が最北端城柵ではなくなると、わざわざこの新駅を設け維持していく理由も薄れ、廃止されたのであろう。廃止の時期は具体的には不明だが、延暦二十一年(八〇二)の胆沢城造営以降、『延喜式』編纂以前の時期ということになり、おそらくは弘仁式の段階ですでに廃止されていたものと思われる。(11)

(2) 栗原郡三駅と「栗原郡」

これらを踏まえた上で次に、胆沢・志波城間の駅家新設に半年遅れる形で設置された栗原郡の三駅について考えてみる。

【史料3】『日本後紀』延暦二十三年(八〇四)十一月戊寅条

陸奥国栗原郡、新置二三駅一。

この栗原郡三駅については、近年渕原智幸氏が、磐井郡の成立の問題と関連づけて詳細な検討を加えられている。(12)渕原氏の所説を本稿の関心からまとめると、①磐井郡はその北方の胆沢地方とは必ずしも一体的な地域とは言えず、「胆沢三郡」などの形で胆沢・江刺と一体的な地域と捉えることは適切ではない、②『倭名類聚抄』などから推定される古代栗原郡の領域の広さからみて、その中に三駅を比定するのは困難であり、史料3の栗原郡の中にはのちの磐井郡域が含まれていると考えるべきである。③八世紀における磐井地域は栗原地方や胆沢地方と比べ人口が少ない空白地帯であり、国家の側からは栗原郡の延長部分として捉えられていた。④磐井地域に対する栗原郡の郡制支配は、胆沢城の造営に伴い実質化したと考えられる、⑤磐井地域が磐井郡という独自の郡として独立するのは、弘仁年間の城柵再編策による伊治城の廃止に伴うと考えられる。といった形でまとめられる。このなかでも特に重要なのが、

②の部分、すなわち栗原郡三駅をのちの磐井郡域をも含む地域に置かれたものと考える点で、基本的に賛同したい。『延喜式』にみえる駅名においても、栗原郡内に比定できるのは栗原駅のみであり、その北方の磐井駅はその名前から見ても磐井郡域に比定されるので、渕原氏のような理解はごく自然な理解と考えられる。

やや問題なのは、三駅のうち栗原・磐井以外のもう一駅を氏が『延喜式』にみえる磐基駅にあて、これを磐井地域から気仙郡に至るルート上に比定する点であろう。気仙郡は弘仁元年（八一〇）に渡嶋蝦夷の来着・安置地として初見し（『日本後紀』弘仁元年十月甲午条）、三陸沿岸地域の蝦夷集団の支配・交易拠点として重要な意味を持っていたと見られるが、伊治城や胆沢城・志波城等のような城司や軍団兵士・鎮兵を常置するような拠点城柵が置かれた地域とは考えがたく、そこに至るルートに駅家を想定することには、やはり少し無理があるように思う。磐基駅は、延喜式の駅名順では胆沢駅の次駅であり、それはやはり前記の史料2にみえる胆沢城・志波城（徳丹城）間の駅家と見るべきではないだろうか。それはともかく、史料3は胆沢城・志波城の造営後間もない時期であり、その半年前に胆沢郡（胆沢城）と志波城の間に駅家が新設されていることとの関連を重視するならば、この栗原郡三駅は、やはり伊治城と胆沢城を結ぶ交通路上の駅家と考える方が自然である(13)。

しかしいずれにせよ、栗原郡三駅の問題は、そこにのちの磐井郡の領域をも含めて考えることではじめて説明が付き、その点で渕原氏の見解は説得的である。問題は、磐井地域がそのような形で栗原郡域に含まれるようになった時期はいつか、という点である。

2　延暦十五年の伊治城移民

伊治・玉造間に駅の設置が命じられた延暦十五年（七九六）十二月、実は伊治城にかかわるもう一つの重要な政策が実施されている。

【史料4】『日本後紀』延暦十五年（七九六）十一月戊申条

発二相摸・武蔵・上総・常陸・上野・下野・出羽・越後等国民九千人一、遷二置陸奥国伊治城一。

坂東の六国と出羽・越後から九〇〇〇人の移民を「陸奥国伊治城」に配置するという記事であるが、まず注目したいのは、この九〇〇〇人という規模である。『続日本紀』や『日本後紀』には、八世紀から九世紀初頭にかけての城柵への柵戸移配の記事が散見されるが（表1）、九〇〇〇人という規模での移民は、八世紀後半以降に限れば最大の規模で、これに次ぐ規模である延暦二十一年の胆沢城への移民（四〇〇〇人）に比べても倍以上であり突出している。八世紀前半の事例を含めても有数の規模の移民といえ、移民の調達範囲でも、坂東・越後のほか出羽までもが含まれているのも注目されよう。

表1　文献史料にみえる柵戸移配

年月	移配先	移配される人々	移民の規模	備考
大化 3（647）	渟足柵			
大化 4（648）	磐舟柵	越・信濃		
和銅 7（714）.10	出羽柵	尾張・上野・信濃・越後等国民	200 戸	
霊亀元(715）.5	陸奥	相模・上総・常陸・上野・下野・武蔵六国富民	1000 戸	
霊亀 2（716）.9	出羽国	信濃・上野・越前・越後四国百姓	400 戸（各 100 戸）	
霊亀 3（717）.2	出羽柵	信濃・上野・越前・越後四国百姓	400 戸（各 100 戸）	※前年九月の記事の実施記事か
養老 3（718）.7	出羽柵	東海・東山・北陸三道の民	200 戸	
養老 6（722）.8	陸奥鎮所	諸国	1000 人	
天平宝字元(757）.8	陸奥国桃生 出羽国雄勝	不孝・不恭・不友・不順者		
天平宝字 2（758）.10	桃生城	浮宕		
天平宝字 6（762）.12	陸奥国	乞索児		桃生城か
神護景雲 2（766）.12	伊治城・桃生城	陸奥国管内及び他国百姓の移住希望者		法により給復
神護景雲 3（767）.1	伊治城・桃生城	当国・他国の移住希望者		法外給復
神護景雲 3（767）.2	伊治城・桃生城	坂東八国部下百姓の移住希望者		法外給復／同年 1 月の法令の実施記事か
神護景雲 3（767）.6	伊治城	浮浪人	2500 人	
宝亀 7（776）.12	陸奥国奥郡	陸奥国諸郡百姓の応募者		復三年を給う
延暦 15（796）.11	伊治城	相模・武蔵・上総・常陸・上野・下野・越後・出羽等国民	9000 人	
延暦 21（802）.1	胆沢城	駿河・甲斐・相模・武蔵・上総・下総・常陸・信濃・上野・下野等浪人	4000 人	

一方で、この伊治城に次ぐ規模を持つ延暦二十一年の胆沢城への四〇〇〇人の移民は、駿河・甲斐・相摸・武蔵・上総・下総・常陸・信濃・上野・下野十カ国から行われ、坂東の下総を除く六国は延暦十五年の国々と重複している。胆沢城への移民は「浪人」で、延暦十五年の「民」との相違はよくわからないが、移民を出す国の重複、とりわけ坂東諸国における重複などを考えると、延暦十五年の移民と二十一年の移民との間に大きな質的相違があるとは考えにくく、後者を参考に前者を考えていくことは許されるだろう。胆沢城への移民が胆沢城の造営に伴うものであるのはもちろんだが、先に見た玉造塞・伊治城間の駅家新設記事とあわせて考えるなら、延暦十五年の移民についても、やはりこの時期に伊治城の大きな整備事業が行われていることの現れと考えるのが自然であろう。

なぜこの時期にこのような施策が伊治城に対して行われたのか。この問題は、次に述べる延暦十五年以前の伊治城の状況とあわせて考えていく必要があるが、とりあえず触れておくべきは、これらの施策が、延暦十三年（七九四）に実施された征夷の後、延暦十五年正月に陸奥按察使兼陸奥守、十一月に鎮守将軍を兼任した坂上田村麻呂のもとで行われた点であろう。田村麻呂はその後翌十六年十一月には征夷大将軍に任じられ次回の征夷事業の準備に入っていくが、延暦十五年十二月の施策は、延暦十三年征夷の結果を踏まえその成果を固めると共に、次回の征夷に向けた基盤整備という側面からも見ておく必要があろう。問題は、それが「伊治城」の整備という形で行われていることの意味である。

さて、前述のように、渕原氏自身は磐井地域が栗原郡に明確に位置づけられたのは延暦二十一年の胆沢城造営が契機と考えており、それは別の言い方をすれば、延暦二十年の征夷戦争の成果として磐井地域の支配を考える見方と言えよう。一方前述のように樋口知志氏は、磐井郡の成立時期を延暦十五年頃と見ている。[14] 樋口氏もまた九〇〇〇人の移民じたいが磐井郡に及んだと述べている訳ではないが、磐井郡の成立を磐井地域に対する郡制支配の成立という形に読み替えるなら、渕原氏と異なって、延暦十三年征夷の成果を受けて磐井郡域への郡制支配が成立した、と見ていることになろう。

九〇〇〇人の移民を、八世紀前半の戸籍計帳の一個あたりの平均人口に近い一戸あたり二〇人という基準で試算すると、四五〇戸すなわち九郷分に相当する。『倭名抄』の栗原郡は三郷だけで、また栗原郡には「会津」郷も見られ陸奥国内部からも移民があったことが想定できるから、延暦十五年の九〇〇〇人という数は『倭名抄』でいう栗原郡への移民と考えるには、実は数が多すぎる。一方で彼らは「伊治城」に移配された人々であるから、この移民の記事からは、この時の伊治城の管轄エリアが、延喜式や倭名抄の栗原郡域を越えた広がりを持っていた、と考えざるを得まい。ではその広がりをどのように考えるべきか。一つの可能性は、栗原地域と同じ迫川流域に位置する佐沼・登米地方に広がる可能性である。讃馬郡・登米郡はいずれも延暦十八年(七九九)に初見する郡だが、この時それぞれ新田郡・小田郡に併合されているので、成立自体はこれよりもしばらく前にさかのぼる。[15] しかしこのうち登米郡について言えば、中山柵との関係が指摘されているから、伊治城と登米郡を結びつけることは難しいだろう。讃馬郡は『倭名抄』の段階では新田郡に含まれているので規模が不明だが、新田郡自体が三郷+余戸という小規模郡であるから、讃馬郡の規模は多くても二郷程度と考えられ、栗原郡と合計しても九郷分には及ばない。

そこでもう一つの可能性として考えられるのが、磐井郡域への広がりである。前述のように、延暦二十三年段階で栗原郡にはのちの磐井郡域が含まれていた可能性が高いが、そうした状況を延暦十五年末の段階にまでさかのぼらせて考えることができないであろうか。渕原氏は、おそらくは胆沢城造営の画期性を重視する視点から、先のような結論を導いていると見られるが、逆に言えば延暦十五年の伊治城に関する施策にはあまり関心を払っておられない。史料的な制約が大きい中でこの問題に断定的な結論を述べることは難しいが、私は、九〇〇〇人という移民の規模の問題、中山柵との関係、そして延暦二十三年段階で磐井地域が栗原郡に含まれていたと考えられること、この三点をもとに、延暦十五年の九〇〇〇人の移民が磐井地域にも広がって実施された可能性は、十分あるのではないかと考える。

3　延暦十五年以前の伊治城と栗原郡

(1) 延暦八年征夷における伊治城と玉造塞

伊治城は神護景雲元年(七六七)に造営され、同三年(七六九)頃まで継続的に移民の投入が確認できる。その後宝亀十一年(七八〇)三月に、覚鱉城の造営が計画された際、伊治城は当時の最北端城柵として、この覚鱉城造営事業の基地となった。覚鱉城が計画された場所は不明だが、その設置目的が「胆沢の地を得ん」と語られている(『続日本紀』宝亀十一年二月丁酉条)ことからみて、少なくとも伊治城より北の地域、胆沢地域そのものないしはその南側の磐井地方に計画されたとみるべきだろう[16]。しかし周知の通り、その際伊治城に入った按察使紀広純を伊治公呰麻呂が殺害し、俘軍を率いて蜂起、南下して多賀城を襲撃することとなる。

先にも述べたように、実はこの事件のあと、伊治城に関する記事は、続日本紀をはじめとする文献史料からはしばらく姿を消してしまう。それが再び登場するのが、史料1・4の延暦十五年の記事である。この間、十六年間の空白がある。

もちろん空白があるからといって、その間に伊治城が存在しなかったということにはならない。発掘調査の成果からも、呰麻呂の乱による被災からその後の復旧までの間に大きな断絶をうかがわせるような要素は、現在のところはっきりとうかがうことはできない。だが、文献史料を検討していくと、この間における伊治城が実質的な機能を果たしていたことを疑わせるような記述がいくつか見える。その一つが、延暦八年(七八九)の征夷に関する次の史料である。

【史料5】『続日本紀』延暦八年(七八九)六月庚辰条

庚辰、征東将軍奏偁、胆沢之地、賊奴奥区。方今、大軍征討、翦㆓除村邑㆒、余党伏竄、殺㆓略人物㆒。又子波・和我、僻在二深奥一。臣等、遠欲二薄伐一、粮運有レ艱。其従二玉造塞一至二衣川営一四日、輜重受納二箇日。然則、往還十日。従二衣川一至二子波地一、行程仮令六日、輜重往還十四日。惣従二玉造塞一至二子波地一、往還廿四日程也。途中逢レ賊相戦、及妨レ雨不レ進之日、不レ入二程内一。河陸両道輜重一万二千四百卌人、一度所レ運糒六千二百十五斛、征軍二万七千四百七十人、一日所レ食五百卌九斛。以レ此支度、一度所レ運、僅支二十一日一。臣等商量、指二子波地一、支度交闕、割二征兵一加二輜重一、則征軍数少、不レ足二征討一。加以、軍入以来、経二渉春夏一、征軍輜重、並是疲弊。進之有レ危、持之無レ利。久屯二賊地一、運二粮百里之外一、非二良策一也。雖三蠢尓小寇、且逋二天誅一、而水陸之田、不レ得二耕種一、既失二農時一。不レ滅何待。臣等所レ議、莫レ若三解レ軍遺レ粮、支二擬非常一。軍士所レ食、日二千斛。若上レ奏聴レ裁、恐更多二糜費一。故今月十日以前解出之状、牒知二諸軍一。臣等愚議、且奏且行。（下略）

この史料は、阿弖流為率いる胆沢エミシとの戦いで手痛い損害を出し桓武天皇の厳しい叱責を受けた征東将軍紀古佐美が、その後の「戦果」報告と抱き合わせで軍の解散を桓武天皇に報告した報告書である。古佐美は軍を解散する理由の一つとして軍粮輸送の困難さをあげているが、本稿の視点でまず注目したいのは、その軍粮輸送が「従二玉造塞一至二衣川営一四日、輜重受納二箇日。然則、往還十日。従二衣川一至二子波地一、行程仮令六日」と、玉造塞から衣川営へ、という形でシュミレーションされている点である。玉造塞と衣川営の間には伊治城があるはずで、宝亀十一年の覚鱉城造営の際に按察使紀広純がわざわざ伊治城に入っていることからすれば、同じく胆沢地方への軍事行動を主眼とした延暦八年征夷においても、伊治城が最前線城柵として軍事行動の拠点となるはずである。しかしながらここでは玉造塞が起点とされている。延暦八年の征夷においては、前年陸奥国多賀城への軍粮運収が命じられているなど多賀城がまず軍粮の集積地とされているが、山道方面の舞台の軍粮はそこからさらに玉造塞に集積され、そこから輜重兵によるピストン輸送が行われるということになっていたのであろう。

この紀古佐美の説明は、桓武天皇に対し、軍を解散したことが正当な判断であることを説明するための理由付けとして記されているものであるから、実際に行われたことを記しているわけではなく、また様々な誇張が含まれている可能性も高い[17]。しかし衣川営までの軍の進軍自体はすでに行われていることであるし、桓武天皇への報告もまたこれ以前に数回にわたって行われているわけであるから、玉造塞から衣川営までの軍粮輸送という点についていえば、わざわざこの段階に至って虚偽の事実を報告するとも思えず、延暦八年征夷における軍粮輸送の実体を示していると考えて良いのではないだろうか。

玉造塞は前述のように大崎市古川宮沢の宮沢遺跡にあたると考えられるが、ここは伊治城から三五里＝約二〇キロ南にあった。最前線城柵であるはずの伊治城ではなく玉造塞に軍粮が集積されたことは、少なくともこの時点で、伊治城は大量の軍粮集積を行うことができない状況であったことを示唆する。この延暦八年の征夷において、山道方面における最北端の拠点城柵として使われたのは玉造塞であって、そこには一定の守備兵が配され、軍粮の保管、輜重兵の交替提供の起点となっていたのであろう。逆に伊治城は軍粮を蓄積しておくことが不可能な状況で、またそのために鎮兵や軍団兵士などの軍兵も配備されず、延暦八年征夷においては軍事拠点としては使われなかったと考えるべきではなかろうか。伊治城の施設自体が復旧していたとしても、それが拠点城柵として機能したかどうかは、一応切り分けて考えるべきであろう。

(2) 伊治村の俘と「降路」

第二に注目したいのが、次の史料である。

【史料6】『類聚国史』延暦十一年(七九二)正月丙寅条

陸奥国言、斯波村夷胆沢公阿奴志己等、遣レ使請曰、己等思レ帰二王化一、何日忘之。而為二伊治村俘等所一レ遮、無レ由二自達一。願制二彼遮闘一、永開二降路一。即為レ示二朝恩一、賜レ物放還。夷狄之性、虚言不レ実、常称二帰服一、唯利是求。

自今以後、有二夷使者一、勿レ加二常賜一。

斯波村の「夷」胆沢公阿奴志己が言うには、以前から「王化に帰」したいと思っているのだが、伊治村の「俘」たちが邪魔をして「自達」することができない。そこで自分たちの「降路を開く」ために伊治村の「俘」の制圧を陸奥国に願い出たというのである。使者を陸奥国府に派遣すること自体は出来ているので、ここで「自達」というのは、阿奴志己自身が集団で国府多賀城に出向き帰服することを意味するのであろう。その経路上にある伊治村の俘＝エミシたちが邪魔なので国府の力で彼等を抑えて欲しい、ということである。これに対し陸奥国府は、阿奴志己の使者に「常賜」を超える物禄を与えとりあえず帰還させた。

斯波村＝志波村のエミシは、宝亀七年(七七六)から八年にかけて、雄勝から奥羽山脈越えで攻めてきた出羽国の官軍と戦ってこれを撃退している(『続日本紀』宝亀七年五月戊子条)。その後延暦八年(七八九)には、いわゆる胆沢の戦で衣川を拠点に胆沢からさらに和我・志波方面を目指して派遣されてきた紀古佐美率いる征東軍を、アテルイら率いる胆沢地方のエミシたちが撃退していた(『続日本紀』延暦八年六月甲戌三日条)。それだけに胆沢・志波地方のエミシによる帰服の申し出を陸奥国府は特別なものとして扱ったのであろう。中央政府への報告はこうした措置についての承諾と今後の対応についての指示を仰ぐためと見られるが、中央政府は、「夷狄」の言葉は信用できず、帰服を申し出てもその内実は禄などの利得を得ることが目的だったりするので特別扱いしないよう戒めた。

ここにみえる斯波村の「夷」・伊治村の「俘」と陸奥国府三者の関係については様々な推測が可能であるが、注目しておきたいのは、「伊治村の俘」が北上川中流域の蝦夷の朝貢を邪魔する存在として登場する、という点である。「伊治村」は神護景雲三年(七六九)に「浮宕百姓二千五百人」を移配した場所であり、かつて伊治城の柵戸が移配された場所と見られる。しかし延暦十一年の胆沢公阿奴志己は、陸奥国府に対し、「伊治村の俘」を「制」することで「降路」を開くことを陸奥国府に願い出ており、これは「伊治村」を押さえているのが「俘」であり、これを「制」

することで伊治村の安全な通行が可能になる、という認識のあらわれである。逆に言えば志波村と陸奥国府を結ぶ交通路にあたる「伊治村」の通行は、ひとえに「伊治村の俘」との関係にかかっていた。それは先に述べた、延暦八年征夷において伊治城が拠点城柵として機能しなかった、という問題にも通じるのではないだろうか。

(3) 延暦十三年征夷と伊治城・伊治村

以上のような状況を踏まえると、大伴弟麿を大使、百済王俊哲・多治比浜成・坂上田村麻呂・巨勢野足を副使とし、十万人という空前の規模で実施された延暦十三年の征夷においても、伊治城が軍事拠点として使われた可能性は低いように思われる。延暦十三年征夷の成果をふまえ、征夷終了後に駅家の設置や移民などの形で伊治城の体制整備が図られたと見るのが、史料の解釈としてはやはり自然ではなかろうか。

延暦十三年の征夷については、『日本後紀』の欠落により、戦闘の場所や戦況など具体的な状況については残念ながらほとんど情報が残っていない。しかしこの時の征夷が、延暦八年征夷の失敗を受け極めて周到な準備のもとに行われ、実際にも多くの蝦夷を服属させ蝦夷の側に極めて大きなダメージを与えたことは、近年の鈴木拓也氏の研究などによっても明白である。この征夷の後エミシの諸国移配が本格化しており、この時多数の蝦夷が服属したと考えられることなどが指摘され(18)、この次の延暦二十年の征夷が四万という、延暦十三年征夷の半分の規模で実施されたこともふまえれば、延暦十三年征夷が、長年にわたる山道エミシとの戦争状況を大きく転換させたものであったことも、おそらく疑いない。このような規模や成果、さらには延暦八年の征夷からの経緯を見ても、延暦十三年の征夷は、従来からもそう考えられているように、胆沢地方の蝦夷集団との戦闘を中心とした戦いであったことは、おそらく疑いの余地のないところであろう。

だとすれば、桓武朝の古代国家は、伊治城という城柵の本格的復興を後回しにしながら、その北方の蝦夷集団との戦闘を繰り返していたことになる。それは古代国家が「征討すべき」集団と捉えていた蝦夷があくまで胆沢地方を核とする蝦夷集団であったことを意味しているが、ではこのことと、伊治城との関係はどのように捉えたら良いのであろうか。

4 伊治城・伊治村と「山道」

陸奥国北部の蝦夷集団に対する地域区分として、八世紀の陸奥国では「山道」「海道」という概念が存在した。多賀城創建の年である神亀元年(七二四)以降、呰麻呂の乱が起こる宝亀十一年(七八〇)までの間、『続日本紀』が記した蝦夷に対する大規模な軍事行動では、必ずこの「海道」または「山道」という単位で蝦夷集団の動静が記されており、この時期における陸奥国の蝦夷把握の基本的枠組みであったと考えて良かろう。(19)天平九年(七三七)に行われた陸奥按察使鎮守将軍大野東人らによる奥羽連絡路開発・雄勝村侵攻のための軍事行動に際し、この軍事行動に動揺した「山海両道夷狄」の慰喩のため「山道」に帰服狄和我君計安塁、「海道」に遠田郡領遠田君雄人という二人のエミシ系豪族が派遣されているが、これは、陸奥国が対峙しその動静を警戒しているエミシたちが基本的に「山道」「海道」に二分して把握されていたことをよく示している。

栗原地方の栗原郡・伊治村は、この「山道」の一部とされることが少なくない。以前筆者は、『延喜式』民部省式の陸奥国の郡名配列論理を手掛かりに、平川南氏の説の批判的検討を通じて、この「山道」とよばれる地域が、いわゆる「黒川以北十郡」の外側、承和年間における陸奥北部のエミシ系住民の不穏な動向を記した記事にみえる「栗原桃生以北俘囚」(『続日本後紀』承和四年(八三七)四月癸丑条)に相当する地域にあたると考えた。(20)「山道」「海道」とは基本的には黒川以北十郡等大崎・牡鹿地方の外側の非建郡地域を対象に律令国家の側が、遠方まで含めたエミシの村々をまとめて把握するために導入した概念であり、九世紀に「山道」「海道」という概念が使われなくなるのは、これらの地域への郡制支配が導入されたことに対応している、と考えたのである。

ただし「山道」と栗原地域(伊治村)の関係については、もう少し考え直してみる余地もあるように思う。前述のように『続日本紀』には山道エミシ(山道賊、山賊など含む)が散見されるが、そこで「山道エミシ」の主役として想定されているのは、胆沢・和我・志波といった岩手県北上川中流域のエミシ集団である。これは「山道」エミシの史料の半分以上が伊治城・栗原郡の設置によって栗原地方が国家領域に取り込まれて以降のものであることによるのかもしれない。しかし栗原郡設置以前の史料である前述の天平九年(七三七)奥羽連絡路開発事業の史料でも、「山道」に遣わされたのは和我君計安塁という、和賀地方(北上市周辺)に出自を持つエミシ系豪族であった。この軍事行動の最終的な目的地が奥羽山脈を挟んで和賀地方に隣接する雄勝村(横手盆地)であったことをも踏まえれば、計安塁の起用は、やはり和賀地方を含む北上川中流域のエミシを抑えることに主眼があったと考えるのが自然であろう。だとすれば彼を遣わした「山道」も、当初から北上川中流域のエミシ社会をより強く意識した概念だったのではないだろうか。

表 2 『続日本紀』にみえる陸奥北部の海道山道

年代	事項	記述内容	出典
神亀元年 (724)	海道蝦夷の反乱と征夷	海道蝦夷反し大掾従六位上佐伯宿祢児屋麻を殺す	『続日本紀』神亀元 .3. 甲申
		式部卿正四位上藤原朝臣宇合をもって持節大将軍とす。‥‥海道蝦夷を征せんがためなり	『続日本紀』神亀元 .4. 丙申
天平九年 (737)	奥羽連絡路開削に際して山海夷狄を慰喩鎮撫	山海両道の夷狄ら、咸疑懼を懐く。	『続日本紀』天平 9.4. 戊午
		田夷遠田郡領外従七位上遠田君雄人を差して海道に遣わし、帰服狄和我君計安塁を差して山道に遣わす。	
宝亀 5(774)	海道蝦夷の桃生城攻撃と征夷	海道蝦夷。忽に徒衆を発す。‥桃生城を侵しその西郭を敗る。	『続日本紀』宝亀 5.7. 壬戌
宝亀 7-8 年 (776-7)	山海二道蝦夷を征討	来る四月上旬を取り、軍士二万人を発し、當に山海二道の賊を伐つべし。	『続日本紀』宝亀 7.2. 甲子
		今年四月。国を挙げて軍を発し以て山海両賊を伐つ	『続日本紀』宝亀 8.9. 癸亥
宝亀 11 年 (780)	覚鼈城造営	海道漸く遠く來犯に便なし。山賊居近く隙を伺い來犯す。‥宜しく覺鼈城を造り膽澤の地を得ん。	『続日本紀』宝亀 11.2. 丁酉

むろん「山道」という言葉自体は律令国家の視点に基づく概念であり、しかもそれは交通路と密着した概念であるから、栗原地方が、北上川中流域の胆沢・志波地方につながるという意味で「山道」の一環として捉えられていた可能性はあると思う。しかし一方で、栗原地域の東方には、海道蝦夷の居住地と見られる登米地域(遠山村)が存在した。地形的には栗原から迫川流域をとおって容易に登米に達することができる。栗原と登米は、山道・海道と区分はされているものの、おそらく日常的に相互の交流・交通が行われる地域と考えるべきであろう。

そうした多様な関係性を想定できるなかで栗原地方は、律令国家にとって要するに北上川中流に延びる「山道」の玄関口、庭先という意味を持っていた。それはまさに交通路としての「山道」を舞台とした南北間の関係に規定されたものであった。伊治村のエミシ集団は、そうした南北の政治的・社会的集団との関係の中に置かれており、おそらく同じエミシの社会として胆沢地方始め北上川中流域のエミシ集団と日常的な交流を持っていたではあろうが、「山道」の中では相対的に独自の存在であったとも考えられよう。

律令国家の側もまた、神護景雲元年の伊治城造営に際し、そうした伊治村エミシの取り込みを図った。伊治公呰麻呂が、「上治郡大領外従五位下」というかたちで栗原地方のエミシ系住民の族長的役割を与えられたのは、もちろん栗原地域のエミシ系豪族の統率が主な目的であろう。しかし、全くの想像ではあるが、天平九年の大野東人の軍事行動で海道に派遣された遠田郡領遠田君雄人のように、陸奥国府・律令国家の側に立って、その奥地の北上川中流域のエミシ社会に影響力を行使する存在としても、役割を期待されていたのではないだろうか。

おわりに

延暦十五年に行われた伊治城に関する二つの施策を出発点に、三十八年戦争下における伊治城や栗原地方の様相を少なからぬ推測も交えながら考え、さらにそこから、「山道」エミシと栗原(伊治)地域との関係についても考察をめぐらしてみた。いずれも断片的な史料をつなぎ合わせた考察で、伊治城跡をはじめとする発掘調査成果との関係もほとんど触れることはできなかった。しかしながら、史料的制約の大きい三十八年戦争の後半期における状況を考える上で、伊治城や栗原郡に関する問題が重要な意味を持っていることをある程度認識することができたように思う。同時に、境界領域としての栗原地方の特質を考えるための素材となればとも思う。

〔付記〕　本稿の内容は、二〇一六年九月に栗原市栗原文化会館で開催されたシンポジウム「栗原市伊治城跡から読み解く東北古代史」(主催　東北学院大学アジア流域文化研究所・東北学院大学文学部歴史学科・栗原市教育委員会)における報告「伊治城をめぐる交通と征夷」をもとに増補・再構成したものである。また本稿は日本学術振興会科学研究費基盤研究(C)「地域間交通・地域構造から見る東北古代史の再構築」(課題番号16K03008)による成果の一部である。

註

(1)　たとえば虎尾俊哉『律令国家と蝦夷』(若い世代と語る日本の歴史一〇、一九七五年、評論社)など。「三十八年戦争」は虎尾氏が提唱した概念で、本稿でもこれを使うこととする。

(2)　伊治城跡の調査成果については、村田晃一「三重構造城柵論―伊治城の基本的な整理を中心として　移民の時代2」(『宮城考古学』第六、二〇〇四年)、安達訓仁「発掘調査成果からみた伊治城と古代栗原郡」(『栗原市伊治城跡から読み解く東北古代史』二〇一六年、東北学院大学アジア流域文化研究所)に詳しい。

(3)　多賀城関連遺跡発掘調査報告書第三冊『伊治城跡―昭和五二年度調査報告』(一九七八年、多賀城跡調査研究所)。

(4)　樋口知志「律令制下の気仙郡」(『アルテス　リベラレス』七四号　二〇〇四年)。

(5)　いわゆる三十八年戦争については、前述した虎尾俊哉氏の研究を始め膨大な先行研究があるが、近年における成果としては、樋口知志「延暦八年の征夷」(『古代蝦夷と律令国家』二〇〇四年、高志書院)、「蝦夷と太平洋海上交通」(『日本史研究』五一一、二〇〇五年)。鈴木拓也『蝦夷と東北戦争』(戦争の日本史3　二〇〇八年、吉川弘文館)、熊谷公男編『アテルイと東北古代史』(二〇一六年、高志書院)など参照。

(6) 伊東信雄「東北古代文化の研究—私の考古学研究」(『東北考古学の諸問題』東出版寧楽社、一九七六年。初出一九七一年)。

(7) 虎尾俊哉『律令国家と蝦夷』(前掲)。

(8) 熊谷公男「古代国家北縁の二つの境界—栗原市入の沢遺跡の発見によせて」(『日中韓周縁域の宗教文化』二、二〇一六年)。

(9) 柳澤和明「「玉造柵」から「玉造塞」への名称変更とその比定遺跡」(『宮城考古学』九、二〇〇七年)。

(10) 拙稿「古代東北のみちと政治」(斉藤善之・菊池勇夫編『講座東北の歴史四 交流と環境』清文堂出版、二〇一二年)。

(11) 『延喜式』には、同じく九世紀半ば頃をもって徳丹城が廃止され胆沢城より北の城柵がなくなっているにもかかわらず、胆沢城以北の駅家として「磐基」駅家が記載されている(磐基駅の比定位置については後述)。徳丹城廃絶後に磐基駅家のみが存続・新設されたとは考えられないので、『延喜式』の陸奥国の駅家自体は、これらが廃絶する以前の、弘仁式段階の状況がそのまま『延喜式』に引き継がれている可能性が高い。発掘調査の所見に依れば、伊治城跡は九世紀前半(村田晃一前掲論文)ないし半ば頃(安達訓仁前掲論文)で廃絶し、宮沢遺跡は城柵としての存続は九世紀半ば頃までと考えられている(柳澤和明前掲論文)。よって『延喜式』が完成した時期にはこれらの城柵はすでに廃絶していた。

(12) 渕原智幸「磐井郡の成立」(『平安期東北支配の研究』二〇一三年、塙書房、初出は二〇〇五年)。

(13) 渕原氏は、磐基駅と磐井郡の磐本郷との関係を考える根拠として、「いわもと」という読み方の問題とともに、『和名類聚抄』の高山寺本では「磐本　駅家」の郷名が脱落していることに着目し、これを本来「磐本〈駅家〉」という駅名の注記だったものが削除されたものとされている。その根拠は、和名抄の郷名のなかに、「駅家」という郷名と、その直前に、延喜式等に見える駅名と同名の郷名とが並んでいる事例がしばしば見られ、これらは本来「地名〈駅家〉」という表記だったものが誤って「駅家」を大書してしまったものである可能性があること、東急本などに見えながら高山寺本において見えない郷名の中にこうした駅名地名郷と「駅家」郷がセットで削除されている例が磐本郷を含めていくつかあり、高山寺本が「駅家」等の表記を省略する原則をとっていることから、一緒に削除された「磐本」などの地名も実は駅名と考えられること、などの点である。かつて明らかにしたように、駅家にはその経営基盤となる駅戸が、個々の駅家そのものを本貫とする形で戸籍に登録されている。八・九世紀の木簡や文書史料からうかがえる彼らの本貫表記は「駅家」など固有地名を冠さない場合もあれば、「●●駅家」と駅名の地名を付ける場合があるなど多様で一定していないが、これらには、駅名と同じ地名を冠する郷名と併存している例もあり、倭名抄で、駅名と同じ地名を冠する郷名と「駅家」が並んでいたとしても、「駅家」をその前の地名の注記として両者を同一の実体をもつものと判断できるとは限らず、また地名を冠さない「駅家」それ自体が駅戸の本貫表記として実際に使われていることを考えると、むしろそのような判断には慎重であるべきだろう。なお駅戸の本貫表記や郷名との関わりについては拙稿「山麓駅家の経営—駅戸制度のオモテとウラ」（鈴木靖民ほか編『古代山国の交通と社会』八木書店、二〇一四年）参照。

(14)　「律令制下の気仙郡」（前掲）

(15)　鈴木拓也氏はこれらの郡の成立を宝亀五年の大伴駿河麻呂らによる遠山村制圧の成果とされ（『古代東北の支配構造』吉川弘文館、一九九八年）、樋口知志氏は延暦十三年征夷の成果を受けて延暦十五年頃に栗原郡の復興と登米・讃馬・気仙・磐井の四郡の設置が行われたとされている（前掲「律令制下の気仙郡」）。

(16)　覚鱉城については、宝亀十一年二月に按察使紀広純の提案で建造が計画された城柵で、詳細は不明ながらも、その造営のために広純以下が伊治城に入っていること、造営を提案する陸奥国の上申にて、「三四月雪消、雨水汎溢之時」に河（北上川）を通行して「賊地」に進んで建設すると書かれていること、これを許可する光仁天皇の勅に「覚鱉城を造りて胆沢の地を得ん」と記されている。伊治城と胆沢地方の中間あたる磐井地方が候補となるが、胆沢地方そのものに計画された可能性も残しておきたい。

(17)　鈴木拓也『蝦夷と東北戦争』（前掲）

(18)　高橋崇『律令国家東北史の研究』（吉川弘文館、一九九一年）、今泉隆雄「律令国家とエミシ」（『古代国家の東北辺境支配』二〇一五年、吉川弘文館、初出一九九二年）。

(19)　拙稿「古代陸奥国海道・山道考」（『国史談話会雑誌』五三号、二〇一五年）。

(20)　拙稿「古代陸奥国海道・山道考」（前掲）

延暦十三年の征夷と平安遷都

鈴木拓也

はじめに

桓武天皇は、二十五年に及ぶ治世の間に、長岡京・平安京という二つの皇都を造営し、東北の蝦夷に対して三度にわたる征討を実施した。このことは、徳政相論における藤原緒嗣の「方今天下所レ苦、軍事与二造作一也」という発言（『日本後紀』延暦二十四年〈八〇五〉十二月壬寅条）、あるいは桓武天皇の埋葬記事に添えられた「内事二興作一、外攘二夷狄一」という評伝（『日本後紀』大同元年〈八〇六〉四月庚子条）によって広く知られている。

福井俊彦氏・伊藤循氏は、桓武天皇は単に征夷と造都を並行して実施したのではなく、個々の征夷と造都の諸段階が対応していることを指摘した[1]。①長岡遷都が行われた延暦三年（七八四）には征夷の計画があり、②長岡京の後期造営期にあたる延暦八年（七八九）には桓武朝の第一次征討が実施され、③平安遷都の年である延暦十三年（七九四）には第二次征討が行われている。かつて筆者も両氏の所説に依拠して、桓武朝の征夷と造都の対応関係を跡づけ、同様の対応関係が桓武朝以前にも認められる可能性を論じた[2]。

しかし、このような見方が誤りであることを、熊谷公男氏は二度にわたって指摘された。一度目は二〇一五年の「坂上田村麻呂」（成稿は二〇〇三年）[3]である。①延暦三年の征夷計画は実施されることなく、翌年の持節征東将軍大伴家持の死によって立ち消えになっていること、②後期造営は権力基盤を固めつつあった桓武天皇が平城廃都を断行し、長岡遷都の実質的な仕上げを行ったものであり、これから勝負をかけなければならない征夷とは全く論理を異にすることから、①②における征夷と造都の対応を否定された。③については、平安遷都が具体化する頃から征夷との連動が始まること、それが桓武天皇による政治的演出であることを認めるが、それは「多分に偶然によるもの」とされた。

筆者は熊谷氏の批判を受け入れ、二〇〇八年刊行の拙著『戦争の日本史3　蝦夷と東北戦争』[4]では、桓武朝以前は無論のこと、①②にも言及しなかった。一方、③については、延暦十三年の征夷が平安遷都に合わせて実施され、桓武にとって二度目の遷都を演出する役割を果たしたことを述べた。ただ、一般向けの図書であったこともあって、過去に自分が誤謬を犯し、それを熊谷氏に正していただいたことを書かなかった。

二度目は二〇一六年刊行の熊谷公男編『アテルイと東北古代史』[5]の「序論」である(以下、「序論」と表記する)。この中で熊谷氏は、あらためて征夷と造都を結び付けることの誤りを指摘され、ついに③延暦十三年の征夷と平安遷都の対応関係までも否定されるに至った。同書は二〇一三年に岩手大学で行われた座談会「アテルイの歴史像」(以下、座談会と表記する)を中心にまとめられたもので、筆者も参加を要請され、平安遷都と征夷との対応関係については従来通りの考えを述べた。座談会の中では、熊谷氏には概ね納得していただいていたが、その後疑わしく思えてきたとのことで、「序論」の中で全面的な批判を展開されている。

筆者は、繰り返しご批判の労を執って下さった熊谷氏の学恩に感謝するとともに、ご叱正を謙虚に受け止め、虚心に関係史料を再検討した。その結果、延暦十三年の征夷と平安遷都の対応関係を否定するのは困難であるとの結論に至った。延暦十三年とその前後は、『日本後紀』の欠失部分にあたり、史料の制約のために確実なことが言い難く、結局は解釈の問題になる。私見も一つの解釈であり、多少の無理もあることはご指摘の通りであるが、提示された疑義に対して、私見に基づいてお答えすることも、学恩に報いる一つの方法と考える。不遜の誹りを免れないであろうが、熊谷氏ならびに読者諸賢のお許しをいただければ幸いである。

1　延暦十三年の征夷と平安遷都に関わる事実と解釈

まず、延暦八年に行われた桓武朝第一次征討の終了後から、同十三年に行われた第二次征討と平安遷都までの流れを、筆者の理解（多分に解釈を含む）に基づいて概観し[6]、それに対する熊谷氏の批判を掲げ、論点を整理しておく。延暦十年（七九一）以前の出典はすべて『続日本紀』である。

(1)　征東大使大伴弟麻呂の辞見まで

延暦八年の五月下旬に、征東大将軍紀古佐美のもとで胆沢の蝦夷を対象に実施された桓武朝第一次征討は、阿弖流為らの術中に陥って失敗に終わった（『続日本紀』延暦八年六月甲戌条）。桓武天皇は翌年閏三月から再度の征夷を計画するが、その頃から彼は、藤原種継暗殺事件に関わって非業の死を遂げた同母弟・早良親王の祟りを意識し始める。すでに延暦七年（七八八）五月に夫人の藤原旅子（淳和天皇生母）が三〇歳で死去していたが、征東使の勘問から三ヵ月後の延暦八年十二月には、生母の高野新笠が死去した。母を葬ってから三ヵ月後の延暦九年（七九〇）閏三月四日に、桓武天皇は初めて次の征夷の実施を表明し、駿河以東の東海道諸国と、信濃以東の東山道諸国に、革甲二〇〇〇領を三年間で造ることを命じる。しかしそのわずか六日後の閏三月十日に、皇后の藤原乙牟漏（平城天皇・嵯峨天皇生母）が三一歳で死去する。

桓武天皇はここで初めて三人の死の関連性に気付いたらしく、閏三月十六日に「国哀相尋、災変未レ息」との理由で天下に大赦した。しかしその効果はなく、同年七月には后妃の坂上又子（田村麻呂の姉か妹）が死去する。さらに同年九月には、早良親王に代わって皇太子となっていた長男の安殿親王が発病し、同年の秋から冬にかけて京・畿内を中心に天然痘が流行した。桓武天皇は一連の不幸が早良親王の祟りである可能性を考え、同じ延暦九年に、淡路にある早良親王の墓に「守冢一烟」を置き、付近の郡司に管理を専当させた(『類聚国史』巻二五延暦十一年〈七九二〉六月庚子条)。

その一方で、彼は征夷の準備を粛々と進め、次の征夷に用いる軍粮・甲冑・矢の準備、軍士・武具の点検は、概ね延暦十年までに指示を終えていた。征東大使大伴弟麻呂・副使坂上田村麻呂以下の将官も、同年七月十三日に任命されている。(7) 延暦九年閏三月に革甲の製造期間を三年と指定していることから、第二次征討の実施は、同十二年(七九三)の前半を予定していたとみられる。前回の征夷は失敗しているので、今回の征夷は絶対に負けるわけにはいかず、桓武天皇は征夷に関わる将官・軍士・物資・蝦夷対策について、およそ七項目にわたる改革を実施した(後述)。

その最終段階とみられる延暦十一年七月二十五日、夷爾散南公阿破蘇が入朝を望んでいるとの情報が陸奥国からもたらされた。桓武天皇は大いに喜び、路次の国々に対して、壮健な軍士三〇〇騎を出して国境で迎接し、威厳を示すよう指示している。十一月三日、爾散南公阿破蘇は宇漢米公隠賀とともに長岡宮の朝堂院で饗応された(以上『類聚国史』巻一九〇)。爾散南公・宇漢米公は胆沢より北の蝦夷集団と推定され、志波村の蝦夷を含む可能性がある。(8) 胆沢の背後勢力を国家側に取り込むことに成功したのである。

翌月の閏十一月二十八日、大伴弟麻呂は征東大使として「辞見」する(『日本紀略』)。これは、一連の改革を成し遂げ、北方の蝦夷集団の切り崩しに成功した桓武天皇が、胆沢の蝦夷に対する勝利を確信し、征夷を開始すべく将軍を出発させたものと解される。ところが奇妙なことに、大伴弟麻呂は延暦十三年二月一日にも征夷大将軍として「節刀」を賜り、陸奥に出発している(後掲史料2・3。日付の問題は後述)。征夷副将軍坂上田村麻呂らによって征夷が実施されたのは同年六月である。延暦十一年閏十一月以降に、何らかの理由で征夷の実施が延期され、弟麻呂は一旦帰京して、延暦十三年二月に再び出発したと解釈せざるをえない。その理由とは、延暦十二年正月に始まる平安京の造営であったと考える。弟麻呂の「辞見」の後、二度目の遷都を戦勝によって演出する構想が生まれ、征夷の日程を遷都に合わせて繰り下げたと推定される。

(2) 平安遷都と征夷

長岡京の廃都は、征東大使が辞見する前の延暦十一年の六月から八月にかけて決定された。六月十日、皇太子安殿親王の病気が悪化したので、トわせたところ、早良親王の祟りという明確な答えが出た。桓武天皇は直ちに淡路に諸陵頭を派遣してその霊を慰め(『日本紀略』)、六月十七日には墓の回りに「隍」を設けて清浄を保つようにとの勅を発して、祟りが鎮まることを願った(『類聚国史』巻二五)。しかしそのわずか五日後の六月二十二日、雷雨が発生して長岡京が洪水に襲われる(『日本紀略』)。桓武天皇にとってそれは弟からの答えであった。洪水は八月九日にも発生し、桓武天皇は十一日に被害状況の視察に出かけている。長岡廃都は、この頃に決断されたと推定されている[9]。

革命思想に基づく新王朝の都はすでに長岡遷都で実現している。清水みき氏の言葉を借りれば、平安遷都は「理念うすき遷都」であった[10]。そこで桓武天皇は、遷都と征夷を組み合わせて実施し、二度目の遷都を演出することを構想するのである。その時期は、大伴弟麻呂が一旦出発した延暦十一年閏十一月末から、次の遷都が公表される翌年正月中頃までの一ヵ月半の間に絞られる。胆沢制圧のための再度の征夷は、この時点で次の遷都を演出する政治的役割を付加されるのである。長岡京後期造営の頃に高まりつつあったとされる桓武天皇の権威[11]も、延暦八年の敗戦、翌年から意識される早良親王の祟り、同十一年におけるその正式認定と洪水の連続によって、大きく揺らいだとみられる。桓武天皇は、当時行き詰まっていた征夷と造都を同時に成功させることによって、絶対的な権威を確立しようと考えたのであろう。

平安京の造営は、まず延暦十二年正月十五日に、征東大使の経験者である藤原小黒麻呂と紀古佐美に遷都予定地を視察させることから具体化する。次いで正月二十一日には、長岡宮を解体するため、桓武天皇が「東院」に遷御した。そして二月十七日には「征東使」が「征夷使」に改称され、四日後の二月二十一日には坂上田村麻呂が「征夷副使」として辞見する(以上『日本紀略』)。征東使から征夷使への改称は、平安遷都の具体化に合わせて行われたとみられ(12)、征東使が持つ光仁朝の征夷の継続という性格を払拭し、征夷が造都と並ぶ桓武朝独自の事業であることを印象づける意味があった(13)。それが田村麻呂の出発の直前に行われたのは、彼のための改称でもあったからである(14)。

征夷大将軍大伴弟麻呂は、延暦十三年二月一日に、桓武天皇から節刀を授与されて陸奥に出発した。節刀を持つ六十四歳の征夷大将軍は、桓武天皇が征夷と遷都を同時に成し遂げることを示すための象徴として派遣されたのであろう。六月十三日、征夷副将軍坂上田村麻呂らが蝦夷を征討した。九月二十八日には、新都に遷り、蝦夷を征するために、諸国の名神に奉幣が行われている(『日本紀略』)。遷都と征夷の成功を同時に祈願しているのは、この二つの事業がともに最終段階を迎えたからにほかならない。桓武天皇は、この直後から装束司・次第司を任命するなど、遷都に向けた行動を開始する。

桓武天皇が長岡京から新京に遷都した十月二十二日は辛酉の日であった。彼は戦勝報告が近いことを予測して、大変革を意識させる辛酉の日を選んで予め新京に遷り、そこで将軍からの使者を待っていたのであろう。果たして十月二十八日、征夷将軍大伴弟麻呂から戦勝報告が到着する。これを受け取った桓武天皇は、新京の内裏に官人を集めて授位・任官を行い、おもむろに遷都の詔を発する(『日本紀略』)。遷都と同時に戦勝報告がもたらされるという奇跡を自ら起こし、二度目の遷都を劇的に演出したのである。

新京に「平安京」の名称が付けられたのは、戦勝報告から十日後の十一月八日のことである。同時に「山背国」が「山城国」に改称され、国土の中心が大和国から山城国に移ったことが明確に示された(『日本紀略』)。堂々と遷都の詔を発し、新京の名称を定め、山城国を諸国の筆頭に置くことができたのは、それができなかった長岡遷都の頃よりも、桓武天皇の権威が格段に高まっていることを示す。翌年正月十六日の踏歌節会では、「新京楽、平安楽土、万年春」と歌われ、天皇は侍臣とともに遷都の成功を祝った(『類聚国史』巻七二)。正月二十九日には征夷大将軍大伴弟麻呂が入京して節刀を返却した。長岡京東院を出発した彼は、この時初めて平安京に入り、朱雀大路を凱旋したとみられる。二月七日には征夷大将軍以下に叙位が行われた(以上『日本紀略』)。

(3) 熊谷氏による批判

以上の理解に対する熊谷氏の批判は以下の通りである(いずれも「序論」による)。

一、大伴弟麻呂が一度出発した後に桓武が征夷と造都を組み合わせることを思い付いたとしても、弟麻呂をわざわざ呼び戻す必要があるのか。一度出発させた将軍を呼び戻すことは、桓武にとって大きな政治的リスクを冒すことになり、桓武がそのような挙に出るとは考えがたい。弟麻呂は延暦十一年閏十一月に将軍として形式的に「辞見」を行ったのであるが、その後も桓武の指示で都に留められていて、十三年二月に至ってようやく節刀を賜って現地に向かったと解釈する方が、鈴木の想定よりは無理が少ない。延暦十三年の記事(『日本紀略』『節度使将軍補任例』)には、弟麻呂に節刀を授与したことのみが記され、「辞見」をしたとは記されていない。これは、延暦十一年に行われた辞見がなお生きていて、十三年にはそれを前提として節刀授与の儀礼のみが行われたと解釈できる。桓武がことさらに大将軍弟麻呂の出征を遅らせたのは、副将軍坂上田村麻呂に指揮を執らせるためとみられる。弟麻呂が節刀を授かったのは、田村麻呂が辞見した延暦十二年二月の一年後であるが、十三年六月の征夷は、副将軍田村麻呂らによって行われた。一年遅れて現地入りした弟麻呂は、現地の状況を十分に把握し得ないので、実質的な指揮は田村麻呂が執り続けたのである。

二、そもそも征夷と遷都の時期をリンクさせるというのは、征夷の勝利が確実視され、しかもそれが遷都の実施時期とほぼ重なるという見通しが立たないかぎり不可能なはずである。ところが桓武は、これ以前、征夷では何一つ成果を上げておらず、直近の延暦八年の征夷では、阿弖流為軍に屈辱的な惨敗を喫している。鈴木は、延暦十一年の秋には、北方の蝦夷集団の切り崩しに成功したことで、桓武は勝利を確信したとするが、いまだ勝利を収めたことのない相手に、その程度のことで「勝利を確信」するとは、とても思えない。桓武が勝利を確信したのは、副将軍田村麻呂らによる征夷が行われた延暦十三年六月から三ヵ月あまり後のことで、『日本紀略』延暦十三年九月戊戌(二十八日)条の「幣帛を諸国の名神に奉る。新都を遷し(新都に遷り―鈴木註)、及び蝦夷を征せんと欲するを以てなり」という記事はそれを示す。桓武は、この時点になってようやく征夷の勝利を確信するようになり、またちょうど遷都の準備も整ってきたので、ここで征夷の戦勝報告を遷都の実施に合わせて行うことで、清水氏のいう〝理念うすき〟遷都に花を添えて祝賀ムードを盛り上げることを思いついたとみられる。桓武が〝遷都と征夷の組み合わせ〟を思いついたのは、平安遷都のわずか一ヵ月前のことである。

三、平安遷都当日の記事である『日本紀略』延暦十三年十月丁卯条には、まず征夷将軍大伴弟麻呂の戦果報告があり、続いて鴨・松尾両神の神階授与、授位・任官記事が続き、その後に遷都の詔を載せる。遷都と征夷が意図的に組み合わされているように見えるが、征夷の戦勝報告は、将軍の部下による文書の奏上だけである。遷都の当日に合わせて征夷大将軍大伴弟麻呂らの凱旋が行われたというのであれば、多くの都びとがこれを見物するはずであるから、大きな政治的効果が期待できるが、宮中で戦果の奏上を行っても、どれほどの政治的効果があったか疑わしい。肝心の戦勝報告が宮中での征夷使下僚の報告程度では、あまりにも竜頭蛇尾にすぎよう。この記事を虚心に読む限り、桓武の意図的な〝政治的演出〟を重要視し、早くから〝遷都と征夷の組み合わせ〟があったように想定することは困難である。

四、阿弖流為・母礼の投降は、延暦二十年(八〇一)の征夷が終わり、胆沢城の造営が始まった後の延暦二十一年(八〇二)四月のことで、同年七月十日には、二人は田村麻呂に伴われて入京する。そうすると、それを待っていたかのように、同月二十五日、百官が抗表して蝦夷の平定を祝賀するのである。延暦十三年の征夷では大伴弟麻呂の名前で戦果を奏上したことしか伝えられていないのに対して、二十年の征夷では百官が抗表して祝賀している。前回の勝利はまだ不十分であったが、今回ようやく手放しで喜べる勝利をおさめることができた、というのが当時の一般的な評価であったとみてよいであろう。すなわち桓武天皇の征夷のピークは、決して平安遷都の年である延暦十三年ではなく、次の延暦二十年にあるのである。この点からも桓武天皇が征夷と造都を対応させて行ったという考えは成り立ちがたいといえよう。

2　辞見と節刀

最初に批判点一について検討する。延暦十一年閏十一月に大伴弟麻呂の「辞見」の記事があり、同十三年二月に「節刀」授与の記事があるのは、率直に言って解釈が難しく、弟麻呂が一度帰京したとみる私見は一つの解釈にすぎない。無理な想定と言われればその通りである。それでもそのような想定をするのは、「辞見」が天皇に対する赴任の挨拶(いとま乞い)であること、律令の規定や実例を見る限り、「辞見」した将軍は直ちに出発しなければならないことが明白だからである。

その意味では、熊谷氏の説も一つの解釈であり、私見と同様に無理をしている部分がある。「辞見」した将軍が天皇の指示で都に留められ、一年後に節刀を賜って出発したという解釈は、熊谷氏も認めているように、軍防令18節刀条などに齟齬する。しかし熊谷氏は、「鈴木氏の想定よりは無理が少ない」という論理で、自説の方を是としている。

まず大伴弟麻呂の発遣に関わる史料を掲げる。

【史料1】『日本紀略』延暦十一年閏十一月己酉(二十八日)条

己酉、征東大使大伴乙麿辞見。

【史料2】『日本紀略』延暦十三年正月乙亥朔条

十三年正月乙亥朔、賜二征夷大将軍大伴弟麿節刀一。

【史料3】宮内庁書陵部所蔵『節度使将軍補任例』⑭条

同(延暦)十三年二月甲辰朔、賜二征夷大将軍従四位下大伴宿祢弟麻呂節刀一、

大伴弟麻呂は、延暦十一年閏十一月に「征東大使」として「辞見」し(史料1)、一年二ヵ月後の延暦十三年二月一日に「征夷大将軍」として「節刀」を賜っている。『日本紀略』は節刀授与の日付を延暦十三年の「正月乙亥朔」とするが(史料2)、浅井勝利氏はかねてから「二月甲辰朔」が正しいと指摘しており[15]、石田実洋氏が新たに紹介した宮内庁書陵部所蔵『節度使将軍補任例』(『類聚国史』の現存しない「征討部」からの抜き書きと推定)によって、その正しさが証明された[16](史料3)。

たしかに史料1は「辞見」のみであり、史料2・3は「節刀」の授与のみを記すので、辞見の一年後に節刀授与が行われたという解釈も成り立つように見えるが、熊谷氏も認めているように、この解釈は次の二つの史料と矛盾する。

【史料4】軍防令18節刀条

凡大将出レ征、皆授二節刀一。辞訖、不レ得三反宿二於家一。其家在レ京者、毎レ月一遣二内舎人一存問。若有二疾病一者、給二医薬一。凱旋之日、奏遣レ使郊労。

【史料5】『続日本紀』延暦七年十二月庚辰条

征東大将軍紀朝臣古佐美辞見。詔、召昇二殿上一、賜二節刀一。因賜二勅書一曰、「夫択レ日拝レ将、良由二綸言一。推レ轂分レ閫、

専任二将軍一。如聞、承前別将等、不レ慎二軍令一、逗闕猶多。尋二其所由一、方在レ軽レ法。宜下副将軍有レ犯二死罪一、禁レ身奏上、軍監以下依レ法斬決上。坂東安危、在二此一挙一。将軍宜レ勉レ之。」因賜二御被二領、采帛卅疋、綿三百屯一。

将軍に対する節刀の授与は、辞見の際に行われ、辞見が終われば自宅に宿泊してはならないと規定されている（史料4）。内裏で天皇に辞見し、節刀を与えられた将軍は、天皇の権威を強く帯びているからである。征東大将軍紀古佐美の発遣でも、節刀授与は辞見した将軍に対して行われている（史料5）。遣唐使の例を見ても、辞見と節刀の授与が同時に行われた例は確認できるが、[17]別の日に行われたことがわかる例はない。そもそも、辞見が天皇に対する赴任の挨拶であることを思えば、辞見した将軍が天皇の指示で都に留め置かれるという状況は、筆者の乏しい想像力ではどうにも想定しがたい。将軍を出発させたくないのなら、そもそも辞見をさせなければよいのである。

辞見は、儀制令6文武官条に「其五位以上、奉レ勅差使者、辞見亦如レ之」と規定されているように、勅命を受けた五位以上の使者が行うこととなっている。実例では、節刀の授与が伴う将軍・遣唐使のほか、節刀の授与が伴わない遣新羅使・遣渤海使・征夷副使・造陸奥国胆沢城使・造志波城使なども辞見を行っている。辞見は天皇への赴任の挨拶として広く行われているが、将軍と遣唐使に限って、辞見に節刀の授与が伴うのである。史料5は、『儀式』第一〇「賜二将軍節刀一儀」の式次第と一致しており、将軍の辞見と節刀の授与は同一の発遣儀礼とみるべきである。

ではなぜ史料1は「辞見」と書かれ、史料2・3は「節刀を賜ふ」と書かれているのかというと、同一の発遣儀礼であっても、将軍を主語にすれば「辞見」と書かれ、天皇を主語にすれば「節刀を賜ふ」と書かれるのである。その両方を記す史料5では、「征東大将軍紀朝臣古佐美辞見。詔、召昇二殿上一、賜二節刀一」とあるように、主語が途中で将軍から天皇に入れ替わっている。以上のことから、筆者は延暦十一年の「辞見」にも節刀の授与が伴い、征東大使は一度出発したと理解している。

仮に、辞見した将軍が都に留められ、一年後に節刀を授与されて出発したとの解釈が成り立つとした場合、そのような不自然なことがなされる理由は何であろうか。熊谷氏は、副将軍の田村麻呂に指揮を執らせるために、大将軍の弟麻呂の出発を一年遅らせたと説明する。それならば、一年前に辞見を行わず、辞見・節刀授与ともに、延暦十三年二月に行えばよいのではなかろうか。熊谷氏は、節刀授与が一年遅れた理由を説明しているが、辞見が一年早く行われた理由を説明していないのである。北方の蝦夷集団の切り崩しに成功した桓武天皇が、勝利を確信して将軍を派遣したという私見を否定するためには、勝利の確信を否定するだけでなく、この点も説明する必要があると思われる。

結局のところ、延暦十一年閏十一月の征東大使大伴弟麻呂の辞見については、現在残されている史料から合理的な解釈を導き出すことは困難で、私見は無論のこと、熊谷氏の見解にも若干の無理があると言わざるを得ない。どちらがより「無理が少ない」かは、読者諸賢の判断に委ねるしかない。一方、延暦十三年二月に大伴弟麻呂が征夷大将軍として出発した事実は疑う余地がなく、それが田村麻呂に指揮を執らせるためか、平安遷都に合わせるためかという点で意見が分かれている。このことは、征東大使大伴弟麻呂が辞見した延暦十一年閏十一月の時点で、勝利の確信がどの程度あったかという問題に関わってくるので、次に批判点二について考えてみたいと思う。

3　延暦十一年閏十一月における勝利の確信

批判点二を簡単にまとめれば、桓武天皇が早くから胆沢の蝦夷に対する勝利を確信することはあり得ない、だから平安遷都の具体化とともに、征夷と造都を組み合わせることを構想したという鈴木説は成り立たない、ということである。それは、「桓武が征夷と遷都の日程をはやくから意図的に合わせようとしていたという想定をしようとすると、どうしても桓武が来たるべきアテルイらとの決戦の勝利をはやくから確信していたと考えざるを得なくなるのである。この点も、筆者が鈴木氏の見解に賛同できない理由の一つである」という一文によく示されている。

たしかに、造都と違って征夷は相手があることなので、勝つか負けるかは実行してみないとわからないところがある。しかし、征夷軍に刃向かい、甚大な人的被害を与え、国家の権威を失墜させた胆沢の蝦夷は、桓武の立場からすれば、国家の総力を挙げて打倒すべき存在であり、圧倒的な勝利以外、彼の脳裏にはなかったはずである。勝つか負けるかではなく、勝つためにはどうするかを考えるのであり、その準備が整ったからこそ、将軍を出発させたとみるべきである。遷都と組み合わせる構想があろうがなかろうが、将軍を出すということは、勝利の確信の表明なのである。ゆえに、延暦十三年二月は無論のこと、延暦十一年閏十一月の時点で、桓武は勝利を確信していたと考える。

さらに重要なことは、桓武天皇は北方の蝦夷集団の切り崩しの成功という一点によって勝利を確信したのではないということである。彼は、第一次征討の失敗から実に多くのことを学び、敗因は何か、どうすれば勝てるかを考え、およそ七項目にわたる改革を、第二次征討に向けて実施した。〔A〕将官については、①副将軍(副使)に現地の官職(按察使・国司・鎮守府の官職)を兼帯させること、②軍監・軍曹を大幅に増員して地方豪族を任用し、指揮系統が曖昧な「別将」を解消すること、〔B〕軍士については、③一〇万人に増員すること、④輜重を減らして征軍を増やすこと、〔C〕軍事物資については、⑤行軍に十分な軍粮を確保すること、⑥全国の富裕層に甲の製造を割り当てること、〔D〕蝦夷対策としては、⑦懐柔策を強化して奥地の蝦夷を国家側に服属させること、以上の七項目である。[18] 北方の蝦夷集団の服属は、①~⑥の改革を行った上で、⑦の成果として出来するのであり、だからこそ桓武は勝利を確信したのである。詳しくは註(6)拙稿をご参照いただきたいが、その後に気付いたことも含めて、簡単に補足説明しておく。

①…延暦十年七月に任命された第二次征討の大使・副使のうち、坂上田村麻呂を除く副使三人は、この前後に陸奥按察使・国司・鎮守府の官職を兼任していた。百済王俊哲は鎮守将軍、多治比浜成は陸奥按察使兼陸奥守、巨勢野足は陸奥介兼鎮守副将軍を兼ねている。征討使に現地の官職を兼帯させたのは、現地官人を征討使の組織の中に取り込み、指揮系統を明確化するためと考えられている。[19] 第一次征討で作戦を立案した征東副将軍と鎮守副将軍の連携がう

まくいかなかったことを踏まえた改革である。

②…第一次征討では征東軍監・軍曹が実戦に参加せず、「別将」と呼ばれる地方豪族がそれぞれの小部隊を率いて戦場に向かっていた(『続日本紀』延暦八年六月甲戌条)。彼らの地位は低く、征討使との指揮系統も不明確であり、蝦夷の奇襲を受けて総崩れになっていた。そこで軍監・軍曹を大幅に増員させ、そこに実戦部隊を率いる地方豪族を任用して、征討使の官制体系に位置づけたのである。[20] それ以前の軍監・軍曹は、中央から派遣され、人数も各四人程度であったが、第二次征討では「検二去延暦十三年例一、征軍十万、軍監十六人、軍曹五十八人」と大幅に増員された(『日本後紀』弘仁二年〈八一一〉五月壬子条)。

③…「征軍十万」と伝えられる第二次征討の征夷軍は、日本古代の軍隊としては空前絶後の規模である。第一次征討の征夷軍も七万人程度と推定され、それ自体がすでに前例のない規模であったが、さらに大規模な軍事動員を行ったのである。その実現のためになされたのが、延暦十一年六月の軍団兵士制の廃止である。これによって徴兵の足枷になりかねない軍団という枠組みを撤廃し、弓馬に優れた富豪層を征夷軍に取り込み、[21]軍団兵士か否かという区別をなくして軍士を一元化し、指揮系統を明確化したのである。軍団兵士制の廃止という律令制支配の根幹に関わる重大な決断には、延暦十年正月十八日に、征夷の軍士を簡閲するために東海道に派遣された百済王俊哲・坂上田村麻呂、東山道に派遣された藤原真鷲らがもたらした情報が活かされているのであろう。

④…前回の胆沢の征夷では、「征軍」二万七四七〇人に対して「輜重」が半数近い一万二四四〇人もいたが、ともに軍士であるため、輜重を増やせば征軍が不足するという問題があった(『続日本紀』延暦八年六月庚辰条)。そこで輜重を減らし、多くの軍士を実戦に振り向ける方法を採った。その結果が『日本三代実録』元慶三年(八七九)三月二日壬辰条に見える「案下去延暦年中被レ下二当道(東山道)一陣図上、以二一万三千六百人一為二一軍一、分作二三軍一。輜重八百人、担夫二千人」という布陣と思われる。征軍に対して輜重はわずか一七分の一となり、輜重の不足は雑徭による担夫の

動員で補われている。この「延暦年中」は、延暦十三年か二十年とみられるが、いずれにしても第一次征討の失敗を踏まえ、第二次征討で行われた改革とみてよいであろう。

⑤…第二次征討のために坂東諸国が準備した軍粮は、延暦九年閏三月二十九日の勅による糒一四万斛と、翌年十一月三日の命令による糒一二万余斛で、計二六万余斛である。一人一日二升として一〇万人の軍隊が一三〇日間も活動できる食料である。第一次征討で陸奥国が用意した軍粮が三万五〇〇〇余斛、諸国に用意させた糒が二万三〇〇〇余斛であるから、その約四・五倍に当たる。第一次征討において、征東大将軍紀古佐美が軍粮の補給困難を理由に一方的に軍を解散したことを踏まえた措置である。

⑥…延暦九年十月二十一日に、左右京・五畿内・七道諸国に命じて、土人・浪人・王臣・佃使を問わず、甲を造る財力を持つ者を年内に調査・報告させることとした。それを踏まえて、翌年三月十七日に、右大臣以下、五位以上の貴族に甲の製造を命じる勅を出し、同二十六日には、京・畿内・七道の国郡司に甲の製造を命じている。革甲の製造を、東国の民衆だけでなく、都の貴族や全国の富裕層に均等に負担させようという施策である。全国的な調査に基づく武具の製造は他に例がない。

⑦…北方の蝦夷集団の服属は、以上のような諸準備の最終段階に実現した。爾散南公と宇漢米公の服属を仲介したのは、俘囚の吉弥侯部真麻呂・大伴部宿奈麻呂・吉弥侯部荒嶋らであり、その功により無位から外従五位下に叙位された(『類聚国史』巻一九〇延暦十一年十月癸未条・十一月甲寅条)。俘囚を介した国家による働きかけの結果として実現したのである。それに先立つ延暦十一年正月には、「斯波村夷」の胆沢公阿奴志己らが陸奥国司に使者を派遣して、服属の意思を表明している(『類聚国史』巻一九〇)。

延暦八年の征夷では、志波まで攻め込む計画があったが(『続日本紀』延暦八年六月庚辰条)、紀古佐美がその前に軍を解散したので、志波は難を逃れた。胆沢の蝦夷は天皇の軍隊と交戦し、甚大な被害を与えているので、降伏しても厳罰は免れず、徹底抗戦するしかない。しかし志波以北の蝦夷には、有利な条件で帰降するという選択肢があったのである。延暦八年の征夷が不徹底に終わったことを、逆に利用した懐柔策と言えるであろう。

以上の七項目に加えて、さらに桓武天皇に勝利を確信させた要因がある。⑧前回の胆沢における大敗は、北上川東岸の狭隘な地形を利用した阿弖流為らの作戦に征夷軍が陥ったことに直接の原因があるが、この作戦はすでに手の内がわかっているので、同じ手にかかる心配がない。⑨さらに熊谷氏が強調されるように、今回の征夷で、戦勝の切り札として起用されたのが、桓武側近のエリート武官（近衛少将）である坂上田村麻呂であった。年齢と地位を考慮して、副将軍での起用となったが、彼に指揮を執らせれば勝てるという確信が、桓武にはあったはずである。⑩宝亀五年（七七四）以来一貫して征夷に関わりながら、前回の征夷から外された百済王俊哲を復帰させたことも、これに加えることができるであろう。

以上のことから、北方の蝦夷集団を長岡宮で饗応した翌月の延暦十一年閏十一月に征東大使大伴弟麻呂を出発させたのは、勝利の確信に基づくと考える。それから平安遷都が具体化する延暦十二年正月までに、戦勝を平安遷都の演出に用いる構想が生まれ、遷都の年である延暦十三年の二月に、あらためて弟麻呂を征夷大将軍として出発させたのである。一つの解釈にすぎないが、決して荒唐無稽ではないと考える。

4　平安遷都の演出と征夷

続いて批判点三について検討する。熊谷氏は、桓武天皇が平安遷都の詔を発した当日に行われたのは宮中での戦果の奏上だけであり、将軍の凱旋が行われたわけではないので、政治的効果は疑わしく、桓武による意図的な演出を想定するのは無理であるとする。

まず当日の『日本紀略』の文を掲げる。

【史料6】『日本紀略』延暦十三年十月丁卯（二十八日）条

丁卯、①征夷将軍大伴弟麿奏、「斬二首四百五十七級一、捕二虜百五十人一、獲二馬八十五疋一、焼二落七十五処一。」②鴨・松尾神加レ階。以レ近レ郡〔都カ〕也。③授位、任官。④遷レ都。詔曰、「云々。葛野乃大宮地者、山川毛麗久四方国乃百姓乃参出来事毛便之弖、云々。」

まず①征夷（大）将軍大伴弟麻呂から戦勝報告があり、続いて②神階の授与と③授位・任官が行われ、最後に④遷都が宣言されるという順序である。大伴弟麻呂が節刀を返却したのは翌年正月二十九日であるから、弟麻呂本人が戦勝報告をしたのではなく、軍監か軍曹に文書を持たせて奏上したのであろう。戦勝報告を受け取った桓武天皇は、授位・任官のため内裏に集まった官人に対して、おもむろに遷都の詔を発したのである。

桓武天皇は、この六日前の十月二十二日（辛酉の日）に、すでに新京に遷御していた。その日に遷都を宣言せず、征夷大将軍からの戦勝報告を受けて遷都を宣言していることは、意図的な政治的演出であることを示唆する。

たしかに宮中で文書を奏上すれば、戦勝報告と遷都詔に接するのは官人に限られる。だからと言って、それに政治的効果がないと考えるのはいささか無理がある。桓武のもとで政権を支えてきた官人たちこそ、真っ先に戦勝の速報を聞く権利があり、桓武としても、自己の求心力を高めるためには、真っ先に官人たちに戦勝を知らせる必要があったのである。檜の香りが漂う新造の内裏で、戦勝報告と遷都詔を聞いた官人たちは、それを同時に成し遂げた天皇の権威を、否応なしに感じたはずである。そして実際に桓武の権威が高まっていることは、遷都詔の発布、平安京の命名、国土の中心を大和国から山城国に移すことなど、長岡遷都の時にできなかったことができていることからうかがえる。文書による戦勝報告が、「あまりにも竜頭蛇尾にすぎよう」とは、どうしても思えないのである。

征夷大将軍大伴弟麻呂が節刀を返却したのは翌十四年（七九五）正月二十九日である。当日の『日本紀略』の記事は、

「戊戌、征夷大将軍大伴弟麿朝見、進二節刀一」という簡略なものであるが、これには朱雀大路を用いた凱旋が伴ったと考えられる。軍防令18節刀条の「辞訖、不レ得三反宿二於家一」に、『令義解』が「其至二帰時一亦同」と注釈しているように、将軍は節刀を天皇に返却しないと帰宅できないので、節刀返却の日が凱旋の日なのである。熊谷氏が指摘されるように、凱旋は多くの人々が見物するので、政治的効果は絶大であった。それが遷都および文書による戦勝報告から三ヵ月後であっても、遷都を演出する効果はあったと考える。遷都を祝う行事は、遷都当日に限らず、その後も連続して行われているからである。先述のように、延暦十三年十一月八日には山背国から山城国への改称と平安京の命名があり、翌年正月十六日の踏歌節会では、新京の壮麗さが讃えられ、「新京楽、平安楽土、万年春」と歌われた。征夷大将軍の凱旋は、それに続くものなのである。

この時の征夷使の構成は、大将軍一人、副将軍四人、軍監十六人、軍曹五十八人という前後に例を見ない大規模なものであった。軍監・軍曹は今回から在地任用であるが、本来は中央から派遣されるので、大将軍・副将軍とともに凱旋に参加したかもしれない。戦勝報告にみえる「虜百五十人」も、戦勝の証拠として入京した可能性がある。すでに遷都の前年の延暦十二年九月に、新京の宅地班給が実施され、十三年七月には東西市も移されている（『日本紀略』）ので、凱旋を迎え入れるべき京戸はかなり集まっていたはずである。戦勝報告から三ヵ月を経ているので、戦勝の情報は平安京の隅々まで行き渡っている。そこに征夷使が凱旋し、官人のみならず京戸にも戦勝を実感させることは、「理念うすき遷都」とされる平安遷都の演出と正当化に大きな役割を果たしたと思われる。

5　延暦二十年の征夷と阿弖流為の降伏

最後に批判点四について考察する。延暦十三年の征夷は、胆沢の蝦夷に対して初めて〝戦果〟を挙げた戦いであり、膨大な人数の蝦夷が俘囚として全国に移配された。(22) しかし阿弖流為は降伏しておらず、延暦二十年の征夷(第三次征討)の終了後、坂上田村麻呂が造陸奥国胆沢城使となって赴任した延暦二十一年四月に降伏する。これに対して百官が抗表して祝賀していることから、熊谷氏は、桓武天皇の征夷のピークは延暦十三年ではなく、延暦二十年にあると指摘する。阿弖流為の降伏が征夷の翌年である点は微妙だが、結果の重要性を考えれば、ある意味でその通りであろう。しかし、それがなぜ延暦十三年の征夷と平安遷都との対応関係を否定する根拠になるのか、筆者には十分に理解できていない。阿弖流為が降伏しない限り真の意味での戦勝ではなく、それが達成できていない戦勝報告には、遷都を演出する効果はないということであろうか。前節で述べた通り、筆者は延暦十三年の戦勝報告に遷都を演出する効果を認めるので、ここでは二つの観点から、延暦十三年と二十年の征夷を比較してみたい。

座談会でも話題になったように、延暦十三年と二十年の征夷では、征夷軍の規模に格段の差がある。『日本後紀』弘仁二年五月壬子条に、「又検〓去延暦十三年例〓、征軍十万、軍監十六人、軍曹五十八人。廿年征軍四万、軍監五人、軍曹卅二人」とあるように、延暦十三年の征夷軍は一〇万人、二十年の征夷軍は四万人である。熊谷氏は、桓武が四万程度でも勝てると判断した可能性を認めつつ、度重なる征夷で東国などが疲弊し、大量動員が困難になったことも背景にあると指摘する(「序論」)。それについては全く異論はないが、一〇万人と四万人の差は歴然としているのに、四万人の方がピークだと言われると、どうしても違和感が残る。

軍団兵士制を廃止してまで一〇万人の軍士を集めた歴史的意義は、相応に評価されるべきではなかろうか。一〇万人の軍隊は日本古代史では空前絶後の規模であり、延暦十三年の征夷は、桓武朝のみならず、日本古代軍事史のピークと言ってよい。延暦十三年の征夷は一〇万の軍隊で胆沢の蝦夷に勝利するとともに、平安遷都を演出する役割を果たし、延暦二十年の征夷は四万の軍隊で胆沢の蝦夷を平定し、阿弖流為を降伏に導いた、というように、桓武にとってはそれぞれ意義があったと思われる。そもそも延暦十三年の征夷がなければ、延暦二十年の征夷の翌年に阿弖流為が降伏することもなかったはずである。平安遷都との関連性を認めるか認めないかに関わらず、延暦十三年の征夷の重要性は認めるべきであろう。

桓武天皇にとって、延暦二十年の征夷よりも、延暦十三年の征夷の方が重要であったことは、戦勝祈願の面からも確認できる。延暦十三年の征夷では、桓武は二月一日に征夷大将軍を陸奥に出発させた後、三月十七日に山階陵（天智天皇陵）と田原陵（光仁天皇陵）に征夷のことを告げ、翌十八日に蝦夷を征するため伊勢神宮に奉幣している（『日本紀略』延暦十三年正月〈浅井氏註（15）論文により三月に訂正〉庚寅条・辛卯条）。征夷に伴う伊勢神宮への奉幣は延暦八年三月にも例があるが、山陵祭祀はこれが唯一で、しかも自己の直系父祖に戦勝を祈願している。延暦二十年の征夷では、このような戦勝祈願は行われていない。延暦十二年三月二十五日には、山階陵と後田原陵（光仁）・先田原陵（施基親王）に遷都の由を告げている（『日本紀略』）が、遷都に伴う山陵祭祀も他に例がない。桓武天皇にとって、延暦十三年の征夷と平安遷都は、父祖の霊や皇祖神の加護を得ながら推し進めた特別な事業だったのであろう。

阿弖流為の降伏に関連して、彼の「大墓公」という姓がいつ与えられたかという問題について付言しておきたい。阿弖流為は、延暦八年の征夷には「賊帥夷阿弖流為」として登場するが、延暦二十一年に降伏した時には「夷大墓公阿弖利為、盤具公母礼」というように、姓を付して記されている（『類聚国史』巻一九〇同年四月庚子条）。これについて、今泉隆雄氏は、阿弖流為は延暦八年以前にすでに国家に帰服して賜姓されていたが、「賊」となったので姓を剝奪され、さらに降伏したので本姓に戻されたと推定されている。[23]

筆者は、阿弖流為は延暦二十一年以前に国家に服属したことはなく、同年に初めて降伏し、その際に田村麻呂がウジ名の原案を定め、天皇が授ける形をとったと考えており、座談会でそのように述べたところ、熊谷氏・樋口知志氏には不評であった。[24]〝罪人〟に賜姓するはずはない（悪い姓に改めることはあり得る）というのがその理由で、その点は今泉氏も同じ考えである。そこで註（6）拙稿を執筆した時には、阿弖流為の賜姓については今泉氏の説に依拠して記述した。しかし、どうも納得がいかないので、今回、別の角度から問題を提起させていただくこととする。

まず、〝罪人〟に賜姓することはあり得ないという理解は、一般論としては確かにそうであるが、阿弖流為・母礼は現に「大墓公」「盤具公」という姓を持っている。一度剥奪された本姓を再び与えるのも天皇の権限であり、実質的には賜姓と変わらない。ゆえに、彼らは〝罪人〟であっても賜姓されているのであり、降伏した時に姓を記されているからといって、過去に国家に服属していたとは、必ずしも言えないのである。

一方、彼らが過去に国家に服属したことはなかったとみるべき根拠がある。それは他でもない、阿弖流為・母礼の処刑記事である。

【史料7】『日本紀略』延暦二十一年八月丁酉条

丁酉、斬㆓夷大墓公阿弖利為・盤具公母礼等㆒。此二虜者、並奥地之賊首也。斬㆓二虜㆒時、将軍等申云、「此度任㆑願返入、招㆓其賊類㆒。」而公卿執論云、「野性獣心、反覆无㆑定、儻縁㆓朝威㆒獲㆓此梟帥㆒。縦依㆓申請㆒、放㆓還奥地㆒、所㆑謂養㆑虎遺㆑患也。」即捉㆓両虜㆒、斬㆓於河内国杜山《(ママ)》㆒。

これは坂上田村麻呂が阿弖流為・母礼の助命を嘆願した記事として、あまりにも有名である。田村麻呂は、「このたびは二人の願いに任せて故郷に帰し、蝦夷の残党を招き寄せたい」と述べて、二人の助命を求めた。しかしこの主張は、「野性の獣の心は、いつそむくかわからない。たまたま朝廷の威光によってこの族長をとらえたのだ。もし申請の通りに奥地に放還すれば、虎を養って患いを残すようなものだ」という公卿たちの「執論」によって否定され、八月十三日、阿弖流為と母礼は河内国で処刑された。

もし、阿弖流為・母礼が過去に国家に服属し、その後「賊」となったとすると、彼らには国家を裏切った〝前科〟があることになる。そのような人物を、田村麻呂が信頼し、胆沢の支配のために故郷に帰したいなどと主張することがあるだろうか。一方、公卿たちは「野性獣心」という、当時の貴族層としては至って平凡な蝦夷観に基づいて田村麻呂に反論している。「縦依二申請一、放二還奥地一、所レ謂養レ虎遺レ患也」という主張も、彼らは後に背くだろうという可能性の話で、過去に背いたことがあるという〝前科〟に言及していない。

以上のことから、阿弖流為・母礼は、延暦二十一年に降伏した時に、初めて賜姓されたと考える。天皇が処刑間近の敵将に賜姓したのはなぜかという問題は残るが、阿弖流為・母礼が過去に国家に服属したことはなかったと考えておきたい。

むすびにかえて

本稿は、桓武朝の征夷と造都について、熊谷氏から賜ったご批判にお答えする形で、文字通りの愚見を述べてきた。ご批判は真摯に受け止めたつもりであるが、延暦十三年の征夷と平安遷都だけは、征夷と造都の組み合わせを認めるべきであるとの結論に至った。長年の宿題にお答えできたかどうか、甚だ心許ないが、学恩に感謝しつつ、文字通りの拙稿を閉じることとする。

註

（1）福井俊彦「征夷・造都と官人」（『史観』一二〇、一九八九年）、伊藤循「古代国家の蝦夷支配」（鈴木靖民編『古代王権と交流1　古代蝦夷の世界と交流』名著出版、一九九六年）。

（2）鈴木拓也「桓武朝の征夷と造都に関する試論」（『文学・芸術・文化』一三―一、二〇〇二年）。

（3）熊谷公男「坂上田村麻呂―征夷副将軍になるまでを中心に」（吉川真司編『古代の人物4　平安の新京』清文堂出版、二〇一五年）。成稿が二〇〇三年であることは、同書八七頁の付記に明記されている。

（4）鈴木拓也『戦争の日本史3　蝦夷と東北戦争』（吉川弘文館、二〇〇八年）。筆者が熊谷氏のご厚意で「坂上田村麻呂

—征夷副将軍になるまでを中心に」(註(3)前掲)を参照させていただいた二〇〇八年には、掲載書が近いうちに刊行される見通しがあったので、拙著の中で繰り返し引用させていただいたが、実際の刊行が七年後となり、結果的に熊谷氏にご迷惑をおかけすることとなった。あらためて学恩に感謝するとともに、深くお詫び申し上げる次第である。

(5) 熊谷公男編『アテルイと東北古代史』(高志書院、二〇一六年)。

(6) 鈴木拓也『戦争の日本史3　蝦夷と東北戦争』(註(4)前掲)、同「光仁・桓武朝の征夷」(同編『東北の古代史4　三十八年戦争と蝦夷政策の転換』吉川弘文館、二〇一六年)。

(7) 『続日本紀』延暦十年七月壬申条。『続日本紀』は「征夷大使」「副」と記すが、延暦十二年二月に征東使が征夷使に改称されているので、『続日本紀』編纂の際に、原文の「征東大使」を「征夷大使」に改めたと考えられている(新日本古典文学大系『続日本紀　五』岩波書店、一九九八年、五〇三頁)。

(8) 樋口知志『阿弖流為—夷俘と号すること莫かるべし—』(ミネルヴァ書房、二〇一三年)二五二頁。

(9) 清水みき「桓武朝における遷都の論理」(門脇禎二編『日本古代国家の展開　上巻』思文閣出版、一九九五年)。

(10) 清水みき「桓武朝における遷都の論理」(註(8)前掲)。

(11) 清水みき「桓武朝における遷都の論理」(註(8)前掲)。

(12) 福井俊彦「征夷・造都と官人」(註(1)前掲)。

(13) 熊谷公男「坂上田村麻呂—征夷副将軍になるまでを中心に」(註(3)前掲)。

(14) 熊谷公男編『アテルイと東北古代史』(註(5)前掲)一三〇頁。

(15) 浅井勝利「『日本紀略』延暦十三年の記事について」(『続日本紀研究』二八三、一九九二年)。

(16) 石田実洋「宮内庁書陵部所蔵『節度使将軍補任例』の基礎的考察」(『続日本紀研究』三八一、二〇〇九年)。

(17) 『続日本紀』天平五年(七三三)閏三月癸巳条、『日本紀略』延暦二十二年(八〇三)四月壬午条。

(18) 鈴木拓也「光仁・桓武朝の征夷」(註(6)前掲)。座談会(一二一〜一二三頁)では五項目と述べたが、上記の拙稿では④と⑥を加え、七項目とした。座談会で述べた五項目については、熊谷氏も「序論」で桓武が絶対に負けないために打った手として是認されている。

(19) 北啓太「征夷軍編成についての一考察」(『書陵部紀要』三九、一九八八年)。

(20)　北啓太「征夷軍編成についての一考察」(註(19)前掲)。
(21)　寺内浩「軍団兵士制の廃止理由について」(同『平安時代の地方軍制と天慶の乱』塙書房、二〇一七年、初出二〇〇八年)。
(22)　今泉隆雄「律令国家とエミシ」(同『古代国家の東北辺境支配』吉川弘文館、二〇一五年、初出一九九二年)、熊谷公男「蝦夷移配策の変質とその意義」(熊田亮介・八木光則編『九世紀の蝦夷社会』高志書院、二〇〇七年)、鈴木拓也「蝦夷の入京越訴—移配蝦夷と陸奥蝦夷にみる闘争の一形態—」(同書所収)。
(23)　今泉隆雄「三人の蝦夷—阿弖流為と呰麻呂・真麻呂—」(同『古代国家の東北辺境支配』吉川弘文館、二〇一五年、初出一九九五年)。
(24)　熊谷公男編『アテルイと東北古代史』(註(5)前掲)六二〜六三頁。

大同年間の対東北政策

中野渡 俊治

はじめに

延暦二十四年(八〇五)十二月、桓武天皇は藤原緒嗣と菅野真道に「天下徳政」を相論させ、自身の治世当初から継続していた造都と征夷の二大事業の中止を決断した。(1) これは藤原緒嗣と菅野真道との相論の結果として、桓武天皇が緒嗣の意見を採択した形となっているものの、実際は桓武天皇自身の意向が反映していると考えられる。(2) このため、東北地方の経営は、延暦二十年の征夷によって胆沢の地まで進出し、翌二十一年に胆沢城を造営して多賀城から鎮守府を遷し、続いて延暦二十二年に志波城を造営した段階で、政策方針を切りかえることとなった。桓武天皇による征夷中止は、それまでの征夷を支えてきた東国の負担軽減につながり、蝦夷政策に必要な物資は陸奥・出羽両国で確保されるようになった。これらは長年征夷の実情を見てきた坂上田村麻呂の構想によるものであると思われる。(3) この後、嵯峨天皇の時代の弘仁二年(八一一)、文室綿麻呂によって「征夷終結のための征夷」が行われ、宝亀五年以来の「三十八年戦争」は収束へと向かうこととなる。(4)

このような中にあって、桓武天皇と嵯峨天皇の間に在位した平城天皇の時期については、対東北地方政策に動きが見られなかったと捉えられている。この時期の東北地方情勢を概観するときは、延暦二十四年の征夷中止に続いて、弘仁二年の征夷に触れることが一般的である。たしかに、桓武天皇による征夷中止の直後であり、また平城天皇自身の在位が四年と短いので、積極的な動きが見られないのはその通りであろう。とはいえ、平城天皇は、父である桓武天皇との関係は複雑であり、桓武天皇の治世を否定するような動きを見せる一方[5]、その政策を継承する姿勢も見せている。平城天皇期の対東北地方政策については、桓武天皇の方針を受け継いで版図不拡大の方針が確立し、対東北政策に関わる東国の負担を無くし、胆沢城に移転した鎮守府の体制を整備したとされる[6]。こうした指摘は首肯できるものであり、本論もこの枠組みから出るものにはならないものの、平城天皇側の政策面の視点から、大同期の対東北地方政策の状況をみていきたい。

1　平城天皇と征夷関係者の人事

(1)　坂上田村麻呂

大同元年(八〇六)三月、桓武天皇の崩御によって皇太子安殿親王が皇位を継承した。平城天皇である。平城天皇は、即位当初すぐには天皇としての礼遇を受けようとせず、公卿百官からの再三の上表により、五月になって即位した[7]。即位後の平城天皇は、短い在位の間に政治改革を進め、観察使の設置をはじめとする地方行政の見直し、中央官司の整理統合を行った[8]。そうした中にあって、まだ即位儀を挙げていない四月辛亥(十八日)、平城天皇は議政官以下の人事異動を行った。ここで中納言であった藤原雄友・藤原内麻呂が大納言となり、権中納言藤原乙叡と、参議坂上田村麻呂・紀勝長が中納言となっている[9]。また坂上田村麻呂は『公卿補任』によると、同日に勲二等に叙されている[10]。

坂上田村麻呂は、桓武天皇の時期に近衛府の武官であり、かつ妹と娘が桓武天皇の后となるなど桓武天皇との関係が深く、桓武天皇の意向で征夷に関わるようになったとされる[11]。延暦十五年以来、陸奥出羽按察使・陸奥守・鎮守将軍を兼ね十六年には征夷大将軍となり[12]、桓武天皇が進める征夷を最前線で支えてきた。しかし、平城天皇即位以降、田村麻呂が東北地方へ赴任することはなく、『類聚三代格』にみえる十月十二日と十八日の二度の起請[13]を最後として、田村麻呂が対東北地方政策に関わることはみえなくなる。ここで田村麻呂が叙勲されたのは、これまでの征夷武勲に対する褒賞と思われ、平城天皇も田村麻呂の征夷に対して一定の評価を下していたことになる。しかしその一方、田村麻呂は大同年中のいずれかの段階で陸奥守から離れており[14]、さらに陸奥出羽按察使も大同三年五月に藤原緒嗣に交替している。ここで征夷の最前線にあった田村麻呂に対して勲位を授与したのは、田村麻呂の武勲を讃えるとともに、もうこれ以上の征夷は実施しないという平城の意志表示でもあったと思われる。また田村麻呂は、桓武天皇が崩御した際「哀号擗踊。迷而不㆑起」となった安殿親王の退出を、藤原葛野麻呂とともに支えたこともあり、平城天皇が議政官として身近に置くことを望み、自らを支える権力基盤の一人として認識する存在でもあった[15]。

(2) 藤原緒嗣

その坂上田村麻呂に代わって陸奥出羽按察使になったのが、藤原緒嗣である。緒嗣は周知の通り延暦二十四年の徳政相論では、桓武天皇の意を体して征夷と造都の中止を建言する役割を担っている。緒嗣は、大同三年五月己酉(二十八日)に田村麻呂の後任として、東山道観察使と陸奥出羽按察使に任じられた[16]。しかし緒嗣は、五月二十八日以降三度にわたって辞表を上るも全て平城天皇から却下され、翌大同四年三月、任地に赴くために辞見をしている[17]。この緒嗣の按察使辞退については、緒嗣と平城天皇との間に確執があり、緒嗣を都から遠ざけるために、現地赴任が必須であった陸奥出羽按察使に任命されたとする指摘がある[18]。実際、東山道観察使・陸奥出羽按察使としての緒嗣は、東北地方行政について、いくつか建言を行い、政策として実現している[19]。しかし上述のような指摘に従うと、平城天皇が緒嗣を陸奥出羽按察使に任命したのは、東北地方政策を積極的に進めるためではなく、現地赴任が求められるその職務の特性によるものということになる。

(3) 文室綿麻呂

文室綿麻呂も田村麻呂と同様、延暦二十年に出羽権守となって征夷に加わっており、平城太上天皇の変(薬子の変)直後の弘仁元年九月壬子(十五日)に陸奥出羽按察使となったことが、嵯峨天皇期の征夷につながるとされる。[20] 綿麻呂は、平城太上天皇の変に際しては当初平城太上天皇側と見做されていたようであり、事態が動いた翌日の九月戊申(十一日)に平城宮から平安宮に召喚され、左衛士府に拘禁されている。

綿麻呂は拘禁された九月十一日に、田村麻呂の奏言によって嵯峨天皇側につき、即日正四位上参議となっている。[21] 綿麻呂が当初平城太上天皇側についていると見做された背景は不明である。しかし綿麻呂の直近の官歴をみると、大同二年正月に右兵衛督になったのち、大同四年四月に左兵衛督に転任している。このとき綿麻呂に代わって右兵衛督となったのは、左兵衛督藤原仲成である。左右の両兵衛督を交換のような形で引き継いだ両者は、職務上比較的近い関係にあり、[22] これが当初綿麻呂が拘禁されたことにつながったのであろう。[23] 平城太上天皇の変後、陸奥出羽按察使となった綿麻呂が弘仁二年四月に征夷将軍に任じられ、最後の征夷を担ったのは周知の通りである。

2　国司と陸奥出羽按察使

(1) 国司と按察使の兼官

前節でみた坂上田村麻呂・藤原緒嗣・文室綿麻呂は、相次いで陸奥出羽按察使となっている。平安時代初期の陸奥出羽按察使については、他の地域の按察使とは異なり、国守兼任という形が継続され、上級国司としての性質が顕著になったとされる[24]。それが、桓武天皇末期の胆沢城への鎮守府移転にみられるように、版図が拡大した結果、分離した国府と鎮守府を上から統括する官となったとされる[25]。たしかに延暦十五年以来、陸奥出羽按察使と陸奥守は坂上田村麻呂が兼任していた[26]。その後陸奥守は、大同元年十月までは坂上田村麻呂が在任していたことがわかるものの、弘仁元年二月の段階で、佐伯清岑が守としてみえる[27]。また陸奥出羽按察使も、前述のように大同三年五月、坂上田村麻呂から藤原緒嗣に交替している。大同年間の陸奥国司と陸奥出羽按察使に関しては、大同二年三月のこととして、以下の史料がある[28]。

制。夷俘之位、必加二有功一。而陸奥国司、遷二出夷俘一、或授二位階一、或補二村長一、寔繁有レ徒、其費無レ極。自レ今以後、不レ得二輙授一。若有二功効灼然、酬賞無レ已者一、按察使処分、然後叙補。不レ得二国司輙行一。

これは、夷俘への叙位や村長への任用を国司が濫りに行っていることを問題視して、以後は按察使の処分の後に行うことを定めたものである。「国司」は守だけとは限らないとはいえ、国司の職権を按察使に監督させているということは、大同二年三月段階で、坂上田村麻呂は陸奥守から離れていた可能性があり、この時期から、延暦年間には坂上田村麻呂に集中していた陸奥・出羽関係官を分散させる様子がみえる。

こうした傾向は鎮守将軍にもみられる。大同三年六月、鎮守将軍百済王教俊が陸奥介兼任となった[29]。その翌月、平城天皇は次のような勅を出している[30]。

勅。夫鎮将之任、寄二功辺戍一、不虞之護、不レ可二暫闕一。今聞、鎮守将軍従五位下兼陸奥介百済王教俊、遠離二鎮所一、常在二国府一。儻有二非常一、何済二機要一。辺将之道、豈合レ如レ此。自レ今以後、莫レ令二更然一。

ここで平城天皇は、陸奥介を兼任したばかりの百済王教俊が胆沢城にある鎮守府に赴かず、多賀城にある陸奥国府に滞在していることを問題視し、鎮守将軍の職務に当たることを求めている。これは前述のように、桓武天皇期の征夷によって版図が拡大し、鎮守府が多賀城から胆沢城に北進したことによるものである。鎮守府が国府と同じく多賀城にあるうちは問題にならなかった陸奥国司と鎮守府官人の兼任が、ここで職務の遂行に支障をきたすことになったのである。これを受けてか、翌大同四年正月に「従五位下佐伯宿祢耳麻呂為二陸奥鎮守将軍一」とあるように[31]、鎮守将軍は佐伯耳麻呂に交替している。耳麻呂はこの後弘仁三年正月十二日に陸奥守となっている。このことがみえる『日本後紀』弘仁三年正月辛未条では耳麻呂は「正五位下佐伯宿禰耳麻呂」とのみ記されるが、同年二月に鎮守副将軍であった物部匝瑳足継が鎮守将軍となっているので[32]、耳麻呂は弘仁三年初頭まで鎮守将軍であり、陸奥守任官にともなって、鎮守将軍を解かれたと考えられる。つまり、大同年間以降は、陸奥出羽においては、国司・按察使・鎮守府は兼任をしないようになっていたのである。

平城天皇の時期は、中央官司については大規模な整理統合が行われた一方、観察使の設置にみられるように地方行政の実態に即した政策がとられた[33]。また大同元年五月には国司などが不当に任務から離れ、また下位の者に政務を任せることを禁ずる勅が出ている[34]。これに関連して、鎮守将軍兼陸奥介百済王教俊の行動が問題視された大同三年の五月、大宰府の職掌に関して、次のような措置がとられている[35]。

太政官謹奏

省二大宰府監典各二員一置二筑前国司一事

守一員　介一員　掾一員

大目一員　少目一員

右謹案二令条一、大宰府帯二筑前国一。自レ尓已来、或別或隷。至二延暦十六年一又廃レ国隷レ府。今得二府解一偁。臨二交替事一細加二検校一、未進調庸并欠失正税器仗戎具等類毎レ物有レ数。此是摂行之日、彼此相譲無レ心二国政一之所レ致也。望請、分二置官人一以為二別当一、専二一其心一令レ済二国務一。然則帯レ国之名不レ乖二令条一、欠負之煩絶二於国内一者。臣等商量、承前府帯之時、或下二官符一而二定別当一、或府司相量分二置其人一。同僚之官兼二預国務一、勘二責雑怠一、不レ同二比国一。望請、省二大同元年所レ増監典一便充二補国司一、庶令三所レ守有レ別各済二繁劇一。謹録二事状一、伏聴二天裁一。

謹以申聞、謹奏、聞。

大同三年五月十六日

これは、延暦十六年以来筑前国は大宰府が国務を兼帯していたものの、大宰府の官人が「無レ心二国政一」であり国務に専念することがなく、交替に際して不都合があるために、改めて筑前国司を置くというものである。陸奥・出羽と九州では事情が異なることもあるとはいえ、ここで地方官の兼帯がかえって国務の停滞を招くことが問題視されているのである。

平城天皇は、中央官司に対しては冗官を省いて整理統合を行う一方、(36) 地方官司については兼官などによる職責の曖昧化を嫌い、そのためならば、それぞれに対応する官を設置しているのである。東北地方における国司・按察使・鎮守府各官人の分離の傾向も、東北地方の現地が直面する問題としては版図の拡大、鎮守府の移転が背景にあるのは確かである一方、こうした平城天皇の大同年間の政策の一環としてみることもできるのではないだろうか。(37)

(2) 藤原緒嗣と陸奥出羽按察使

大同四年三月に平城天皇に辞見して陸奥出羽按察使として赴任した藤原緒嗣は、『類聚三代格』などをみると、大同五年になってからいくつかの建議を行い、それが政策として実現している。(38) それらの建議は、藤原緒嗣の解による直接の意見具申の場合や（大同五年五月十一日の一連の太政官符）、陸奥守佐伯清岑らの申請を受けての奏状の場合（大同五年二月二十三日太政官符）がある。藤原緒嗣からの建議の多くは、陸奥国の官制などに関して、過去に出された勅符や太政官符との整合性を持たせることを目的とするものであり、いずれも陸奥一国の事項に限られる。藤原緒嗣の前後の陸奥出羽按察使の場合、坂上田村麻呂は徳政相論以前はともかくとしても、大同元年に陸奥・出羽両国に擬任郡司・軍毅を置くことを建議している。[39] また緒嗣の後任である文室綿麻呂も、[40] 弘仁二年の征夷開始後であることもあって、出羽国も含めた建議を行っている。たとえば陸奥・出羽国の史生と弩師の任期について、大同五年の藤原緒嗣の場合は陸奥国のみを対象とする一方、文室綿麻呂は出羽国も陸奥国と同じくするように要請をしている。[41]

この時期の対東北政策が陸奥国に向いていたことは、藤原緒嗣の陸奥出羽按察使辞退の上表からも窺える。前述のように藤原緒嗣は、大同三年五月に平城天皇から陸奥出羽按察使に任命された後、三度の辞表を出した。その最後の辞表をみると、「臣前数言、陸奥之国、事難㆓成熟㆒、至㆓于今日㆒、用㆑臣委㆑彼」（『日本後紀』大同三年十二月甲子条）とあるように、藤原緒嗣も平城天皇も陸奥国の管轄を主眼としているようである。この点において、実際に東北地方の状況を見聞していた坂上田村麻呂や文室綿麻呂に比べて現地への認識は不十分であり（このことは緒嗣自身も認識していたと思われるが）、それでも敢えて坂上田村麻呂に替えて藤原緒嗣を陸奥出羽按察使に任命したことは、平城天皇が対東北地方政策に関しては、積極的な姿勢を示していなかったとも言えるのである。

おわりに

平城天皇の時代は、すでに先学が指摘する通り、桓武天皇晩年の徳政相論による征夷中止を引き継ぎ、積極的な対東北政策は行われなかった。征夷が推進された延暦年間と、最後の征夷が行われた弘仁年間の間にあって、平城天皇の大同年間の対東北政策については言及されることが少ない。しかしそれは、桓武天皇の征夷中止判断を単にそのまま受け継いだのではなく、平城天皇自身の政策としても、積極的な動きをとらず、現状を維持することを目指したものであり、その体制のもとで発生する官制上の問題を解決することを主眼としていた。そのような政策のなかにあって、陸奥国の統治構造を見直して国司・鎮守府将軍・陸奥出羽按察使の職掌が区分されるというような、新しい動きも見られるのである。

註

（1）『日本後紀』延暦二十四年十二月壬寅条。なお『日本後紀』は訳注日本史料本による（『類聚国史』所引『日本後紀』逸文も、訳注日本史料を参照）。

（2）鈴木拓也「徳政相論と桓武天皇」（『国史談話会雑誌』五〇、二〇〇九年）参照。

（3）鈴木拓也「征夷の終焉と蝦夷政策の転換」（鈴木拓也編『東北の古代史4　三十八年戦争と蝦夷政策の転換』吉川弘文館、二〇一六年）六六頁。

（4）熊谷公男「平安初期における征夷の終焉と蝦夷支配の変質」（吉川真司ほか編『展望日本歴史6　律令国家』東京堂出版、二〇〇二年所収。初出一九九二年）参照。

（5）『日本後紀』大同元年五月辛巳条にみえる延暦から大同への改元など。

（6）鈴木拓也『戦争の日本史3　蝦夷と東北戦争』（吉川弘文館、二〇〇八年）二二三～四頁。

（7）拙稿「古代日本における公卿上表と皇位」（『古代太上天皇の研究』思文閣出版、二〇一七年。初出二〇一一年）参照。

（8）笹山晴生「平安初期の政治改革」（吉川真司ほか編『展望日本歴史6　律令国家』東京堂出版、二〇〇二年所収。初出一九七六年）三五九頁。また春名宏昭『平城天皇』（吉川弘文館、二〇〇九年）も参照。

（9）『日本後紀』大同元年四月辛亥条。

（10）『公卿補任』大同元年の中納言坂上田村麻呂の項。なお『類聚三代格』大同元年十月十二日太政官符にも「中納言征夷大将軍従三位兼行中衛大将陸奥出羽按察使陸奥守勲二等坂上大宿祢田村麻呂」とある。なお『公卿補任』・『類聚三代格』は新訂増補国史大系本による。

（11）熊谷公男編『アテルイと東北古代史』（高志書院、二〇一六年）一二八頁。

（12）『公卿補任』延暦二十四年の坂上田村麻呂参議任官時の尻付に「（延暦）十五年正月二十五日任陸奥出羽按察使。兼陸奥守。十月甲辰鎮守府将軍。十六年十一月五日征夷大将軍」とある。

（13）『類聚三代格』巻七　郡司事　大同元年十月十二日太政官符「聴三陸奥出羽両国正員之外擬二任郡司軍毅一事」および巻六

公粮事 大同五年五月十一日太政官符所引大同元年十月十八日太政官符。

(14)『類聚三代格』大同元年十月十二日太政官符に、田村麻呂が「陸奥守陸奥出羽按察使」であることがみえるが、弘仁元年二月二十三日太政官符では、佐伯清岑が陸奥守となっている。この点については後述する。

(15)春名宏昭前掲(8)書一六四頁。

(16)『日本後紀』大同三年五月己酉条。

(17)『日本後紀』大同四年三月戊辰条。

(18)鷺森浩幸「藤原緒嗣の辞職上表」(『天皇と貴族の古代政治史』塙書房、二〇一八年。初出二〇一一年)三四八頁。

(19)『類聚三代格』巻八 調庸事 大同五年二月二十三日太政官符「応下陸奥国浮浪人調庸准二土人一輸中狭布上事」など。

(20)鈴木拓也前掲(2)論文六六頁参照。また『日本後紀』弘仁元年九月壬子条に「参議正四位上文室朝臣綿麻呂為二大蔵卿兼陸奥出羽按察使一」とある。

(21)『日本後紀』弘仁元年九月戊申条。

(22)『続日本紀』天平十年七月丙子条に、長屋王の変に関して、大伴子虫が中臣宮処東人を殺害した記事がある。ここで左兵庫少属大伴子虫と右兵庫頭中臣宮処東人は、「比寮」であったので、政事の合間に「相共圍碁」するようになったとある。

(23)『日本後紀』弘仁元年九月丁未(十日)条に「繋二右兵衛督従四位上藤原朝臣仲成於右兵衛府一」とあり、翌戊申(十一日)条に「正四位下藤原朝臣真夏・従四位下文室朝臣綿麻呂等被レ召自二平城宮一来。禁二綿麻呂於左衛士府一」とあり、右兵衛督藤原仲成と左兵衛督文室綿麻呂が相次いで平安宮で拘束されている。

(24)渡部育子「陸奥国の按察使について」(渡辺信夫編『宮城の研究第2巻　古代篇　中世篇Ⅰ』(清文堂出版、一九八三年)一五九頁。

(25)鈴木拓也前掲(6)書二二五頁。

(26)註(12)参照。『公卿補任』大同元年の中納言坂上田村麻呂の項にも「征夷大将軍中納言従三位行中衛大将陸奥出羽按察使陸奥守勲二等」とある。

(27)註(14)参照。

(28)『類聚国史』巻百九十 風俗 俘囚 大同二年三月丁酉条。

(29)『日本後紀』大同三年六月庚申条。

(30)『日本後紀』大同三年七月甲申条。

(31)『日本後紀』大同四年正月癸巳条。

(32)『日本後紀』弘仁二年三月甲寅条に「勅二陸奥出羽按察使正四位上文室朝臣綿麻呂・陸奥守従五位上佐伯宿禰清岑。介従五位下坂上大宿禰鷹養・鎮守将軍従五位下佐伯宿禰耳麻呂・副将軍外従五位下物部匝瑳連足継等一曰。(以下略)」とあり、佐伯清岑が陸奥守、佐伯耳麻呂が鎮守将軍、物部匝瑳足継が鎮守副将軍としてみえる。また『日本後紀』弘仁三年二月己亥条に「外従五位下物部匝瑳連足継為二鎮守将軍一」とある。

(33)笹山晴生前掲(8)論文三五九頁。

(34)『日本後紀』大同元年五月己丑条。

(35)『類聚三代格』巻五 分置諸国事 大同三年五月十六日太政官謹奏。なお『日本後紀』大同三年五月乙未条にも筑前国司再置の記事がある。

(36)笹山晴生・春名宏昭前掲註(8)論文・書参照。

(37)大同四年四月、観察使に支給されていた食封を停止し、諸国の国司を兼任させて、その公廨を食封の代わりとすることとなった(『日本紀略』大同四年四月乙未条)。その後同年六月になって、陸奥国は官人が多く公廨が少ないために、按察使の公廨は「便近之国」から支給することとなった(『類聚国史』巻八十四政理六公廨　大同四年六月丙申条)。これは東山道観察使でもあった藤原緒嗣を対象とした措置であり、実際陸奥国の負担が大きかったこともあるであろうが、陸奥出羽按察使と陸奥守の兼任が行われなかったこととも関連するのではないだろうか。

なおこの大同四年六月の同日には、大宰帥が観察使を兼任した場合、その公廨二万束を因幡・備前・備中・讃岐・伊予の五国から支給することも定められている。

(38)『類聚三代格』大同四年五月十一日太政官符・大同五年二月二十三日太政官符・大同五年五月十一日太政官符・大同五年六月一日太政官符・『類聚国史』巻八十四　政理六公廨大同五年五月辛亥条。

なお、『類聚三代格』大同四年五月十一日太政官符は、『弘仁格抄』下 巻第七 民部下所収「応レ給二軍毅職田一事」では「大同五年五月十一日」としており、大同五年五月十一日の法令と一連の施策の可能性もあるとする指摘がある（『青森県史資料編 古代1 文献史料』一九七頁）。

(39)『類聚三代格』巻七 郡司事 大同元年十月十二日太政官符。

(40)『公卿補任』弘仁三年の参議藤原藤嗣の尻付に「弘仁元八十任陸奥出羽按察使」とあり、弘仁元年条の参議藤原真夏の項に「八月兼按察使（中将如元）。九月十日解任」とある。弘仁元年九月十六日に文室綿麻呂が陸奥出羽按察使に任じられる前に、藤原藤嗣と藤原真夏が任じられたことになるものの、在任期間が極めて短く、緒嗣の実質的な後任は文室綿麻呂ということになる。

(41)『類聚三代格』巻五 定秩限事に、それぞれの格がみえる。藤原緒嗣の場合は大同五年三月一日のものであり、文室綿麻呂の場合は弘仁三年十一月十五日のものである。それぞれ、以下に挙げる。

太政官符

応レ延二陸奥国史生并弩師歴一事

右按察使正四位下藤原朝臣緒嗣奏偁。謹検二案内一、太政官去大同二年十一月二日符偁。初位已上長上官遷代、皆以二六考一為レ限。又同年十一月廿三日符偁。史生不レ在二此例一者。而此国去レ京眇遠公解数少。在レ国殊営二防戎一帰レ家既乏二路粮一。臣請、此一国改二史生歴一六年為レ限者。右大臣宣。奉レ勅、准二西海道諸国一五年為レ限。弩師准レ此。

大同五年三月一日

太政官符

応二出羽国史生并弩師歴五年為レ限事

右得二参議従三位行大蔵卿陸奥出羽按察使勲四等文室朝臣綿麻呂奏状一偁。被二太政官去大同五年六月廿二日符一偁。陸奥国史生之歴宜下准二西海道諸国一五年為上レ限、弩師准レ此者。陸奥・出羽倶是辺要。望請、件人等歴五年為レ限者。大納言正三位藤原朝臣園人宣。奉レ勅、依レ請。

弘仁三年十一月十五日

あとがき

熊谷公男さんは、二〇一七年三月、東北学院大学をご退職されました。これをお祝いするとともに、日頃のご厚誼と学恩に感謝するため、仙台にゆかりのある古代史研究者が寄せた献呈論文集が本書になります。

熊谷さんは仙台にお生まれになり、東北大学入学後、博士課程まで進まれ、そののち奈良にある宮内庁正倉院事務所保存課調査室にお勤めになりました。一九八二年四月からは、東北学院大学に赴任され、再び仙台の地で研究・教育活動を始められたのです。

熊谷さんの研究テーマは、日本古代の氏や王権、東北史、日朝外交史などであり、いずれもすぐれた実証成果を基礎としながら、広い視野に立って論じており、それらの御論考は、多くの人々を魅了してやみません。

仙台の地にあってはとくに、東北古代史研究に重点を置いて研究を進めてこられました。倭国・日本国による東北支配だけでなく、蝦夷それ自身の特色についても、文献史料はもちろん、考古学の成果も批判的に継承することで、多くの成果を公にしておられます。それらの研究の多くは、先駆的に取り組んだテーマであったり、現在も通説の位置にあったりしており、東北古代史を学ぶ上での基本文献であるといっても過言ではありません。

さて、論文集刊行の経緯に触れたいと思います。ご退職にあたっては、二〇一七年三月十一日に、仙台を中心とする古代史研究者の集まりである仙台古代史懇話会でお祝いする研究会が開かれました。熊谷さんのご講演「国家形成期における倭国の対外関係と軍事」のほか、五人の研究者による研究発表がなされ、その会場はもとより、そのあとに開かれたお祝いの懇親会では、日頃から交流のある研究者や教え子が数多くあつまって、実に盛況でした。この論文集のなかに、この時の報告をもとに作成された研究があることからも分かりますように、ご退職のお祝い会と本書はひとつながりの関係にあります。

この研究会と並行して企画された献呈論文集の刊行にあたっては、仙台で熊谷さんが築き上げてこられた東北古代史研究に敬意を表し、題名を『古代東北の地域像と城柵』とすることとなりました。熊谷さんとご相談のうえ、熊谷さんをよく知った仙台ゆかりの古代史研究者に限って声をかけたにも関わらず、多くの方々から日頃の研鑽の成果を頂いたのは、ひとえに熊谷さんの飾らないお人柄と重厚な研究成果にあることは言うまでもないことと思います。

最後に、本書に結実した、これらご退職のお祝いに関する事業にあたっては、多くの方と共にすすめて参りました。ことに永田英明さんとは常に一緒に作業をしてきましたし、鈴木琢郎さんと相澤秀太郎さんには、ご退職お祝い会の企画・運営をともに担ってきました。また、本書の刊行にあたっては、高志書院の濱久年さんに、企画から刊行までご尽力いただきました。合わせて感謝申し上げます。

（文責　堀　裕）

執筆者一覧

熊谷公男　奥付上掲載

遠藤みどり（えんどう　みどり）　一九八一年生れ、日本学術振興会特別研究員（RPD）。［主な著書］『日本古代の女帝と譲位』（塙書房）

堀　裕（ほり　ゆたか）　一九六九年生れ、東北大学准教授。［主な著書論文］『仏教がつなぐアジア―王権・信仰・美術―』（共編・勉誠出版）、「東北の神々と仏教」（鈴木拓也編『東北の古代史4　三十八年戦争と蝦夷政策の転換』吉川弘文館）、「盧舎那如来と法王道鏡―仏教からみた統治権の正当性―」（栄原永遠男・佐藤信・吉川真司編『東大寺の新研究3　東大寺の思想と文化』法藏館）

鈴木琢郎（すずき　たくろう）　一九七六年生れ、東北学院大学非常勤講師。［主な著書］『日本古代の大臣制』（塙書房）

吉田　歓（よしだ　かん）　一九六五年生れ、山形県立米沢女子短期大学日本史学科教授。［主な論文］「北宋開封の鐘楼・鼓楼」（『郵政考古紀要』第六六号）、「古代中国の畿内制」（広瀬和雄他編『講座畿内の古代学第Ⅰ巻　畿内制』雄山閣）、「日本の都城制」（古瀬奈津子編『古代文学と隣接諸学5　律令国家の理想と現実』竹林舎）

樋口知志（ひぐち　ともじ）　一九五九年生れ、岩手大学人文社会科学部教授。［主な著書論文］『前九年・後三年合戦と奥州藤原氏』（高志書院）、『阿弖流為―夷俘と号すること莫かるべし―』（ミネルヴァ書房）、「阿弖流為の降伏と徳政相論」（『アルテス　リベラレス』九九）

徳竹亜紀子（とくたけ　あきこ）　一九七七年生れ、仙台高等専門学校総合工学科准教授。［主な論文］「古代の作画事業と画工司」（『古代文化』第65巻第1号）、「画所解考」（『国史談話会雑誌』第54号）、「金光明寺造物所をめぐる一試論」（『国史談話会雑誌』第56号）

吉野　武（よしの　たけし）　一九六六年生れ、宮城県教育庁文化財課技術補佐。［主な論文］「出土文字資料と多賀城碑」（熊谷公男編『東北の古代史3　蝦夷と城柵の時代』吉川弘文館）、「多賀城創建木簡の再検討」（『歴史』第一二六輯）、「第Ⅰ期多賀城の特質」（『日本歴史』第八三九号）

相澤秀太郎（あいざわ　しゅうたろう）　一九八〇年生れ、東北歴史博物館。［主な論文］「元日朝賀と蝦夷―古代国家の夷狄認識とその範疇をめぐって―」（『国史談話会雑誌』第56号）、「斉明天皇五年の遣唐使と蝦夷―蝦夷帯同の目的をめぐって―」（『歴史』第一二六輯）、「「蝦夷」表記の成立」（『歴史』第一二七輯）

永田英明（ながた　ひであき）　一九六五年生れ、東北学院大学教授。［主な著書論文］『古代駅伝馬制度の研究』吉川弘文館）、「奈良時代の王権と三関」（『杜都古代史論叢』今野印刷）、「出羽国の東山道移管と陸奥按察使」（『日本歴史』八一一）

鈴木拓也（すずき たくや） 一九六五年生れ、近畿大学文芸学部教授。［主な著書］『古代東北の支配構造』（吉川弘文館）、『戦争の日本史3 蝦夷と東北戦争』（吉川弘文館）、『東北の古代史4 三十八年戦争と蝦夷政策の転換』（編著・吉川弘文館）
中野渡俊治（なかのわたり しゅんじ） 一九七二年生れ、花園大学文学部日本史学科教授。［主な著書論文］『古代太上天皇の研究』（思文閣出版）、『小右記註釈 長元四年』（共著・小右記講読会）、「朝覲行幸と父子の礼・兄弟の礼」（『国史談話会雑誌』第56号）

【編者略歴】
熊谷公男（くまがい きみお）
1949年生れ、東北学院大学名誉教授

〔主な著書〕
『古代の蝦夷と城柵』（吉川弘文館）
『大王から天皇へ』（講談社）
『蝦夷の地と古代国家』（山川出版社）
『蝦夷と城柵の時代』（編著・吉川弘文館）
『アテルイと東北古代史』（編著・高志書院）

古代東北の地域像と城柵

2019年3月15日第1刷発行

編　者　熊谷公男
発行者　濱　久年
発行所　高志書院
〒101-0051 東京都千代田区神田神保町2-28-201
TEL03(5275)5591　FAX03(5275)5592
振替口座　00140-5-170436
http://www.koshi-s.jp

印刷・製本／亜細亜印刷株式会社
ISBN978-4-86215-190-2